U0941235

现代收费公路管理：理论探索与操作实务

张立荣　主编
林志慧
吴晋生　主审

中国社会科学出版社

图书在版编目（CIP）数据

现代收费公路管理：理论探索与操作实务／张立荣主编．—北京：中国社会科学出版社，2009.2

ISBN 978－7－5004－7799－0

Ⅰ．现…　Ⅱ．张…　Ⅲ．公路费用－征收－管理－研究－中国　Ⅳ．F542.5

中国版本图书馆 CIP 数据核字（2009）第 076290 号

责任编辑　王半牧
责任校对　刘　娟
封面设计　弓禾碧
技术编辑　王炳图

出版发行　中国社会科学出版社
社　　址　北京鼓楼西大街甲 158 号　　邮　编　100720
电　　话　010－84029450（邮购）
网　　址　http：//www.csspw.cn
经　　销　新华书店
印　　刷　北京奥隆印刷厂　　装　订　广增装订厂
版　　次　2009 年 2 月第 1 版　　印　次　2009 年 2 月第 1 次印刷
开　　本　710×980　1/16
印　　张　26.75　　插　页　2
字　　数　440 千字
定　　价　57.00 元

前　　言

自20世纪90年代开始，我国公路建设步入了持续、快速发展的轨道。与之相关联，我国收费公路也获得了快速发展。这给管理工作的规范化、标准化、科学化和高效化提出了迫切要求。为此，应当加强对收费公路管理理论的探索和经验的总结。因应这种诉求，我们编著了《现代收费公路管理：理论探索与操作实务》一书。

本书力图从理论与实践的有机结合上系统阐述和深入探讨收费公路管理的原理、方法以及操作的实务和要领。本书的主体框架由上、下两篇构成。上篇主要从抽象思维的角度阐释收费公路的兴起与发展、地位与作用，探索收费公路收费的理论基础与法律依据、收费标准与还贷能力以及收费公路管理的内容与体制、特点与方法。该篇在紧密联系世情、国情和省情，研究我国收费公路发展趋势、收费还贷公路还贷能力提升策略、收费公路管理体制改革建议等方面，进行了富有针对性和创新性的开掘，具有重要的学术探讨价值和政策咨询价值。下篇主要从具体运作的层面综述收费站的设立与调整、劳动人事管理、财务管理、收费现场管理、票证管理、监控管理与社会监督、资产管理、站务管理、稽查管理、收费文明建设等实务与要领，具有相当强的可操作性。

此外，为了增强实践指导性和应用借鉴性，本书正文后附录了湖北省收费公路管理工作总结与思考以及湖北省收费公路管理案例分析与处置。

本书由张立荣拟定写作提纲和总纂定稿，担任主编；林志慧、吴晋生担任主审；徐佑林、龙传华、马立军、范建海担任副主审；毕俊、冷向明、魏公民、余建平、王泉、方堃、夏敏担任副主编；胡翠云 、王健民、汪波、魏去非 、吴素萍 、费明生 、季红卫、黄诚、刘伙庭 、梅文、樊汉明、阎建中、杨金波、金涛、汪志强、曾维和、何水、赵成福担任编委 。本书正文各部分的写作分工是：第一章：张立荣、冷向明；第二章：汪志强；第三章：汪志强、方堃；第四章：冷向明；第五章：冷向明；第六章：冷向明；第七章：方堃；第八章：曾维和、何水；第九章：冷向明、何水、赵成福；第十章：汪志强；第十一章：冷向明、李伟南；第十二章：何水；第十三章：方堃；第十四章：曾维和；第十五章：赵成福；第十六章：方堃。本书附录1、附录2和附录3的材料由湖北省交通厅公路管理局负责提供。

本书在编著的过程中得到了湖北省交通厅及其公路局系统有关领导和同志以及有关专家的大力支持和帮助，还参阅和借鉴了学术界有关学者的最新研究成果，在此一并表示谢忱！

本书在国内是首次编著出版，其不足之处在所难免，谨祈读者批评指正，以便日臻完善。

编著者

2008年11月18日

目　录

上篇　理论阐释与探索

第一章　收费公路的兴起与发展 ……………………………………… (3)
一　收费公路的概念与分类 …………………………………………… (3)
（一）收费公路的概念 ………………………………………………… (3)
（二）收费公路的分类 ………………………………………………… (7)
二　收费公路的兴起 ………………………………………………… (10)
（一）国外收费公路的兴起 ………………………………………… (10)
（二）我国收费公路的兴起 ………………………………………… (14)
三　收费公路的发展趋势 …………………………………………… (17)
（一）就宏观趋势而言，收费公路的发展可以划分为发展完善、成熟、终止三个时期 ………………………………………… (18)
（二）就微观趋势而言，政府财政支持公路建设力度将逐步扩大，收费的力度将逐步缩小 ……………………………… (18)
第二章　收费公路的地位与作用 …………………………………… (26)
一　收费公路在公路建设事业中的重要地位与作用 ……………… (26)
（一）有利于政府达成扶持公路建设的产业政策目标 …………… (27)
（二）有利于公路投资长期决策效率的提高 ……………………… (27)
（三）有利于扩大公路建设的融资渠道 …………………………… (28)
（四）有利于公路基础设施的建设、管理和养护，提高公路网的服务水平 ………………………………………………………… (28)
（五）有利于收费公路资源的最优消费 …………………………… (28)
二　收费公路在交通运输业发展中的重要地位与作用 …………… (29)
（一）节约了车辆运行费用 ………………………………………… (29)
（二）节约了运行时间，提高了交通运输效率 …………………… (29)
（三）提高了运输质量和行车舒适性 ……………………………… (29)

（四）减少了道路拥挤、降低了交通事故率 …………………… (29)
三 收费公路在经济社会发展中的积极作用 …………………… (30)
（一）拉动了沿线经济的快速增长 …………………… (30)
（二）加快了土地资源的综合利用与开发 …………………… (32)
（三）带动外向型经济的发展 …………………… (33)
（四）加快了城市经济一体化进程 …………………… (34)
第三章 收费公路的理论基础与法律依据 …………………… (35)
一 收费公路的理论基础 …………………… (35)
（一）物品的属性理论 …………………… (35)
（二）收费公路的商品性理论 …………………… (36)
（三）BOT模式的理论 …………………… (37)
（四）道路级差效益理论 …………………… (38)
（五）堵塞成本补偿理论 …………………… (39)
二 收费公路收费的政策法律依据 …………………… (40)
（一）收费公路的相关法律依据 …………………… (40)
（二）公路收费的相关政策规定 …………………… (43)
第四章 收费公路管理的内容与体制 …………………… (53)
一 收费公路管理的概念 …………………… (53)
二 收费公路管理的基本内容 …………………… (53)
三 收费公路管理的体制框架 …………………… (54)
（一）收费公路管理体制的构成要素 …………………… (54)
（二）收费公路管理体制的典型模式 …………………… (58)
（三）收费公路管理体制的改革创新——来自湖北省的探索 …… (64)
第五章 收费公路管理的特点与方法 …………………… (70)
一 收费公路管理的主要特点 …………………… (70)
（一）统一管理与分级管理相结合，以统一管理为主 …………… (70)
（二）微观管理与宏观管理相结合，以微观管理为主 …………… (71)
（三）规范化管理与权变性管理相结合，以规范化管理为主 …… (72)
二 收费公路管理的基本方法 …………………… (74)
（一）收费公路管理的一般方法 …………………… (75)
（二）收费公路管理的具体方法 …………………… (78)
三 收费公路管理的基本手段 …………………… (82)

（一）经济手段 ……………………………………………………（82）
（二）法律手段 ……………………………………………………（83）
（三）行政手段 ……………………………………………………（84）
（四）信息技术手段 ………………………………………………（85）
第六章　收费公路的收费标准与还贷能力 ……………………（91）
一　收费标准制定的影响因素 …………………………………（91）
（一）收费交通量 …………………………………………………（91）
（二）收费总额 ……………………………………………………（91）
（三）地区经济发展水平和人口增长速度 ………………………（93）
（四）道路使用者的消费心理 ……………………………………（93）
（五）物价波动 ……………………………………………………（94）
（六）环境污染和交通安全 ………………………………………（94）
二　收费标准的制定及调整 ……………………………………（95）
（一）收费标准制定的基本步骤 …………………………………（95）
（二）收费标准调整的具体建议 …………………………………（96）
三　收费公路还贷能力的分析及提升
——以湖北省收费还贷公路为对象 ……………………………（99）
（一）湖北省收费还贷公路还贷能力的实证分析 ………………（99）
（二）湖北省收费还贷公路还贷能力的提升策略 ………………（102）

下篇　操作实务与要领

第七章　收费站的设立与调整 …………………………………（113）
一　站（点）规划与设计 ………………………………………（113）
（一）站区规划与设计的原则要求 ………………………………（113）
（二）收费广场规划与设计的原则要求 …………………………（113）
二　站（点）类型及选择 ………………………………………（119）
（一）收费站的类型 ………………………………………………（119）
（二）收费立交及匝道收费站型式的选择 ………………………（121）
三　站（点）设立的条件、标准和程序 ………………………（123）
（一）站（点）设立的条件 ………………………………………（123）
（二）站（点）建设的标准 ………………………………………（129）

（三）站（点）报批的程序 …………………………………… (130)
第八章 劳动人事管理 ………………………………………………… (133)
一 机构设置 ………………………………………………………… (133)
（一）机构设置的原则 ……………………………………………… (134)
（二）机构设置的方法 ……………………………………………… (135)
（三）机构的职能 …………………………………………………… (135)
（四）人员配备及要求 ……………………………………………… (136)
二 劳动用工 ………………………………………………………… (137)
（一）人员选聘的条件与要求 ……………………………………… (137)
（二）劳动用工管理的原则与方法 ………………………………… (138)
（三）劳动关系的建立与解除 ……………………………………… (139)
三 干部人事 ………………………………………………………… (141)
（一）站长的选聘及程序 …………………………………………… (141)
（二）中层干部的选聘及程序 ……………………………………… (142)
四 收入分配 ………………………………………………………… (143)
（一）收入分配的原则 ……………………………………………… (143)
（二）收入分配的主要方法 ………………………………………… (144)
（三）收入分配的审批程序及要求 ………………………………… (146)
五 教育激励 ………………………………………………………… (146)
（一）站长的培训与激励 …………………………………………… (146)
（二）中层干部的培训与激励 ……………………………………… (148)
（三）员工的培训与激励 …………………………………………… (149)
第九章 财务管理 ……………………………………………………… (154)
一 财务管理概述 …………………………………………………… (154)
（一）岗位要求与职责 ……………………………………………… (154)
（二）工作规范 ……………………………………………………… (155)
（三）集中归口管理的核算形式 …………………………………… (160)
（四）部门预算管理的核算形式 …………………………………… (161)
二 会计核算 ………………………………………………………… (165)
（一）会计核算的作用 ……………………………………………… (166)
（二）会计核算办法 ………………………………………………… (168)
三 财务分析 ………………………………………………………… (170)

（一）财务分析的主要报表 …………………………………（170）
（二）财务分析的主要方法 …………………………………（175）
四　财务监督 ……………………………………………………（180）
（一）财务监督的原则与任务 ………………………………（180）
（二）财务监督的职责与制度 ………………………………（180）
（三）财务审计 ………………………………………………（182）
第十章　收费现场管理 …………………………………………（191）
一　收费现场管理的作用、方法及要求 …………………………（191）
（一）收费现场管理的作用 …………………………………（191）
（二）收费现场管理的方法 …………………………………（191）
（三）收费现场管理的要求 …………………………………（192）
二　岗位职责 ……………………………………………………（193）
（一）售票员的岗位职责 ……………………………………（193）
（二）班长的岗位职责 ………………………………………（194）
（三）值班站长的岗位职责 …………………………………（195）
（四）站长的岗位职责 ………………………………………（195）
三　工作规范 ……………………………………………………（196）
（一）礼仪规范 ………………………………………………（196）
（二）收费规范 ………………………………………………（197）
（三）售票操作规范 …………………………………………（198）
（四）安全规范 ………………………………………………（199）
四　应急处置 ……………………………………………………（201）
（一）应急处置原则 …………………………………………（201）
（二）应急处置流程 …………………………………………（202）
（三）应急处置要求 …………………………………………（203）
第十一章　票证管理 ……………………………………………（206）
一　票证管理的作用及原则 ……………………………………（206）
（一）票证管理的作用 ………………………………………（206）
（二）票证管理的原则 ………………………………………（207）
二　岗位职责 ……………………………………………………（208）
（一）票管员的岗位职责 ……………………………………（208）
（二）票管会计的岗位职责 …………………………………（208）

三 工作规范 …… (209)
（一）收费票证印制规范 …… (209)
（二）收费票证档案规范 …… (209)
（三）收费票证监督检查规范 …… (209)
（四）收费票证领取规范 …… (210)
（五）收费票证保存规范 …… (212)
（六）收费票证使用销售规范 …… (212)
（七）收费票证核销规范 …… (213)
（八）收费票证核算规范 …… (214)
四 月（期）票管理 …… (217)
（一）月（期）票的范围及标准 …… (217)
（二）月（期）票的报批程序 …… (217)
（三）月（期）票 IC 卡管理 …… (218)
第十二章 监控管理与社会监督 …… (221)
一 监控管理的作用及方式 …… (221)
（一）监控管理的作用 …… (221)
（二）监控管理的方式 …… (222)
二 岗位职责 …… (223)
（一）监控室班长职责 …… (223)
（二）监控室监控员职责 …… (224)
（三）审带员岗位职责 …… (224)
三 工作规范 …… (225)
（一）监控管理程序及制度规范 …… (225)
（二）监控管理中处理相关问题的规范 …… (227)
四 社会监督 …… (231)
（一）社会监督的重要作用 …… (231)
（二）社会监督的主要途径 …… (232)
第十三章 资产管理 …… (234)
一 资产管理的作用与内容 …… (234)
（一）资产管理的作用 …… (234)
（二）收费站资产的分类 …… (235)
（三）资产管理的内容 …… (235)

二　资产管理的工作规范 …………………………………………（244）
（一）资产购置及使用规范 ……………………………………（244）
（二）资产日常维护规范 ………………………………………（245）
（三）资产保管规范 ……………………………………………（246）
（四）资产更新与改造规范 ……………………………………（246）
（五）资产报废处置规范 ………………………………………（247）
（六）收费站停止收费后的资产处置规范 ……………………（247）
第十四章　站务管理 ……………………………………………（249）
一　站务管理的作用与方法 ……………………………………（249）
（一）站务管理的作用 …………………………………………（249）
（二）站务管理的方法 …………………………………………（250）
二　站务管理的主要内容 ………………………………………（254）
（一）组织管理 …………………………………………………（254）
（二）后勤管理 …………………………………………………（256）
（三）档案管理 …………………………………………………（260）
第十五章　稽查管理 ……………………………………………（263）
一　稽查管理的职能及方式 ……………………………………（263）
（一）稽查管理的职能 …………………………………………（263）
（二）稽查管理的方式 …………………………………………（265）
二　稽查管理人员的岗位职责 …………………………………（267）
三　稽查管理工作规范 …………………………………………（267）
（一）稽查程序规范 ……………………………………………（267）
（二）稽查内容规范 ……………………………………………（268）
（三）稽查行为规范 ……………………………………………（270）
（四）稽查结果处理规范 ………………………………………（271）
第十六章　收费文明建设 ………………………………………（279）
一　收费工作标准化建设 ………………………………………（279）
（一）收费工作标准化建设的管理科学依据 …………………（279）
（二）标准化收费站创建的主要标准 …………………………（282）
（三）标准化收费站创建的内容与步骤 ………………………（282）
（四）创建标准化收费站的组织领导 …………………………（284）
（五）标准化建设的两个典型 …………………………………（284）

二　收费工作班组建设 ……………………………………………… (294)
(一) 班组建设的重要作用 ……………………………………… (294)
(二) 班组建设的基本要求 ……………………………………… (296)
(三) 班组建设的两个典型 ……………………………………… (299)
三　收费劳动竞赛 ……………………………………………………… (301)
(一) 收费劳动竞赛的目的意义 ………………………………… (301)
(二) 收费劳动竞赛的主要内容 ………………………………… (302)
(三) 收费劳动竞赛的考评办法 ………………………………… (303)
四　收费文化建设 ……………………………………………………… (311)
(一) 收费文化建设的重要功能 ………………………………… (311)
(二) 收费文化建设的两个典型 ………………………………… (311)
五　收费廉政建设 ……………………………………………………… (314)
(一) 收费廉政建设的方法途径 ………………………………… (314)
(二) 收费廉政建设相关规则例举 ……………………………… (317)
附录一　湖北省收费公路管理工作总结与思考 ………………… (321)
(一) 收费员最需要理解和关心 ………………………………… (321)
(二) 创新征管理念　提升收费工作质量 ……………………… (322)
(三) 多措并举治逃费　优化收费环境促和谐 ………………… (325)
(四) 浅谈从源头遏制冲岗逃费车辆的对策 …………………… (327)
(五) 对普通公路实施计重收费有关问题的思考 ……………… (329)
(六) 细化管理抓规范　强化服务树新风 ……………………… (331)
(七) 加强设备管理与维护　确保良好收费秩序 ……………… (333)
(八) 做好“两清”工作的经验总结 …………………………… (335)
(九)“四个重视”促进通行费征收工作健康发展 ……………… (337)
(十) 改革也出生产力
——咸宁横沟桥收费站人事制度改革侧记 …………………… (340)
(十一) 创新工作举措　加大征管力度推动全市通行费征管
工作又好又快发展 …………………………………………… (343)
(十二) 精心组织　加强协调　扎实开展服务稽查万里行
活动 …………………………………………………………… (347)
(十三) 创新改革之路　促进收费发展 ………………………… (350)
(十四) 加强协调创环境　强化管理促增收 …………………… (353)

（十五）四大创新实现四个提高全面开创收费工作新局面 ……（357）
（十六）规范管理促服务　转变作风树形象 ……（361）
（十七）强化管理　开拓创新　打造“木兰”品牌 ……（363）
（十八）以人为本　构建和谐收费创新服务　展示窗口形象 ……（367）
附录二　湖北省收费公路管理案例分析与处置 ……（372）
（一）湖北省京珠高速公路管理处稽查服务万里行活动案例 ……（372）
（二）湖北省汉十高速公路管理处稽查服务万里行活动案例 ……（377）
（三）湖北省宜长高速公路管理处稽查服务万里行活动案例 ……（381）
（四）湖北省襄荆高速公路有限责任公司稽查服务万里行活动案例 ……（384）
（五）湖北省武黄高速公路经营有限公司稽查服务万里行活动案例 ……（388）
（六）武汉市绕城高速公路管理处稽查服务万里行活动案例 ……（391）
（七）湖北省黄黄高速公路经营有限公司稽查服务万里行活动案例 ……（392）
（八）湖北省荆州长江公路大桥管理局、湖北省宜昌长江大桥建设开发有限公司稽查服务万里行活动案例 ……（395）
（九）湖北省楚天高速公路股份有限公司稽查服务万里行活动案例 ……（398）
主要参考文献 ……（409）

上篇

理论阐释与探索

如同遗传工程学、管理决策学、公路经济学等新兴边缘学科一样，收费公路管理也有其特殊的意蕴、本质、功能、体制、方法及理论基础。而要揭示和阐发这些基本原理，“只有理论思维才能有所帮助”（恩格斯语）。因此，本篇将从抽象思维的角度对收费公路管理的基本理论进行探讨。

第一章　收费公路的兴起与发展

一　收费公路的概念与分类

（一）收费公路的概念

为了使“收费公路”及其相关问题的研究和探讨能在比较严格的意义上进行，我们需要首先对“公路”这一重要概念的含义及特性进行学理性和法律性的界定及阐发。

一般说来，公路（Highway）是道路（Road）谱系中的一种。它是随着内燃机汽车的发明与普及而修建的主要供汽车行驶的道路。英国出版的《牛津现代高级辞典》对公路的解释是：“Main public road specially for motor vehicle used”，系指公路是“专门通行机动车辆的主干道路”。我国国务院1998年颁布的《中华人民共和国公路管理条例实施细则》第2条对公路的含义进行了法律性规定：“本细则所称公路指的是在中华人民共和国境内，按照国家规定的《公路工程技术标准》修建，并经公路主管部门验收认定的城间、城乡间、乡间可供汽车行驶的公共道路。”

公路作为一种建筑产品，由路基、路面、桥梁、隧道、互通立交、排水防护及交通工程设施等部分组成。与一般工业产品相比，公路既具有技术自然特性，又具有经济社会特性。①

从公路的技术自然特性来说，主要表现在以下五个方面：

1. 产品的单件性

公路建筑产品不同于一般工业产品。后者可以一次设计，批量生产；而前者则会因地形、地貌、地质、水文、气候条件不同而有所差别，而且都有自己的技术等级、技术标准、结构、形式、外观尺寸以及特定的设计图纸和施工方法。

2. 产品的不可移动性

公路建筑产品以土地为基础，而且沿线的公路用地本身就是公路建筑产品

---

① 袁剑波：《公路经济学教程》，人民交通出版社2002年版，第1—4页。

组成部分，因此，公路建筑产品在形成之后，是无法搬移的，属于不动产的范畴，只能固定在原地。公路产品的不可移动性带来了施工生产的流动性，反过来要求施工人员、生产机构、施工设备随不同的公路建设项目和建设工地而转移。公路的不可移动性还使得公路在报废以后的使用价值很小，残值很低。

3. 产品的不可分割性

公路是布置在土地表面、供各种车辆行驶的一种建筑产品，其主要功能是承受行驶汽车荷载的反重力作用并经受各种自然因素的长期侵蚀与影响。这就要求公路必须具备平顺的线形、和缓的纵坡、坚实的路基、平整而防滑的路面、牢固耐用的桥涵、安全可靠的隧道，再加上公路沿线的交通安全设施、交通管理设施、防护设施以及美化保护环境、稳固道路的绿化等，这些要素浑然构成一体，具有明显的不可分割性。

4. 公路的带状性和网状性

公路作为交通流的载体，穿越平原、丘陵和山区，连接城市与乡村，形成星罗棋布、四通八达的公路交通网络，带动和辐射沿线各区域的工农业生产的发展和经济繁荣，提高当地群众的经济和文化生活水平，衍生出充满生机和活力的“公路产业带”和“公路经济走廊”。

5. 产品的耐久性

公路这种建筑产品与一般工业产品相比，具有使用寿命长的特性。其使用寿命往往长于设计寿命。只要对公路进行按时正常的保养和维修，在公路的交通流量不超过其饱和标准而需要改建并且没有特大自然灾害（如地震、泥石流或特大洪水淹没等）破坏的情况下，公路几乎可以永久使用。这个特性就是公路的耐久性。在意大利境内，有一段罗马帝国时期的道路，由于其特殊的环境，虽然经过一千多年的历史变迁，但一直没有改建。一千多年来，该道路得到及时的保养、维修，因此直到现在还在使用。

就公路的经济社会特性而言，主要有如下八个方面的表现：

一是社会公益特性。公路与一般工业产品不同，它在消费和使用上具有非独占性和非排他性，在投资上主要依靠税收和规费，在消费上存在利益的溢出性（即公路的使用次数与缴费比例不完全相当）。它是一种为全社会服务的公益设施，是不能直接用来交换的建筑产品。公路的这一特性使得它很难通过市场来供给，无法通过市场来形成价格，并由此形成了在营运过程中与一般工业产品不同的定价方式。

二是规模经济特性。公路具有明显的规模经济特性，其具体情形可参见表 1－1。

表 1－1　高速公路车道数与通行能力

高速公路车道数	通行能力（标准车数/昼夜）
4 车道	25000（左右）
6 车道	50000（左右）
8 车道	100000 以上

从表 1－1 可以看出，高速公路从 4 车道上升到 6 车道，投资规模增加 1.5 倍，通行能力却增加 2 倍；高速公路从 4 车道上升到 8 车道，投资规模增加 2 倍，通行能力却增加 4 倍，具有明显的规模收益递增特性。根据规模收益变化规律，任何产品的生产，在一定的技术经济条件下都有一个适度规模的问题，超过该规模，将出现规模收益不变进而出现规模收益递减的现象。世界银行专家的理论研究表明，规模收益不变的高速公路车道数是 24 车道。

三是外部经济特性。公路的这种特性体现在正的外部性和负的外部性两个方面。正的外部性，体现为新建公路不仅能给行驶在本公路上的消费者（公路使用者）带来效益，而且还能给其他消费者带来效益，如促进当地工农业生产发展和国民经济增长的效益，减少其他相关公路的交通拥挤和交通事故的效益等。负的外部性则体现为公路使用者对其他用户或道路系统以外的消费者所产生的外部费用，如交通拥挤、路面损坏、环境污染、交通噪声和交通事故等。公路的外部经济特性使得公路在使用过程中出现社会边际效益大于个人边际效益、社会边际成本大于个人边际成本的现象，无法满足帕累托（Pareto）效率的资源配置条件。

四是自然垄断特性。这种特性是指由于存在资源稀缺性和规模经济性而使得提供单一物品或服务的企业形成独家垄断和寡头垄断概率很高的特性。公路的自然垄断特性会使得该公路没有或少有与之竞争的其他公路或其他运输方式存在，公路营运市场由一个或几个卖者垄断。在这种情况下，强大的市场控制力会有产生与形成竞争性均衡价格相背离的垄断价格的可能性，从而破坏帕累托效率的资源配置。

五是地域特性。即公路的需求市场与供给市场被地区所分割，在公路营运过程中，会出现一些地区公路上缴通量不足，而另一些地区公路上出现交通量的拥挤现象。由于公路的不可移动性使人们无法将一地区剩余的公路供给用于满足另一地区过量的交通需求，即公路需求与供给的平衡会因地域性而被打破。

六是需求高峰特性。即公路的需求在时间上是不均衡的，每天出现早高峰与晚高峰两次高峰需求，在每星期的不同天里也存在着有规律的交通需求高峰现象。这使得公路需求出现一时过剩又一时不足的现象，公路在每年的不同月份也呈现出有规律的高峰需求，其峰值发生在每年的9—11月份。其相关情况参见图1－1、图1－2和图1－3。

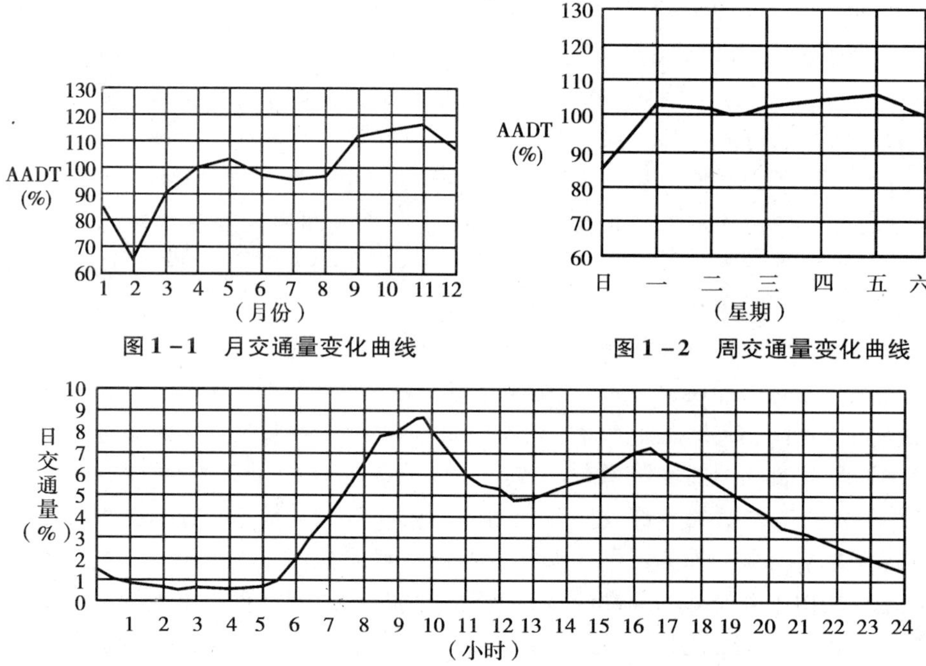

图1－1 月交通量变化曲线

图1－2 周交通量变化曲线

图1－3 交通量小时变化曲线

七是公路的资金密集特性。公路与铁路、航空等运输产业一样，属于资金密集型产业。据统计，20世纪70年代和80年代日本公路设施投资占其国民生产总值的2.4%，澳大利亚2.2%，瑞士2.1%，美国1.7%。由于这些国家国民生产总值很高，因而对公路设施投资的资金总数目是很庞大的。例如，美国1984年对公路的投资为502.6亿美元，平均每人234美元；日本投资238.33亿美元，平均每人206美元；原联邦德国投资63.1亿美元，平均每人104.6美元①。我国在“九五”期间公路建设总投

① 中德合作研究项目：《2000年中国公路运输发展战略》（内部报告资料）。

资超过8000亿元人民币，是各种运输方式中投资最多的。我国目前每公里高速公路平均造价已超过1000万元人民币，南方沿海省份少数路段每公里造价接近1亿元。以每公里平均造价比，高速公路超过了任何一种运输方式的线路造价。有的公路建设项目，需要几亿元甚至几十亿元才能建成。

八是公路的商品特性。公路是使用价值和价值的统一体。价值和使用价值是商品的两个要素，是商品的最主要特性。价值是凝结在商品中的一般的无差别的人类劳动，即抽象的人类劳动。商品的价值量，是由凝结在商品中的社会必要劳动量决定的。价值是商品生产所特有的范畴，当劳动产品用来交换而成为商品时，社会必要劳动才能表现为价值，所以，价值是商品的主要属性。使用价值是商品满足人们的某种需要而发生的效用。公路的使用价值表现在它能满足人们生产、生活过程中的交通需求，提供通行服务，实现货畅其流、人便于行以及客、货的空间位移效用和客、货及时、迅速到达出行目的地的时间效用。在这个过程中，它不仅转移了原来的价值，还创造了新的价值。公路的价值反映在它凝结了商品的一般人类劳动。公路的价值由建设公路的社会必要劳动时间（及资源消耗量）所决定，公路的价格是公路价值的反映。所以，公路具有商品的特性。这种特性随着社会主义市场经济体制改革的深入而表现得越来越明显。当前，社会上出现的公路产权转让真实地体现了公路的商品特性。收费公路是公路商品化的重要体现，是商品的组成部分。

基于以上对公路含义和特性的界定和阐发，以及《中华人民共和国公路法》第六章第59条的规定［即“符合国务院交通主管部门规定的技术等级和规模的下列公路，可以依法收取车辆通行费：（一）由县级以上地方人民政府交通主管部门利用贷款或者向企业、个人集资建成的公路；（二）由国内外经济组织依法受让前项收费公路收费权的公路；（三）由国内外经济组织依法投资建成的公路。”］，我们将“收费公路”的内涵界定为：利用贷款、集资或由国内外经济组织投资建成的，具备一定技术和规模的，依法以向车辆收取通行费的方式弥补建设成本或获取一定收益的高等级公路（包括公路桥梁、公路隧道和公路渡口）。

（二）收费公路的分类

根据不同的标准，可以对收费公路的外延即类型作出不同的划分。在这里，我们主要叙述两种划分收费公路类型的标准。

1. 根据技术等级，收费公路可以划分为高速公路、一级公路、二级公

路、三级公路和四级公路

在我国，区分不同等级收费公路的标准，有定量的技术经济标准和定性的技术经济标准。其中，定量的技术经济标准有交通量、行车速度和规范的工程技术标准等，定性的技术经济标准有使用任务和其他政治经济因素。

据统计，到2000年底，我国收费公路总里程94153公里[①]。其中，高速公路的收费里程为10495公里，占总里程的11.1%；一级公路收费里程为12917公里，占收费公路总里程的13.7%；二级公路收费里程为67629公里，占总里程的71.8%；三级公路收费里程为2509公里，占总里程的2.7%；四级公路收费里程为603公里，占总里程的0.6%。相关情况见表1－2。

表1－2　　2000年我国收费公路技术等级构成状况

技术等级	里程（公里）	比例（%）	收费站（个）	比例（%）	收费人员（人）	比例（%）	年收费额（万元）	比例（%）
高速	10495	11.1	662	21.8	26339	19.0	1176750	27.3
一级	12917	13.7	470	15.5	27724	20.0	954465	22.1
二级	67629	71.8	1804	59.4	81514	58.8	2124926	49.3
三级	2509	2.7	83	2.7	2547	1.8	49639	1.2
四级	603	0.6	16	0.5	472	0.3	7941	0.2
总计	94153	100.0	3035	100.0	138596	100.0	4313724	100.0

2. 根据收费的目的，收费公路可以划分为收费还贷公路和收费经营公路

（1）收费还贷公路

收费还贷公路是指公路建设单位通过向银行等金融机构贷款、发行公路建设债券或者向社会团体和个人有偿集资修建的收费公路。由于贷款、债券和社会有偿集资需要按期偿还本金和利息，因而这类公路需要通过向过往车辆收取车辆通行费，以满足按期还本付息的需要。为了在规定的期限内（贷款偿还期）筹措足够的资金以用于偿还贷款本息，在收费还贷模式下，贷款本金、贷款利息、还贷期限以及预期该公路未来的交通量对收费标准的

① 周荣峰：《中国收费公路发展政策研究》，长安大学2002年版，第8页。

确定具有重要影响。根据国家的有关规定，收费还贷公路所收取的通行费收入补偿该公路养护和收费管理支出后的余额，只能用于偿还贷款本息，不得用于其他公路的建设与改造，更不得应用于非公路项目。一旦还清全部贷款本息，就应立即停止收费，拆除收费设施，保证公路畅通无阻。截至 2000 年底，我国共拥有 7.48 万公里收费还贷公路。

（2）收费经营公路

收费经营公路是指由国内外经济组织依法受让收费公路收费权的收费公路和由国内外经济组织依法投资建成的收费公路。该类公路的收费目的是通过收取车辆通行费来收回投资并获取投资收益。在实行收费经营模式下，由于经济组织只能在特许期限内收费经营，而特许期限终了需将收费权交还国家，因此，合理的特许经营期和投资收益率成为收费标准确定的关键因素。在西方国家，早在 20 世纪 30—40 年代就进行过实行公路特许经营制度的尝试（如 1940 年在美国宾夕法尼亚州建成并投入使用的收费公路）。近年来，由于受货币主义学派和供给学派经济思想的影响，主张企业经营私有化，又由于经济不景气，财政资金供求矛盾突出，利用私人财团资金、组建私营公路股份公司来设计、建造、维护与管理公路成为公路事业发展的一个重要走向。由于公路具有公益性资产的性质，西方经济学家一般不主张公路由私人经营或实行收费制，因为私营企业以获利为目的，在存在着市场缺陷的情况下，不适当的收费将影响公路网作用的充分发挥。这意味着在西方国家公路由私人经营并实行收费制是权宜之计，而不是长远的发展方向。为了维护公路使用者的合法权益，提高公路网的使用效益，政府有义务通过制定有关的法规来有效规范公路经营企业的收费经营行为。

中国公路的经营实践是从 20 世纪 80 年代末开始启动的。1989 年广佛高速公路有限公司、1992 年广东省高速公路发展股份有限公司、江苏宁沪高速公路股份有限公司、江苏扬子大桥股份有限公司等公路经营企业的成立，标志着中国在收费经营方面已开始进行积极的尝试和探索。到 2002 年 3 月底为止，已有广东省高速公路发展股份有限公司、安徽皖通高速公路股份有限公司、江苏宁沪高速公路股份有限公司、海南高速公路股份有限公司、山东基建股份有限公司等 17 家公司成功地在深圳、上海和香港上市募股筹资，筹资额达 239 亿元。此外，我国还拥有河南高速公路发展有限责任公司、重庆高速公路发展有限公司等一批国有及国有控股的公路经营企业，对发展我国的高速公路网发挥了重要作用。截止到 2000 年底，我国共拥有 2.6 万公里收费经营公路。

需要指出，我国目前只有收费还贷公路和收费经营公路两种类型的收费公路。但从国际上看，除有这两种类型的收费公路外，还有收费控制公路。一般而言，收费控制公路是指通过收费有效控制公路的交通量，以求最大限度地提高现有道路使用效益的收费公路。支持收费控制行为的经济理论，是现代经济学中的边际效益理论。根据现代经济学的基本原理，当生产某种物品所产生的边际效益大于其边际成本时，应增加产品数量；反之，应减少产品的数量；当其边际效益等于边际成本时，可产生最高的资源利用效率和最大的社会经济效益，这时的资源配置达到了最优配置。根据这一理论，当某条路处于饱和状态时，增加交通量将导致交通拥挤、时间延误、经济成本增加，这时需对过往的车辆征收通行费，所确定的收费标准应当使得边际车辆包括通行费在内的总付费等于其边际成本，这有利于获得最大道路使用效益。英国伦敦、爱丁堡等交通十分拥挤的城市考虑采取道路收费制的主要目的就是为了控制交通量对有限公路的需求，减缓拥挤状态。荷兰1998年计划在其主要城市阿姆斯特丹、海牙、鹿特丹和乌得勒支四周设立总共110个自动收费站，目的在于“通过向进城的机动车收取一定费用的方式，‘劝阻’驾车者尽量减少不必要的进城交通，以减少在荷兰城市四周道路上时有发生的堵车现象以及因车辆过多而造成的城市空气污染”①。理论研究的结果表明，对于未达到饱和的公路，不应当实行以控制为主要目的的收费制度。显然，控制收费与公路筹资无关，属于典型的政府行为。到目前为止，除台湾省以外，我国尚未实行以控制交通量为主要目的的公路收费制度。

二 收费公路的兴起

（一）国外收费公路的兴起

在西方国家公路发展史上，收费制度发挥着重要作用。根据历史记载，大约在公元前1950年，出现过一条由亚述人建造的、从叙利亚通往巴比伦的收费公路。到中世纪，收费制度在欧洲流行起来，并被广泛地用于为桥梁建设筹措资金。在英国，从1281年开始对通过伦敦桥的车辆和行人、船只收费；500年后不列颠国会通过了一项法律允许各郡建收费亭征收费用用于公路养护。1706年收费信托机构开始建立，负责征收费用用于公路的筹资、

① 《中国交通报》，1998年11月11日。

建设维护与经营。英国的工业革命使得收费制度得到较快的发展。到1820年，英国已拥有32000公里收费公路，年收入超过125万英镑。然而，由于铁路运输的较快发展以及对长途货物运输量强有力的竞争，使得经营收费公路无利可图。到19世纪中叶，地方政府逐渐替代了信托机构来行使公路建设和养护的职能。在美国，第一条由私人建造的收费公路于1794年在宾夕法尼亚建成并投入使用。19世纪的澳大利亚具有与英国相类似的公路收费制度。与英国不同的是，私人经营收费公路并不成功，于是各级政府逐步替代了私人企业来建造和维护公路和桥梁。由于铁路运输对长途交通量的吸引、收费成本上升等诸多原因，收费制度在澳大利亚从1860—1890年缓慢地衰退；塔斯马尼亚州甚至于1880年宣告废除了公路收费制度。[①]

然而，公路（桥梁）收费制度在20世纪又得以重新发展，目前世界上有40多个国家或地区拥有收费公路，其中包括发达的工业化国家和一些发展中国家或经济转型国家，公路建设资金的相对短缺是导致公路（桥梁）收费制度发展的根本原因。这在现代收费公路发展的历程中充分地体现出来了。

国外现代收费公路发展经历了一个曲折的过程，大体可以分为三个时期：

1. 发展期

1924年世界上第一条供汽车通行的收费道路——意大利米拉诺至湖水地方间高速公路的开通，标志着现代收费道路的开始。20世纪50年代后，收费道路进入大规模发展时期。由于第二次世界大战后西方国家经济迅速恢复，私人小汽车大量普及，客观上提出了建设高速公路的要求，但与此同时，各国又都面临资金短缺的问题，于是一些国家积极采取收取通行费的融资方式来发展本国的高速公路。这一时期的收费道路主要分布在欧洲地中海国家，收费公路在第二次世界大战后欧洲的重建过程中有较大的发展。其中，意大利早在1924年就已建成了80公里的高等级收费道路，并于1955年制定了建设高速公路和普通公路的法律，对高速公路建设提出了规划方案。除了比较落后、核算较为困难的南部地区外，高速公路全部采用收费制度。从1955年至1975年，意大利共建成高速公路5500公里，截止到1988年，共有高速公路6000余公里，其中收费高速公路占83%以上。法国的收费道路建设，始于1955年《汽车道路法》的制定和颁布。它从一开始就实

① 周国光：《中国道路收费与融资问题研究》，长安大学公路学院2002年版。

行高速公路收费制度和免费制度并举的方针，免费高速公路由公共事业部门主管建设，仅限于大城市、主要港口和连接内陆的公路，占高速公路网约80%的城市之间的高速公路采取收费制度。

美国、日本等国在这一时期也建设了相当数量的收费道路。

美国是世界上最早推行收费道路的国家之一。美国独立革命后，由于西扩和贸易，开始了以收费道路公司发展为标志的修路年代，继1792年之后，第一条收费道路费（城）—兰（卡斯特）收费道路获得批准后，收费道路蓬勃发展，收费道路公司纷纷成立，其中康涅狄克州成立50家，纽约州达67家，但总体上看只是收费道路的探索，不能算现代意义的公路收费。第二次世界大战以后，无论从军事角度还是从经济发展角度考虑，联邦政府和一些州政府意识到建设现代化的、高质量的公路系统十分必要，并把收取过路费作为修建公路的一个融资渠道。从1945年到1955年的10年间，美国东北部许多州开始在其主要的长距离旅游通道上修建州际收费公路。这一阶段的明显特点是收费政策比较宽松，汽车数量迅速增加，基本上属现代公路收费。

日本的收费道路起步较晚，1954年日本开始第一个道路建设的五年计划。日本是在国家经济实力较弱、财政相当困难、公路运输长期受到忽视的情形下开始修建高速公路的。第二次世界大战后的10年日本经济基本上处于恢复阶段，到1956年，日本国民生产总值达270亿美元，人均国民生产总值达300美元，仅为美国的12.1%，法国的24.1%，英国的76.5%，汽车保有量仅为100万辆。大规模建设高速公路在资金上是相当困难的。为此，日本先后颁布了《道路建设特别措施法》和《日本道路公团法》，建立了高速公路收费制度。这种制度至今仍在日本高速公路建设和资金筹措中发挥着重要作用。

2. 停滞期

20世纪70年代初由于世界性的石油危机，使一些经营收费道路的特许公司面临着财务上的困难，收费道路建设有所减缓。如法国在20世纪60年代后期和70年代初开始通过特许经营权引入私人收费公路。但只有1/4的特许经营权项目是成功的，其他均告失败，收费公路发展进入低潮期。

美国则于1956年通过了《联邦高速公路法》，建立了以燃油税为州际高速公路建设融资的体制，并禁止用公共资金新建的公路收费。随着联邦政府资助各州修建州际公路系统法案的实施，州际公路建设由联邦政府投资实施，并实行免费使用。要求修建其他收费公路的建议逐渐减少，到1963年，最后一条收费公路完全开放，不再收费。

3. 复兴期

20 世纪 80 年代末以来，收费公路的发展再次加快。发达国家的收费公路建设重新步入快车道，即使原来一直不收费的一些发达国家，如英国、德国，也在重新考虑建设收费道路的可能性。与此同时，收费公路在发展中国家里也迅速发展，在东亚、拉丁美洲和非洲的一些国家，收费公路建设还成为高等级公路建设的主要形式。

在美国，联邦的资金政策一直限制国家收费道路的发展。直到 20 世纪 80 年代后期，美国收费公路的建设均是依靠传统的向社会发行债券的方式筹集资金，并以收费收入偿还，政府资金不允许用于修建收费公路。然而，由于原有公路系统已难以满足日益增长的交通需求，大量州际道路失修，使得交通拥挤、交通事故等问题越来越严重，政府用于公路建设的资金投入却趋于短缺。在这种情况下，政府对收费道路的政策逐步放开，并采取越来越积极的措施支持收费公路的发展。1987 年美国通过的《地面运输补助法》（STURAA）设立了一项“联邦资助收费公路试验计划”，打破了美国历史上不允许联邦公路建设资金用于修建收费公路的限制，从 5 个州挑选了 8 条收费公路作为试验项目，这些项目的建设利用联邦政府资金的比例最高可达到总投资的 35%。1991 年的《多种陆上运输效率法案》（ISTEA）进一步将联邦政府资金占收费公路的比例提高到了 80%，并第一次明确表示其收入用于收费公路的再发展，并允许在完成偿还债务后，仍然可以继续收费。此外，ISTEA 还首次表明私有机构可以拥有收费公路。由于美国取消和放松了对建设收费公路的诸多限制，采取了一系列支持措施，使得美国收费公路的发展出现了新的势头。特别是经济高速发展地区的高速公路建设，出现了更为灵活运用民间资金的情况。现在，美国共有收费高速公路 10000 余公里，成为世界上收费高速公路最多的国家之一。①

1984 年由土耳其总理奥扎尔倡导的“BOT”融资方式对发展中国家利用外资修建收费公路产生了重要影响。马来西亚以“BOT”方式修建的全长 772 公里、贯穿马来西亚半岛的南北高速公路，就是一个成功的范例。不少发达国家如美国、英国、澳大利亚、法国、意大利等也不同程度地利用“BOT”方式修建高等级公路。

---

① 许宏科：《高速公路收费系统理论及其应用》，电子工业出版社 2003 年版，第 2—3 页。

现在全世界共有高速公路15万余公里，其中约25%是收费公路，收费公路主要由特许公司经营。在意大利，由22家特许公司经营着全国约5800公里的高速公路；西班牙则由11家特许公司经营着1900多公里的高速公路；法国亦有80%以上的高速公路由特许公司经营；在墨西哥，1994年底高速公路里程也超过了10000公里，其中50%由特许公司建设、经营和管理。为了建立竞争和激励机制，提高高速公路的经营管理水平和投资效益，以商业化原则进行的高速公路投资体制的改革正在全球展开，高速公路建设将向更开放、更市场化的方向发展。

（二）我国收费公路的兴起

党的十一届三中全会以后的几十年是我国历史上经济发展最快、经济社会面貌发生变化最大的时期。改革开放初期，我国经济虽然经过新中国成立后30年的探索性建设，取得了伟大的成就，但由于长期实施计划经济和“左”的影响，整个国民经济暴露出许多问题，其中公路基础设施的滞后更为突出。到1980年，我国公路通车里程仅为87.59万公里，公路标准很低，基本上没有高等级（一级及二级以上）公路，更没有高速公路和汽车专用公路，有等级的公路也不足60%，其余40%是等外路；在等级公路中，二级公路不到2%，其中沥青、渣油、混凝土路面的公路还不到17%。改革开放使我国经济出现了前所未有的繁荣和活力，随着商品经济的发展和市场机制作用的发挥，人们的思想观念在解放，以经济建设为中心的改革开放国策成为时代发展主题。经济的进一步发展需要人和物的流动，我国作为大陆国家，公路作为现代重要交通基础设施，其充分发展是经济社会发展的必然要求。

区域经济学家赫尔希曼认为，基础设施与经济互动发展有两条途径：一是国家重点投资包括交通运输基础设施在内的社会固定资本，从而产生有利于厂商发展的外部经济环境，有利于降低厂商的生产成本，以刺激经济发展；另一途径是政府首先扩张生产部门，导致基础设施紧张，形成瓶颈制约，生产成本的上升必然导致两种途径都会对基础产业和设施投资的需求增强，再带动基础设施发展。两种途径都会形成投资的扩大，促进经济发展。反观我国经济社会发展历程，经济与社会发展取得巨大成就，却由于体制、观念、市场落后的原因，公路基础设施一直没有得到根本性发展。新中国成立后，我国政府依靠国家力量在全国投资成立了一大批国有企业，并通过这些企业推动建设了众多城市，而交通基础设施的滞后却阻碍了这些城市和企业进一步快速、健康发展。

到1985年，我国国民生产总值已增加到1978年的1.93倍，客运量和旅客周转量分别增加到1978年的5.2倍和3.3倍；货运量及货物周转量分别增加到1978年的6.32倍和6.94倍；民用汽车增加到1978年的2.36倍（其中客车3.07倍，货车2.23倍），而公路通车里程仅由1978年的89.02万公里增加到1985年的94.24万公里，7年共增加不到6%，公路基础设施短缺问题日益严重。改革开放以来，农村生产力获得大发展，乡镇企业异军突起，同样，基础设施尤其是公路基础设施成为农村经济发展的瓶颈。整个“六五”期间，全国公路建设仅为49.37亿元，还不到同期国民生产总值的0.15%（而国外此比例一般在1.5%左右）。1983年，为了加快能源、交通建设和解决能源、交通发展滞后严重制约国民经济快速发展的问题，国家开征了能源交通重点建设基金，但对于公路基础设施建设可谓杯水车薪。由于投入严重不足，全国性的公路交通基础设施紧张与制约依然十分突出，急需加快公路建设的新政策出台。[①] 这样，公路收费政策应运而生。

大体而言，我国收费公路发展的历程可以划分为以下三个阶段[②]：

1. 探索阶段（1984—1992年）

我国收费公路是伴随着经济发展、解决公路建设发展与资金不足矛盾而产生的。党的十一届三中全会确立了以经济建设为中心的目标，并实行改革开放政策。20世纪80年代以来，我国经济快速发展，而基础设施落后制约经济发展的问题日益突出。由于公路基础设施建设投资巨大，建设周期长，仅仅依靠国家和地方财政投资，远远不能满足建设需要。在这种情况下，广东省大胆探索筹集资金修建公路桥梁的新路子。1981年广东省交通厅向外商借款1.5亿元建设广州至珠海公路的4座大桥，又集资1亿元改造广州至深圳公路，并以收取车辆通行费的方式偿还借款，为公路建设开拓了新的融资渠道。1984年12月国务院作出了“贷款修路，收费还贷”的重要决策，允许通过集资或银行贷款修建收费公路，并通过收取车辆通行费，偿还贷款。1988年1月，交通部、财政部、国家物价总局联合下发了《贷款修建高等级公路和大型桥梁、隧道收取车辆通行费规定》，对建设收费公路的技术等级和规模、审批权限等问题作出了具体规定。由于当时的收费公路政策仅限于地方政府为贷款主体，其他融资方式还没有被认识和使用，因此，收

① 郗恩崇：《公路交通规费经济学》，人民交通出版社2003年版，第278—279页。

② 刘伟清：《高速公路营运管理专业知识与实务》，人民交通出版社2006年版，第5—9页。

费公路政策处于探索阶段。

2. 快速发展阶段（1993—1998 年）

1992 年召开的党的十四大明确提出“建立社会主义市场经济体制的改革目标”，1993 年党的十四届三中全会作出了《关于建立社会主义市场经济体制若干问题的决定》，勾画出社会主义市场经济体制的基本框架，这是我国经济体制改革史上的重要里程碑。由于收费公路适应于市场经济条件下基础设施建设投融资的特点，成为我国发展公路事业的战略性选择，因此，1993 年以后，我国收费公路得到快速发展。这一阶段，一方面收费公路对经济发展的积极作用逐步被人们认识和接受，收费政策更加完善；另一方面，由于银行体制改革以后，经营自主权提高，风险防范意识增强，而收费公路贷款有政府和收费权质押的双重保障，稳定的现金流增强了商业银行对收费公路项目贷款的信心。因此，这个时期银行贷款大量进入公路建设行业，形成了政府、外资、民营等投资主体多元化建设公路的格局，收费公路建设进入快速发展阶段。

3. 规范阶段（1990 年代中期至今）

我国收费公路在发展中也出现了一些不容忽视的问题。一是收费站（点）设置不尽合理，站（点）过多，影响通行效率；二是收费标准较高，有些地方甚至超过社会承受能力，增加了运输企业成本；三是一些收费站到期不撤，擅自延长收费期限，加重了社会负担；四是公路收费权益转让不规范，存在着越权审批转让等问题。为此，交通主管部门从 1999 年开始规范收费公路的管理。1999 年 1 月 7 日，交通部发布了《关于清理整顿公路收费站（点）实施方案（试行）》，对收费公路设置条件进行了全面调整和提高；2004 年 9 月 13 日，国务院发布《收费公路管理条例》，对收费公路管理进一步规范。收费公路开始在国家有关法规、政策约束下步入有序发展的阶段。

收费公路的发展，极大地促进了我国公路事业的发展（见表 1－3、表1－4），至 2005 年末，我国公路总里程达 1930543 公里，“十五”期间年均增长 58133 公里，年均增长率为 3.26%；其中，等级公路 1591791 公里，占公路总里程的 82.45%，等级公路“十五”期间年均增长 63937 公里，年均增长率为 4.48%。等级公路中，高速公路 41005 公里，一级公路 38381 公里，二级公路 246442 公里，三级公路 344671 公里，四级公路 921293 公里，分别占公路总里程的 2.12%、1.99%、12.77%、17.85%、47.72%；其中，高速公路“十五”期间增长迅速，年均增长 5392 公里，年均增长率为 20.63%。

表 1－3　"十五"期间我国公路增长情况　单位：公里

类别	2001 年	2002 年	2003 年	2004 年	2005 年	年均增长	
	里程	里程	里程	里程	里程	里程	百分率
公路	1698012	1765222	1809828	1870661	1930543	58133	3.26
高速公路	19347	25130	29745	34288	41005	5392	20.63
等级公路	1336044	1382926	1438738	1515826	1591791	63937	4.48
县乡公路	1277364	1336874	1371235	1424552	1475706	49585	3.68

数据来源：中国交通统计年鉴（2006），中国交通年鉴社 2006 年版，公路＝等级公路＋等外公路，等外公路表格中未作统计，高速公路包括在等级公路中；县乡公路与公路是两种统计途径。

表 1－4　2005 年底我国公路线路里程　单位：公里

总计	等级公路						等外公路
	合计	高速	一级	二级	三级	四级	
1930543	1591971	41005	38381	246442	344671	921293	338752

数据来源：中国交通统计年鉴（2006），中国交通年鉴社 2006 年版。

至 2000 年底，我国收费公路总里程近 10 万公里，其中二级公路收费里程为 6.8 万公里，占全部收费公路里程的 71%；高速公路、一级公路收费里程为 2.34 万公里，占全部收费公路里程的 25%；少量的三级、四级公路收费里程占 4%。

我国收费公路的技术等级构成中，二级以下收费公路占 75%，是全世界收费公路发展中绝无仅有的。根据国务院 2004 年发布的《收费公路管理条例》的规定，除中西部地区，连续里程 60 公里以上的二级公路经批准仍可以收取车辆通行费外，其余省、市二级以下公路不得收费，因此，我国收费公路中公路等级将主要以高速公路和一级公路为主。

三　收费公路的发展趋势

根据我国的具体国情，参考国外收费公路发展的经验，我们对我国收费公路发展的趋势作如下探索性分析：

（一）就宏观趋势而言，收费公路的发展可以划分为发展完善、成熟、终止三个时期

完善期：2009 年到 2010 年为收费公路完善期。

成熟期：2010 年到 2030 年为收费公路发展成熟期。随着我国公路建设高潮的完成，公路建设发展速度趋于稳定。由于在公路建设高潮阶段采取了多种形式的融资方式，在这些融资方式中，大多数都涉及投资回报的问题，投资回报的主要方式就是实施收费政策（尤其是“过路费”），因此，在这一阶段，公路收费政策不会再有太大的变化，收费政策已经成熟并开始发挥它的积极作用，为投资于公路建设的各主体提供稳定的资金回报渠道。由于回报稳定以及政策的稳定性，公路建设必然会吸引相当多的投资主体投资于公路建设中来，形成良性循环。

收费终止期：从 2031 年起，将进入公路收费的退出阶段。随着我国公路交通现代化以及国民经济四个现代化的实现，综合国力大大增加，公路大规模建设阶段结束，以筹资为目的的公路收费政策将逐步退出舞台，而以减缓拥挤为目的的收费政策将被采用，这是由我国国情所决定的。①

（二）就微观趋势而言，政府财政支持公路建设力度将逐步扩大，收费的力度将逐步缩小

从具体措施上分析，将出现如下变化：

1. 收税和收取通行费之间的协调趋向合理

公路再生产的价值补偿的实现途径有两种：收费和收税。长期以来我国公路养路费的定位存在缺陷，即主要体现在“养”字上，而忽视了公路的“建”，由此造成了我国公路发展缓慢，失修、失养、停滞、水平不高的局面，尤其是当前“建”的任务非常艰巨。而公路网规模的扩大，“养”的任务同样重要，“建、养”之间矛盾日益突出，甚至造成两方面都不能很好发展的局面。这是历史欠账，不应由当代的公路使用者全部承担。

我国将实行燃油税代替养路费等收费，以此为公路建设、养护筹集资金。今后公路价值将由收税和收费来补偿，收税比起收费有其优点，即运作成本低，不给使用者带来停车延误和心理负担，收税也比较公平，例如，乘载率高，则耗油多、支出就多；乘载率低，则油耗低、支出少，而收费不论重车、空车一律同价。收费不能完全取代收税，反过来，现阶段收税也不能完全取代收费。这是因为：如果用征收道路使用者税的办法来筹集，可能造

---

① 郗恩崇：《公路交通规费经济学》，人民交通出版社 2003 年版，第 284—307 页。

成道路使用者负担过重，难以承受，同时对于欠发达地区尤其是农村地区公路网的使用者，由于服务水平低、燃耗高，则有失公平和效率，从这点上看，对于高等级公路的价值补偿采用收费方式在今后一段时期内有一定合理性和可行性，应注意的是收费标准与收税标准的合理协调问题。

2. 国家财政收入中支持公路建设的份额逐步扩大

公路建成与通车，全社会都是直接或间接的受益者，公路的发展促进了资源的开发、商品的流动、旅游业的兴旺、就业机会的增加、运输业的发展，最终人民收入增加了，企业收入增加了，国家的财政收入增加了，因此，除了征收燃油税、轮胎税、汽车配件税等划为公路资金，还应把资源税、流转税、个人及企业所得税、土地增值税等与公路发展密切相关的一部分税收收入中拿出一定比例支持公路建设，以此取得经济发展与公路建设的互动效应。这不仅是克服收费政策负面影响的有效途径之一，也是政府的责任所在。随着我国政府财政收入的增加，政府更有责任有能力拿出更多资金支持公路基础设施建设。

3. 民间资本更多地进入公路建设领域

民间资本进入公路建设领域的途径比较典型的有两种：一种购买公路债券。当前公路建设面临的矛盾是：一方面急需大量资金；另一方面又要控制收费公路的规模。笔者认为，发行国家公路债券是可行的也是合理的选择，主要原因有：一是通过比较各种融资方式，发行债券有其特别的优点；二是发行国债的来源充足，我国目前居民储蓄和民间资本经过近 30 年的积累已经达到很高的水平，总体特征是总量巨大，个体实力很小，受到投资者自身能力和投资渠道的影响，闲置十分严重，国家通过发行债券，吸收这部分资本，集中财力，可支持我国公路发展；三是偿还债券的资金来源不一定非要通过公路收费来完成，国家可根据经济发展需要和政府财力情况，在通行费与基金补贴之间进行选择，如可由公路基金、一般税收等来补偿，这样既可减少收费公路规模或降低收费标准，又可给予经济发展带来不可估量的效率；四是公路债券把当前先富起来的一部分人的盈余资金吸引到公路建设上来，支持欠发达地区的公路发展，这符合我国的基本政策；五是公路债券的偿还即便是仍由公路使用者承担，也有利于减轻当代公路使用者负担，等经济发展了，由将来的公路使用者分担，因此，通过公路收费政策来实现公路网快速发展并不是公路唯一的政策选择，发行债券对于减少普通公路收费规模是十分必要的。

另一种途径是通过金融创新，直接投资公路建设。融资的选择决定了收费政策的发展，而融资方式与渠道对收费标准有着重要影响。当前我国融资渠道比较狭窄，突出表现在收费公路的直接负债（主要是贷款）占到收费公路融资的70%多，产生了潜在的债务隐患和危机：一是银行借款具有直接偿还性，到期还本付息的要求比较严格，这与公路效益的特点不符，使许多收费还贷公路越是交通量小，越有要提高收费标准的倾向；二是由于我国金融市场不发达，居民大量资产是银行储蓄，实际上将大量的金融风险都累积在银行体系，而收费公路项目的运作中政府的主导地位和个人意志作用突出，导致收益不好的收费公路由于银行的支持得以过早上马，银行的资金不能及时收回，从而导致更大的金融风险和损失，甚至引发整个社会的信用危机。我国民间储蓄加上居民手中的现金和国债等，实际金融资本存量非常可观，如果民间资本被激活，将会有大量资金进入投入——产出循环，释放出来的活力将对公路建设和经济发展起到巨大的推动作用。今后，随着我国金融市场的完善，除了通过债务融资外，还要鼓励进行上市融资、项目融资和BOT融资等直接吸引民间资本的方式。通过这些融资方式，扩大公路收费产权的分散性，化解投资风险，增加公路收费产权的流动性，减少中转环节，吸引民间资本，活跃金融市场，顺应公路收益的特点，减轻短期偿债的压力。①

延伸研读材料

材料1 贷款修路收费还贷将长期存在②

政策——“贷款修路、收费还贷”将长期存在

2005年底，我国公路总里程突破193万公里，高速公路达到4.3万公里，跃居世界第二位，一级公路和二级公路也保持了年均29%和14%的增长率。作为一个发展中国家，公路交通只用不到20年的时间，就走过了发达国家一般需要40年才能完成的发展历程。这一切，正是由于实施了“贷款修路、收费还贷”的政策。目前，96%的高速公路、70%的一级公路、46%的二级公路都是依靠收费公路政策建设起来的。

当前和以后，我国公路建设的任务依然繁重，建设资金不足的矛盾依然

① 郗恩崇：《公路交通规费经济学》，人民交通出版社2003年版，第284—307页。

② 资料来源：《人民日报》，2006年12月26日。

突出，单纯依靠政府投入还远远不够。收费公路政策仍是今后相当长时期内，交通部门筹集公路基础设施建设资金的主要渠道。

性质——市场融资不改变收费公路公益属性

作为基础设施，公路应由政府为主投资建设和管理。在一定条件下，鼓励社会资本投入是弥补政府投资能力不足的有效途径，包括银行贷款、吸收民营资金和外资、公路收费权转让和收费公路包装上市等多种方式。

但从性质上看，社会资本的投入是特许经营，是有时限的，在核定的期限内，投资者的合法权益要依法保护，公路交通基础设施的公益性和服务功能也要切实体现。市场化的融资手段并不能改变收费公路的公益属性，也不能削弱和替代政府部门在收费公路建设、管理中的主导地位。

方向——控制优化收费公路的规模和结构

目前社会上对收费公路规模大、站点多的问题反映比较多。对此，交通部将遵循“调整结构，控制规模；统贷统还，撤并站（点）；政府主导，严格监管”的总体要求，调整完善收费公路发展政策。

“调整结构，控制规模”，是指要严格按照《收费公路管理条例》的规定，走“以非收费公路为主，适当发展收费公路”的路子，各级政府加大对公路建设投入，控制收费公路建设规模，优化收费公路结构；“统贷统还，撤并站（点）”，就是要逐步撤并现有二级公路上的收费站（点），通过“统贷统还”制度，建立高速公路与其他收费公路统筹发展机制；“政府主导，严格监管”，就是要依法加强政府对收费公路发展政策、发展机制、发展规模的管理。

监管——调整规范收费站（点）和收费权转让

近年来，收费公路的收费权转让现象比较严重。为此，《通知》明确要求减少收费站（点），规范收费权转让。

对收费站（点）的管理和设置，《通知》提出了两点核心要求：一是政府还贷二级收费公路要通过实施统贷统还，做到站（点）总量不增并逐步减少；二是《收费公路管理条例》实施前已建成通车并投入运行的收费公路，收费站间距达不到规定的，要逐步调整或撤并。

在收费公路收费权转让方面，《通知》明确了要求：对以前非法转让的，要进行清理和复位，对今后新建的收费公路，必须从立项开始就明确性质；在国家新的转让办法出台前，暂停政府还贷公路收费权转让。

材料 2　学者：应当适度发展收费公路[①]

收费公路是中国深化公路投融资管理体制改革的产物。公路车辆通行费制度推动着中国公路建设事业、特别是高速公路建设事业的快速发展。虽然收费公路在中国已有20多年的时间，但公路车辆通行费制度在中国仍属于新生事物，还缺乏必要的理论研究和制度规范；还需要通过加大管理力度来维护公路用户的合法权益；还需要通过加强财务管理来提高收费公路的投资效益；还需要在加大理论研究和制度规范力度的基础上促使收费公路建设事业的可持续协调发展。

随着收费公路的发展，社会上有关公路收费的争议也日趋增加。道路收费问题已经上升到大是大非的高度，而面对社会公众的一片非议声，中国交通主管部门和理论学界却没有能够做到科学应对，从而陷入了不必要的被动之中，在一定程度上也使为加快公路建设步伐作出艰辛努力的交通部门广大干部和职工感到头顶上乌云密布，产生了“是否我们干错了”的困惑。随着2004年“收费公路管理条例”（以下简称“条例”）的公布和施行，社会各界对收费公路的关注在不断升温。

1. 聚焦中国公路乱收费问题

应当承认，社会上对道路收费的非议和指责并非空穴来风，目前中国确实存在较严重的乱收费问题。虽然20世纪80年代以来中国公路建设事业发展迅猛，路桥车辆通行费制度功不可没；但与此同时，一些地方路桥收费仍存在严重违规和不合理现象，给路桥收费蒙上阴影。有的未经批准擅自设站收费；有的收费期限届满仍在继续收费；有的将未利用国内外贷款或集资建设的道路与收费道路合并在一起收取车辆通行费；有的收费站收费标准上调无根无据；有些地方设立收费站过多过密，基本上以县（区）行政区划来设置，收费站之间仅隔十几公里；有的地方擅自批准收费经营或转让收费权，延长收费期限等。乱收费以及不规范的行为不仅使道路运输企业和个体运输户不堪重负，怨声载道，也助长了社会上乱收费的不正之风，导致社会各界对路桥收费颇有微词，使得为中国公路建设事业快速发展发挥重要作用的车辆通行费制度蒙受不白之冤。导致中国公路乱收费的主要原因是什么？

第一，是一些地方政府部门对科学、合理收费缺乏正确的认识。例如，

---

① 资料来源：周国光：《中国路桥收费问题透视》，长安大学学报（社会科学版），2005年，7(4)：1-5。

由于存在认识上的误区，将“统贷统还”政策同“捆绑收费”混为一谈；由于片面追求筹资效应，将已经收费多年、即将还清贷款和集资本息的收费还贷公路又以较长的年限转让收费权，这无疑增加了公路用户的经济负担，侵犯了公路用户的合法权益。

第二，在有关规范非常明确的状况下，缺乏必要的执法力度，导致“有法不依”、“执法不严”、“违法不究”的现象时有发生，淡化了法制观念，在一定程度上助长了乱收费的不正之风，也使得一些乡（镇）、村非法设卡乱收费等行为屡禁不止。

第三，在公路建设快速发展的压力下，将收取的应该用于偿还公路建设贷款本息的车辆通行费投资建设公路，也许是现行体制下解决公路建设资金短缺的一种无奈。但这种做法必然会导致收费还贷公路还本付息期限的延长，使公路用户增加不必要的经济负担。

第四，由于投资决策失误，或者为了突出所谓“政绩”片面追求高速公路的数量而忽略了建设项目的财务效益，使得一些利用贷款修建的高速公路长期缺乏还贷能力，不得不将还贷的压力追加到其他高速公路项目上，从而进一步迫使这些项目延长了收费期限。

第五，由于政府还贷公路和经营性收费公路基本上由国有单位或者国有控股企业经营，市场竞争意识淡漠；大多数收费路桥基础设施具有垄断性，缺乏市场竞争机制。其结果是管理单位很容易将投资决策失误或者管理上低效率所导致的经济损失以提高通行费标准或者延长收费期限的方式转嫁给公路用户。

第六，在地方政府的各种压力下，一些收费还贷公路管理单位不得不将本应该用于还本付息的车辆通行费上缴财政部门用于平衡地方财政预算，这使得本来就效益不好、还贷能力不强的收费还贷公路在财务上更加捉襟见肘。由此所造成的结果是虽然收费还贷制度已经实施了20多年，但真正还清贷款本息后停止收费的路桥基础设施寥寥无几；中国的收费公路增加速度迅猛，但仍看不到收费公路总量有效控制的希望；公路用户对免交通行费使用高速公路备感失望，极大地影响了通过自觉缴纳车辆通行费支持公路建设事业快速发展的动力和积极性。很明显，要想从根本上杜绝公路乱收费行为，任务还相当艰巨。

2. 应当进一步认识公路收费问题

本文认为，以往对公路收费站（点）的清理整顿工作之所以效果不够理想，原因固然是多方面的，但是对车辆通行费的一些不确切理解，以及一些规范概念模糊不清，难以操作，也许是其中的重要原因。

不可否认，在社会公众心目中，公路属于“应当全部由政府无偿提供的公益性设施”是根深蒂固的，所以社会公众以及财政部、国家发改委等政府部门一致呼吁应当用财政资金投资建设公路。但非常遗憾，由于多年来国家财政资金短缺，财政赤字不断，需要办的事情非常多，根本无暇顾及公路建设领域。2004 年财政收入新增的 4640.63 亿元，没有一分钱投入公路建设。

应当认识到，公共物品具有共享性，并非意味着人们可以免费使用。生产用之于民的公共物品所需的开支，毕竟还需取之于民。我们所面临的选择有以下几种：(1) 由全体社会公众以缴纳各种税金的方式。(2) 由全体公路用户以缴纳燃油税（公路养路费）和车辆购置税的方式。(3) 由特定的公路用户以支付公路车辆通行费的方式。应该采取何种方式为公路建设和养护提供所需资金？相比之下，第一种属于间接付费方式，社会公众实际上是在“不知不觉地”为公路建设付费；第二种付费方式属于固定付费，付费多少与公路用户使用公路的数量没有直接联系；第三种属于直接付费方式，较好地体现了“使用者付费，多使用多付费”的公平原则。对于社会公众来说，需要关注的是愿意采取哪一种方式付费？对于政府部门和经济学家来说，应当关注的是哪一种付费方式更科学，更有效率？

一个不容忽略的事实是如果希望在公路建设规模不变的前提下保证资金供应，不缴纳通行费的前提是社会公众将需要缴纳更多的各类税收，或者全体公路用户将缴纳更多的燃油税或养路费。

在推行交通与车辆税费改革时，我们曾经大力宣传，与缴纳公路养路费相比，缴纳燃油税体现了“使用者付费，多使用多付费”的公平原则，为什么唯独要对同样体现“使用者付费，多使用多付费”公平原则的车辆通行费制度耿耿于怀？

不错，公路用户在缴纳了燃油税（养路费）的同时再缴纳车辆通行费，属于重复缴费行为；但只要收费公路能够向使用者提供运行成本降低、运行里程缩短、运行时间节约等级差效益，并且将收费标准控制在级差效益之内，收费并不会增加公路用户的经济负担。

在财政资金短缺的前提下，如果不借助于车辆通行费制度拓宽融资渠道，高质量公路的建成将推后若干年。那么，在某种意义上公路用户面临的选择是：要么以支付通行费为代价来换取使用高等级公路所享有的降低运行成本、缩短运行距离、节约运行时间、减少交通拥挤等道路使用效益，要么以忍受交通不便为代价，争取在普通公路上免费通行的权利。

在现行条件下，本文赞同适度发展收费公路的基本思路。由于目前财政比较紧张，要做到通过增加国家财政对公路建设的投入来减少收费公路建设也许并不现实；为了减少收费公路而放慢公路建设步伐的思路也不可取。要有效控制收费公路总量，只有注重从以下两方面着手：（1）加大对投资建设政府还贷公路的科学研究，有效制约不能按期还本付息的“烂尾”项目，在源头上控制收费公路总量的增加。(2）严格执行“条例”及其相关规定，使得所有的收费公路（包括政府还贷公路和经营性收费公路）都能够在规定期限内停止收费，转变为不收费公路，从动态上有效控制收费公路总量。可以认为，如果从20世纪90年代初期开始，在收费公路的管理上一直严格执行了国家的有关规定，今天的收费公路总量也许会减少许多。

第二章　收费公路的地位与作用

一　收费公路在公路建设事业中的重要地位与作用

在现代交通运输方式中，公路运输与铁路、水运、航空等运输方式相比较，具有机动、灵活、周转速度快、适应能力强、可以直接把旅客和货物运送到城市和乡村的特点。因此，自19世纪下半叶汽车问世以来，公路运输便逐渐显现出其强大的生命力，成为交通运输业的主力军。

“要致富，先修路”。党的十一届三中全会以来，我国经济与社会发生了翻天覆地的变化。改革开放之初，我国社会主义经济建设虽经新中国成立后近30年的探索，取得了长足的进步，但由于长期受计划经济体制的掣肘，整个国民经济也暴露出了许多问题，其中公路基础设施在公路建设事业中严重滞后，公路事业建设处于缓慢发展状态。

公路本应当是由政府提供的公共产品，但是，我国在改革开放以后处于经济起飞初期，国民经济发展对交通基础设施的需求快速增长，国家财政一时还拿不出太多资金支持公路交通基础设施建设，交通基础设施的需求与供给之间存在很大矛盾。

面对建设资金严重不足的问题，1984年12月国务院第54次常务会议确定在政府财力有限、有效投资不足的情况下“贷款修路、收费还贷”为促进公路建设事业快速发展的政策之一。自此以后，我国收费公路建设进入了快速发展期。1985年，国务院又根据我国国情并借鉴国外经验进一步下发了《关于发布〈车辆购置附加费征收办法〉》的通知，使得车辆购置费成为我国公路建设唯一稳定的资金来源。1992年，邓小平南巡讲话以后，收费公路政策突破了原有的仅靠政府贷款筹资、管理运营交通一家承担的局面，多渠道筹资、多主体管理与经营性公路模式在实践中逐步探索，特别是吸收民营资金和外资进入经营性公路建设，加快了我国公路建设的发展。

截止2005年底，我国公路总里程突破193万公里，高速公路达到4.3万公里，跃居世界第二位，一级公路和二级公路也保持了年均29%和14%

的增长率。作为一个国家财政并不十分雄厚的国家，我国的公路交通只用了不到 20 年的时间，就走过了发达国家一般需要 40 年才能完成的发展历程。这一切，正是由于实施了“贷款修路、收费还贷”的政策，我国 96% 的高速公路、70% 的一级公路、46% 的二级公路都是依靠收费公路政策建设起来的。

总结 20 多年的历史经验，收费公路在我国公路建设事业中具有重要的地位与作用。

（一）有利于政府达成扶持公路建设的产业政策目标

改革开放以来，交通产业一直是我国重点扶持的少数产业之一。但是，现实的情况是公路建设资金需求相当大，国家能用于公路建设的投资十分有限，而我国民间资本经过多年的积累其数额已十分庞大。因此，政府作为出资人以一定的资本作为股本金，吸收民间资本参与收费公路建设，为民间资本开辟了投资渠道。从这里我们不难看出，政府资本在投入时间、空间、数量上的分配与变化，将对民间资本的流向、流量起到示范和引导作用，有利于政府实现扶持公路建设的产业政策目标。

（二）有利于公路投资长期决策效率的提高

实现公路投资长期决策的最优化的前提条件就是必须明确区域中居民对公路作用的偏好及公路与区域经济的内在关联。在运用相关理论进行分析后我们发现，在免费使用公路的情况下，“免费搭车”效应使得居民不会主动显示对公路使用的偏好状况，因此也就无法达到实现公路支出决策的最优化。而在收费状况下情形就会发生改变，主要表现在不付费就不能使用某条公路，这在一定程度上消除了“免费搭车”的现象。一般而言，收费费率高低可以作为该公路满足区域内使用偏好的一个重要指标：若收费金额高但对居民使用偏好下降影响不明显，则表明居民对公路项目的效益评价高，应该增加对该公路通道的投资；若收费金额低但居民并未因此而增加其使用，甚至使用热情不高，则表明居民对该项目评价并不高，应减少投资。[①] 收费公路的上述表现对我国公路建设事业具有重要的启示：由于资本追逐利润的最大化和风险最小化，使得大量资本被优先吸引到交通流量大、费用收入高的公路。收费公路政策的推行将使大量的资金流向这些路段，着力改善路网状况，大力提高服务水平；相反，在那些经济承受力有限、交通流量偏低还不宜建设收费公路的地方，则会对公路建设资

① 张远：《高速公路收费管理》，机械工业出版社 2004 年版，第 11 页。

金失去吸引力，这就可以从根本上遏制了“政绩工程”、“形象工程”等无效率行为的发生。

（三）有利于扩大公路建设的融资渠道

众所周知，我国政府在公路建设资金十分短缺的情况下所实施的收费公路政策，为我国公路网络建设发挥了不容低估的作用。它最直接的好处是吸引了大量的社会资金投向公路基础设施建设。这种收费公路政策既使公路项目的要素投入有了直接、稳定的投资回报，也为进行经营权转让、上市融资、项目集资、利用外资等渠道筹集建设公路资金提供了前提与可能。

（四）有利于公路基础设施的建设、管理和养护，提高公路网的服务水平

由于收费的未来效果直接关系着各投资主体的切身利益，收费公路的建设不但使社会投资于建设项目论证，也投资于设计、施工、运营、养护、管理之中，使公路可行性研究更客观、科学，设计更合理，更重视提高施工质量、降低运营成本、提高养护效率、提高收费公路的服务质量和水平。收费政策的推行也有利于公路基础设施的技术创新与管理创新。现代高级公路的建设与发展，需要新技术、新材料，需要借助于现代信息手段，尤其是智能交通运输系统的应用与发展，更需要高等级公路的运营和管理具有效率，不断创新，而创新来自于企业家，来自于社会。政府有其自身的活动范围和能力局限，推行公路收费政策，架起政府与社会协作的桥梁，使现代技术和管理创新与公路基础设施发展相结合，加快公路现代化建设的步伐。同时，通过收费政策拓展融资渠道，为公路建设筹集到可观的资金，其养护、管理费用一般要从收费收入中列支，在当前公路网建设与养护资金都十分短缺的情况下，势必会减少对公路网中免费公路建设与养护资金的挤占，使得有限的公路资金在免费公路上得到相对充分的分配，从而能更快、更好地建设、完善和维护公路网系统，提高整个公路网的服务水平。

（五）有利于收费公路资源的最优消费

公路作为一种资源，即使是非饱和公路，其服务于公路使用者的边际成本严格来说也是不为零的，免费容易造成人们对公路资源盲目的过度消费，通过收费，客观上能使公路使用者进行价值判断，可以排斥一部分无效率或低效率的使用。

二　收费公路在交通运输业发展中的重要地位与作用

公路收费政策的最直接效果是促进了我国公路网技术等级水平的提高，收费公路中将近20%是高速公路，其余大多为一级公路和二级公路，使我国公路交通运输基础设施服务质量和水平在短时期内显著提高，公路网的改善与提高为公路交通运输业的发展提供了基础条件。[①]

（一）节约了车辆运行费用

提高公路等级和路面质量后，汽车能节约行驶费用，降低运行成本。如燃料、油脂、轮胎、修理、折旧等。

（二）节约了运行时间，提高了交通运输效率

由于收费公路一般在等级上和质量上都超过老路或原路，车辆行驶速度提高显著，提高了运输效率和车辆工作效率。

（三）提高了运输质量和行车舒适性

收费公路有较好的路况，养护工作一般及时到位，其服务水平较高，货损货差的概率大幅度降低，旅客乘车安全性、舒适性提高，客货准时送达有了保证。

（四）减少了道路拥挤、降低了交通事故率

由于收费公路的发展，扩大了公路网规模，提高了公路服务水平。收费公路承担了公路网中交通量的相当比例，使交通流在收费公路和普通公路之间合理分流，各行其道，减少了公路网拥挤，降低了整个公路网中交通事故率。

由于收费公路促进了我国公路事业的发展，特别是以高速公路为首的高等级公路的快速建设与联网，使我国公路交通运输业发展中的薄弱环节公路基础设施服务水平有了质的提高，使公路交通运输在综合运输体系中的重要地位进一步得到提高和加强，使高等级公路成为区域运输走廊中的重要支撑与载体，高等级公路上的快捷、直达、准时、安全、舒适的客货运输极大地吸引着区域物流与客流，大大提高了公路交通运输生产活动半径。由于高等级公路的快速发展，在较短时间内公路运输服务潜能得到了挖掘，新的运输增长点得到培育，快速客运、快速货运服务从无到有蓬勃发展。公路是基础，发展公路交通运输是目的。近几年，公路交通运输业的改善和发展与收费政策巨大作用的发挥是分不开的。

---

① 郗恩崇：《公路交通规费经济学》，人民交通出版社2003年版，第286—287页。

三　收费公路在经济社会发展中的积极作用

（一）拉动了沿线经济的快速增长

收费公路的建成与投入使用迅速拓宽了人们的活动范围，主要表现在市场半径拉大、经济规模扩大、经济效益提升，加速了商品流通和资金周转。无论是东部、中部还是西部，收费公路的延伸必然伴随着区域内 GDP 的快速增长。据有关统计数据显示，高速公路通车后，沿线地区经济增长速度与以前相比，普遍提高了 0.7 个百分点以上。

表 2－1　松莘高速公路促进松江沿线 10 镇经济增长的情况

项目		松江全区	沿线 10 镇	沿线 10 镇比全区	说明
户籍人口（人）	1990 年	499380	257032		户籍人口、户籍户数高于全区平均增长率，说明松莘高速公路促进了沿线小城镇的发展
	1998 年	490302	265613		
	平均增长(%)	−0.23	0.41	0.64	
户籍户数（户）	1990 年	152964	81467		
	1998 年	162181	90062		
	平均增长(%)	0.73	1.26	0.53	
历年土地批租（万平方米）	1998 年	783	694		土地批租和私营企业占全区多数比例，说明松莘高速公路促进了沿线地区的发展，具有较强经济活力
	占全区（%）	100	88.63		
私营企业（个）	1998 年	22660	9462		
	占全区（%）	100	41.75		
GDP 增加值（亿元）	1990 年	15.73	5.14		GDP 增加值是社会生产的最终产品，工农业总产值是反映生产规模的指标，不受物价因素影响，吸引外资表现出地区的经济活力和开发程度，沿线 10 镇均高于全区水平，充分说明松莘高速公路促进了沿线 10 镇的生产供给
	1998 年	105.6	46.7		
	平均增长(%)	26.87	31.76	4.89	
工农业总产值（亿元）	1990 年	47.8	19.97		
	1998 年	348	207.86		
	平均增长(%)	28.16	34.02	5.86	
吸引外商投资项目（个）	1998 年	1152	833		
	占全区（%）	100	72.3		
吸引外商总投资（亿美元）	1998 年	36.6	30.98		
	占全区（%）	100	84.64		
吸引合同外资（亿美元）	1998 年	17.8	15.2		
	占全区（%）	100	85.39		

续表

项　目		松江全区	沿线10镇	沿线10镇比全区	说　明
社会消费品零售额	1992年	9.67	8.35		沿线10镇消费、投资和出口三大需求平均增长速度均高于全区，充分说明了松莘高速公路促进了该地区的三大需求增长，三大需求又拉动了地区的经济增长
	1998年	53.85	49.16		
	平均增长（%）	33.1	41.16	2.24	
固定资产投资（亿元）	1992年	5.91	3.51		
	1998年	36.52	32.5		
	平均增长（%）	35.4	44.9	9.5	
外贸出口成交值（亿元）	1992年	14.9	8.61		
	1998年	76.98	49.99		
	平均增长（%）	31.4	34.06	2.66	

资料来源：郗恩崇：《高速公路管理学》，人民交通出版社2004年版，第48—49页。

以沪宁高速公路为例。1996年底建成通车的沪宁高速公路立即成为长江三角洲经济腾飞的黄金通道。沪宁高速公路的通车使周边地区的经济活力迅速显现，1997年沿线五市国内生产总值平均增长速度为12.5%。作为高速公路的一部分，松莘高速公路（松江—莘庄）途经上海市松江区的过半区域，极大地拉动了松江区经济的快速发展。1999年，上海市松江区统计局针对松莘高速公路通车后经济的增长速度进行了统计分析，分析表明，松莘高速公路的通车对松江经济增长的作用是显而易见的。

据统计，1991—1998年，松莘高速公路车流量增长1个百分点，松江沿线10镇经济增长就会上升2.04个百分点，从定量上说明松莘高速公路对经济增长起到显著的拉动作用（详见表2－1）。

有关研究表明，运用投入产出模型，计算高速公路建设投资需求对国民经济各部门的生产诱发系数，可以用来分析研究高速公路建设投资对国民经济的生产诱发影响越大，生产波及效果也就越大。按照1997年投入产出模型，可以计算出高速公路运输投资需求的生产诱发系数。以河南省为例，利用诱发系数进行计算，1998—2001年，河南省累计实现国内生产总值19710.47亿元，调整公路投资诱发的国内生产总值占全部国内生产总值的3.5%。调整公路建设投资并加上各部门增加国内生产总值拉动经济增长，平均每年增长1.1个百分点。高速公路的出现，提高了河南的交通运输效益。高速公路上的行车速度一般可达80公里/小时以上，一条四车道高速公路的运输量可超过一条普通铁路，每昼夜可通行25000辆中型车，每个车道1小时可通过1000辆中型车，比一般干线公路高出3—4倍。高速公路的建设和发展，使公路网的整体通过能力大大加强，车辆平均行驶速度得到大幅度提高，极大地提高了运输效益和社会效益。如开封—郑州—三门峡高速公路，使开封到三门峡的行车时间缩减到只有原来的1/3。随着高速公路通车里程的增加、整个公路网的改善，使汽车运输的运距不断延伸。不少贵重物品、高附加值产品，采用简便、灵活、门到门的汽车运输方式，迅速运往全国各地。公路建设拉动了河南旅游业的发展，河南几条高速公路两侧旅游景点遍布，古迹众多，旅游资源十分丰富。由于高速公路的投入和使用，加快了旅游速度，缩短了在途时间，提高了旅游的舒适性、方便性和连续性，促使观光形态从通过型向滞留型转变，使许多人走出城市迈向大自然，促进了旅游服务业的发展。如郑汴洛高速公路的开通，拉近了三市之间的空间距离，使河南的沿黄旅游成为一体，加快了旅游业的发展，增加了旅游收入。仅从2000年与2001年的比较看，河南省接待旅游人数就从5218万人增加为5614万人，增加近400万人，接待国内旅游收入由2000年的346.80亿元增加为374.50亿元，增加近30亿元。许多旅游景点源于天然，本身投资不多，投资公路就是投资旅游。河南高速公路的开通，对沿线的资源开发、招商引资、产业结构调整、横向经济联合起到了积极的促进作用。特别是开洛高速公路、安新高速公路、郑许高速公路两侧为河南省的经济腹地，有较强的工业、农业优势，交通发达，百业兴旺，它在总体上促进了沿线经济增长。同时，吸引了其他地区的人口、劳动力向这几个经济地带聚集，促进了人口、劳动力由农村向城镇、由农业向非农业、由第一产业向第二、第三产业转移；密切了几个大城市群体间的联系，推动了沿线的市镇建设与发展，加快了城乡一体化的进程。不难看出，公路的建设和发展促进了经济的快速增长。

（二）加快了土地资源的综合利用与开发

收费公路的建设与投入使用有利于沿线地区土地资源的开发和产业结构的调整，进一步增强了经济发展的后劲。

一是公路沿线土地升值，价格不断上扬。松莘高速公路就是一个很好的例子。高速公路没有开通之前，该地区的国土资源没有得到很好的开发与利用，当时的合资企业占用土地修建厂房价格十分低廉，每平方米只有5元人民币左右。20世纪90年代初，松莘高速公路建成通车以后，当地普遍受惠于现代化交通条件，上海市松江区的沿线乡镇的投资环境得到了明显的改善，土地价格大幅度上升，从以前每平方米不到1美元一下子上升到25美元以上，有的地段高达30美元以上，仅1992—1994年短短的两年期间，松江区的土地出让金收入共达7768万美元。

二是公路沿线土地批租市场越来越火爆。还是以上海市松江区为例，自1992年初到1994年底，上海市松江区利用松莘高速公路优势累计批租土地120余块，共计400万平方米。

土地批租市场的火爆，给公路沿线乡镇经济与社会的发展带来了千载难逢的机遇。据松江区新桥镇办公室负责人介绍说："新桥的外资主要来自土地批租，如果没有松莘高速公路，就没有新桥的土地批租。高速公路带动了土地批租，而土地批租促进了经济的发展。"

（三）带动外向型经济的发展

便利的交通条件必然使投资环境进一步优化，而投资环境的改善又会进一步促进公路沿线地区外向型经济的迅速发展。

辽宁具有得天独厚的区位优势，这一地区资源丰富，工业基础雄厚，是我国著名的老工业基地之一。改革开放以后，相对落后的交通条件成为制约辽宁工业振兴的瓶颈之一。现在知情的人们谈起辽宁这些年的巨大变化，所津津乐道的首先是辽宁公路交通事业的快速发展。

提到辽宁的交通事业，不能不提到沈大高速公路。1990年8月20日建成通车的沈大高速公路纵贯辽东半岛，使沿线工业走廊连成一体，特别是在通车以后增强了沿线5个重要城市外商投资意向，使得利用外资发展当地经济的规模不断扩大，建立各类经济开发区近百个。在京津塘高速公路北京段，经济技术开发区也迅速形成；而在天津段，已先后形成武清、逸仙园、宜兴埠、塘沽、程林庄、军粮城、天生村等9个各具特色的高新技术产业园区。这些产业群体以京津两市雄厚的人力资源为基础，以国家重点开发的高新技术为先导，以外向型经济为主体，正在成为京津冀地区新的经济增长点。①

同样，1993年底建成通车的济青高速公路把铁路、水路、航空等多种运输方式衔接起来，形成了横贯山东省东西向的综合运输大通道，它的建成通车，对于促进山东半岛经济发展和商品流通，建设和开发胜利油田与黄河三角洲，意义深远，从而有力地推动了山东经济的迅速崛起。数据表明：1995年山东全省新批外资项目2700多家，实际利用外资超过了36亿美元

① 郗恩崇：《高速公路管理学》，人民交通出版社2004年版，第50页。

以上，而在这 2700 多家外资项目中仅沿线四市（济南、淄博、潍坊、青岛）就超过了一半，实际利用外资 14 亿多美元，两项指标分别占山东全省的 56.2% 和 40.5%，比通车前分别增加了 5.7 个百分点和 10.2 个百分点。1993 年前来投资的国家和地区达到 85 个，与 1992 年相比增加了 56.4 个百分点，极大地促进了沿线地区经济与社会的发展。

（四）加快了城市经济一体化进程

收费公路投入使用后，便迅速推动了沿线城镇的发展，加快了城乡经济一体化的进程。

广深高速公路建成后，公路两侧飞速发展，从外观上很难分出城镇与乡村，已经基本上实现了城乡经济一体化，城镇化水平迅速提高。广（州）深（圳）之间的东莞市原来是一个以农业为主的县，县域经济并不发达，1978 年，东莞的农业在国民收入所占的比重比工业高出 17%。经过 10 余年的发展，特别是广深高速公路建成通车以后，东莞市的乡镇企业异军突起。通过农业工业化，东莞市走出了一条城乡经济一体化的道路。

沈大高速公路建成后，便立即将以沈阳为中心的辽宁中部城市群与以大连为中心的南部城市群连成一体，便捷快速的交通拉近了城市之间的距离，这就不仅加速了沿线城市的开发与建设，而且也促进了郊区卫星城、小城镇的发展。

第三章　收费公路的理论基础与法律依据

一　收费公路的理论基础

（一）物品的属性理论

对公路收费制度具有重要影响的是现代经济学中的公共经济学理论。公共经济学认为，各种消费物品可以划分为私人物品与公共物品。美国经济学家曼昆认为，物品的排他性与竞争性是判定物品属性的两大标准。

所谓“排他性”是指某人在消费一种物品时，阻止他人消费这一物品的特性。对于私人产品而言，一旦购买者支付了货款就取得了该物品的所有权或使用权，未经允许其他任何人不得享用或消费此物品；而公共产品的消费不具有排他性，一定量的某种物品可以由许多人同时消费，并不互相排斥，其效用在不同消费者之间不能分割。公共物品的这种非排他性决定了这种物品并不需要购买即可消费，它没有价格，虽然它的生产也一样要消耗成本。

所谓“竞争性”是指一个人使用某种物品时就会减少其他人使用该物品的特性。对于私人产品而言，购买者只要支付了货款就取得了该物品的所有权，另一个人就不能同时得到该产品，这就是物品的竞争性。当一个人的享用或消费并不减少另一个人对它的消费或享用时，说明该物品具有非竞争性。

但是，在现实社会中，纯粹的公共物品与纯粹的私人物品并不是普遍存在的，更为常见的物品是居于这两个极点之间的既具有私人物品特性又具有公共物品特性的混合物品。习惯上，人们将这类物品称为准公共物品或半公共物品。这种物品种类繁多，其中比较有代表性的有两类：第一类是共同资源，或称公共池塘资源。它是指那些在消费上具有竞争性却难以有效排他的物品。例如公共渔场、公共牧场、地下水资源等；第二类是俱乐部产品。所谓俱乐部产品就是指那些在消费上具有非竞争性却又可以排他的物品，例如图书馆、电影院、公共游泳池、收费公路与桥梁等。

准公共物品与私人物品的共性在于消费具有排他性，在技术上可以对特定对象进行限制消费，只让照章付款的人消费该物品。而准公共物品与私人物品的区别在于私人物品具有独立性，没有外部的或溢出的影响发生；准公共物品的消费则不具有独立性，个体对该物品的消费会影响到对其他人的福利。教育服务就是一个明显的例子。大家知道，教育是一种准公共产品，受教育者是直接的受益者，这是因为他掌握了知识，增强了自身的能力与素质，因此，在职场竞争中就增大了其就业机会，就能够取得比未受教育者或学历偏低者更高的收入，因而接受教育可以看做是他取得未来收入的一种投资，受教育者应当付费。从这一角度来看，教育是一种私人物品，因为它提供的是一种有偿服务。但是，从另一角度来看，教育又具有明显的公共物品特性。这是因为教育的实施也提高了整个社会的文化水平和全民素质，推进了社会的进步与文明。准公共物品的这种二重性决定了它的补偿机制也是二重的：政府拨款与市场取费。

通过以上对准公共物品的分析，我们可得出这样的结论：第一类准公共物品由于不具有排他性，因而价格形成不易，所以大多采取免费供给；第二类准公共物品具有排他性，就有可能向受益者收费，从而可以按照市场体系来运作，解决生产成本补偿问题。

为了便于人们具体理解和把握公共物品、准公共物品、私人物品各自所具有的特性，我们以比较的方式列表展示，详见表 3－1。

表 3－1　　公共物品、准公共物品、私人物品特性比较

		消费的排他性	消费的竞争性
私人物品		排他性	竞争性
公共物品		非排他性	非竞争性
准公共物品	第一类	非排他性	竞争性
	第二类	排他性	非竞争性

（二）收费公路的商品性理论

众所周知，商品是用来交换的劳动产品，具有使用价值与价值。商品的使用价值是指能够满足人们某种需要的属性，而价值则是指凝结在商品中的人类劳动。

首先，公路能使货畅其流、人便于行，实现客、货位移效用和时间效用，这是它的使用价值。其次，它作为劳动资料，也同样经过由货币资本到生产资本的转化，同样消耗物化劳动和活劳动，所以，公路也与其他商品一样凝结着无差别的人类劳动，并且由社会必要劳动时间所决定，这是公路的价值。因此，公路是具有商品属性的劳动产品。但是，具有使用价值和价值的劳动产品如果不是用来交换，那它还不能算是商品，因此公路是不是商品还要看它有没有被交换。

我们知道，收费公路是采用“使用者付费”方式投资建设而成的。应该说，这个过程体现了商品的交换过程。只是它不同于一般的商品交易，一般的商品交易总是生产者先将产品生产出来，然后再与他人通过货币交易或者物物交换的方式交换使用价值，实现产品的价值。而收费公路则不然，一部分社会成员为了获得公路提供的位移服务，先以缴费的方式将资金集中起来，委托政府直接或者间接生产，这里的商品交换是先付费后生产。从社会成员以通行费的方式付费、政府将通行费集中起来支付公路建设的费用来看，这个过程是一个商品交换的过程。政府受一部分社会成员的委托，以通行费的方式将资金集中起来建好公路，而使用者再为公路建设支付费用和成本。因此，公路具有商品属性。也正因为公路具有商品属性，才存在转让经营权和采用经营权方式上市募集资金的可能。

总之，收费公路不仅具有商品的价值与使用价值的性质，而且它在社会经济发展中的重要地位又显示出宏观控制和产业化特征，从而使它具有与一般商品不同的特点。

（三）BOT 模式的理论

所谓 BOT 就是国际上一种通行的项目融资模式，其英文全称为：Build—Operation—Transfer，即建设—经营—移交。它最初是由土耳其原总理奥扎尔于 1984 年提出的。这一融资方式对发展中国家利用外资修建收费公路产生了重要的影响。BOT 融资模式的基本思路是：由政府或所属机构对项目的建设和经营提供一种特许权协议（Concession Agreement）作为项目融资的基础，再由本国公司或外国公司的投资者和经营者负责融资、设计、建设、营运和维护任务。项目完成后在规定的特许经营范围内，投资者和经营者拥有该项目的所有权并收取费用，用所得收入清偿项目债务，弥补经营开支并获得预期的投资回报。在特许经营结束后，再根据协议将该项目的经营权转让给相应的政府机构。

在我国这样的发展中国家，受政府建设资金短缺和土地等资源有限的制约，公路建设相对落后，造成长期以来公路交通产品的需求大于供给，缓解这一矛盾的最好出路就是采用适当的融资模式。因此，BOT模式受到了政府部门的青睐。从近些年的案例来看，融资额中来自银行的贷款所占比例越来越高，在一些项目中高达50%—60%以上①。因此，一些项目建成后，为了尽早回笼资金进行新项目建设，就必须对项目采用收费经营权转让的融资模式。所以，为了保证偿还银行贷款以及其他投资者的合法权益，这些高速公路目前都采取了收费管理的运营模式，但是市场化的融资手段并不能改变收费公路的公益属性，也不能削弱和代替政府在收费公路建设、管理中的主导地位。当然，面对公路建设过程中巨大的资金缺口，在今后相当长的一段时间内，这种收费经营管理的方式必将沿袭下去。

（四）道路级差效益理论

与级差地租类似，公路也因等级的不同而产生级差效益（benefit of differences）。所谓收费公路的级差效益，是指公路使用者投入等量成本在不同等级公路上行驶与运营所获得的效益之差。或者说完成相同的运输工作，使用高等级公路高出使用一般等级公路的效益，就称为级差效益。高等级公路由于技术等级高、运行速度快、安全与舒适性好、运输时间短和成本节省明显等特点，使其较一般公路具有可观的道路级差效益，所以这一理论的支持者认为应当对高等级公路的使用者收取相应的超额效益成本。这就意味着这些公路使用者为效益而须双重付费：除了支付一般公路使用者必须支付的燃油费或养路费等费用外，还必须支付超额费用（公路车辆通行费）。之所以要采取这样的措施，完全是因为公路建设资金的相对短缺，所以公路使用者面临的选择是：究竟是以支付公路车辆通行费为代价来换取增加运输量、降低运行成本、缩短运行距离、减少交通拥挤和节约运行时间等道路使用效益，还是以忍受交通不便为代价来换取在公路上免费通行的权利。由于收费公路具有明显的级差效益，一般说来公路使用者宁愿放弃使用低等级公路而选择支付通行费使用高等级公路，从而使得高等级公路可以在所有者与使用者之间进行“直接买卖交易”。但问题是不同使用者对公路级差效益的理解是不同的，因此要使收取车辆通行费真正反映公路使用者“支付的意愿”，公路管理部门则应该在新建或改建的高等级公路实施收费制的同时，有必要设置不收费的辅道或其他平行线路设施供使用者选择。

公路的级差效益理论是在高速公路管理者立场上体现提供服务市场化的一种方式，它潜在地将公路服务分为两部分，并认为普通公路的服务性能是

---

① 张远：《高速公路收费管理》，机械工业出版社2004年版，第25页。

政府应当提供的，而高出这一性能的部分则是有偿提供的。

（五）堵塞成本补偿理论

堵塞成本补偿理论主张，当公路交通严重堵塞时必须对道路使用者收取一定数量的通行费，借此来达到控制交通流量的目的，也就是采用经济的手段来调整交通流量在公路上的时间与空间分布。其主要做法就是对不同时间与不同区段的公路的交通流量实施差别收费标准，引导使用者在非高峰时段使用公路或对高峰路段的交通流量实行有效分流，以达到减少道路拥挤、堵塞的成本，提高道路使用效益的目的。堵塞成本补偿理论的特点是以高速公路的管理者为立场，以控制高速公路的最佳车流量为目的，收费仅仅作为调节公路流量的手段。

堵塞成本补偿的经济学思想源于公路的容量是稀缺资源这一前提，公路的堵塞会增加车辆运行的社会成本，导致经济资源无法达到最优配置。换句话说，公路不堵塞时不收费，出现堵塞时才收费。因此，堵塞成本补偿的目的在于达到资源的最优利用和社会福利最大化。

通过以上分析，我们不难看出，当道路的使用已产生拥挤、暂时又无法增加通行能力从而使得道路供给缺乏弹性时，必须向道路使用者收取通行费。而根据堵塞成本补偿理论制定收费标准的原则是边际道路使用者在使用公路时，他所获得的效益等于他为使用公路付出的包括通行费在内的经济代价。

总而言之，收费公路的存在是一种必然的经济社会现象，有其自身的理论基础作为支持。公路建设的根本目的是支持国民经济的发展。从这一点来讲，不收费公路由于直接面对国民经济主体因此其社会效益更加显著。而且，收费公路的价值因涉及的经济主体多，需要一定的条件维持其平衡。如果这些条件无法达到，则会导致公路项目失败，所以收费公路有一定的风险。因此，中国采用收费的方式进行高等级公路的融资仅仅是为了弥补财政资金不足的权宜之计。一旦中国的经济发展使国家财政有能力独立支持基础设施的建设，以融资为目的的公路通行费设置将退出历史舞台。

从经济发展阶段来看，中国现在所处的是工业化的初级或中级阶段。在这一发展阶段中，人均收入水平还比较低，而且工业消耗和产出主要是原材料和初级产品。这一方面使快速客运对费率的变动有较大弹性，另一方面使货运对运输费率的承受能力较弱，因而，公路运输量的大小与收费费率有很强的负相关性。从公路基础设施的现状来看，中国公路不仅总量少，密度偏低，在布局方面，高等级公路通常都占据了主要路段，而且也存在数量少、密度低的缺点。这一点又使公路运输主体的选择余地较小。综合以上因素，较高的公路收费费率使客货运输望而生畏，但又很少有合适的替代方式。这种现状扭曲了运输需求和运输供给之间的关系，也使公路建成所带来的效益分配变得不合理。而这种不合理的分配方式产生的根本原因是：中国公路收费理论以经营主体收费收入最大化的原则与高速公路的社会性所要求的社会效益最大化在一定程度上相互抵触。

中国公路收费是以效率优先为立足点的，所以收费标准的制定应当以效率为研究对象。经济上的有效率是指在既定的资源条件下，社会无法进一步组织生产或消费以增进某个人的满意程度而同时不会减少其他人的福利。如果不能满足以上条件，则经济运行就处于无效率状态。由这一点可以看到，中国高速公路收费的目的既不应以经营或建设主体为立场，也不应以管理者为立场，而应当以整个社会经济运行体系为根本立足点；收费的目的不是调节车流量，也不是维持建设、经营主体的财务平衡和收取级差效益，而应当是从全社会经济运行体系出发，以经济快速稳定发展为根本目的。

二　收费公路收费的政策法律依据

（一）收费公路的相关法律依据

1997 年 7 月 3 日，中华人民共和国第八届全国人民代表大会常务委员会第二十六次会议通过并于 1998 年 1 月 1 日开始实施的《中华人民共和国公路法》（以下简称《公路法》，根据 1999 年 10 月 31 日第九届全国人民代表大会常务委员会第十二次会议《关于修改〈中华人民共和国公路法〉的决定》修正；2004 年 8 月 28 日中华人民共和国主席令第 19 号发布的《关于修改〈中华人民共和国公路法〉的决定》再次修正），使得收费公路收取车辆通行费的政策依据上升到法律层次。《公路法》对车辆通行费的收取的范围、收费公路的收费期限、收费标准、收费站（点）的审批和设置等都作出了相应的规定。

1. 通行费征收的范围

《公路法》第 59 条规定：符合国务院交通主管部门规定的技术等级和规模的下列公路，可以依法收取车辆通行费：

①由县级以上地方人民政府交通主管部门利用贷款或者向企业、个人集资建成的公路；

②由国内外经济组织依法受让前项收费公路收费权的公路；

③由国内外经济组织依法投资建成的公路。

2. 收费公路的收费期限

《公路法》第60条规定：县级以上地方人民政府交通主管部门利用贷款或者集资建成的收费公路的收费期限，按照收费偿还贷款、集资款的原则，由省、自治区、直辖市人民政府依照国务院交通主管部门的规定确定。

有偿转让公路收费权的公路，收费权转让后，由受让方收费经营。收费权的转让期限由出让、受让双方约定并报转让收费权的审批机关审查批准，但最长不得超过国务院规定的年限。

国内外经济组织投资建设公路，必须按照国家有关规定办理审批手续；公路建成后，由投资者收费经营。收费经营期限按照收回投资并有合理回报的原则，由有关交通主管部门与投资者约定并按照国家有关规定办理审批手续，但最长不得超过国务院规定的年限。

3. 收费标准

《公路法》第63条规定：收费公路车辆通行费的收费标准，由公路收费单位提出方案，报省、自治区、直辖市人民政府交通主管部门会同同级物价行政主管部门审查批准。

4. 收费站的审批和设置

《公路法》第64条规定：收费公路设置车辆通行费的收费站，应当报经省、自治区、直辖市人民政府审查批准。跨省、自治区、直辖市的收费公路设置车辆通行费的收费站，由有关省、自治区、直辖市人民政府协商确定；协商不成的，由国务院交通主管部门决定。同一收费公路由不同的交通主管部门组织建设或者由不同的公路经营企业经营的，应当按照“统一收费、按比例分成”的原则，统筹规划，合理设置收费站。

两个收费站之间的距离，不得小于国务院交通主管部门规定的标准。

《公路法》的颁布实施，使公路车辆通行征收管理真正走上了法制化的轨道。

为了加强对收费公路的管理，规范公路收费行为，维护收费公路的经营管理者和使用者的合法权益，促进公路事业的发展，根据《中华人民共和国公路法》，2004年9月13日颁布了《收费公路管理条例》（以下简称《条例》），2004年11月1日正式实施。该《条例》对通行费的范围、收费站的设置、收费期限、收费标准、收费公路的经营管理、收费公路收益权的转让以及收费公路的法律责任等都有明确而具体的规定。

（1）通行费收费的范围。《条例》第2条规定：收费公路是指符合公路法和本条例规定，经批准依法收取车辆通行费的公路（含桥梁和隧道）。第4、5条分别规定：全部由政府投资或者社会组织、个人捐资建设的公路，不得收取车辆通行费；任何单位或者个人不得违反公路法和本条例的规定，在公路上设站（卡）收取车辆通行费。第10条规定：县级以上地方人民政府交通主管部门利用贷款或者向企业、个人有偿集资建设的公路（以下简称经营性公路），经依法批准后，方可收取车辆通行费。

（2）收费站的设置。《条例》第5条规定：任何单位或者个人不得违反公路法和本条例的规定，在公路上设站（卡）收取车辆通行费。第6条规定：对在公路上非法设立收费站（卡）收取车辆通行费的，任何单位和个人都有权拒绝缴纳。任何单位或者个人对在公路上非法设立收费站（卡）、非法收取或者使用车辆通行费、非法转让收费公路权益或者非法延长收费期限等行为，都有权向交通、价格、财政等部门举报。收到举报的部门应当按照职责分工依法及时查处；无权查处的，应当及时移送有权查处的部门。受理的部门必须自收到举报或者移送材料之日起10日内进行查处。

第12条规定：收费公路收费站的设置，由省、自治区、直辖市人民政府按照下列规定审查批准：

①高速公路以及其他封闭式的收费公路，除两端出入口外，不得在主线上设置收费站。但是，省、自治区、直辖市之间确需设置收费站的除外。

②非封闭式的收费公路的同一主线上，相邻收费站的间距不得少于50公里。

第13条规定：高速公路以及其他封闭式的收费公路，应当实行计算机联网收费，减少收费站（点），提高通行效率。联网收费的具体办法由国务院交通主管部门会同国务院有关部门制定。

（3）收费期限。《条例》第14条规定：政府还贷公路的收费期限，按照用收费偿还贷款、偿还集资款的原则确定，最长不得超过15年。国家确定的中西部省、自治区、直辖市的政府还贷公路收费期限，最长不得超过20年。经营性公路的收费期限，按照收回投资并有合理回报的原则确定，最长不得超过25年。国家确定的中西部省、自治区、直辖市的经营性公路收费期限，最长不得超过30年。

（4）收费标准。《条例》第15条规定：车辆通行费的收费标准，应当依照价格法律、行政法规的规定进行听证，并按照下列程序审查批准：

①政府还贷公路的收费标准，由省、自治区、直辖市人民政府交通主管部门会同同级价格主管部门、财政部门审核后，报本级人民政府审查批准。

②经营性公路的收费标准，由省、自治区、直辖市人民政府交通主管部门会同同级价格主管部门审核后，报本级人民政府审查批准。

第16条规定：车辆通行费的收费标准，应当根据公路的技术等级、投资总额、当地物价指数、偿还贷款或者有偿集资款的期限和收回投资的期限以及交通量等因素计算确定。对在国家规定的绿色通道上运输鲜活农产品的车辆，可以适当降低车辆通行费的收费标准或者免缴车辆通行费。车辆通行费的收费标准需要调整的，应当依照本《条例》第15条规定的程序办理。

《收费公路管理条例》颁布后，对加强收费公路管理，规范公路收费行为，维护收费公路的经营者和使用者的合法权益等，都起到了积极的推动和引导作用，在收费法制建设上是继《公路法》之后的又一里程碑。

（二）公路收费的相关政策规定

1.《中华人民共和国公路管理条例》

该条例于1987年10月13日由中央政府颁布，并于1988年1月1日正式实施。条例相关内容包括：

第9条　公路建设资金可以采取以下方式筹集：国家和地方投资、专用单位投资、中外合资、社会集资、贷款、车辆购置附加费和部分养路费。

第10条　公路主管部门对利用集资、贷款修建的高速公路、一级公路、二级公路和大型的公路桥梁、隧道、轮渡码头，可以向过往车辆收取通行费，用于偿还集资和贷款。

第33条　经省、自治区、直辖市人民政府批准，公路主管部门可以在必要的公路出口、桥头、渡口、隧道口设立收取车辆通行费的站卡及公路征费征稽站卡。

2.《贷款修建高等级公路和大型公路桥梁、隧道收取车辆通行费的规定》

1988年1月5日，交通部、财政部、国家物价局联合发布了《贷款修建高等级公路和大型公路桥梁、隧道收取车辆通行费的规定》的通知。《通知》的相关内容主要包括：

第2条　凡利用贷款（包括需归还的集资，以下同）新建、改建（不包括局部改造）的高等级公路（即二级和二级以上的公路）或大型公路桥梁、隧道，需要偿还贷款并符合下列条件之一的工程项目，建成后由省级公路主管部门归口，报经省人民政府批准，可对过往车辆收取通行费：

（1）桥梁300米以上，隧道500米以上。改渡为桥的，其收费条件可适当放宽到桥长200米。

（2）高速公路、里程在 10 公里以上的一级公路及里程在 20 公里以上的二级公路。

第 3 条　收费公路建设项目应按基本建设程序实施管理，并事先报经批准。工程应符合《公路工程技术标准》，并增建相应的封闭设施和站卡，通过正式竣工验收后，方准收取通行费。

第 4 条　收费工作由省级公路管理部门统一管理，印制全省统一票证。票证上应标有“偿还贷款”字样。

3.《关于在公路上设置通行费收费站（点）的规定》

1994 年 7 月 18 日，交通部、国家计委、财政部联合颁布《关于在公路上设置通行费收费站（点）的规定》（交公发［1994］686 号文发布），其相关内容主要包括：

第 2 条　凡利用贷款（包括需偿还的集资和实行股份制经营，以下同）建成的公路（包括桥梁、隧道，以下同），并符合下列条件之一的工程项目，按交通部、财政部、国家物价局（88）交公路字 28 号文件规定的程序报批后，可设置站（点）收取车辆通行费：

（1）封闭（包括部分封闭）型的汽车专用公路。平原微丘区超过 40 公里和山岭重丘区超过 20 公里的一般二级公路。

（2）长度超过 300 米的公路桥梁。改渡为桥的，可适当放宽到桥长 200 米。长度超过 500 米的公路隧道。

4.《关于认真做好公路收费站（点）清理整顿的通知》

1999 年 1 月 7 日，交通部下发了《关于认真做好公路收费站（点）清理整顿的通知（公路发［1999］9 号文件印发）》，（以下简称《通知》）。《通知》明确了收费公路和收费站（点）的设置条件，指出收费公路包括收费还贷公路和收费经营公路两种。相关内容包括：

（1）收费还贷公路。收费还贷公路是指由县级以上地方人民政府交通主管部门使用贷款或集资建成的公路。其收费站（点）设置必须符合下列公路技术等级和规模之一，并经省级人民政府批准后方可设置。

①一级公路新建连续里程 20 公里以上或改建连续里程 40 公里以上；

②二级公路新建连续里程 40 公里或改建连续里程 80 公里以上；

③独立桥梁、隧道长度超过 500 米。

（2）收费经营公路。收费经营公路指由国内外经济组织依法投资建成的或有偿受让收费还贷公路收费权的公路。其收费站（点）设置必须符合下列公路技术等级和规模之一，并经省人民政府批准后方可设置。

①高速公路连续里程 15 公里以上；

②一级公路连续里程 60 公里以上；

③独立桥梁、隧道长度超过 500 米，四车道以上；

④二车道独立桥梁、隧道长度超过 1000 米以上。

5.《关于印发公路收费站（点）清理整顿指导意见的通知》

2003 年 1 月 10 日，交通部下发了《关于印发公路收费站（点）清理整顿指导意见的通知》。该《通知》明确指出：

第一，企业经营收费公路要成立公路经营公司，并按程序办理审批手续，签订相关的经营协议或合同文件，由公路经营公司在规定期限内，依法收费、照章纳税，并使用由省、自治区、直辖市税务部门统一印制的税务发票。

第二，政府还贷收费公路的收费为政府行政事业性收费，使用省、自治区、直辖市财政主管部门统一印制的车辆通行费专用票据，收费部门还须向当地省、自治区、直辖市物价主管部门申请收费许可证。收费资金要实行收支两条线管理，除严格核定的正常养护管理支出外，主要用于偿还贷款本息。

第三，对政府还贷收费公路及其设置的收费站（点），今后各省、自治区、直辖市人民政府交通主管部门要积极研究并逐步实行统一管理、统一贷款、统一还款制度，以降低收费公路的收费及管理成本，提高还贷能力。

除了国务院和交通部下发的条例、通知等政策性规定外，各地方政府也相继出台了各自管辖范围内的车辆通行费征收管理（暂行）规定或办法。湖北省于 2000 年以省人民政府第 193 号令的形式下发了《湖北省收费公路管理暂行办法》，其相关内容主要包括：

第 3 条　本办法所称收费公路是指按《公路法》的规定，符合国务院交通主管部门规定的技术等级和规模，依法收取车辆通行费的公路，包括收费公路桥梁和收费公路隧道。

第 4 条　收费公路分为收费还贷和收费经营公路。

县级以上地方人民政府交通主管部门（以下简称县级以上缴通主管部门）利用贷款或向企业、个人集资建成的收费公路为收费还贷公路。

国内外经济组织依法受让收费权的收费还贷公路或依法投资建成公路，为收费经营公路。

上述行政法规和部门规章的颁布和实施，为车辆通行费的收取工作提供了政策依据。

6.《关于进一步规范收费公路管理工作的通知》

2006 年 11 月 27 日交通部下发了《关于进一步规范收费公路管理工作的通知》，明确指出：

第一，加强收费公路建设项目的审批管理。

（1）按照“以非收费公路为主，适当发展收费公路”的原则，加大各级政府对公路建设的财政投入力度，同时各省级交通主管部门还要研究本地的收费公路总量控制指标，控制收费公路建设规模，特别是要严格控制二级收费公路的规模。

（2）各地要从严控制收费公路建设项目审批。

（3）对于拟建的收费公路建设项目，各级交通主管部门要严格按照国家相关法律、法规的规定，严格执行项目立项、初步设计等审批手续和项目核准、备案等程序。

（4）对于目前在建的收费公路如建设项目，各省、自治区、直辖市要开展自查，进行全面清理。凡不符合国家规定的收费公路建设项目，要认真进行整改。

第二，进一步规范收费站（点）的设置与管理。

（1）在对收费公路建设项目严格审批的同时，各地要加强对公路收费站（点）设置的审批把关，合理规划与统一布局收费站，严格控制本辖区内公路收费站（点）的数量。批准设立的公路收费站必须符合《中华人民共和国收费公路管理条例》（以下简称《条例》）第 12 条的间距规定要求。高速公路以及其他封闭式的收费公路，除两端出入口以及必要的省际之间，一律不得批准在主线上设置收费站。其他收费公路同一主线上与相邻收费站间距少于 50 公里的收费站，也不予批准设立。

（2）自本通知发布之日起，中、西部地区要严格控制增设新的二级公路收费站（点）。对于符合规定的新增二级收费公路也就按以下原则设置收费站（点）：政府还贷公路要按照《公路法》和《条例》的有关规定实施“统贷统还”管理，要充分利用现有的收费站（点），合理布局，进行撤并或调整，努力做到保持总量不增并持续减少；经营性公路要严格按照项目的规模和经营特点，本着既保护投资者的合法权益、又考虑路网运行完整性和效率的原则，按规定从严控制收费站（点）的设置。

（3）对于《条例》正式颁布实施之前已经建成通车并投入运行的收费公路，其收费站（点）必须经过省级人民政府批准，收费站间距达不到《条例》规定标准的。各地应逐步进行调整，直至满足《条例》规定要求或撤并相关的收费站。

(4) 收费站的设置符合车辆安全、快速通行的要求。除因车道分离、省际间联合设置以及地形等因素确需将收费站设成分离式外，其他实行开放式收费的收费站，均应设置为一站一址，一次性完成车辆通行费的收缴和票证发放工作，同时，一律不得设立专门的停车验票站（点）。

(5) 收费站设置应规范统一。应在收费站悬挂由省级交通主管部门统一制发的“收费站”标牌。同时，应在收费站进站的醒目位置统一设置公示牌，向社会公示站（点）名称、收费单位、审批机关、收费标准、收费起讫时间、举报电话等相关信息。

第三，严格界定政府还贷收费公路和经营性收费公路。

(1) 县级以上地方人民政府交通主管部门以政府财政性资金投入并利用贷款或者向企业、个人有偿集资建设的收费公路，为政府还贷公路。政府还贷公路的建设和管理由县级以上人民政府交通主管部门依法设立的不以营利为目的的法人组织负责。省级人民政府交通主管部门对本行政区域内的政府还贷公路可以实行“统一管理、统一贷款、统一还款”的模式进行管理。

(2) 国内外经济组织投资建设或者依法受让政府还贷公路收费权的公路，为经营性公路。经营性公路由依法成立的公路企业法人依据相关法律、法规和规章履行建设、经营和管理职责，并接受国务院交通主管部门和省级人民政府交通主管部门的监督检查。

(3) 任何单位不得以任何方式非法设立经营性公路或人为改变政府还贷公路性质。对未依法转让收费权，将政府还贷公路按经营性收费公路进行建设管理的，要进行清理和属性复位。

(4) 在国家新的《收费公路权益转让办法》颁布实施之前，暂停政府还贷公路收费权益转让。国家新的转让办法出台后，收费公路收费权益转让要严格按照国家新的规定执行。

第四，依法对收费公路实施监管。

(1) 收费公路是重要的公益性基础设施，省级交通主管部门要根据《条例》规定，依法加强对收费公路的监督检查力度。必须建立健全收费公路监督检查制度，积极研究收费公路养护预备金或质量保证金制度，定期向收费公路经营管理者下达收费公路养护质量和服务水平指标，严格依法督促收费公路经营管理者履行公路养护、绿化和公路用地范围内的水土保持义务，并可将其纳入年度考核的范围，确保收费公路的服务水平和公路使用者的合法权益。

（2）收费公路经营管理者应按照国家法律法规的规定，进一步规范通行费征收、公路养护、设施维护、交通服务等经营管理行为，严格履行法定义务。要按照国家规定的标准和规范做好收费公路及其设施的养护工作，为行驶车辆及人员提供优质服务。同时自觉接受政府交通主管部门的行业监管，按要求及时提供路况、收费、交通流量、养护和管理情况等有关信息资料。

（3）严格政府还贷收费公路车辆通行费支出管理，加强资金使用监管，严禁违反规定乱支挪用。政府还贷公路的通行费收入，应当存入财政专户，严格实行收支两条线管理。要按照计划、预算和规定用途专款专用，除必要的管理、养护费用从财政部门批准的车辆通行费预算中列支外，其余部分必须全部用于偿还贷款和有偿集资款。各级交通主管部门要加强对收费站收支情况的监管力度，严格资金使用的审批程序，定期公开收支使用情况，提高透明度。严禁将通行费挪作他用，严禁将资金转交非财务机构管理，严禁账外设账、私设小金库和公款私存，严禁将通行费收入用于非公路行业的计划外投资以及各种形式的高消费。各级交通主管部门要结合收费公路审计工作，加强监督检查，对于违反上述规定的，要严肃处理。同时，对经营性公路车辆通行费的收支情况也要实施过程监管。

（4）对违反《条例》规定，未履行养护、绿化和水土保持义务或养护质量、服务水平达不到规定要求的收费公路经营管理者，各省级交通主管部门应根据《条例》第50、54、55条的规定，予以处罚。

（5）对违反《条例》规定，未依法转让收费权，将政府还贷公路按经营性公路进行建设管理的，应根据《条例》第47条的规定，予以处罚。

延伸研读材料

材料3－1 国务院、交通部就《收费公路管理条例》答记者问[①]

据新华社消息，新华社记者9月25日就将于2004年11月1日起施行的《收费公路管理条例》（以下简称《条例》）有关情况采访了国务院法制办公室和交通部的有关负责同志。

问：为什么要制定《收费公路管理条例》?

① 资料来源：《人民日报》，2004年9月27日，第6版。

答： 收费公路，就是指依法在公路上设站收费的公路。根据《公路法》的规定，收费公路包括两类：一类是政府还贷公路，即县级以上地方人民政府交通主管部门利用贷款或者向企业、个人集资建成的公路；另一类是经营性公路，即国内外经济组织依法投资建成的公路和依法受让的政府还贷公路收费权的公路。到 2003 年底，全国收费公路总里程约占全国公路总里程的 8.1%。这些收费公路均为高等级公路和特大桥梁隧道。收费公路的快速发展，对促进国民经济和社会发展起到了重要作用。收费公路的发展也是我国公路建设与管理的成功实践。但是，在发展中也出现了一些不容忽视的问题：一是，收费站（点）设置不尽合理，站（点）过多，影响了通行效率；二是，收费标准较高，有些地方甚至超过社会承受能力，增加了企业运输成本；三是，一些收费站到期不撤，擅自延长收费期限，加重了社会负担；四是，公路收费权益转让不规范，存在着越权审批转让的问题，有的转让未依法进行资产评估，致使国有资产流失。因此，制定《条例》，通过法律手段对收费公路经营管理者的行为加强监管和规范，是十分必要的。

问： 2003 年 11 月 27 日，国务院法制办、交通部将《条例》草案在《人民日报》、《法制日报》、国务院法制办的信息网和交通部网站上全文公布，公开向社会征求意见。请问征求意见的社会反响怎样？

答： 2003 年 11 月 26 日，国务院第 30 次常务会议对《条例》草案进行了审议，鉴于收费公路立法与广大人民群众利益密切相关，决定将《条例》草案登报、上网，公开向社会征求意见。根据国务院领导的指示，国务院法制办、交通部具体负责意见的征集、整理工作。截至去年年底，我们共收到汇总意见 104 份，439 条。各方面普遍认为，通过立法规范收费公路经营管理活动，减少收费站（点），减轻社会负担，维护广大人民群众的合法权益，促进收费公路健康发展，是十分必要和迫切的，是利国利民的好事。同时，各方面对公开征求意见的方式给予了高度评价，认为在政府立法工作中公开征求意见是政府与社会公众建立沟通的有效途径，是党和政府执政为民的具体体现，有利于立法广泛集中民智、充分反映民意，促进政府决策的科学化、民主化。根据国务院常务会议精神和公开征求意见的情况，国务院法制办会同交通部对有关问题又进行了认真研究，并对《条例》草案作了相应修改。例如，鉴于社会各方面对目前一些地方免缴通行费车辆范围过大、数量过多的问题反映强烈，《条例》进一步明确了免缴通行费车辆的具体范围，同时完善了收费公路信息公开、收费公路收费期满撤站等制度。

问： 今后我国收费公路的发展原则是什么？

答：《条例》第3条规定：公路发展应当坚持非收费公路为主，适当发展收费公路，其具体含义有两个：一是在公路网的构成中，非收费公路应当占主导地位，收费公路只是一种补充。二是收费公路的数量应当适度。收费公路的发展速度和数量应当限制在适当的范围之内。之所以作出这一规定，主要是基于以下考虑：

第一，公路是公益性设施，从理论上讲，应当全部由政府无偿提供。改革开放以来，我国经济和社会各项事业的高速发展，对公路交通形成了巨大需求，公路交通一度成为制约国民经济发展的“瓶颈”。但是由于我国政府的财力还不够雄厚，难以满足公路建设所需的巨大资金需求。在这种情况下，为了多渠道筹集公路建设资金，加快公路建设速度，缓解公路交通的“瓶颈”制约作用，我国政府出台了“贷款修路，收费还贷”政策。这只是政府在财力不足、公路建设压力巨大的情况下采取的特定政策。随着我国政府财政实力的逐步增强，公路网渐趋完善，对收费公路的发展规模进行控制，实行以非收费公路为主，适当发展收费公路的政策就顺理成章了。

第二，从公路的自身特点来看，公路是公共物品，具有很强的公益性。这种特点决定了它的发展只能是以非收费公路为主体，收费公路为补充。如果任意扩大收费公路的范围，会影响其社会效益的发挥，不仅不利于收费公路健康发展，也不利于其他公路的健康发展，而且还会给社会经济的发展带来巨大的制约作用。

公路发展应当坚持非收费公路为主，适当发展收费公路，这是制定本《条例》的重要指导思想，也是本《条例》的精髓所在。根据这一指导思想，本条例对收费公路的技术等级和规模、收费公路收费站（点）的设置、收费公路的收费标准、收费公路的收费期限、收费公路权益的转让、收费公路车辆通行费的征收范围、车辆通行费的使用管理等等，都作了严格限定。

问：关于收费公路建设和收费站的设置，《条例》规定了哪些制度、措施？

答：收费公路建设和收费站的设置，是收费公路管理中亟须规范的突出问题，直接关系收费公路经营管理者和使用者的合法权益。据此，《条例》对收费公路的建设和收费站的设置规定了以下制度和措施：一是，明确规定建设收费公路，应当符合国家和省、自治区、直辖市公路发展规划。二是，明确了收费站设置必须经省、自治区、直辖市人民政府审查批准，审批的标准是：高速公路以及其他封闭式的收费公路，除两端出入口外，一般不得在主线上设置收费站，非封闭式的收费公路的同一主线上，相邻收费站的间距不得少于50公里。三是，为了减少收费站（点），提高通行效率，《条例》规定高速公路以及其他封闭式的收费公路应当实行计算机联网收费。四是，明确了收费期限必须经省、自治区、直辖市人民政府审查批准，审批的标准是：政府还贷公路的收费期限最长不得超过15年，中西部省、自治区、直辖市最长不得超过20年；经营性公路的收费期限最长不得超过25年，中西部省、自治区、直辖市最长不得超过30年。五是，明确了车辆通行费的收费标准应当依照价格法律、行政法规的规定进行听证后由省、自治区、直辖市人民政府审查批准，收费标准应当根据公路的技术等级、投资总额、当地物价指数、偿还贷款或者有偿集资款的期限和收回投资的期限以及交通量等因素计算确定。六是，明确了建设收费公路的技术等级和规模：高速公路除市区至机场外连续里程30公里以上；一级公路连续里程50公里以上；两车道的独立桥梁、隧道，长度800米以上；四车道的独立桥梁、隧道，长度500米以上。《条例》还规定，除中西部地区外，技术等级为二级以下（含二级）的公路不得收费。

问：为了解决目前收费公路权益转让过程中出现的问题，《条例》作了哪些规定？

答：为了避免收费公路权益转让过程中出现信息不透明、行为不规范以及损害有关当事人权益的问题，《条例》规定了五项措施：一是，规定转让收费公路权益应当向社会公布，采用招标投标的方式选择经营管理者；二是，规定转让收费公路权益应当依法保护投资者的合法利益；三是，规定转让政府还贷公路权益中的收费权，其延长的期限不得超过5年，转让经营性公路权益中的收费权，收费期限不得延长；四是，规定长度小于1000米的两车道独立桥梁和隧道、二级公路、收费时间已超过批准收费期限2/3的收费公路禁止转让；五是，明确了政府还贷公路转让收入的管理和使用。

问：《条例》对收费公路的经营管理提出了哪些要求？

答：收费公路的经营管理，关系到用路人、投资人、银行等各方权益的保护，为了规范收费公路经营管理者的经营行为，《条例》作了如下规定：一是，规定收费公路建成后须经验收合格，方可收取车辆通行费，不得边建设边收费；二是，要求收费公路的经营管理者按照国家规定的标准和规范，对收费公路进行日常检查和维护，保证公路处于良好的技术状态，为通行车辆及人员提供优质服务；三是，要求收费公路经营管理者设置公告牌，公布收费的有关事项，接受社会监督；四是，规定收费道口的设置应当符合车辆行驶安全的要求，道口的数量应当符合车辆快速通过的需要，收费站工作人员的配备应当与道口的数量、车流量相适应，不得随意增加人员；五是，规定了保证行车安全的措施；六是，要求收费公路经营管理者向收费公路使用者出具合法票据，不得擅自提高收费标准，不得在标准之外加收或者代收任何其他费用，不得强行收取或者以其他不正当手段收取某一期间的车辆通行费；七是，规定政府还贷公路收取的车辆通行费必须全部存入财政专户，严格实行收支两条线管理，不得挪作他用；八是，规定收费公路的收费期限届满，政府还贷公路在收费期限届满前已还清贷款、集资款的，必须终止收费并由政府进行公告；九是，规定了审计机关、行政执法机关对收费公路实施审计和监督检查制度，以及要求收费公路信息公开，接受社会监督的制度。

问：《条例》对强化政府监管，保证收费公路服务水平方面作了哪些规定？

答：近年来，公路建设投资主体的多元化，带来了收费公路经营管理主体的多元化。一些地方出现了收费公路政府监管不到位，路况质量差、服务水平低的不正常现象。一些收费公路经营管理者重收费轻养护，不能保证收费公路的服务水平，社会反响强烈。为此，《条例》规定：一是，省级人民政府交通主管部门应当对收费公路实施监督检查，督促收费公路经营管理者依法履行公路养护、绿化等义务；二是，对收费公路经营管理者未按照国务院交通主管部门规定的技术规范和操作规程进行收费公路养护的，由省、自治区、直辖市人民政府交通主管部门责令改正，拒不改正的，责令停止收费；三是，收费公路经营管理者出现未按国家规定的标准和规范对收费公路及其设施进行日常检查和维护的，未按国家规定合理设置交通标志、标线的，以及收费道口设置不符合安全要求或道口数量不符合车辆快速通过需要等情形的，国务院交通主管部门或者省级交通主管部门依据职权、责令改正，并根据情节轻重，给予必要的处罚。这些规定，明确了政府对收费公路实施监管的责任主体和处罚措施，对于加强政府对收费公路的监管，维护社会公众利益具有重要意义。

第四章　收费公路管理的内容与体制

一　收费公路管理的概念

收费公路管理是国家对社会收费公路事务的管理，是指收费公路主管部门为了实现预期的目标，依法进行的与收费公路相关的计划、组织、指挥、控制、协调、监督等协调活动。收费公路管理是伴随着收费公路现象的出现而产生的，有了收费公路就有了收费公路管理，收费公路在不断地完善和发展，收费公路管理也在日益发展并走向现代化。

收费公路管理是国家有关行政机关及其工作人员对社会收费公路事务进行的管理。收费公路管理的主体，是各级政府中的交通主管部门及其派出机构，如我国中央政府有交通部，省级人民政府有交通厅（局），市、县人民政府有交通局等。收费公路管理的对象是全社会的收费公路事务。收费公路管理从全社会经济文化的整体协调发展，以及社会全体成员的生活需要来进行管理，最终追求的是社会效益。各级收费公路管理部门工作的出发点，都是使收费公路的发展适应社会发展的需要，在各自职能范围内，推动整个公路事业的发展。

二　收费公路管理的基本内容

收费公路管理的内容是多种多样的，有着广泛而丰富的内涵。它的特点是点多、面广、线长，管理跨度大、协调难度高。

收费公路事业存在建设和运营两个阶段的过程，这两个阶段的经济活动是截然不同的，因此，收费公路管理也相应地划分为收费公路的建设管理和收费公路的运营管理。这两大类管理的管理主体、管理对象、管理内容、管理目的和管理办法很不相同，甚至两类管理的性质也存在着很大差别，所以与之相应的管理体制也很不一样。

收费公路建设管理是指收费公路管理主体在收费公路建设过程中对收费公路及其相关的事务进行的决策、协调、组织、控制等管理活动，使收费公路建设得以顺利的保质按期完成。

收费公路运营管理按其业务内容可划分为六大部分：收费管理、养护管理、路政管理、交通安全管理、信息与监控管理、服务管理。需要说明的是，出于本书研究目的的需要，本章重点研究收费公路的运营管理，全书则重点研究收费公路的收费管理。收费公路的收费管理，是指对车辆通行费收取过程中涉及的各种要素进行决策、计划、组织、指挥、控制和激励等活动的总称。它有狭义和广义之分。狭义的收费管理是指收费公路建成开通后的各种管理行为，通常包括收费人员管理、通行费收入计划管理、收费现场管理、收费票卡管理、收费监控管理、收费稽查管理和收费服务管理等；广义的收费管理不仅包含收费公路建成开通后的各项管理行为，而且还包含收费公路开通前所有为收取车辆通行费而进行的各项行为，通常包括收费权确认、收费制式选择、收费方式、收费站设计、收费站（点）报批、收费车型分类、收费标准制定、收费标准报批以及验收等。收费管理是运营管理工作中最基础的重点工作之一。收费工作的主要任务是向过往车辆收取足额的通行费，用以保证收费公路建设资金的偿还及管理运营费用的支出。收费管理要应用先进的设备，改革收费方式，提高收费效率。管理的重点是不错收、不漏收、不乱收。条件具备的路站，已采用不停车收费。收费的稽查工作，通过稽查可以推进服务质量，强化岗位技能，杜绝营私舞弊现象。

三 收费公路管理的体制框架

《中华人民共和国公路法》第8条规定："国务院交通主管部门主管全国公路工作。县级以上地方政府交通主管部门主管本行政区域内的公路工作；但是，县级以上地方人民政府交通主管部门对国道、省道的管理、监督职责，由省、自治区、直辖市人民政府确定。乡、民族乡、镇人民政府负责本行政区域内的乡道建设和养护工作。县级以上地方人民政府交通主管部门可以决定由公路管理机构依照本法规定行使公路行政管理职责。"这条规定给出了我国公路管理体制的原则框架。

（一）收费公路管理体制的构成要素

"体制"一词在我国古代文献中原指文学艺术作品的体裁和风格。后来，在我国逐渐使用体制一词来表示国家机关和企事业单位机构的设置和权限划分的制度。体制一词往往意味着由众多相关的因素及其关系联结而成的一个复合体，是被体系化、制度化了的关系模式。管理活动要顺利有序进行，必须要界定管理活动的权限，确定管理职能；而管理职能的履行，必须有一系列制度规则作保证，同时，还要有一定的人员和设置一定的机构，这是管理活动的物质保证。上述诸管理要素组成的综合体，称为管理体制。简言之，管理体制就是管理活动中管理职能的界定与管理权限的划分的制度体系及由其决定的管理机构的设置形式。收费公路管理体制是指收费公路管理机构设置及各组织机构之间的格局及其管理权限的划分的制度，是收费公路管理活动中的一系列规则、秩序、规范及运行方式所组成的系统体系。收费公路管理体制由管理职能、管理机构、管理人员、管理规则和运行机制五个部分组成。其构成要素的相关内容如图4－1所示。

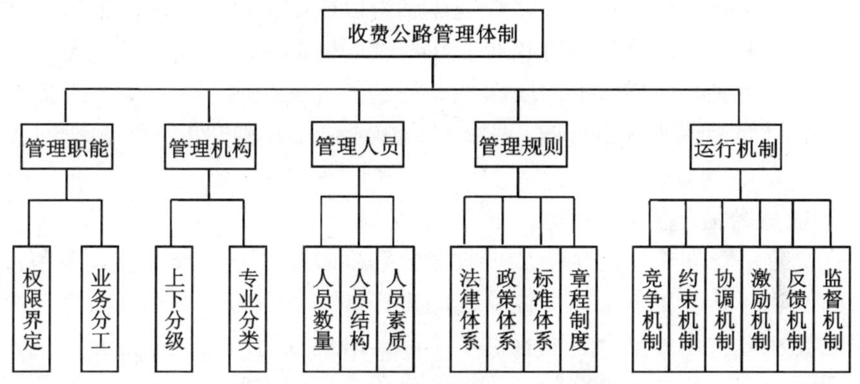

图4－1 收费公路管理体制构成要素

现将五个部分的功能及每个部分的构成要素分述如下[①]：

1. 管理职能

管理职能指的是管理活动中的决策、计划、组织、指挥和控制功能。这些一般职能体现在收费公路管理职能上，又具体化为收费公路的行政管理职能和经营管理职能两大类。例如，在收费公路建设阶段，政府要对收费公路作出规划决策、立项决策；要对项目的招投标实施行政管理；要对公路征地搬迁制定优惠政策和实施管理等。这些都是行政管理职能。而在建设阶段，施工单位和监理单位对工程进度、费用、质量、合同实施的管理则是经营性管理。又例如在收费公路运营阶段，拟定收费公路管理的法律、法规，制定政策，审批收费标准、期限及站点设置，审批收费经营权

① 曾洪江：《收费公路运营管理指南》，人民交通出版社2006年版，第11—21页。

的转让，审批占路和利用公路设施，保护公路资产、维护交通秩序，处理交通事故，监督检查收费公路养护、服务质量，负责收费公路通信监控等，都属于行政管理职能。而经营机构或企业对收费公路的收费管理，公路养护生产管理，对收费公路服务区及产业开发所进行的管理活动则都属于经营管理职能。

在收费公路管理职能要素方面，核心的问题是职能配置和权限划分。所谓职能配置就是把各种收费公路管理职能在不同的管理主体之间进行分配；权限划分则是在职能配置的基础上界定各主体之间相应的权力范围。有什么样的职能配置、业务分工和管理权力范围的界定，就有什么样的管理体制，职能配置和权限划分是收费公路管理体制得以确定的前提。在职能配置和权限划分过程中，首先要分清行政职能和经营职能的界限，实行政企分开，各司其职；还要注意自下而上的层次性，注意同一层级之间不同管理职能的专业性。不同部门间职能的不合理配置，是当前影响收费公路管理的关键因素。

2. 收费公路的管理机构

收费公路管理机构既包括从事收费公路管理的独立工作单位，也包括各管理单位内部具体从事某一专业管理的工作部门。一方面，由于收费公路管理职能类别多、业务复杂，而且性质不同，既包括行政管理职能，也包括经营管理职能，因此收费公路管理机构的设置主要依据管理职能及对应权限的划分。另一方面，由于收费公路在空间上具有带状性和分布网状性，也由于我国公路按行政层次划分国道、省道、县乡道路几个行政等级，收费公路的机构设置应当按不同层次来对应设立。收费公路管理机构纵向、横向设置的不同组合，会产生不同的管理机构模式。按照现代管理科学理论，收费公路管理机构设置，应实现纵向上隶属关系与横向上协调配合关系的有机结合，以“直线职能制”为基本设置制度。即从中央到省、区、市按照管理幅度、职能界定分别设置相应管理机构，分级负责收费公路管理的相应事宜；同时，按照不同种类具体的业务管理职能，在每一级公路管理机构中设置相应的专业部门。这样，既能适应收费公路管理专业分工多的特点，又能满足公路分级管理的要求。

3. 收费公路的管理人员

管理人员在收费公路管理要素中是最活跃的。收费公路管理的效率和水平主要是由管理人员的素质来决定的。收费公路管理人员配备的数量与专业结构，主要取决于每个具体管理机构的职能和权限（包括工作量）的划分。

收费公路管理中，既有专业技术性很强的技术、经济业务，也有一般行政事务性工作；作为不同层次的领导机关，还要做组织、领导、协调、指挥工作。因此，收费公路管理人员可以划分为各级领导干部、专业技术人员和一般工作人员三大类别。

收费公路管理人员的配备，要从质量、数量与结构等方面综合考虑。各级领导干部数量要按照管理岗位和干部配备组织原则确定；技术人员数量要按“按需配备、定岗定员、一专多能”的原则确定；一般工作人员数量按国家有关法规、劳动定额和工作任务量要求安排。除了满足数量要求外，还必须注意各种管理人员的质量，要符合上岗条件要求。

4. 收费公路的管理规则

收费公路管理活动必须遵守一定的准则，这是保证收费公路管理活动规范化、程序化和法制化的必要条件。如前所述，收费公路管理是涉及面广、门类众多、业务复杂的综合体系。为了保障收费公路管理体系高效运转，顺利完成各项管理活动，也相应有一个完整的管理规则体系。这个管理规则体系主要包括四个方面：一是有关的法律、法规和规章；二是政府制定的有关政策；三是行业、专业技术标准与规范；四是各级各类管理机构为本单位或本系统规定的工作章程、作业制度等。

5. 收费公路管理的运行机制

收费公路管理体制是一个由众多实体要素和关系要素构成的有机整体。在其运转过程中，各组成部分之间要发生大量的物质、能量和信息交换，同时显示出相互之间联系、作用的方式和规律，这就是收费公路管理体制的运行机制。归纳起来，它主要包括六种机制：竞争机制、（合同）约束机制、激励机制、协调机制、反馈机制和监督机制。

（1）竞争机制。指各种管理机构之间、企业之间以及管理人员之间相互比较、彼此竞争、优胜劣汰的机制。社会主义市场经济讲求市场在资源配置中起基础性作用。在收费公路的建设与经营中，在大多数环节上，在大多数主体间都不同程度地存在着竞争关系。竞争机制在收费公路资源的优化配置上发挥重要作用。

（2）约束机制。主要指在收费公路的建设与经营过程中，单位之间、经济实体之间通过签订合同的方式，明确双方的权、责、利，为履行职责所体现的约束机制。例如，在公路建设过程中，业主与承包人之间、业主与监理单位之间以及在征地拆迁和材料供应方面都通过签合同体现相互约束；在收费公路运营过程中，收费公路公司与养护企业之间以及服务区项目的开发等活动，也都有签合同体现约束机制的作用。

（3）激励机制。激励机制也表现为管理办法，主要指在收费公路的建设与经营过程中，通过制定工作目标，规定奖惩办法，根据各类管理主体的实际工作业绩，兑现奖励与惩罚，以刺激管理主体的积极性，提高管理效率。

（4）协调机制。收费公路管理内容丰富、涉及面广，管理主体和客体层面及种类都很多，因此协调管理是十分必要的。收费公路的协调机制表现为以下几个主要方面：纵向上多层面上下级管理机构之间的协调；横向上收费公路管理机构与其他政府部门之间的协调；收费公路管理机构内部诸要素之间的协调。在协调机制中，协调要素之间必须注意就目标一致达成共识，都是为实现预定的管理目标而工作，建立部门相互支持为主导的关系，并形成合力；在上级与下级管理机构之间要在职责分清条件下，权利与责任落实，达到政令畅通，运转有序；在管理体制内部诸要素实现有机结合，对管理体制外部社会和经济环境要表现出很强的适应能力。

（5）反馈机制。收费公路管理体制是一个开放的大系统，它由众多的分系统和更细的子系统构成。按照系统工程理论，要建立有效的反馈机制，将管理工作中各种资源信息、工作信息、效果信息及外部作用信息通过各种手段，包括现代化计算机网络手段，及时反馈给管理行为主体，由管理主体做出科学灵敏的反应并采取正确的管理措施，从而实现收费公路管理体制高效率的运转。

（6）监督机制。主要指收费公路管理体制中，各个管理主体的自我约束和相互督察的关系。例如在收费公路建设过程中，对工程质量的检查、检测及纠正差错的行为关系；有些省、市、自治区对公路建设项目实施的"廉政合同"所规定的制约关系；在收费公路运营过程中，对收费的监督检查关系等。

总之，收费公路管理体制的五大要素有机结合形成一个完整的大系统。各类要素间的相互关系体现在管理活动中各自不同的地位和作用上，体现在他们彼此之间相互联系、相互配合、相互制约的过程中。收费公路管理机制构成要素中，管理职能配置和权责划分是体制设立的基本前提，管理机构是体制存在的物质基础，管理人员是体制运作的动力，管理规则是体制运作的规范依据，运行机制是体制有效运转的保障。

（二）收费公路管理体制的典型模式

从管理体制的范围来看，收费公路管理体制涉及建设管理体制、行业管理体制、运营管理体制、交通安全管理体制等方面①。因此，现阶段中国收费公路管理体制可以从以下几个方面进行分析：

1. 建设管理体制的典型模式

收费公路建设管理体制可以分为两种典型模式。

（1）建管一体型模式

建管一体型模式是指收费公路从规划、设计、筹资、建设到营运、养护、管理等由一个管理机构负责。首都高速公路发展公司曾采用了这种体制。建管一体型模式的特点是有利于精简管理机构，降低工程造价及经营成本，提高工程质量和运营效益；有利于促进建设和运营管理有机衔接等。但其弊端主要在于建设、运营两个阶段的专业化管理要求较高。

（2）建管分离型模式

建管分离型模式是指收费公路规划、设计、筹资、建设管理均由专门机构负责管理，建成后由另外的专门机构负责养护、运营和管理。河北省境内的京石、石太等高速公路和辽宁省境内的高速公路均属于这种管理模式。这一模式有利于投资建设和营运管理这两种性质完全不同的工作各自实行专业化管理，不断提高其管理水平；有利于对高速公路的资产经营权与国家所有权实行分离；也有利于政企分开，实现市场机制对收费还贷的激励作用。其缺点是不利于高速公路投资建设与营运管理的衔接。

2. 行业管理体制的典型模式

收费公路行业管理是指政府交通主管部门代表政府对收费公路实施的一种行政性管理。收费公路行业管理是中央和地方各级交通主管部门的重要职能之一。收费公路行业管理的主要内容包括规划指导、法规建设、监督检查、市场培育、协调服务等。收费公路行业管理体制可以分为两种典型模式：

（1）行业归口型模式

行业归口型模式是指一个省只有一个公路行业管理职能机构，即由省级交通主管部门及其派出的公路管理机构——省公路局负责管理。因此，省公路局既是一般公路的行业管理机构，又是高速公路的行业管理机构。目前采用这种管理模式的有黑龙江、内蒙古、云南、河北、天津、上海、海南等省（市、区）。这一模式的特点是有利于较好地理顺公路系统内高速公路与一

① 郭超、樊建强：《高速公路管理体制现状与改革》，长安大学学报（社会科学版），2006年，8（3）：12-16。

般公路之间的管理关系；有利于执法管理。但这种模式需要协调行业管理和运营管理的关系，否则会影响到高速公路的效益。

（2）行业独立型模式

行业独立型模式是指在设置省级公路管理机构的同时，另行设置“高速公路管理局”或“高等级公路管理局”，形成“一省两局”的结构。高速公路和一般公路的行业管理分别归口于两个局。这一模式的特点是有利于高速公路的特殊管理，但不利于处理好公路系统内高速公路与一般公路之间的管理关系，也不利于统一执法管理。目前实行这一模式的有辽宁、山西、江西、贵州、广西、宁夏、青海、新疆等省（区）。

3. 运营管理体制的典型模式

由于现行中国收费公路建设的投融资体制不同，按照“谁投资、谁经营”，“统筹规划、条块结合、分层负责、联合建设”的方针，各省（市、区）现行的收费公路运营管理体制各具特色、各有利弊，综合起来大致可分为两种典型模式：

（1）事业型管理模式

目前中国大多数省份的收费还贷型的高速公路管理属于这种模式，其核算方式采用自收自支的方式，实行收支两条线：通行费收入全额上缴主管部门；养护管理费根据年度计划由主管部门审批划拨。这种体制体现了高速公路作为社会公共设施由政府职能管理部门统一管理的特性，管理上虽有利于统一指挥和协调，但缺乏收费管理单位和人员的自主性，受政府干预大，不利于及早收回公路建设投资。

（2）企业型管理模式

目前企业型管理模式一般采取高速公路集团公司形式。这种公司一般是对事业型高速公路管理局进行集团化改制重组后所形成的国有独资有限责任公司，而原有的各路段收费经营公司一般转变为这类公司的子公司。母子公司之间以资产为纽带，形成母公司对子公司的控股关系，母公司对子公司以股东、监事、董事的身份实行股权管理，按股份享受所有者权益，从而形成以股权关系为链条的集团公司架构。按照隶属关系的不同，企业型管理模式又可以细分为两类：

第一类是隶属于省级人民政府的企业型管理模式。在这种模式下，集团公司归省级国有资产管理委员会统一管理，直属于省级政府领导，基本上与省级交通厅处于同一行政等级序列。集团公司主要负责全省（市、区）高速公路的国有资产管理、市场融资、收费经营等。省级交通主管部门负责行业管理和路政执法的派驻。目前采取这一模式的主要有陕西、山东、北京、河南、安徽、江苏、福建、广东等省（市）。

第二类是隶属于交通厅的企业型管理模式。这种模式一般是省级政府将省（市、区）域范围内的高速公路管理机构进行整合，由省级交通厅以独资方式或控股方式成立公路经营集团公司，履行出资人职能，实施产权管理和营运管理，并依据出资额度享有资产收益分配、重大决策和选择经营管理者的权利。高速公路经营集团公司授权建设、经营、管理高速公路资产。目前，采用这一模式的有湖北、湖南、甘肃、四川、重庆等省（市）①。

上述收费公路运营模式是随着我国收费公路的发展过程而形成的。在初期毫无经验的情况下，各地交通主管部门迅速集中管理资源，使收费公路管理尽快运转，为收费公路充分发挥作用做出重要贡献。但是，任何新生事物都不可能没有缺点。归纳起来，其缺点主要有以下几个方面：

第一，管理机构设置重复、混乱。当前各省（市、区）收费公路管理机构重复设置的问题比较突出，多数省（市、区）在公路管理局以外，平行设置了收费公路管理局或收费公路项目办公室，有的还组建了由省政府直接授权并领导的国有资产投资主体性质的收费公路集团公司等。这些管理机构的性质也不统一，既有事业单位，也有企业。在一个行政区域内出现了几个职能交叉的收费公路管理机构，多头管理、政出多门，必然使收费公路收费管理的职能受到影响。

第二，经营主体定位不清。由于国家对收费公路的经营性质定性不明确，因而在我国一般都把收费公路经营企业当成普通企业，部分收费公路的经营主体，在实行企业化运作时，重经济效益，轻社会效益；重收费，轻服务。在公路养护方面投入较少，公路路况较差，导致公共利益受到损害。还有一些收费公路经营企业为了追求利润最大化，将经营收入投入到公路建设或养护以外的其他领域，致使国家对公益性公路建设和公益性运输服务的投入或补贴不能发挥应有的社会效益。

第三，区域间公路网分割严重。由于行政区域或投资主体的不同，一些跨区域的收费公路往往设置了多个管理主体和多种收费标准，造成属地管理与全线管理的矛盾，使收费公路的整体效益在优势难以发挥的同时，由于地域分管过细，主线收费站相距过近，导致通行不畅，给收费公路用户带来诸

① 周国光、秘慧琴：《公路上市公司可持续发展的基本思路》，长安大学学报（社会科学版），2005年，7（1）：25－28。

多不便。在一条收费公路内部出现多个利益主体各据一方，分散管理，独立行事，一方面严重影响了公路网的统一性，另一方面也增加了管理成本。

第四，收费管理约束不力。一些地方政府把收费公路收费所得纳入地方财政预算，变还贷为创收，对收费站（点）的设置及收费标准审批不严，造成沿线收费站（点）过多过密；在收费标准上没有顾及使用者的承受能力，一味多收、滥收。

4. 交通安全管理体制的典型模式①

收费公路交通安全管理在当前运营管理中是问题最突出的领域，是体制改革中的主要矛盾。下面对现行的收费公路交通安全管理模式进行专门分析。归纳起来，主要分为三种模式，它们都是以交通安全管理职能在部门间的不同配置形成的。

（1）交通部门与公安部门分管模式。这种模式沿用传统普通公路交通安全管理体制，收费公路交通安全管理也由公安部门负责，其余五项职能由交通部门负责。在这种模式下，交通安全管理方式又分为两种类型：一是由公安部门组建专门收费公路交警队伍负责收费公路交通安全；二是收费公路沿线公路交警按属地原则分段管理。在分管制度下，收费公路交警的经费来源也不尽一致，有的由公安部门自行解决；有的从收取的收费公路通行费中拨付。由于收费公路具有许多不同于普通公路的特性，交通流量大，行车速度快，现代化程度高，对管理的协调、迅捷要求也比普通公路高得多。所以，传统的交通部门与公安部门分管模式出现许多不适之处，主要有以下几方面。

第一，收费公路作为现代化基础设施，需要用交通工程和系统工程的理论科学实施综合的交通安全管理。因而，统一管理更适合收费公路。而分管体制割裂了交通安全与其他各项管理，尤其是路政管理的联系，反而削弱了收费公路交通安全的基础。特别是由于这种管理体制的束缚，公路交警难以采取综合措施（包括路政、收费、监控通信等）预防事故，只能被动地进行交通事故处理。而交通部门不能管交通安全，又无法及时获得足够的收费公路交通事故的信息，就难以研究分析特点和规律，从道路设施，交通流分配、疏导、引导等方面综合采取工程和技术手段进行事故预防，以减少事故发生的可能性。

第二，管理目标不一致，难以协调。交通部门对收费公路的管理目标是

---

① 郗恩崇：《高速公路管理学》，人民交通出版社 2001 年版，第 133—140 页。

综合目标即“安全、效率、服务好、成本低”，而公安部门只有一个目标即“安全”。表现在具体管理上，经常不好协调。例如，有些地方公安交警一味强调安全，过分随意封闭收费公路，给道路使用者造成不便，也给收费公路管理部门造成很大损失。收费公路的养护作业要求快速、高效，要见缝插针，随机快速维修，而公安交警部门则要求同普通公路一样履行养护作业审批程序，常常贻误时机，延误事件，或者影响交通。

第三，职责交叉，矛盾重重。例如，在收费公路清障上，公路管理部门和公安交警部门都有职责，从而重复配置清障车辆，常常发生矛盾。收费公路上的交通事故大都造成路产损失，但公路交警只管事故处理，事故处理结束后就将当事车辆和当事人放走，公路部门无法正常履行路产损失的现场勘察、笔录等程序，常常无法对路产损失索赔。

第四，多头管理，影响效率，加大成本。按现行法律、法规规定，交通与公安两部门都有上路巡查执法权。有的地方参与交通安全管理的有专职的收费公路交警大队，有属地公安交警队伍，条块交叉、多家上路、多头执法，管理效率低，成本高。

（2）交通部门与公安部门共管模式。这种模式是交通主管部门与公安部门联合组建收费公路交通管理机构，履行某条收费公路的政府管理职能（路政和交通安全）。机构下设交警支队，负责交通安全；下设路政管理科，负责公路资产保护。但是交警支队仍然由公安部门领导，负责其人事、工资和业务，而其交通工具等装备和活动经费由交通主管部门解决。

这种模式加强了双方的协作配合，在一定程度上提高了处理事故的反应速度和管理效率。但是，这种模式只是在形式上将交通安全纳入收费公路统一管理，两个管理主体的本质并未改变，工作仍然按照各自部门职责进行，管理目标上的矛盾依然存在，职责交叉、政出多门、多头上路的问题没有从体制上解决。工作协调好坏，常常取决于两部门领导者之间的关系，难以长期维持。

（3）交通主管部门统管模式。这种模式是由交通主管部门组建的收费公路管理机构对路政、交通安全、收费、养护、通信监控和服务实行统一管理。这种体制将交通安全管理纳入整个收费公路管理系统，由一个管理主体统一实施综合管理，符合收费公路作为现代化基础设施的运营规律，使其管理的统一性、整体性大大加强，交通安全管理不仅没有削弱，反而因管理的整体协调性增强而使交通安全管理水平有很大提高。

第一，实现了管理目标的统一和协调。交通主管部门能采取综合措施，全面处理收费公路上发生的问题，从而充分发挥收费公路现代化基础设施的优势。

第二，采取综合措施，全面加强交通安全管理，保证了行车安全。由交通工程理论可知，交通安全也是系统工程，实行交通安全仅凭交警部门指挥疏导和处理事故单方面的措施是不够的，交通安全是收费公路多个管理系统和管理环节的共同任务。

第三，做到了精简机构，提高效率，降低管理成本。这种管理体制可以实现管理资源的综合利用，交通事故与路政案件同步处理，现场勘察与排障救援同步进行，避免了等待、延误和摩擦扯皮，并且做到了机构简化、人员精干。在管理效果上，从交通事故发生及造成的损失来看，统管体制要优于分管体制。

总之，通过对现行三种收费公路交通安全管理模式的分析比较，交通主管部门的统管，从理论上看是符合管理规律的，从效果上看是最好的。

（三）收费公路管理体制的改革创新——来自湖北省的探索

收费公路管理体制不仅受其自身属性的影响，也受上层建筑及经济基础的影响。行政管理体制影响着收费公路管理体制的选择及其运行。按照马克思主义生产力与生产关系理论，公路管理体制实质上是生产关系问题，是基本生产关系在公路行业中的具体体现。当社会生产力和社会历史条件发生变化时，旧的体制就会阻碍生产力的发展，要想促进生产力的发展，就必须改革旧的体制，建立适合新条件的新体制。传统的以部门行政为特征的收费管理体制是与计划经济体制相适应的，需要通过深化改革，逐步建立起与社会主义市场经济体制相衔接，与收费公路运营规律相适应，与收费公路发展要求相符合，职能配置合理、机构设置规范、运行规则健全、人员配备精干、运转高效协调、服务质量一流的科学化收费管理体制。

1. 收费公路管理体制改革创新的原则构建

（1）统一归口，分级管理。即统一行业管理，按照“一省一局”模式设置收费公路行业管理机构，对收费公路进行分级分类管理；统一交通管理，对收费公路交通安全管理和路政管理实行集中、统一管理。

（2）政事企分开，责权明确。“政、事、企”分开是收费公路管理体制改革的基础，应该将事业性机构、企业性机构和政府管理机构分离、脱钩，各司其职，各行其是。

（3）两权分离，特许经营。建立国有独资性质的收费公路集团公司，落实国有资产出资人地位。收费公路经营机构建立现代企业制度，实行公司化运作和规模化运营。国有资产通过股东权益实现保值、增值的目的。

（4）健全法规，依法行政。市场经济本质上是法制经济，应该在《公路法》、《收费公路管理条例》的规范下，完善收费公路管理法规体系，坚持依法治路，依法行政，依法经营。[①]

2. 收费公路管理体制改革创新的具体建议

（1）科学设置收费公路行政管理机构。收费公路（包括收费的高速公路和收费的普通公路）管理的重点在省级交通主管部门。对于省一级收费公路行政管理机构的设置，我们建议实行“主体一元式”方案，即“一省一局”，在省交通主管部门之下设置一个公路管理机构——省公路局。其主要职责是在省交通主管部门领导下，行使公路（包括高速公路和普通公路）收费、路政、养护、通信监控和服务管理。根据委托或授权负责公路交通安全管理。

在公路局与收费公路经营机构的分工上，公路局负责经营性收费公路具体的行政管理，可向经营性收费公路派驻行政管理人员，专门执行行政管理；而其他经营性业务管理，则由经营机构自行负责。在管理中要加强联络、协作支持。

在实践中，许多省份按照“一省两局”主体二元式方案设置公路管理体制，即在省交通主管部门下设置两个并列的公路管理机构，一是以管理普通公路为主的省公路局，二是以管理高速公路为主的省高速公路局。两个机构互不隶属，在省级交通主管部门领导下，分工负责两类不同等级公路的管理。我们认为，“一省两局”方案不足之处在于，两个并列的管理主体，不利于高速公路与普通公路网络化管理的协调；同时，要组建两套班子，配备两套人员，增加了管理环节和管理成本。“一省一局”方案中省公路局对全省所有公路实施统一管理，既能满足高速公路专业化管理的要求，又能体现公路行政管理的集中、统一，有利于精简机构，提高效率和降低管理成本。

（2）明确各级收费公路管理机构的职能。针对目前湖北省各级公路管理机构名称、叫法不统一的情况，应当统一全省公路管理机构名称。从省到市（州）到县市，分别为“湖北省公路管理局”、“××市（州）公路管理局”、“××县（市）公路管理段”。按照“统一、精简、高效”的原则，根据公路管养里程、交通量等因素，重新核定各级公路管理机构人员编制，对机构编制实行刚性化管理。

---

① 樊建强、徐海成：《高速公路管理体制改革发展分析》，道路与运输，2006年，（4）：31－32。

按照“权责一致”的原则，界定各级公路管理机构的性质、任务和职责，解决公路管理机构管什么、怎么管等问题，理顺相关管理主体间的职责关系，使不同主体的事权、职责及权能手段明晰化。

省公路局在省交通厅的领导下，受交通厅委托实施全省公路行业管理。主要职责是：编制全省公路发展规划，制订公路年度实施计划，落实公路建设、养护、管理等方面制度、措施、标准，筹措省管公路建设、养护资金，对全省公路实施业务指导，监督管理全省公路建设养护市场，依法维护路产路权，确保全省公路目标的实现。

市（州）公路管理机构在交通主管部门的领导下，履行本区域公路行业管理职能。主要职责是：执行国家和省有关公路发展和管理的法律、法规和政策，维护路产路权，筹措和落实公路建设、养护资金，组织实施上级建设和养护计划，对全市（州）的公路建设、管理和养护进行监督检查，并提供技术指导。

县级公路管理机构在交通主管部门的领导下，承担本区域公路养护管理工作，受交通部门委托，提出农村公路建设养护计划，对乡（镇）养护工作提出技术指导，对农村公路养护质量进行检查验收，保护公路及其设施。

农村公路建设和养护实行“统一领导、分级管理、以县为主、乡村配合”的原则，县（市、区）人民政府是辖区公路建设、养护和管理的责任主体，负责执行国家有关农村公路发展和管理的法律、法规和政策，编制本县市区农村公路发展规划和农村公路建设养护计划，筹措和管理农村公路建设和养护资金，组织实施农村公路建设养护工作，检查建设养护质量，组织协调乡（镇）政府做好农村公路及其设施的保护工作。交通主管部门履行政府职能，负责农村公路的行业管理。

（3）部分权责下移，实现权责统一。下放国、省道公路养护一般项目计划管理权。省只管国、省道危桥加固、文明样板路、GBM 工程、安保工程、公路大修，其他一般项目下放市（州）管理，由市（州）自行编制计划，并组织实施，报省公路局备案。

下放农村公路建养管职权。农村公路建设计划由各市（州）、县（市）交通公路部门负责编制，报市（州）计划部门审批，报省交通厅备案。农村公路资金由省交通厅直接下达到各市（州）交通主管部门，由市（州）交通主管部门下达县（市）交通主管部门。农村公路建设、养护、管理及质量监督权由县（市、区）负责，建设验收由市（州）交通部门组织，报省交通厅备案。市（州）交通公路部门成立农村公路管理机构，负责辖区内农村公路行业管理。

下放部分项目前期工作审批权。5000万元以下自筹资金的项目除技术特别复杂的大桥（隧道）以外，工程和设计由市（州）交通局审批，报省交通厅备案。500万元以下自筹资金的项目的工程和设计由县（市、区）交通局审批，报市（州）备案。自筹资金不包括国家和省投资、国债、交通公路管理机构担保贷款及贷款。

下放国、省道养护工程管理权。国、省道公路养护工程，从组织、招投标、实施到验收等一揽子工作，全部交由地方公路部门负责，有关事项报省里备案。省公路局负责行业管理。

（4）加大调控力度，出台新的调控措施

①市（州）公路部门主要负责人实行双管体制。针对现行“条块结合、以块为主”的公路管理体制现状，业务上一条边管理，人事党务地方负责，管事的不管人，管人的不管事，地方对公路计划等行政干预过大，上有政策，下有对策，政令不畅，运转不协调，造成计划执行不严、盲目扩大建设规模。公路是个专业性较强的行业。建议市（州）公路管理机构主要负责人实行双管体制，地方在任用市（州）公路管理机构主要负责人时，先征求省级公路管理机构的意见。市（州）公路管理机构也可实行相应的做法，县（市）公路管理机构主要负责人的任命先征求市（州）公路管理机构的意见。

②调整规费使用政策。结合实际，改革现行的养路费定比返还政策，由省实行统一管理；或者继续实行收支挂钩、定比返还、切块包干政策，按照“核定基数、比例递增、省地分成、包干使用”的思路实施管理。

③公路建设实行“定额投资”和“按预算投资”相结合的方式。一是列入规划的一级公路新改建工程，路基（包括路基土石方、排水防护工程、中小桥、涵洞、征地拆迁）平均定额补助50万元/公里，由地方负责组织实施，不足部分由地方自筹解决。一级公路其他工程（包括路面、大桥、隧道、互通立交、交通安全设施等），按初步设计概算进行投资。二是国省干线公路改建或新建，征地拆迁由地方负责完成，经验收合格后，再按概算安排主体及其他配套工程。或者省厅仍然实行定额补助。

④先养护后建设，管理与养护计划分开。“十五”期间实行的大包干政策，各地将建设、养护与管理经费打捆包干使用，养护经费被挤占挪用，养护得不到保障，部分路段路况下降。“十一五”公路行业的工作重点逐步向养护转移。在计划的安排上，应确保养护经费到位。建设、养护和管理等资

金计划分设账户，互不挤占。同时，养护、管理资金优先安排，先保养护管理。养护工程费按定额测算，管理人员人头按定员控制，经费按部门预算定额标、准测算。省预留公路规费10%—15%作为全省公路建设、养护、管理调控资金。

⑤通行费实行“核定基数、超收留成”的办法，完善征收机制。通行费计划按“核定基数、合理递增、收支挂钩、目标管理”的模式管理，全省提取一定比例的调控资金后，其余部分通过预算安排还本付息和通行费征管费用。为继续鼓励地方政府堵漏征收，可以采取“核定基数、超收留成”的办法，根据省交通主管部门核定的各收费站年度通行费征收基数，由收费站所在县（市、区）政府包干管理。超基数完成任务的，超收部分由省辖市与收费站所在县（市、区）按2∶8比例分成，用于公路建设管理；完不成征收基数的，不足部分由省辖市、县（市、区）筹措补足，归还贷款本息。

收费路段分属两个以上省辖市行政区域的，由省交通主管部门协调，统筹规划，按照“统一收费、按比例分成”原则，建站收费。收费公路经省有关部门同意进行升级改造的，根据公路收费性质和改造后的道路等级、投资规模，按照国务院《收费公路管理条例》（国务院令第417号）规定，重新核定收费标准，确定收费期限（还贷性公路原来的贷款、经营性公路原来的投资一并核算）。

按照“债务归位，分责偿还，政策调节，综合平衡”的原则，完善和落实好统贷统还政策，由省厅或省厅授权部门统筹贷款、统筹还款、统一实行计划管理和预算管理，建立全省还本付息补助资金。同时，地方政府和交通主管部门也应采取相应措施，承担相应的还债义务和责任。

（5）减少拨付渠道，资金直接对项目。公路养建资金从省到市（州）公路部门，维持现行拨付渠道不变。

养护资金执行省级部门预算，由省公路局发支付令，通过省财政厅国库集中支付拨付到市（州）公路管理机构，由市（州）公路管理机构依据养护工程进度完成情况直接拨付县市公路管理机构。

通行费资金不纳入国库集中支付，仍实行收支两条线管理，收入资金逐级上解至省级财政专户，收支纳入部门预算管理，资金由省财政厅全额返还到省级交通公路管理机构，由省级交通公路管理机构拨付各市（州）公路管理机构。

国省干线建设资金由省级公路管理机构拨付给市（州）公路管理机构，

由市（州）公路管理机构按项目进度，直接拨付到施工单位。

农村公路建设资金的拨付由现行的省公路局拨付到市（州）公路管理机构、市（州）公路管理机构拨付到市（州）交通局的做法改为由省交通厅直接拨付到市（州）交通局，减少资金中间拨付环节。

（6）改革公路收费管理，实现公路收费管理科学化

①合理设置收费站（点）。世界银行曾委托英国 TRRL（英国国家道路实验研究院）做过关于停车缴费试验，在不等待排队条件下，一辆车从减速—停车—缴费—起步—加速到恢复正常行驶速度，油材料消耗成本增加量相当于该车多行驶 0.2 公里。而对于收费公路上发生的以亿万统计的缴费次数来说，这是十分巨大的资源浪费。所以，尽可能少地设置收费站（点），既是节约资源的需要，也是发挥收费公路快速、高效功能的需要。

当前，我国收费公路收费站（点）设置存在的主要问题是同一条路上，不同投资主体，相邻行政区各自独立设站，造成过往车辆多次停车缴费的问题。因此，采用全封闭式收费的收费公路，实行除进出口外，全程不在主线上设站收费；由不同地区与不同投资主体管理、经营的同一条收费公路，实行“联合设站，统一收费，按比例分成”的制度。收费公路尽可能不采用开放式收费制度，非采用开放式收费不可的，主线上相邻收费站间距要合理。

②合理确定收费标准。该内容在本书第六章有专门阐析，这里不必赘述。

③合理配置收费人员。要通过体制改革来解决收费公路收费机构臃肿、收费人员过多的问题。要实行竞争上岗制度，精简、消化、分流富余人员，提高管理效率。要加强收费人员的职业道德教育、法制教育和服务意识教育，提高收费人员素质，实现严格管理、文明收费、热情服务。

第五章　收费公路管理的特点与方法

一　收费公路管理的主要特点

（一）统一管理与分级管理相结合，以统一管理为主

统一管理与分级管理相结合，以统一管理为主，是收费公路管理的一大特点。收费公路管理实行统一管理是由收费公路运行的整体性、系统性和各项管理活动之间联系的不可分性决定的，也是我国收费公路交通实践多年行之有效的管理经验和国外收费公路管理的共同做法。收费公路管理涉及多个层次、多个地区、多个专业和部门，要使各个方面在统一的目标下各司其职，各负其责，协调、有序地运转，必须实行统一的管理。收费公路管理的各项活动，其管理主体都是行政管理部门授权或委托的专业管理机构；管理的客体是公路和使用、利用公路的人和车；管理的空间都是在统一场所——收费公路上进行；管理的共同目标是为了确保交通运输安全畅通和社会经济效益的实现，因而具有实行统一管理的必要性和条件。

收费公路实行统一管理前提下的分级管理，是由我国经济体制和收费公路的特性所决定的。我国地域辽阔，收费公路分布面广，建设、管理任务繁重，不可能由中央或省（市、区）统包大揽。收费公路按其在公路网中的地位，主要有国道和省道，其功能不同，分布地域不同，服务范围亦有不同。不同地区的收费公路应以不同地区为主管理。从收费公路国有资产构成分析看，我国收费公路投资来源多渠道、多形式，一条国道干线或省道收费公路，既有中央政府投资形成的资产，也有地方政府投资形成的资产，同时还有国内外经济组织投资形成的所有权属于国家而收费经营权属于经济组织的资产。从收费公路资产形成过程分析看，主要是地方政府组织建设，建成后为地方或区域服务，管理过程中许多工作需有地方的支持配合才能顺利推展。此外，收费公路管理中还有行政管理和资产经营两大类管理，各类管理中还有不同的层级，具有相应的管理范围和职责。这些特点决定了收费公路管理应依据管理幅度原则，实行统一管理下的分级管理，以充分发挥中央、地方和收费公路经营企业等多方面的积极性。

收费公路的统一管理，既不是同一管理活动由多个管理主体分工领导，也不是传统计划经济体制下由部门高度集中的领导，而是由交通行政主管部门实施的行业管理职能的统一，管理法律、法规、规章的统一，管理的经济、技术标准的统一，以及运行总体目标的统一。实现统一管理要求在机构设置和职能配置上，应相对集中而不宜分散。

（二）微观管理与宏观管理相结合，以微观管理为主

改革开放以来，随着我国社会主义市场经济体制的建立与不断完善，我国政府的管理职能也随之进行调整，由直接对企业的干预转变为间接管理，管理办法也由行政手段转变为经济手段、法律手段和辅以行政手段的结合。为了充分发挥市场机制配置公路资源的作用，防止行政部门干扰市场，实现政企分开，我国公路管理部门实行了间接管理、宏观调控。这是目前我国收费公路管理的一个显著特点。

对经济活动进行宏观调控，是市场经济体制下政府的主要职能，对属于基础设施建设的收费公路的调控更是必不可少。这是由于收费公路行业具有基础性、公益性以及自然垄断性等特征，因此同其他竞争性行业相比，国家对收费公路的宏观调控力度应该更大、范围应该更广。其调控目的是充分发挥收费公路的商品属性，实现收费公路经营机制的市场调节与政府调控的有机结合与相互补充。政府宏观调控的职能应定位在制订规划、市场监管、公共服务、健全法规等方面，同时要以维护市场秩序、创造公平竞争环境、保护投资主体的利益为重点。

宏观管理的实现方式是政府交通主管部门设置专业管理机构，具体实施对收费公路的行业管理，行业管理主要包括行政管理和技术管理。这种管理属于中观管理层次，主要贯彻落实国家宏观产业政策、产业方针、产业规划和法律法规、技术标准、技术规范。由于收费公路行业具有自然垄断性，因此随着收费公路产业的形成和发展，收费公路专业管理机构担当政府管制者的角色，应该从市场准入、市场结构、收费标准、投资预算、服务质量等方面对收费公路经营企业的经营活动进行干预和指导，从而达到维护社会效益的目的。

与此同时，从经济学的角度分析，尽管收费公路行业具有自然垄断的属性，不适宜在收费公路的所有环节开展充分竞争，但是在市场进入、养护等领域仍然发挥着市场机制的作用。通过业主招标制、特许经营制、养护公司制等措施的实施，在收费公路建设、运营、养护等领域充分开展竞争，最大限度地发挥市场机制对收费公路行业调控的作用，从而实现收费公路行业人、财、物的有效配置和充分利用是收费公路管理实践中广为采用的做法。

从公路建设的投融资体制改革实践看，随着实施企业化经营，“国家投资、地方筹资、社会集资、利用外资”的投融资体制的形成，收费公路的投资主体由政府单一主体转变为国内外及社会多元主体，大大拓宽了收费公路投融资渠道，提高了资源的配置和利用效率，也形成了收费公路“企业化”、“公司化”的发展格局。目前普遍存在的政府“收费还贷型”的事业管理方式虽不失为一种较好的收费公路经营方式，但与“企业经营型”相比，不具有使资本进入市场流动、使价值有效运行和保值增值的功能。在国家收费公路特许经营法律制度和收费公路经营市场化、社会化的产业政策主导下，应通过深化改革、加快改制，加速收费公路由“收费还贷型”向“企业经营型”转变，最终形成政府宏观调控、专门机构管理、企业特许经营的模式是一种发展趋向。

这就使收费公路管理必须遵循市场经济体制的运行规则，尊重收费公路运营企业的市场主体地位，也因此决定了收费公路管理具有微观管理与宏观管理相结合、以微观管理为主的特点。

（三）规范化管理与权变性管理相结合，以规范化管理为主

收费公路管理的规范化，就是对收费公路管理的管理步骤、管理程序、管理方法和行为方式实现法律化和制度化，就是政府部门通过收费公路法规对上述各项管理活动进行规范。它能够为国家收费公路提供法律保障，能够提高收费公路管理质量和收费公路管理效率，同时也有利于加强收费公路管理机构的自身建设。

权变性管理理论是20世纪70年代在西方形成的一种管理理论。该理论认为，在企业管理中要根据企业所处的内外环境、条件变化而随机应变，没有一成不变、普遍适用的最好的管理理论与管理方法。权变性管理反对不顾具体外部环境而一味追求最好的管理方法，寻求万能模式的教条主义，强调要针对不同的具体条件，采用不同的组织结构、领导模式及其他的管理技术等。它把环境作为管理的重要组成部分，要求企业各方面的活动要服从环境的要求。[①] 权变性管理适应了经济全球化以及市场经济背景下管理复杂化的需求，在许多领域得到了应用。收费公路管理系统是一个复杂的系统，权变性是其重要特征之一。

但是，从我国向法治社会这一体制转轨的宏大现实背景以及管理水平发

① 郭咸刚：《西方管理思想史（第2版）》，经济管理出版社2002年版，第327—334页。

展阶段的特征来看，收费公路规范化是亟须加强的方面。目前，收费公路管理不规范是导致群众对收费公路收费有误解甚至不满的主要原因之一。因此，收费公路管理应当规范化管理与权变性管理相结合、以规范化管理为主。

1. 规范化管理及其特征

由上可知，收费公路的规范化管理，就是在收费公路管理的内容、程序与方法方面制定系统、科学的管理标准和相关规定，并按照既定的管理标准和相关规定，对收费公路的管理者及其收费公路的使用者实施管理。规范化管理的每个环节、每项内容都有章可循，可以取得管理质量好、效率高的效果。收费公路规范化管理有以下基本特征：

（1）程序化。规范化管理是程序管理——办事有程序、管理有程序。通过程序化使规范化管理具体化、形象化、条理化，并以此提高管理效率。为此，要根据收费公路管理活动的特点和规范化管理的要求，编制各项规范化管理的程序流程图。

（2）标准化。规范化管理流程图是制定规范化管理工作标准的基础。所谓规范化管理工作标准化，就是把管理活动中重复出现的管理工作，按照现代化管理的客观要求和管理人员长期积累的实践经验，提炼成工作程序标准和工作方法标准，用制度的形式把它固定下来，成为行动的准则。收费公路管理人员的岗位责任制是规范化管理工作标准化的具体表现。

（3）统一化。收费公路管理的规范，除了由上级规定的有制定权限的机构制定外，可以由各级交通主管部门自行制定，但制定规范的依据是一致的。收费公路管理规范必须以法律法规和政府交通主管部门的有关规定为依据。

（4）定量化。所谓定量化就是收费公路管理活动和经营活动应遵守并达到的数量、质量和时间的标准。有一套完整、客观的数据文件是收费公路规范化管理的重要特征之一。

2. 规范化管理的内容

收费公路规范化管理的内容主要包括：（1）收费公路管理行为规范。目前，各地收费公路管理机构制定了各种收费公路管理行为规范，起到了很好的作用，它包括收费公路管理行为的目标、准则、程序、考核标准以及奖惩措施等。（2）收费标准规范。包括收费标准制定与调整的规范，收费公路的收费标准必须严格执行有关价格规定，调整标准要符合规定要求。禁止擅自调整收费标准，出现自定费目、自定费率、滥收费用等现象。（3）交通规费征管规范。根据国家和交通主管部门的规定，统一收费公路规费的费种、费率及缴纳方法，统一收费凭证和收据，统一收缴渠道和缴纳日期，保证管辖内的交通规费按期足额征缴，统一交通规费征管工作制度。（4）服务质量规范。对收费公路供给的各种服务标准要作出相应规定；对质量管理的方法、检验手段、组织形式、检查周期也应制定管理规范。（5）监督处罚规范。监督处罚规范主要指对发生违反法律、法规以及部门规范的行为进行监督与处罚的标准、方法、程序、时效、执行等的规范。

3. 规范化管理的基础工作

收费公路管理机构规范化管理的基础工作包括：标准化工作、信息工作、规章制度、业务培训、监督检查、计算机网络应用等。主要的基础管理工作如下：

（1）标准化工作。指对业务技术标准和管理标准的制定、执行和管理。业务技术标准是业务技术应该达到的统一尺度和必须共同遵守的规定。管理标准是对各项管理工作职责程序所作的规定。

（2）信息工作。指行政管理、技术、经济活动所需资料数据的搜集、处理、储存等管理工作。它包括票证单据、基础台账、统计分析、技术经济情报、技术经济档案等工作。不同的管理层次，信息工作的重点不同。执行层收费公路管理机构应重点做好原始单据和基础台账工作。

（3）规章制度。就是通过文字形式对收费公路管理机构的行政工作、管理工作、业务工作及其他工作的办事规则、程序和要求所作的具体规定，是管理人员共同遵守的规范和准则。其中，最主要的有岗位责任制度、目标管理制度、工作程序管理制度、考核奖惩制度等。收费公路管理机构应强化这些制度的建立与完善。

（4）监督检查。收费公路规范化管理，必须以有效的监督作为保证手段。所谓监督就是检查与考评各个收费公路管理主体的管理活动是否符合有关法规政策及各项制度的规定，揭露存在的问题，督导收费公路管理有效实现规范化。

二　收费公路管理的基本方法

管理方法就是收费公路管理机构为了实现管理目标，在管理工作中采取的各种手段、措施、办法、技巧的总称。毛泽东同志历来十分重视方法问题，他曾经指出："我们不但要提出任务，而且要解决完成任务的方法问题。我们的任务是过河，但是没有桥或没有船就不能过。不解决桥或船的问题，过河就是一句空话。不解决方法问题，任务也只是瞎说一顿。”[①] 在确定了收费公路管理的目标、方针、政策和任务后，正确的管理办法就成为关键因素。

在收费公路管理实践中，广大公路管理职工尝试了许多不同的管理方法，借鉴过很多外部先进的管理经验，逐步形成了一套行之有效的方法体系，概括起来就是：三大管理方法，四个管理手段。三大管理方法是目标管理方法、责任管理方法和协同管理方法；四个管理手段是经济手段、法律手段、行政手段和信息技术手段。

（一）收费公路管理的一般方法

1. 目标管理方法

目标管理方法是一种行之有效的管理方法，它是由美国管理学家彼得·德鲁克1954年提出的。我国企业于1980年代开始引进目标管理方法，并取得了较好的效果。目标管理的基本思想是：组织的任务必须转化为目标，组织管理人员必须通过这些目标对下级进行领导并以此来保证组织总目标的实现。目标管理是一种程序，是一个组织中的上下各级管理人员会同起来制定共同的目标，确定彼此的成果责任，并以此责任来作为指导业务和衡量各自的贡献的准则。一个管理人员的职务应该以达到组织目标所需要完成的工作为依据。每个组织管理人员或工人的分目标就是组织总目标对他的要求，同时也是这个组织管理人员或工人对组织总目标的贡献。只有每个人的分目标都完成了，组织总目标才有完成的希望。管理人员或工人是靠目标来管理的，由所要达到的目标为依据进行自我指挥、自我控制，而不是由他的上级来指挥和控制。组织管理人员对下级进行考核和奖惩也是依据这些分目标。目标管理的过程包括以下步骤：制定目标→明确组织的作用→执行目标→成果评价→实行奖惩→制定新目标并开始新的目标管理循环。[②]

收费公路管理机构使用目标管理方法，就是根据收费公路管理的总目标、管理职责和管理任务，结合本地实际，制定一个时期的综合目标和单项目标，然后进行分解，逐步落实到各个层次的职能机构以致每个工作岗位，再围绕这个目标系列展开组织、控制、检查、评比、考核与奖励活动。其目的是调动全体人员参加管理活动，将全机构组织成一股合力，保证目标的实

① 《毛泽东选集》（第一卷），人民出版社1991年版，第139页。

② 周三多：《管理学——原理与方法（第4版）》，复旦大学出版社2003年版，第369—375页。

现，取得良好的管理效果。在采用目标管理方法时，要避免摆花架子，不要做表面文章；要重视人的管理，增强每个人的事业心和责任感。

2. 责任管理方法

责任管理方法就是对收费公路管理机构及其下属科室、行政管理人员、工作岗位的职责与权利，进行系统筹划、科学安排、合理组织、落实责任、明确权限、清楚任务，形成优化、高效的管理工作秩序的方法。不少地方的收费公路管理机构都推行了以目标管理为主要形式的岗位责任制，把目标管理方法和责任管理方法有机地结合起来运用，取得了很好的成效。

运用责任管理方法要把握好以下三个要点：①

（1）明确每个人的职责。首先，职责界限要清楚。在实际工作中，工作职位离实体成果越近，职责越容易明确；工作职位离实体成果越远，职责越容易模糊。应按照与实体成果联系的密切程度，划分出直接责任与间接责任、实时责任和事后责任。其次，职责中要包括横向联系的内容。在规定某个岗位工作职责的同时，必须规定同其他单位、个人协同配合的要求，只有这样，才能提高组织整体的功效。再次，职责一定要落实到每个人。只有这样，才能做到事事有人负责。

（2）职位设计和权限委授要合理。这就要做到职责和权限、利益、能力之间的均衡。职责和权限、利益、能力之间的关系遵守等边三角形定理，如图5－1所示。职责、权限、利益是三角形的三个边，它们是相等的，能力是等边三角形的高，根据具体情况，它可以略小于职责。这样，就使得工作富有挑战性，从而能促使管理者自觉地学习新知识，注意发挥智囊的作用，使用权限也会慎重些，获得利益时还会产生更大的动力，努力把自己的工作做得更好。但是能力也不可过小，以免形成“挑不起”职责的后果。

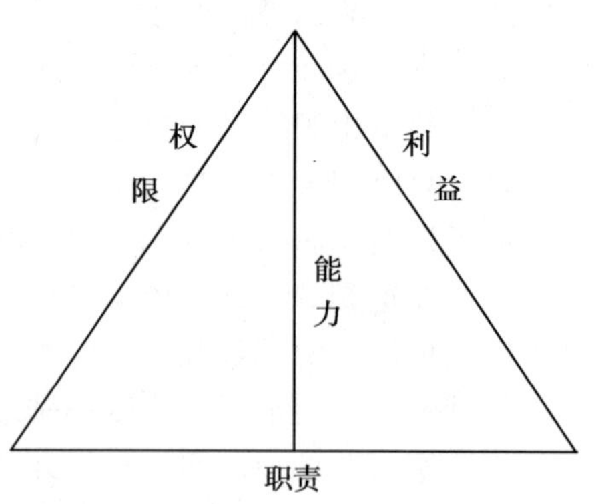

图5－1 责、权、利三角定理

（3）奖惩要分明、公正而及时。奖惩只有做到分明、公正、及时才能起到应有的激励作用。为了严格奖惩，要建立健全组织的奖惩制度。使奖惩

① 周三多：《管理学——原理与方法（第4版）》，复旦大学出版社2003年版，第135—138页。

工作尽可能地规范化、制度化，是实现奖惩公正而及时的可靠保证。

3. 协同管理方法

收费公路管理是一项社会性影响极强的工作。它的服务对象是经济社会的各行业、各部门以及几乎全部的社会成员；收费公路管理活动还要受到国家其他行政机关，如工商、财政、税务、物价、计统部门的管理与监督。所以，收费公路管理是协调的管理。收费公路管理机构要做好与政府综合经济管理部门、经济监督部门、公安部门的协调与配合，要做好地区间横向协调管理，还要做好与不收费公路管理机构的协调与配合。目前，在我国体制改革期间，政府行政机关之间经常出现职责交叉的问题，政出多门、互相掣肘也时有发生，这就更需要搞好协同管理。

协同学（Synergetics）即“协同合作之学”[①]，是由德国著名物理学家赫尔曼·哈肯于20世纪70年代创立的。协同学是研究由完全不同性质的大量子系统（诸如电子、原子、分子、细胞、神经原、力学元、光子、器官、动物乃至人类）所构成的各种系统。研究这些子系统是通过怎样的合作才能在宏观尺度上产生空间、时间或功能结构的。尤其要集中研究以自组织形式出现的那类结构，从而寻找与子系统性质无关的支配着自组织过程的一般原理。简言之，协同学是研究系统从无序到有序转变的理论。它力图阐明在具体性质极不相同的系统中产生新结构和自组织的共同性，揭示合作效应引起的系统的自组织作用。对于许多人们有意识推进的自组织过程，协同效应是其追求的目标。协同效应的特点是整体大于部分之和。协同管理方法就是运用协同学相关理论进行管理的方法，其特点是实现部门之间的协同效应，取得管理的“2 +2 >5”的效果。收费公路管理机构之间的协同管理，是一项系统工程，就是要用系统论以及协同论的观点来分析各个部门之间的工作关系，明确职责，相互配合；要用公共关系学的理论指导和加强部门间的协作。从目前的实际情况来看，收费公路管理机构应在本地区公路发展规划方面与同级政府发改委协调；在执行税收政策、纳税监督及票证管理方面，需要与税务部门协调；在贯彻收费政策与规定时，需要与物价部门协调；在治理交通安全事务时要与公安部门协调。目前，各职能部门沟通不畅，相互掣肘的现象还比较严重，大大增加了收费公路管理的成本。收费公路管理机构应以积极的态度，运用协同管理的相关理论，有效地协同与其他相关机构和

---

① 赫尔曼·哈肯：《协同学——大自然构成的奥秘》，上海译文出版社2005年版，序言第1页。

部门的关系，实现收费公路管理的协同效应，从而提高收费公路管理的效率和效益。

（二）收费公路管理的具体方法

收费公路管理的具体方法有按车型收费、计重收费、月票收费等。我国传统的公路通行费收费办法沿袭的是养路费征收办法，按车型收费，即按车辆出厂时的厂定最大装载质量、额定载客量，将客货车辆分为大、中、小等不同的类型，再按照车型制定收费标准，而不论车辆实际载重多少，这种方法是从1950年开始实施的，其不合理性日益突出。2004年，国家八部委联合发文治理车辆“大吨小标”问题，要求各地将经济处罚作为治理超限超载的手段。正是基于此，我国以江苏、河南为代表的部分省份开始了对同行的载货类汽车进行计重收费。①

随着我国国民经济的飞速发展，在公路上行驶的超载超限运输车辆亦逐年增多，势必增加交通事故隐患，并使公路过早损坏。为维护公路完好，保障公路安全畅通，必须对超载超限车辆进行管理。而安装计重收费、超载超限检测系统是一种行之有效的解决手段。

为体现公平性、合理性和科学性，有效限制超限运输车辆对公路的掠夺性使用，减少超限运输给人民生命财产安全带来的威胁，交通部2000年颁布的《超限运输车辆行驶公路管理规定》和2000年4月国家七部委颁布的《关于在全国开展车辆超限超载治理工作的实施方案》分别作出规定，对装卸不可分解体货物、无法卸载且轴载质量超过限定标准以及擅自行驶的超限运输车辆，实行按吨公里计重累计加价收费制度。

计重收费系统就是在各收费站的出口车道安装动（静）态称重系统，与现有的车道计算机进行通信，组成完整的计重收费系统。

工程范围包括动（静）态称重系统的设计、设备的制造、运输、安装、开通、调试、交付试运行、人员培训、技术文件等全套服务。

其工作原理是通过测力传感器快速采集动态车辆的轴重，轮胎识别器、红外光幕分离器及地感线圈，自动判断车型、分离车辆，计算车辆总重，判定车辆是否超限，并将结果传输至收费系统，再根据收费系统计算应收通行费用。

---

① 湖北省盘龙高速公路管理咨询有限公司：《高速公路收费管理培训教材》，2005年版，第291—293页。

1. **系统主要技术特点及技术指标**

目前，在市场上应用的各类轴重衡中，其结构形式可分为单台面形式（即只采用一个秤台组成轴重计量系统）和双台面形式。

称重过程：被测车辆按照正常行驶速度依次通过B台面和A台面（见图5-2），通过台面下面安装的重量传感器将车辆的重量信号输出到A/D转换器中，然后，称重控制器将采集到的重量数据以及其他传感器传来的状态数据进行综合计算，便得出该车辆的重量以及速度等数据。在实际应用中，由于车辆的种类、车辆的运行状态、车辆自身的机械结构和磨损情况、路面的平整度以及外界的环境等综合因素，导致测量的结果与真实数据间存在很大的差异，即存在很大的测量误差。

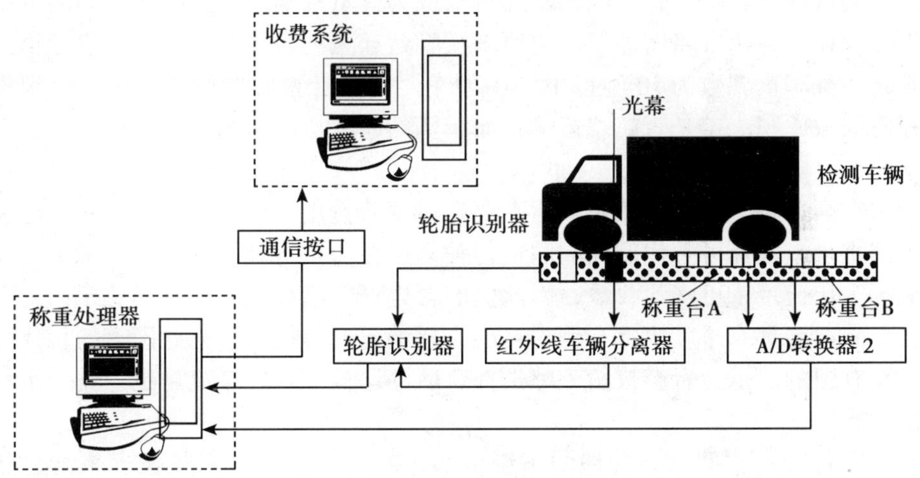

图5-2　称重过程示意图

根据实践，以下为单台面与双台面在性能以及试验结构上的对比：

台面类型	施工时间	制造成本	逻辑错误	稳定度	误　差
单台面	1	1	3%	96%	>8%
双台面	1.2	1.3	1.4%	99%	>2%

从以上数据我们可以看出，在对精度和稳定度要求较高的场合，双台面比单台面性能指标要高出很多。在实践中，单、双台面的工作原理和系统工作情况基本相同。

2. 计重收费后对通行费的影响

改变以往的载货汽车公路通行费征收方式，由按车型收费全部改为计重收费，这种新型收费方式会逐步在更大范围内推广。高速公路是受计重收费方式影响较大的收费公路，实施新型收费方式后其所受影响已初步显现。计重收费短期内会给高速公路带来收入的较快增长，但由于这种方式对超载车数量和车流量的限制作用，长期内高速收入较难保持这种较快增长的势头。实行新标准后，车辆重量的实际化是收入增加的一个重要原因。在原按车型收费标准下，部分运输者故意低估车辆的重量，行车证上标明的重量往往低于实际重量。高速公路只能按行车证上的重量标准收费，这样在原来的收费制度下少收了一部分被隐藏的收入。

实行计重收费后，车辆的实际重量成为计量标准，原来故意低估的重量不再存在，高速公路增加了一块原来被隐藏起来的收入。从各地的实际情况看，超载车辆多数为10吨以下的中型车。实行计重收费后，运输者会根据经济效益原则决定是否超载运输，而车辆的超载比例和超载重量也会达到某个均衡点。

在高速路上超载运输，承运者要支付超载费用，可能部分超载车辆会减少载重量或选择可替代的同向国道行驶。但在超重行驶的情况下，承运者可能因为快捷带来更多的收益，因此仍旧会选择超载行使。并且相比于国道而言，高速路具有速度快，车辆损耗少，耗油量低等优势，因此国道的替代性也是有限的。承运者会权衡利弊选择合适的运输方式，车流量也达到一个均衡的水平。

实行计重收费后，各地的车流量都暂时有所下降，但从长远来看，随着货运和物流的发展，高速公路的车流量会呈增加的趋势。计重收费是一种惩罚性的收费措施，其目的是限制车辆的超载现象，客观上提高了超载车辆的通行费收费标准。在实行新收费标准的初期，超载现象一般不会得到很快抑制，因此公司的通行费收入会较快增长。计重收费实行一段时间后，超载现象会得到一定程度的抑制，通行费收入较难保持这种较快增长的势头。超载车辆与所运货物的种类关系不大，超载者一般会平衡支付的超载费用和超载所带来的收益，当超载运输带来的收益大于支付的超载费用，运输者仍旧会超载运输。整体来说，计重收费不会对公司的车流量产生很大影响。但计重收费会促进车辆大型化的趋势。大型车的可装载货物容量较大，不易出现超载现象，运本相对较低，会成为越来越多的运输者所选用的运输工具。

3. 逃费的几种形式和应对措施

计重收费系统投入使用以后，司机针对计重系统的缺陷和弱点也在不断寻找逃费的方式，从已经发现和查获的逃费行为看主要有以下几种：

（1）在地磅前垫置钢板或枕木；

（2）在行车道上用轮胎贴近收费岛边缘前行、在超宽车道走S型；

（3）在计重平台缝隙插螺丝；

（4）车辆在通过道口时，突然加速，使后轮轴跳起，造成少轴；

（5）倒卡；

（6）遮挡光栅分离器，车轴不能正常分离；

（7）在车辆上安装液压磅，前轴通过后，稍作停顿，加速为液压磅冲气，使货物重心前移，以减轻后轴重量。

针对以上种种逃费行为，收费现场人员应密切注意以下几个工作环节：

（1）收费过程中，特别是夜间收费员要密切注意是否有人员从驾驶室下来，尤其是对挂同一地区牌照的车队，同时要初步判断目测重量与实际重量的差异；

（2）夜间要注意监听车辆通行道口时的异常响动；

（3）对于多出口车道的管理所，在道口车辆通行不太繁忙时，要密切注意车辆的紧随现象；

（4）当班期间，特别是在夜间当班期间，班长要加强现场的巡逻，以便发现一些可疑现象。

4. 实施计重收费应注意的问题及对策

通过对高速公路计重收费的实地考察，以及听取一些计重收费系统技术专家对收费系统性能的评价、营运部门对收费系统启动的前期准备工作、计重收费系统运行过程中存在的问题及对策的情况介绍，我们认为高速公路计重收费应注意如下问题：

（1）积极寻求政策支持，明确计重收费依据。据了解，一些高速公路管理机构积极寻求政策支持，如通过交通厅以及物价、财政、公安等厅局就实施计重收费的方案、标准等事项向社会发布通告，还通过媒体广为宣传，这些做法，可以为计重收费的实施营造有利的环境。

（2）制定严谨详尽的工作预案。实施计重收费必须制定一套严谨详尽的工作预案。在改造期间，着力解决好施工和通行道口不足的矛盾；在运行期间，主要解决好计重数据方面的问题。特别是在运行期，为了应对可能出现的通行堵塞等情况，预案中应界定在什么情况下可以切换收费系统等。

（3）克服一劳永逸的错误认识。从社会公平的角度看，计重收费克服了先前按车型收费的不足，最大程度地体现了社会的公平性。这种公平不仅体现在车辆对使用公路的价值补偿，而且表现在同质量货物社会运输成本上。但是，收费管理者在思想上可能会认为实行了计重收费，总算可以摆脱与司机长期为车型进行不休的争论，一劳永逸了。这次考察，从对系统的了解来看，由于受多种因素的影响，同一台车辆在不同的厂家生产的计重设备或同一个计重器每次测得的重量是不尽相同的，这很可能又成为下一轮争论不休的焦点。因此，在实施计重收费前，要有充分的准备，现场管理会较原来更为复杂，针对可能出现的情况，应拟定出有效的应对措施。

（4）动员各种力量，发挥整体联动作用。在计重收费过程中，除了与公安、高速交警等单位实行联动外，各个服务区也应密切注意停车场的动态，特别要留意同一地区牌照车辆的集结情况，严防车辆恶意群体组织堵塞道口，故意造成现场混乱，产生不良的社会影响。

（5）发挥收费人员的中坚力量。实行计重收费后，车辆的通行费都是收费系统软件自动计算出来的，司机车主其实并不清楚是怎么计算出来的。现实行全省高速公路联网收费，可能出现车辆的通行费比以前按车型收费高出几倍的情况，这就可能给司机车主造成乱收费的印象，产生不必要的纠纷。鉴此，收费人员应熟练掌握通行费的计算方法并耐心细致地做好解释说明工作。

（6）完善收费系统设施，确保设备运行安全。从目前收费系统运行的情况看，还存在一些问题，如在防雷避雷方面比较脆弱，一旦遭到雷击，系统就不能启用，甚至于整个收费所收费系统全部瘫痪等。鉴此，以计重收费的实施为契机，全面完善收费系统，确保设备运行安全。

三 收费公路管理的基本手段

（一）经济手段

经济手段就是运用经济杠杆（经济政策）调节经济运行，影响并控制经济的发展方向、规模和速度，以获取较高的经济效益与社会效益的方法。其原理主要是通过税收、价格、信贷、利润、工资、奖金与罚金等因素的变动来影响投资需求和消费需求，改变利益主体的行为方式和方向，从而使其按照既定目标和意图发生作用，从而达到调控经济和行政管理的目的。管理经济手段的实质是围绕物质利益，运用各种经济方法正确处理国家、集体与劳动者个人之间的经济关系，最大限度地调动各方面的积极性、主动性和创造性。

与其他手段相比较，经济手段具有利益性、关联性、灵活性、平等性的特点，因而它有较强的激励性，可以通过调整经济利益的方法影响和诱导管理者和被管理者的行为，从而达到管理的目标。在收费公路管理实践中，各级收费公路管理机构已经越来越多地采用经济手段，如对收费标准的调控，对员工的经济激励等，取得了良好的效果。

收费公路管理机构采用经济手段时，要注意其符合经济规律。同时，要注意将经济方法和教育方法有机地结合起来，因为，人们除了物质需要以外，还有更多的精神和社会方面的需要。另外，如果单纯地运用经济方法，容易导致讨价还价、“一切向钱看”的不良倾向，助长本位主义、个人主义思想。除此之外，还要注意经济方法的综合运用和不断完善，既要发挥各种经济杠杆各自的作用，更要重视整体上的协调配合。

（二）法律手段

法律手段是指国家根据广大人民群众的根本利益，通过各种法律、法令、条例和司法、仲裁工作，调整社会经济的总体活动和各企业、单位在微观活动中所发生的各种关系，以保证和促进社会经济发展的管理方法。管理的法律手段中，既包括国家正式颁布的法律，也包括各级政府机关和各个管理系统所制定的具有法律效力的各种社会规范。法律手段除了包括建立和健全各种法规外，还包括相应的司法工作和仲裁工作。这两个环节是相辅相成、缺一不可的。只有法规而缺乏司法和仲裁，就会使法规流于形式，无法发挥效力；法规不健全，司法和仲裁工作则无所适从，造成混乱。法律方法的实质是实现全体人民的意志，并维护他们的根本利益，代表他们对社会经济、政治、文化活动实行强制性、统一性的管理。法律手段具有严肃性、规范性、强制性的特点。

法律手段的运用，对于建立和健全科学的管理制度和管理方法，有着十分重要的作用。首先，保证必要的管理制度。管理系统内外部存在着各种社会经济关系，只有通过法律方法才能公正、合理、有效地加以调整，及时排除各种不利因素的影响，保证社会经济的正常运行，为管理提供良好的外部环境。其次，调节管理因素之间的关系。根据对象的不同特点和所给任务的不同，规定不同管理因素在整个管理活动中各自应尽的义务和应起的作用。

这是管理的法律手段所具有的一定的自动调节功能。再次，使管理活动纳入规范化、制度化轨道。法律手段的运用，有助于使符合客观规律、行之有效的管理制度和管理方法用法律的形式规范化、条文化、固定化，使人们有章可循。严格执行这些制度和方法，管理系统便能自动有效地运转。这样既可保证管理效率，又可节省管理者的精力。

在实现公路管理现代化的国家，其管理手段主要是法律手段。法律手段在收费公路管理中被广泛地采用将意味着收费公路管理已迈上高档次的法治水平。我国目前已基本上有了一套比较完整的收费公路管理法规，尤其是2004年《中华人民共和国收费公路管理条例》实行之后，收费公路管理法规建设有了突破性进展，为运用法律手段管理收费公路提供了依据。收费公路管理机构必须深刻理解和切实掌握法规内容，并在实际管理中用好法规，实现依法治路。收费公路管理机构还必须维护法规的严肃性，克服随意性，切实做到有法必依、执法必严。需要指出的是，不能期望法律手段解决所有的问题，它只是在有限的范围内发生作用。如果各项法律法规的制定和颁布符合客观规律的要求，就会促进社会、经济的发展；反之，也可能成为社会、经济发展的严重障碍。法律手段由于缺少灵活性和弹性，易使管理僵化，而且有时不利于组织发挥其主动性和创造性。因此，法律手段应该和其他手段综合使用，这样才能更有效地达到管理目标。

（三）行政手段

行政手段，从内部管理角度看是指各级收费公路管理机构及其工作人员依靠组织的权威，运用命令、规定、指示、条例等手段，按照行政系统和层次，以权威和服从为前提，直接指挥下属工作的管理方法；从行政功能输出角度看是指各级收费公路管理机构及其工作人员，依靠法律规范的权力，采用行政许可、行政决定、行政监督检查以及具有约束性的计划手段实施的管理方法。行政方法的实质是通过组织中职务和职位来进行管理。它特别强调职责、职权和职位，而非个人的能力和特权。任何部门、单位总要建立起若干行政机构来进行管理。行政方法实际上就是行使政治权威，它的主要特点是权威性、强制性、垂直性、具体性、无偿性。行政手段具有一些独特的优点：行政手段的运用有利于组织内部统一目标、统一意志、统一行动，能够迅速地贯彻上级的方针和政策，对全局活动实行有效地控制；行政手段是实施其他各种管理方法的必要手段；行政手段可以强化管理作用，便于发挥管理职能，使全局、各部门和各单位密切配合，前后衔接，并不断调整它们之间的进度和相互关系；行政手段便于处理特殊问题。[①]

行政手段也有不少缺点，如没有诱导性和激励性，因而不能调动管理对象的积极性，容易产生不关心、不合作的消极态度；也容易产生滥施权力，形成收费公路机构权力膨胀，甚至出现腐败现象。

目前，由于我国社会主义市场经济体制还不完善，收费公路法规尚不健全，利用行政手段进行管理的现象还大量地存在着。今后，随着我国体制改革的深入，应当逐渐减少行政管理手段，重点使用法律手段和经济手段。即使采用一些行政手段，也应该受到法律的规范，即以法律为依据，进行干预和行政监督，使行政手段法律化，最终与法律手段融为一种手段。

（四）信息技术手段

信息技术手段是指各级收费公路管理机构在收费公路建设管理、收费管理、养护管理、路政管理、交通安全管理、信息与监控管理、服务管理等诸多环节中采用现代信息技术实现组织结构和流程优化重组，提高管理效率、提升管理能力的方法。信息论是现代科学理论的主要方法之一。信息已渗透到一切领域，成为当今社会活动的重要支柱之一，是构成现代文明和人类发展水平的重要标志。随着计算机应用的大众化，人类进入了信息化时代。信息技术手段的采用可以提高组织信息获取的速度与信息的质量，信息技术在各类组织中广泛地运用是信息时代的一个显著特征，也反映了信息尤其是管理信息在组织中的重要地位。收费公路的管理系统具有技术密集的特点，大部分岗位体现了高科技、高技能。现代化管理设施的普及、信息技术的采用使管理层与操作层形成了一个连续运作的整体，特别是监控、通信、计算机收费等现代化、信息化手段的运用，开始改变一般公路上以养护为主的传统观念，逐步形成了以养护、路政、供电管理为代表的道路通行保证系统与以监控、通信、收费管理为代表的路上信息跟踪系统两者并行的管理格局。这种格局需要大批掌握现代信息技术的计算机操作维护人员、机电一体化的维护人员以及具有一人多职、一专多能的高素质管理人员及复合型人才。

---

① 周三多：《管理学——原理与方法（第4版）》，复旦大学出版社2003年版，第155—166页。

延伸研读材料

材料1　经济手段的应用：公路基金设立及运作的国际经验①

世界各国设立公路基金的最初动因是为了解决公路维护与建设的长期筹资不足，尤其是公路维护资金的筹资不足。这种情况在一些制度约束不严的国家更为普遍。为了缓解这一矛盾，一些国家开始建立公路基金，其主要目标是为了提供足够、稳定的公路维护与建设资金并便于加强财务监管。按照基金的筹资形式、管理方式和运作程序，国际上一般将公路基金划分成两代，分别称为第一代基金和第二代基金。

1. 第一代公路基金

第一代公路基金的基本特征是：与预算内资金没有明确的区分，资金在很大程度上仍然依赖于一般税收收入；对道路的使用者征收税费的力度不够；在支出安排上与一般预算容易相互挤占；支出去向上更重视公路建设，轻视道路维护；管理上不够严格。

第一代公路基金有四种比较老的形式：一是1935年在南非建立的公路基金。该基金建立后经过多次改进，最后演变成了第二代公路基金。二是1953年在新西兰建立的公路基金。建立后也历经多次改革，最近的一次改革是在1996年。改革后的基金是第二代基金中最好的。三是1954年在日本设立的公路改善基金。该基金至今仍主要保留了第一代基金的形式，在运行中没有多少改进，但具有第二代基金的一些特点。四是1956年美国联邦政府建立的公路建设基金。该基金经过了一些改革，但基本保持了原来的形式，属于第一代基金。

下列国家的公路基金是第一代公路基金的典型模式：

（1）美国。美国联邦和各州都有公路基金，联邦政府不直接拥有公路，但为4万公里的重点公路筹资。各州根据各自情况设立了公路基金，实行分散管理。结果各州只重视州内公路建设，忽视了州际公路，造成了州际公路状况很差。在20世纪50年代前期的政治冷战时期，出于防御的需要，美国政府认识到需要建立一个完善的公路体系，于是建立了州际间公路防御网

① 经济研究参考杂志社：《公路基金设立及运作的国际经验》，《经济研究参考》1999年第11期，第24—28页。

络，资金主要来源于联邦公路基金。这种情况在预算内是很难做到的，但公路基金做到了。

(2) 日本。第二次世界大战前，日本主要注重铁路建设，对公路建设重视不够。第二次世界大战后，特别是朝鲜战争结束后，日本经济开始腾飞，在这一过程中，日本意识到必须有良好的公路系统才能支持经济的持续发展。1953年开始设立公路基金，但数额很小。1970年日本接受世界银行建议，决定扩大公路基金体系，增加资金来源。日本只设立了国家级公路基金，没有地方公路基金，但有地方性公路基金账户。国家征收专项税款用于公路建设，一部分直接交给国家公路基金，用于国道建设，另一部分转移支付给地方，由地方政府安排用于地方公路建设。

(3) 拉脱维亚。国家公路基金的70%直接用于国家公路建设，30%部分用于对地方公路建设的补助。地方公路建设资金除中央补助外，其余部分依靠自筹解决。同时，法律规定地方政府也可以设立公路基金，但一旦设立，就必须成立董事局，由专门公司进行管理，交通部门参加。并规定基金的使用情况每年通过新闻报刊向公众公布。

2. 第二代公路基金

第二代公路基金的主要特点是：在吸取第一代公路基金经验教训的基础上，从资金来源、运用和管理等角度进行了改进。表现为：①有高度严格的监管体制，并有专人负责管理。②收入只来自公路使用税费，坚持谁用路谁付钱的原则，并建立调节机制。因此，第一代基金与第二代基金在资金来源上的区别是，如果要增加公路基金，第一代公路基金的处理方式是挤占预算内其他资金，第二代基金的处理方式是增加公路使用者付费。③支出优先顺序明确。④日常管理效率高。⑤建立了公平、透明的分配机制。⑥有坚实的、长期的法律基础。

(1) 组织结构。在组织结构上，第二代基金通常设立一个能够代表各方利益，独立于部门的委员会或董事局作为决策机构。委员会通常由9—12名成员组成，最多的为15名。委员会中，一般有3—5名来自中央政府有关部门的代表，如交通部、财政部、农业部、能源部等；1—2名来自地方的代表，其中一名代表城市，一名代表农村；1—2名代表公众利益；有的国家还有军方代表，如美国。委员会通常设立一个主席，他不能是某个部门的主管或行业代表，否则便被认为不能代表公众利益。

日本的公路委员会于1954年设立，由1名主席和12名成员组成，分别来自汽车行业、工会、学术界和地方政府，其代表性较广泛，不足的是没有农民代表。其功能通过下设的三个委员会来实现，其中：一个负责征收税费，一个负责制定政策，一个负责环境事务。在过去的两年中，日本一直在讨论设立第四个委员会，负责资金的管理监督，但还未建立。日本的公路委员会主席通常是前任的建设部部长，建设部部长退休后自动成为委员会主席。

南非公路管理委员会历史较长，经历过多次调整。最初每个省都有自己的代表，当时，希望能够形成全国性的意见，便于全国道路建设。但是，这个设想并未实现，代表们为各自利益争吵不休，因而，这种形式最终被改变。该委员会最近改组后，由9个成员组成，只有一人来自财政部，代表政府，其余都来自工商部门。

委员会由来自不同利益集团的代表构成的状况便于委员会与公众的沟通并容易得到公众的支持。委员会对获得公众支持政府公路发展和公路筹资计划有具体规定，通常包括：定期进行新闻发布（拉脱维亚在每周一由交通部长发布有关公路新闻）、在公路旁写上提示纳税人公路资金正用于该项目的醒目标语，在报纸、电视台、广播电台公布公路基金的使用及审计报告等。

委员会能否成功，关键在于其是否有经济实力来完成使命。世界银行在对15个国家的有关资料进行研究后发现，公路使用者愿意为公路付费有三个条件：①资金必须用于公路；②委员会的效率要高；③他们能够参与委员会的意见。委员会的成立形成了一个使公众和政府部门能够在公路建设上达成一致的机制。

（2）燃油税收入既是公路基金的重要资金来源，也是一般预算的稳定收入。公路基金一般来源于征收的公路使用税（费），使用公路和使用水、电一样，要享受优质服务，就得多交钱。从各国情况看，燃油税大约占公路基金总额的80%—30%，执照费等占10%—20%，车辆超载费、国家之间的交通税、轮渡费（过渡、过桥费）等为公路基金的补充收入。

值得注意的是，在许多国家，燃油税不仅仅是公路基金的重要收入来源，还是政府筹集一般预算收入的重要税种。一般的做法是，在对燃油税进行定额征收的基础上，分别确定用于公路基金和一般预算收入的比重。如新西兰每公升汽油税的税额为16.74美分，其中用于公路基金的为7.12美分，其余的9.62美分用于一般预算收入。

公路基金在征收上，实行定额征收可以不受燃油税价格波动的影响，以保证收入的稳定。欧盟对其大部分国家的建议税额通常是汽油每公升50美分（售价73美分），其中20%—25%交给公路基金，其他纳入一般预算。柴油税额为每公升34美分。到2002年，欧盟将使上述税率增加到汽油每公升52美分，柴油每公升44美分。在美国，每公升汽油、柴油的售价都是40美分，联邦每公升征收6美分，交给联邦公路信托基金。各州税率则各不相同。

筹集公路基金有税收和收费两种形式。①在政府税收体系内征收。委员会每年向内阁提供关于收费水平的建议，由内阁决定，这与制定税收（如消费税）政策的程序一样。不同的是，如果委员会的建议得到了公众的广泛支持，内阁将很快通过。这种方式的缺点是，其收入就要纳入国家一般预算，资金在途时间长。此外，在预算资金紧张时，也可能被安排用于其他方面的支出。②通过立法确定相关程序，收取专门税费。考虑到公路基金管理的责任和风险，财政部宁愿不过多地介入税费的征收，因此，一般的情况是，当公路委员会向财政部提交有关建议时，财政部只是会签，并不直接批准。马拉维和纳米比亚两国已经立法。正在立法的有约旦、巴基斯坦、尼日利亚三国。一旦通过立法设定了公路基金，就要对税费征收率进行调整，日本每五年调整一次。多数国家每年调整一次。罗马尼亚和乌克兰情况很特殊，将收费水平以每升绝对数的税收水平写入有关法律中。

（3）管理人员。据有关资料分析，世界各国公路基金管理人员数量大致情况是：1—3人可以承担0.5亿美元资金规模的工作量，30—35人可以负责5亿资金规模的工作量。美国的公路信托基金和援助项目管理部门有3000名职员，管理着210亿美元的资金规模，这些职员分布在各州，包括计划、会计、采购等各类人员。委员会的秘书很关键，其设置有两种基本方式：一种是由委员会任命，另一种是公开招聘。也有请会计师事务所执行合约的。加纳招收英美烟草公司等政府以外的管理人员，其运行情况良好。这些秘书的工作包括编制计划、执行董事会决议并负责技术、财务、审计等。

（4）公路基金的分配。公路基金的分配按照以下原则运作：①要有始终一致的资金分配原则；②必须严格使用资金；③要建立不用公路者不付费的原则，在农业人口较多的国家尤其如此；④要有法律依据。

公路基金对地方补助资金时，通常要求地方每年上报公路维护与建设的计划。由公路基金的管理者根据可筹集到的资金情况，按照公开与透明的原则，确定多少可用于国家级公路，多少可用于对地方补助。通常60%—80%的资金用于国家级公路，其余用于地方。在分配上首先为合格的国家级公路建设提供全部的资金，这就是管理国家级公路的机构效率高的原因。地方的20%—40%不是绝对的，而是指示性的，不一定实行平均分配。

公路资金在地区之间的分配，方法有两种：一是由各地区向全国公路委员会汇报，通过地区间竞争后，由委员会按照择优原则予以确定。这种办法的缺点是容易造成地区之间的不均衡，因而运用得不广。二是用公式进行分配，即综合考虑各种因素，如道路长度、交通量等，据以设计公式，作为分配依据。这种办法在公路维护资金的分配上用得最多。此外，在确定新建公路项目时，成本收益分析法运用比较普遍。

就公式法而言，一些国家比较典型，如美国，其公路资金在地区间的转移支付公式为：0.55×公路长度+0.45×单位公里车流量+每地区所得最小分配额。每地区最小分配额为0.5%。在美国对0.55和0.45的权数有争论。有人建议平均分配，还有人建议增加人口因素，也有人主张三个因素各占三分之一。坦桑尼亚选用的是人口和公路的稠密程度以及一些特殊指标作为因素进行分配。公式法虽然不太精确，但透明度高，各地区都能接受。

各地区根据他们可能得到的资金，准备公路计划，并上缴给公路基金管理组织，由该组织对计划进行修改和评估，并据以制订全国计划。这种计划将交给对其负责的部门，成为批准的国家公路计划。

最后，公路基金要坚持专款专用的原则。

第六章　收费公路的收费标准与还贷能力

一　收费标准制定的影响因素

（一）收费交通量

这里的交通量指两种不同的交通量：预测交通量与收费交通量。

预测交通量是制定收费标准的一个重要参考依据。在一定的投资回收期内，一般来讲，当预测交通量较大时，收费标准相应会制定得低一些；当预测交通量较小时，收费标准则会相应制定得高一些。

收费交通量是一定收费标准下收费公路上实际发生的交通量，它随着收费标准的变化而变化。这是因为，在公路网中，存在不收费的公路及收费标准不同的公路，存在其他的运输方式如铁路运输、水路运输、航空运输。道路使用者由于具有不同的背景、不同的出行目的，会根据自身的情况去判断选择一条最佳的通行路线，所以，新建的收费公路收费标准的高低将直接影响其交通量的大小。一般来讲，收费公路的收费标准制定得越高，收费交通量就会降低，收费标准制定得越低，收费交通量就会增加。

当预测交通量与收费交通量相差不大时，就可认为收费标准的制定是合理的。在进行项目的可行性报告研究时，预测交通量由于其预测周期较长，涉及很多不容易确定的因素（如经济发展速度、国家相关政策等），且没有考虑收费标准的影响，使得与项目建成后的实际交通量出入较大，而不再宜于作为制定收费标准的参考交通量。因此，为了提高收费公路的利用率，保证一定的交通量以获取一定的通行费，在制定收费标准时应在可行性研究报告中所预测的交通量的基础上，考虑收费标准的影响，重新进行新的交通量预测，使预测交通量与实际交通量尽量吻合，从而也就保证了收费标准的制定尽可能合理和稳定。

（二）收费总额

收取车辆通行费的原因主要有收费还贷、收费经营和拥挤收费。在我国现阶段，为解决公路的拥挤而进行收费的情况很少，大多数公路收费都是为了还贷和经营。

在收费还贷情况下，收费标准的高低取决于贷款本金、贷款利率、贷款偿还期和收费交通量等因素。一旦还清贷款本息，应立即停止收费。在收费经营情况下，收费标准的高低取决于经营期、投资收益率、收费交通量等因素。公路的经营期是有限的，当经营期满后，公路应收归国有，不再收取通行费。为了偿还贷款本金和贷款利息、保证投资者收回投资并获取合理的收益，必须合理确定收费总额，这也是制定合理收费标准的一个重要前提条件。

为了尽可能准确地确定收费总额，必须对公路的建设期、运营前期、运营期的资金来源及有关支出作出具体的分析。

第一，建设期的资金来源及有关支出。当前，收费公路建设资金来源主要有以下几种：①外资，主要是向世行、亚行等国际银行申请到的贷款，分为软贷款和硬贷款两类。②内资，主要由以下几部分组成：交通部补助、地方自筹资金、国内贷款（包括债券、有偿集资等）、私人投资。

以上资金中，所有外资的本金及利息、国内贷款的本金及利息，均需按期偿还，交通部补助和地方自筹资金不用偿还，私人投资需全部回收且需保证投资人获取一定的利益。

收费公路建设期建设资金的有关支出如下：建筑安装工程支出、设备购置支出、工程建设其他费用。

第二，运营前期资金来源及有关支出。运营前期的资金主要来源于收费公路经营公司投资及私人投资，这部分收入应计入资本金，除保证完全回收外，还应获得一定的投资收益。

有关支出主要用于运营的准备工作（如购买收费权、收费站建设、购买收费设备、人员培训等）。

第三，运营期的资金来源及有关支出。运营期的资金来源包括如下部分：①通行费收入，是经营所得的主要收入。②其他收入（如土地协议费、销售汽油收入、广告收入、餐饮收入、排障及清障收入、向外承包项目收入等）。就国内大部分收费公路来看，这部分收入所占比重较小，有的收费公路甚至根本没有这部分收入，反映了我国收费公路的经营还有待于开发。

运营期资金的有关支出如下：①偿还贷款本金及利息；②总成本费用，包括工资及附加、养护及大修费、经营管理费以及财务费用（指运营期的贷款利息）；③营业税及附加；④所得税；⑤公积金与公益金。

收费公路资金来源及有关支出汇总如下（见表6－1）：

表 6－1　　收费公路资金来源及有关支出情况

<table>
<tr><th>资金情况
时间段</th><th colspan="2">资金来源</th><th>资金支出</th></tr>
<tr><td rowspan="3">建设期</td><td>贷款</td><td>国外贷款：世行、亚行等贷款，分为软贷款和硬贷款
国内贷款：国家、地方金融机构贷款（包括债券、有偿集资）</td><td rowspan="3">建筑安装工程支出
设备购置支出
工程建设其他费用
运营的准备工作：购买收费权、收费站建设、购买收费设备、人员培训等</td></tr>
<tr><td>补助</td><td>交通部补助资金
地方自筹资金</td></tr>
<tr><td>其他投资</td><td>私人或私营企业投资
经营者投资</td></tr>
<tr><td>运营期</td><td colspan="2">通行费收入
其他收入：土地协议费、销售汽油收入、广告收入、餐饮收入、排障及清障收入、向外承包项目收入等</td><td>偿还贷款本金及利息
总成本费用：
工资及附加
养护及大修费
经营管理费
财务费用
营业税及附加
所得税
公积金与公益金</td></tr>
</table>

通过对收费公路有关资金的分析，利用相关计算方法就可以计算出收费总额。

（三）地区经济发展水平和人口增长速度

收费公路影响区域的经济发展水平和人口增长速度是影响收费公路收费标准的重要因素。不难理解，经济比较发达地区的收费标准自然要比经济相对比较落后地区的要高，因此，经济发展水平是确定收费标准高低的基础。人口增长速度也一样，特别是当一个地区的外来人口较多时，就表示该地区的就业机会比其他地区要多，相应的收入水平也比其他的地区要高，因此，收费标准也应比其他地区要高。反过来讲，收费标准的制定，要能反映地区的经济发展水平和人口增长速度。

（四）道路使用者的消费心理

在我国，道路使用者有多样化的特点，不同的使用者对收费公路进行选择的目的不一样，有的看中收费公路能节约运行成本，有的看中收费公路能节省时间，也有的看中收费公路的舒适性与行驶安全性。因此，在制定收费标准时，要考虑收费公路影响区域的道路使用者的构成情况，这项工作可在交通量预测中交通方式的分担中完成，即对收费公路的客、货分担比率进行考虑（如有可能，还应分车型考虑）。因为普通的旅客和货主对收费公路的选择目的通常是不一样的，前者更看中时间的节约和舒适性，而后者更看中其运行的成本和行驶安全性，收费标准应能反映不同的情况。

另外，根据道路使用者的消费心理，在开始运营阶段，收费标准不宜制定得过高，否则严重影响收费公路上的交通量。而在刚开始较低的收费标准下，有利于吸引较多的交通量，为收费公路经营带来较大的初期收益。同时，收费公路的收费标准不宜每一年都作出上调，因为道路使用者不易接受收费标准的每年上涨。相对来讲，过几年调节一次，虽然调节的幅度大一点，但道路使用者易于接受。

（五）物价波动

在确定收费总额时，已考虑过物价波动的影响（即通货膨胀率），但那时只考虑了物价波动对投资者和经营者收益的影响。此处的物价波动与收费标准的调整有关，同时考虑了物价波动对投资者和经营者、使用者的影响。对收费公路来讲，一般应根据市场的物价指数和用户效益的增长，在恰当的时间调整收费标准。

（六）环境污染和交通安全

环境污染和交通安全问题是世界性的问题。收费公路往往修建在交通比较拥挤和繁忙的地区，以解决交通拥挤和堵塞而引发的环境污染和交通安全问题。收费公路解决环境污染和交通安全问题是通过收费标准对交通量进行控制来达到的，通过制定合理的收费标准，使收费公路上的流量合理，从而收费公路的利用率达到最大，但不会形成拥挤和堵塞，这样使得运输效益提高，解决了拥挤问题，也解决了拥挤而带来的环境污染问题和交通安全问题。

在上述因素中，收费交通量和收费总额是影响收费标准的决定性因素，在对收费交通量和收费总额进行合理预测后，结合收费年限和其他影响因素，就可以确定相应的收费标准。

二　收费标准的制定及调整

（一）收费标准制定的基本步骤[①]

在分析期内，逐年进行各项费用、交通量及路况预测的计算，将上一年的预测结果作为下一年分析的基础。制定收费标准，可遵循下列步骤：

1. 调查确定车辆组成及预测交通量变化

按交通量观测资料和分析期内交通量预测资料，确定收费公路收费区间的交通量组成以及交通量年平均增长率。

2. 计算平均运行速度

根据每类车型的特性参数和不同到达路线的道路特性参数，应用车辆运行速度的限速法计算区间的平均运行速度。

3. 计算车辆营运费用成本

车辆营运费用成本包括燃油消耗、轮胎使用费、维修费、润滑油消耗、折旧费以及时间成本。在计算出各类车辆的资源消耗量后，根据市场调查确定各项资源的影子价格，从而可将各项资源的消耗量乘以相应的影子价格，得到各类车辆单位公里的营运成本。

4. 拟订收费方案

收费方案的拟订包括基年收费标准的设定以及未来年收费标准的变动周期和变动幅度的确定。基年收费标准可根据起始年收费公路及并行路的车辆营运成本差，拟订不同的基年收费标准的分析方案。在分析期内，收费标准是允许进行调整的，可根据收费对交通量的影响规律确定，如营运初期采用低标准刺激交通量发展，在4—5年后提高一定比例的费率标准，当预测交通量大于通行能力时可进一步提高收费标准，以保证服务水平不下降。

5. 确定各类车型交通量的转移率

各类车辆在收费路与并行路上的分配随营运成本的变化而变化，由于各地区经济水平的差异，对车辆营运成本的认识也不一致，交通转移率的预估也会有所不同。

6. 预测路况

路况是决定养护水平的主要技术指标，随交通荷载及自然因素的作用，结构强度、平整度都会有不同程度的衰减，当路况降到一定的服务水平后，

① 刘伟清：《高速公路运营管理专业知识与实务》，人民交通出版社2006年版，第32—33页。

便要求路管部门及时采取养护措施。在分析期内根据逐年的路况预测来确定养护方案，因而路况预测也很重要。

7. 计算养护管理成本（现金流出）

应根据路况使用性能指标来确定养护对策。在分析期内，由于交通荷载的变化，不同收费方案的养护周期不同，当使用性能指标达到最低服务水平要求时，就应根据不同的要求采取相应的养护措施。如结构强度不足应采用补强方案，平整度过大应采用挖补罩面方案等。在分析期末，应扣除路面使用性能的残值。

8. 计算收费收入（现金流入）

在分车型交通量确定后，乘以相应的收费单价，便可计算出逐年的收费总额。

9. 进行经济评价与还贷能力分析，优选方案

有多种财务分析方法可用于方案比较，如现值法、内部收益率、效益费用比、静（动）态回收期等，都是较常用的方法。各项费用的分析与选用的分析期长短和贴现率大小有着密切关系，分析期一般选用还贷期限，也可选用固定分析期（20 年），不同贴现率的评价可进行敏感性分析。对各方案采用多指标综合评价，在保证还贷的前提下选用效益好、投入低的方案。

为确保公路交通设施的公益性，政府部门应建立一套科学合理的公路收费项目审批管理程序。对于收费公路收费标准的制定应该有相应的审核评估办法。通过政府主管部门认证的专门的评估机构，组织有关专家学者在广泛调查研究、充分听取社会公众意见的基础上，提出评估意见，为政府主管部门最终审核批准提供科学依据。收费方案研究工作的基本程序，如图 6 - 1 所示。

（二）收费标准调整的具体建议①

收费标准的调整是收费公路管理的一项重要工作。将收费标准调整纳入收费方案的整体研究工作中、有助于合理收费并按规定用途使用车辆通行费收入，避免收费标准调整中的盲目性和主观随意性。我们对收费还贷公路和收费经营公路收费标准调整的客观原因分别进行分析，并提出收费标准调整的具体建议。

1. 收费还贷公路收费标准的调整

收费还贷公路收费标准调整的目的是为了确保按期偿还贷款与集资本

① 周国光：《中国道路收费与融资问题研究》，长安大学公路学院 2002 年版。

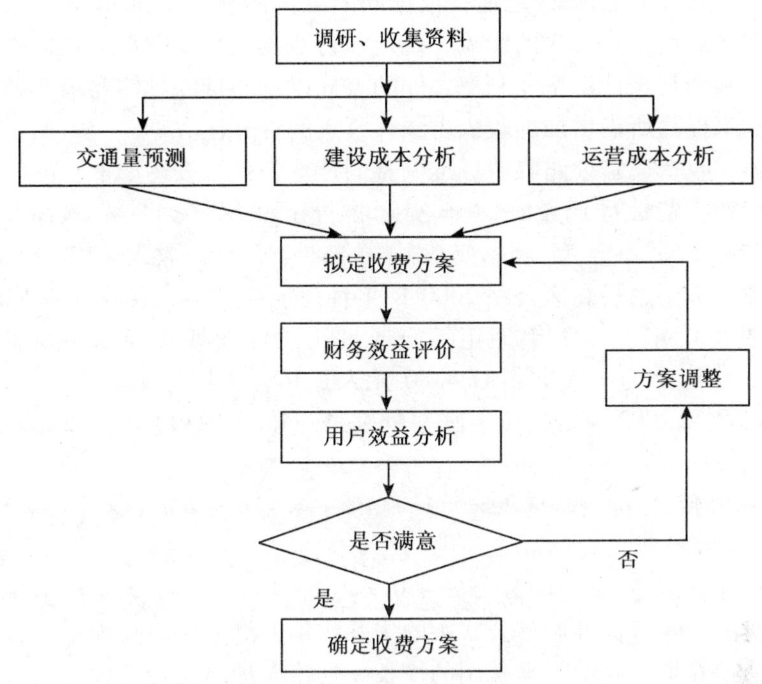

图 6-1　交通量小时变化曲线

息。一般来说，如果还贷收费公路的车辆通行费征收能够保证按期偿还贷款本息，则没有理由变动收费标准。影响按期还本付息的因素一般有以下四个方面：（1）由于交通量低于预测数所引起的车辆通行费收入的减少；（2）由于物价上涨所引起的收费费用和公路养护费用的上升；（3）汇率变动和利率变动所引起的世行贷款本息余额的增加；（4）国家有关政策变化（例如按车辆通行费收入的一定比例征收营业税）使可用于还贷的收入减少。

当发生了以上情况变动时，应考虑进行收费标准的调整。具体做法建议如下：

（1）国家有关政策的变动属于可预计、可控制的主观因素。当国家政策变动时，应及时根据还贷收入减少百分比调整收费标准。

（2）交通量变动、物价变动和汇率、利率变动属于不可预计、不可控制的客观因素。根据有关规定，最好根据其影响定期调整收费标准，调整收费标准的时间间隔一般为两年。

（3）在收费标准调整之前，根据间隔期内的实际交通量与预计交通量之间的差异对通行费收入的影响，确定通行费收入减少的百分比；并根据实际汇率、利率与预计汇率、利率之间的差异以及还贷的具体要求，确定由于汇率、利率提高所需增加的收入占预计收入的百分比。

这样，收费还贷公路收费标准调整的计算公式可表述如下：

通行费收费标准调整（%）= 实际物价上涨率（%）+ 收入减少（%）/（1 - 收费减少%）+ 汇率、利率变动影响的金额/预计总收入 ×100%

例如，重庆渝长高速公路2000年4月建成通车后，由于某些原因，使2000年、2001年、2002年3年的交通量比预计同期交通量平均低10%；2002年平均汇率为1美元折合8.80元人民币，人民币贬值4.76%；2000年、2001年和2002年的物价上涨率分别是4%、6%和5%，那么，通行费标准的调整如下：

实际物价上涨率（%）=（1 + 4%）×（1 + 6%）×（1 + 5%）- 100% = 15.75%

收费标准调整（%）= 15.75% + 10%/（1 - 10%）+ 4.76% = 31.62%

事实上，收费标准调整公式中的实际物价上涨率应改写为：物价上涨所引起的公路养护与收费管理费用的增长 × 公路养护与收费管理费用占通行费收入总额的百分比。由于相关数据难以获取或所取得的数据难以保证客观事实，因而用实际物价上涨率近似地替代。

2. 收费经营公路收费标准的调整

收费经营公路收费标准调整的目的是为了维护投资者的合法权益，在一定程度上保证投资者可以获得所需的投资收益率。一般来说，公路经营企业投资者的投资行为属于风险投资，应与国家共享收益、共担风险。因此，除了物价变动原因可允许公路经营企业调整收费标准以外，国家没有义务为经营者担保交通量，也不应当将实际交通量低于预计交通量作为调整收费标准的主要理由。因此，公路经营企业只有根据物价的可能上涨来对收费标准作必要的调整。

这样，收费经营公路收费标准调整的计算公式可表述如下：

通行费收费标准调整（%）= 实际物价上涨率（%）×（1 + 其他调整因素变动对收费标准影响的%）

收费调整是一项重要且严肃的工作。要尽量避免在收费调整中相互攀比，凭主观意志办事，更不能把不合理挪用的公路通行费以调高收费标准的形式转嫁到公路用户身上。在公路收费事业上，公路用户永远是上帝，只有维护好公路用户的合法权益，才能保证公路收费事业健康发展。

三　收费公路还贷能力的分析及提升

——以湖北省收费还贷公路为对象

（一）湖北省收费还贷公路还贷能力的实证分析

1. 湖北省公路交通概况

湖北省地处我国中部，位于长江中游，具有承东启西、接南纳北的区位优势，省会武汉素有“九省通衢”之美称。新中国成立后经过多年的建设，湖北的交通事业取得了巨大的成就。“十五”期间完成固定资产投资791.2亿元，为“九五”期间的3.2倍。新增高速公路1080公里；国省干线二级以上公路里程达17967公里，较“九五”末增长97%；截至2005年底，全省公路通车总里程达91131公里，等级公路达76075公里，等级公路比重达到83.48%，其中高速公路1649公里、一级公路1093公里、二级公路15225公里、三级公路11229公里、四级公路46880公里，分别占公路通车总里程的1.81%、1.20%、16.71%、12.32%和51.44%。全省公路密度达49.02公里/百平方公里。农村公路建设基本实现乡乡通沥青（水泥）路，97.1%的行政村通公路，43%的行政村通沥青（水泥）路，乡镇和行政村通班车率达到98%和69%。建成宜昌、荆州等11座长江、汉江公路大桥，国省干线渡口基本完成改渡为桥。①

近年来，公路交通运输在湖北省国民经济中的地位已经十分突出地显现出来。公路客货运输在各种运输方式中的作用持续走强。2005年，湖北省公路客运量、旅客周转量、公路货运量、货物周转量分别达到6.62亿人次、358.01亿人公里、3.35亿吨、251.14亿吨公里，分别占全社会交通运输生产总量的92.07%、44.53%、67.13%、14.92%。② 公路运输在各种运输方式中的地位乃至在国民经济中的地位由此可见一斑。与我国其他地区的发展情况相类似，公路运输所承担的总运量和公路运输权重增长的势头仍在持续。所有这些成绩的取得，除汽车工业及一些相关产业的贡献外，是与公路基础设施的量和质的增长分不开的。也就是说，不扩大公路网的规模和通达深度，不提高公路的质量和干线公路的标准等级，公路运输就不可能取得以

① 《中国交通统计年鉴（2006）》，中国交通年鉴社2006年版。

② 同上。

上的成绩。

2. 湖北省收费还贷公路情况

从1993年开始，湖北省通过“贷款修路，收费还贷”方式筹措资金逐步推进和加快公路建设。短短的15年，成为我省公路交通事业发展历史上速度最快、规模最大、成就最为突出的时期。在湖北省目前已建成的高等级公路中，所有的高速公路和长江特大桥梁、95%的一级公路、80%的二级公路，都是依靠“贷款修路，收费还贷”政策得以实施的。特别值得一提的是，在短短的10年时间，湖北省建成了位居全国第十、长达2300多公里的高速公路，走过了过去一般需要40年才能完成的发展历程。截止2007年底，湖北省依靠贷款修建一、二级以上高等级公路10521.98公里（不含高速公路），占公路总里程的11.1%。其中，一级公路649.3公里，占收费公路里程的6.4%，二级公路9461.6公里，占收费公路里程的93.6%，收费桥梁、隧道23465.08延米。收费公路政策的实施，对于缓解公路建设资金严重不足的矛盾，改善湖北省公路网结构，提高公路网技术水平起到了至关重要的作用。

自1999年以来，湖北省按照部、省要求和《收费公路管理条例》规定，对不符合要求的收费站采取积极稳妥的措施，分三批撤并收不抵息和未达到要求以及管理不规范的公路收费站共计38个。

在普通收费公路管理体制方面，湖北省经历了从县市为主、分散管理到以省市（州）为主、统一管理的过程。1999年以前，我省普通收费公路采取的是“谁投资、谁建设、谁贷款、谁收费”的模式，由各县市政府或交通公路部门负责贷款（集资）建设、收费还贷和站（点）管理。由于这种模式存在收费标准不统一、通行费支出随意性大以及公路还贷执行力过低等弊端，1999年省政府下发了《关于对全省收费公路统一规范管理的通知》，将债权债务集中到市（州）交通公路部门，由各市（州）实行统筹还贷，由省公路局根据通行费“收支两条线”规定，实施“统筹规划、规范审批、分责偿还、综合平衡”的统一管理模式。为切实增强普通收费公路还贷能力，拓宽农村公路建设筹融资渠道，依据《收费公路管理条例》有关精神，省厅积极争取省政府支持，逐步建立了全省高速公路、普通公路和农村公路建设统贷统还机制。

全省普通公路收费站在行政上隶属当地交通或公路部门领导，在业务上接受省、市公路主管部门的行业监管。各收费站将通行费收入上缴到当地公路部门，再由公路部门逐级上缴省交通厅，纳入省级财政专户。支出时，由省交通厅提出申请，报省财政厅批准后，再由交通部门综合考虑各收费站收入上缴情况、还款需要等因素，通过财政逐级下拨到市（州）公路部门，由市（州）公路部门负责偿还贷款。

3. 湖北省收费还贷公路偿债能力界定①

收费还贷公路的偿债能力是指收取的车辆通行费收入在扣除必要的管养支出后，能如期支付贷款利息，在收费期限截止前还清全部贷款的能力强弱。

收费还贷公路的偿债资金来源于车辆通行费收入，即缴纳通行费车辆数与过往车辆的收费标准。公式表示为：通行费收入 = 收费标准 × 车辆数量。

偿债能力表现为：车辆通行费收入扣除公路维护费、收费设施建设费、收费站人员经费、办公费等项目支出后的余额大小。偿债资金额 = 车辆通行费收入 - 公路维护费 - 收费设施建设及维护费 - 收费人员经费 - 其他费（含水利基金、河道维护费等）。

从以上偿债资金的形成过程不难看出，决定偿债能力的主要指标有以下几项：一是过往车辆的收费标准。二是车辆通过收费站的次数。此指标是实际数量，且是随着经济的发展、公路网整体水平而变化的。三是费用支出。它与支出项目的多少及支出水平成正比例关系，偿债能力大小与费用支出数成反比。

4. 收费还贷公路偿债能力评价指标

对收费还贷公路偿债能力的评价是站在项目业主的角度分析项目按期还款付息的能力，所采用的评价指标一般是反映偿债能力的财务指标，包括反映特定时期项目偿债能力的静态指标和反映偿还全部贷款本息所需年限的动态指标。主要有如下指标：

（1）贷款偿还期。贷款偿还期反映了偿还全部贷款本息所需要的年限。其计算公式如下：

$$\sum_{t=0}^{n} NCF_t (1+i)^{-t} - D = 0$$

式中：

NCF——还贷收入；

D——收费还贷公路贷款总额；

N——贷款偿还期；

① 刘辉雄：《湖北省收费还贷公路偿债能力研究》，武汉理工大学管理学院 2004 年版。

i——贷款利率。

在上式中，假定贷款一次性取得。如果分期取得贷款，则 D 表现为以贷款利率为折现率计算的贷款现值。

（2）债务－收益比率。债务－收益比率反映特定年份用还贷收入偿还到期债务的能力。其计算公式如下：

$$债务－收益比率=\frac{年还贷收入}{到期贷款本金和利息}\times 100\%$$

其中，还贷收入是指车辆通行费收入补偿全部收费还贷公路的养护支出和收费管理支出后的余额。根据国家规定，这部分资金只能用于偿还收费还贷公路的贷款和集资本息。

（3）债务偿还比率。债务偿还比率反映特定年末累计已偿还债务本金占全部债务本金的比例关系。其计算公式如下：

$$债务偿还比率=\frac{累计已偿还债务本金}{全部债务本金}\times 100\%$$

分析收费还贷公路的偿债还贷能力，应主要分析以下内容：收费还贷公路建成投入使用后，是否有足够的交通量来保证用收取的车辆通行费收入补偿收费公路的养护支出、收费人员的经费开支以及其他有关支出后的余额，可以如期足额地还本付息；用公路车辆通行费所支付的贷款和集资利息是否合理；收费人员是否超编、收费人员经费支出是否超预算、是否存在因人员经费过高而影响按期还本付息等问题；公路还清贷款和集资本息后是否仍在继续收费等。

5. 湖北省收费还贷公路偿债能力情况

湖北省收费还贷公路面临巨大的偿债压力，偿债形势比较严峻。根据《“十一五”湖北交通发展规划纲要》，“十一五”期间湖北省交通基础设施建设投资规模将达到1330亿元，交通建设与资金供给之间的矛盾十分突出，特别是农村公路建设面临着巨大的资金缺口。湖北省收费还贷公路普遍存在通行费收入偏低、收费期限内难以偿清贷款本息，偿债能力严重不足的问题，“十一五”末普通收费公路全部收不抵息。

同时，大量的到期贷款目前已进入还贷高峰，如果到期债务不能偿还，带来的负面影响不仅是降低交通部门信用，使公路建设筹资更加困难，而且重要的是影响了政府声誉，特别是外商投资和利用国外贷款，容易造成金融风暴和不良的国际影响。

（二）湖北省收费还贷公路还贷能力的提升策略

在未来一段时间内，湖北省公路建设的任务还相当艰巨，收费公路政策将是快速发展公路的基本选择，短期内不可能取消公路收费，但“逐步减少现有二级收费公路数量，严格控制二级收费公路规模”，有步骤、有选择地退出基础性、公益性、公共性更强的二级收费公路，逐步撤并收费站（点）的策略，应列入公路管理者的研究范围。目前，湖北省普通收费公路是以市（州）公路部门对辖区公路实行“统贷统还”的政策，即由市（州）公路部门贷款建设收费公路，其辖区内的收费还贷收费站通行费收入偿还全市债务本息，各县市区无债务偿还任务，全部由省市公路部门负担，一旦撤销或调整收费站（点），势必影响整个市（州）的债务偿还。这使得逐步撤并收费站（点）的策略实施面临着结构性矛盾。因此，我们认为，提升湖北省收费还贷公路还贷能力应从宏观与微观两个层面入手。

1. 宏观层面的提升策略

（1）完善统贷统还办法。实行“统贷统还”，有效地支持和保证了公路建设的快速发展。但由于我省普通公路债权债务集中在市（州）交通公路部门，由各市（州）公路部门统筹还贷，省市公路管理部门根据“收支两条线”的规定，实施统一管理。各级政府没有还贷压力，争取公路建设项目资金的积极性很高，但对收费还贷工作不理解、不支持，甚至要求撤站。随着公路建设的快速发展，公路网建设资金增加的巨额债务，导致普通公路收不抵息，缺口越来越大，而不少收费站即将到期，负债尚未还完，撤并难度很大。为此，我们建议在研究现有市（州）、高速公路管理部门分别承担债务模式的基础上，探索责权利相结合的省（市、县）共同分担、普通公路与高速公路共同分担的“统贷统还”办法。在下放债务时，对于有债务而没有收费站的县（市、区），可实行年票制，合理分担本区域内公路发展形成的债务。

总的思路是：债务归位，分责偿还，政策调节，综合平衡。

债务归位——是指以“十五”为界，“十五”之前，按照“谁使用、谁偿还”的原则将省统贷统还债务归位到市（州）；“十一五”期间发生的债务，按照“谁建设、谁贷款、谁偿还”的原则，明确责任主体。

分责偿还——是指建立省、市两级还贷责任制。为进一步提高还贷能力，减轻各地还贷压力，提高地方政府和部门管理积极性，结合各地收费还贷实际，对 2007 年及以前形成的省统贷资金，40% 由省负责筹资偿还，60% 分别由省辖市偿还。省辖市具体偿还省统贷资金方案由省交通、财政、物价部门测算并综合平衡后确定。从 2008 年起，新建或改造干线公路，资金筹措和收费还贷实行一路一策，分项目独立封闭运行。

省还贷资金来源：各地上缴的通行费收入、部分汽车养路费收入、部分还贷性高速公路通行费收入、省财政安排资金和其他资金。省辖市（州）还贷资金来源：辖区内干线公路通行费收入分成、汽车养路费超收资金、省辖市财政安排资金和其他资金。

鼓励提前偿还贷款。经济发展较快、财政实力较强的省辖市、县（市、区）可以筹措资金一次性或分年度偿还贷款后撤销收费站。

政策调节——是指省、市（州）、县（区）各级政府对省统贷资金偿还要给予政策支持，安排财政资金用于调节贷款偿还。省安排各地上缴的通行费收入、部分汽车养路费收入、部分还贷性高速公路通行费收入、省财政资金和其他转移支付资金偿还贷款；市（州）相应安排辖区内干线公路通行费收入分成、汽车养路费超收资金、省辖市财政资金和其他资金用于偿还贷款。

综合平衡——是指为提升省统贷资金偿还能力，全省建立专门的“平衡基金”，用来作为公路建设的贷款担保和还息补助，综合调节省与部分市（州）公路建设，从而使困难市（州）公路事业实现可持续发展。

（2）出台支持普通公路发展的配套政策。收费站撤并后，直接影响普通公路建设筹资和还本付息，因此，必须研究出台支持普通公路发展的配套政策，以实现普通公路的可持续发展。

①研究支持普通公路发展的筹融资政策。“贷款修路，收费还贷”政策出台前，交通主管部门一直把养路费、车购税等作为建设资金来源。收费公路的兴起加快了公路建设的步伐，但也使公路部门背上了沉重的负债。为推进交通事业又好又快发展，省厅研究确立了“整合资源，合力发展；统筹规划，科学预算；政策引导，分级管理；依法行政，公平和谐”的交通发展新理念，鼓励和支持以地方政府为主体，组建项目业主负责项目的建设管理，充分发挥了各级党委政府和交通部门的积极性和创造性，形成“合力加快交通建设，促进湖北经济发展的新格局”。但因地方财政缺位，不少地方的配套资金很难到位，有些市（州）是公路部门贷款来解决地方政府的投资，负债仍由公路部门承担。如此下去，不仅会加重公路部门的负担，更会影响建设目标的实现。因此，建议争取省政府支持，各级政府财政安排一部分资金建立交通发展基金，用于公路建设的贷款担保和还息补助。

②研究撤并收费站（点）的配套政策。建立全省撤站补助资金，用于解决偿还撤除站（点）负债的补助。建议从交通部新增用于减少二级收费

公路收费站（点）试点的干线养护资金中集中一部分，从各级政府财政预算中安排一部分，从高速公路通行费收入中提取3%—5%，实行专户管理，专款专用。

研究撤并收费站（点）的支持政策，逐步减少收费站总量。一是政府出台政策，通过财政回购或适当延长高速公路收费年限或适当提高养路费标准等方式承担或偿还普通公路的债务，来减少收费站（点）。二是政府出台政策，延长合并站（点）或到期尚未偿还负债的站（点）的收费年限或提高收费标准，如果不能延长，其负债余额及还息资金采取政府出一点、财政拿一点、行业补一点的办法解决。

③建立还息补助资金，用于解决普通公路还息。不论收费站撤除与否，公路负债不断增加、收不抵息越来越严重，将是湖北省普通公路发展长期面对的问题，只有深入研究支持普通公路还息政策，才能实现普通公路的可持续发展。

每年安排一部分交通规费补助普通公路付息。无论是征收交通规费还是收取车辆通行费，都是为了公路事业的建设和发展。在单纯依靠通行费还息方式不能解决普通公路建设问题的情况下，建议将一部分交通规费收入用于还息。我们认为随着经济的发展，交通规费收入必将继续大幅度增加，用一部分规费收入补助收费还贷公路付息很有必要并完全可能。同时，更为重要的是可以增强银行的投资信心，目前公路通行收费不抵息，所有市（州）已丧失贷款能力，一旦省统贷资金不能还息，就会被银行列入黑名单，取消对交通公路的信贷支持，将直接影响交通发展目标的实现，况且目前所有贷款都是用规费担保，如果不安排规费补助还息，银行也会直接扣除规费还息。

继续从还贷性高速公路的收入中安排一部分资金补助还息。高速公路对普通公路影响很大，但二者必须有机结合，高速公路需要普通公路支撑，否则费源流失严重。建议形成一个制度。这样，既有利于普通公路可持续发展，又有利于交通规划目标的顺利实现。

2. 微观层面的提升策略

（1）收费标准合理化。在现实的公路建设和公路运输实践中，出现了相互矛盾的情况，即公路建设是根据影响区域内的经济发展需求特别是交通运输需求而进行的，是为了解决原有道路交通量过大、服务水平较低的问题，但当高标准的收费还贷公路建成后，交通量又需要很长时间才能达到预期的交通量水平，老路交通量的负担依然很重。造成这种矛盾情形的直接原因是新路采用了收费路建设的方式，即用收费收入来偿还贷款，而在收费标准设置不当（主要是过高）时，则这种矛盾更为突出。为收回新路的投资，保障及时还清贷款本息，重点考虑的应是如何对收费还贷公路设定合理的收费标准。只有设定了适当的收费标准，才能有更多的用路者愿意使用新的既收取通行费又提供高水平服务的公路，从而达到按时或提前清偿贷款的目的。

（2）站（点）布局科学化。收费站间距应该与大多数出行距离相近，否则，过高的收费与过短的出行距离势必增加逃票者的逃票动机以及购票者的损失，造成较多的不公平现象。根据对我国客货运平均距离和国道主要节点的研究结果（表6－2），我们认为：在不封闭的公路上，收费站（点）之间的间距不宜过长，否则，就会出现漏收在相邻收费站之间行使车辆的通行费的不合理现象。建议湖北省收费还贷公路收费站间距在40—50公里之间。

表6－2　　我国公路客货运输平均运距及国道主要节点间距

		东部地区	中部地区	西部地区	全国平均
货车运距	60公里以下 40公里以下	9省（市） 4省（市）	5省（市） 2省（市）	6省（市、区） 2省（市、区）	54公里
客车运距	60公里以下 40公里以下	7省（市） 2省（市）	9省（市） 2省（市）	8省（市、区） 4省（市、区）	46公里
国道网主要控制点间距	60公里以下 40公里以下	93% 77%	72% 58%	西南　西北 86%　30% 71%　20%	<40公里

数据来源：刘辉雄：《湖北省收费还贷公路偿债能力研究》，武汉理工大学管理学院2004年版。

（3）征收管理规范化。各级政府应向公路收费还贷项目倾斜，减免相应基金费用的收取或提留。公路事业是一项利国利民的公益事业，发展公路交通事业的目的在于取得良好的社会效益，借以创造良好的交通环境，促进国民经济的快速发展，并且确保公路的畅通，这既是公路管理部门的责任，更是各级政府的责任。因此，各级政府应带头缴纳车辆通行费。要采取必要的法律行政手段，打击蓄意抗费的过往车主，对典型车主予以曝光追缴。要下决心减免相应基金费用的收取或提留，在减免的基础上，对收费路桥贷款通过财政贴息等方式加大对公路的投入，以此来减少收费路桥的贷款利息支出，提高还贷能力，促使收费还贷路桥早日还清贷款，为本地区创造良好的投资环境，减轻车主负担。

（4）财务管理严格化

①对收费还贷公路的收支全面实行预算管理。由于湖北省很多收费还贷公路的银行贷款是由地方交通主管部门作为贷款主体借入的，不少收费管理机构的单位负责人没有直接的还贷压力，不知道对通行费收支实施预算管理，收多少、用多少，心中无数，导致各项费用的支出事前无预算、事中无控制、事后无考评，管理效益差。要管住管好全省收费还贷公路的车辆通行费收支情况，必须按财政部门预算管理要求对收费还贷公路的所有收支事项全面实行预算管理。

首先，收费还贷公路的通行费收入在性质上属于公路规费，也是国家预算外资金的重要组成部分，所以应当按照国家对预算外资金管理的基本要求管好通行费收入，根据预计的收费交通量和规定的分车型收费标准编制通行费收入预算。

其次，根据国家规定，收费还贷公路所收取的通行费收入，只能用于收费还贷公路自身养护支出和收费管理支出以及用于偿还建路贷款和集资本息。在制度规范上，不允许将通行费收入作为新建公路项目的资金来源，更不允许将通行费收入用于职工宿舍和楼堂馆所项目。在还清全部贷款和集资本息后，应当立即停止收费。在规范车辆通行费支出的用途方面，预算具有重要的作用。

再次，收费还贷公路管理单位有责任、有义务在保证完成专业工作所需的正常支出的前提下，严格并有效地控制费用支出，使有限的通行费资金发挥最大的效益。对此，有必要根据公路养护和收费管理的具体业务制定科学合理的支出定额标准，作为控制支出、考核责任人的基本依据。在各项科学定额标准基础上编制的支出预算，能够发挥控制与降低通行费支出的重要作用。

实行预算管理后，还要将预算执行的监督管理职责层层落实给地方各级交通主管部门，省交通厅可委托会计师事务所对部分收费还贷公路的预算执行情况进行审计。

②优化通行费支出结构，设立还本付息资金指令性指标。通行费支出开支范围一般包括“还贷付息资金”、“站（点）设施建设费”、“养护费用支出”、“管理费用支出”以及“其他支出”等。目前，在通行费支出上存在两个难点问题：一是人员支出所占结构比过大；二是“还贷付息资金”缺乏必要的指令性指标限定，不能满足及时足额还贷的需要。为此，我们认

为，在通行费支出开支范围上应注重支出结构的优化，通过清理收费站（点），合理设立收费站（点）及人员编制，适度调整通行费收费标准，控制人员支出结构比；同时，对于还贷付息资金安排，应设立不低于全省通行费实际总收入的一定比例（60%—80%）的指令性指标，并专项用于偿还贷款本息，以此作为消除还贷隐患的重要举措之一。

③强化财务监管，确保公路资金安全。一是坚持分级管理、分级负责原则。省公路局作为行业主管部门，负责组织全省公路事业单位财务管理工作，贯彻执行国家有关财经方针政策和法规制度，建立健全有关内部财务管理的制度办法；负责按照《会计法》统一会计制度，组织进行会计核算。各市（州）公路管理机构具体管理本单位和所属单位的资金筹措、核算和监督管理等工作。

二是坚持专款专用原则。各单位根据资金用途，分设银行账户，分别拨款。将基本支出（人员支出、公用支出、补助支出）预算和项目支出（公路改建、公路大中修、公路小修保养等）预算严格分开，分设银行账户，省、市（州）公路管理机构分别拨款。

三是坚持收支两条线管理原则。收费还贷公路通行费、车辆过渡费、路产损失赔（补）偿费等行政事业性收费严格实行收支两条线管理。

四是坚持计划和部门预算管理原则。按照“一个单位一本预算”的原则，严格按经批准的部门预算进行财务收支管理。全行业实行部门预算管理后，预算由各基层预算单位按照下达的计划控制数编制，市（州）、省公路管理机构逐级审核、汇总上报。预算经批准后逐级分解下达至各基层预算单位执行，硬化预算约束，没有预算不准开支，超出预算不能开支。

五是坚持全过程监督控制原则。各级公路管理机构对各项资金的使用和管理实行全过程监督控制。根据资金流向，加大检查和审计力度，做到制度化、经常化，确保全省公路资金安全。

六是逐步实施集中式财务管理。通过架设专网和安装网络财务软件，实现省、市（州）、县市公路管理机构通过网络集中核算，数据集中存放。

（5）收费方式现代化。目前，湖北省公路基础设施已经进入快速发展阶段，公路里程有了大幅度增加，公路等级有了明显的改善，收费还贷公路也不断增加。但是，随着湖北省经济的蓬勃发展，在路车辆的不断增多，因传统收费方式的效率低下导致交通堵塞、收费成本居高不下的现象也越来越严重。同时，收费站（点）的建设成本也价值不菲，收费站（点）林立，车辆在收费还贷公路上停停走走，所有这些因素都致使收费公路营运成本增大，并导致收费还贷公路设施不能发挥应有的作用和取得应有的效益。因此，有必要采用国际先进的不停车电子收费系统（ETC），以降低收费成本，提高收费效率，充分发挥收费还贷公路的作用。

不停车电子收费系统是利用当代各种先进技术实现不停车自动收费的系统，与传统收费方式不同，它省去了在收费站处的停车、收费环节，从而彻底取消了车辆在收费站口处的停车等待、缴费时间，摆脱了由于收费本身造成的交通堵塞现象。而且，使用电子收费系统，甚至不再需要收费站，可将ETC装置安装在顶置雷达天线上或路面上，就能够在车辆高速通过时完成收费任务，这样可以节约大量的收费人员以及由此增加的后勤保障人员等，能够为收费还贷公路降低成本费用提供有力保障。

下 篇

操作实务与要领

收费公路管理不仅仅是静态的“理论化”模式，还是动态的“实践化”过程。这就是说，收费公路管理作为人们的实践活动，它必然表现为一系列既相区别又相关联的操作实务和要领。因此，本篇将从具体运作的层面对收费公路管理的实务及要领进行阐述。

第七章　收费站的设立与调整

一　站（点）规划与设计

收费站区的规划与设计应能最大限度地防止交通事故和产生交通拥挤，为收费业务和收费站管理提供安全、舒适、高效的环境。

（一）站区规划与设计的原则要求

目前普遍采用的收费系统都要求停车收费，为了使车辆顺利进入任何收费车道，具有足够的缴费空间和驶回正常车道的汇合空间，在设计和规划收费站区时应体现以下原则要求：

（1）收费站区不得成为安全方面的障碍。互通立交匝道上的收费广场，不能影响主线上的交通。

（2）收费站区不应成为交通的“瓶颈”。收费站区要备有足够的收费车道数和停车空间供交通高峰期使用。

（3）收费站区应尽量设置在平坦且为直线的路段上，保证车辆停车和启动安全容易，收费方便。

（4）收费站区的设计要符合收费业务和交通管理业务的要求。一般应在收费制式和系统方案（包括设备）确定之后，按其工艺要求进行收费站区的规划和设计。一次设计，分期施工，做好土建预留、预埋工作，并留有余地。

（5）给收费作业人员提供安全、舒适的环境。

（二）收费广场规划与设计的原则要求

（1）收费广场的线形设计。收费广场的线形设计原则上应保证缴费的车辆有足够的视距，便于驾驶员从远处看清，并做好停车准备。收费站的线形布置一般包括：平面线形、纵断面线形、横断面线形和从收费广场到一般路段的渐变段等。

①平面曲线半径。由于驾驶员需在收费站处停车，若其出口过于弯曲，对驾驶员的视线有不良影响，且容易造成交通事故，因此收费广场的平面线形以直线为宜。收费广场设在主线上时，应尽量设置在直线段，使平面线形

与主线线形一致，见表 7 - 1。收费广场设在匝道上时，要求平面曲线的半径不得小于 200 米。

②竖曲线半径。主线收费广场宜避免设置于凹形竖曲线的最低处或长下坡路段的下方，其竖曲线的半径应与主线标准一致，见表 7 - 1；收费广场设在匝道上时，竖曲线半径原则上应大于 800 米，特殊地区无法达到此标准时，也应至少在 700 米以上。

表 7 - 1　　收费广场设计标准

<table>
<tr><td colspan="3">计算行车速度（km/h）</td><td>120</td><td>100</td><td>80</td><td>60</td><td>40</td></tr>
<tr><td colspan="2" rowspan="2">最小平曲线半径（m）</td><td>一般值</td><td>2000</td><td>1500</td><td>1100</td><td>500</td><td>250</td></tr>
<tr><td>极限值</td><td>1500</td><td>1000</td><td>700</td><td>350</td><td>200</td></tr>
<tr><td rowspan="4">最小竖曲线半径（m）</td><td rowspan="2">凸形</td><td>一般值</td><td>45000</td><td>25000</td><td>12000</td><td>6000</td><td>2000</td></tr>
<tr><td>极限值</td><td>23000</td><td>15000</td><td>6000</td><td>3000</td><td>1500</td></tr>
<tr><td rowspan="2">凹形</td><td>一般值</td><td>16000</td><td>12000</td><td>8000</td><td>4000</td><td>3000</td></tr>
<tr><td>极限值</td><td>12000</td><td>8000</td><td>4000</td><td>2000</td><td>1500</td></tr>
</table>

③纵断面坡度。车辆在进入收费广场之前先要减速，随后驾驶员根据收费站标志、标线的指示，以及自身的车型选择车道分流。车辆先排队，再完成收费交易手续，如领券（卡）或缴费等，最后离开收费车道，加速同主线车流汇合。由于车辆频繁启停，驾驶员操作较多，注意力分散，因此要求收费广场及收费车道应尽量平坦，以确保安全。收费广场中心线前后最大纵坡应小于 2.0%，若特殊地区无法达到此标准时，至少应在 3% 以下。此坡度的范围为收费广场中心线前后最小各 50 米，对于设计车速大于 80 公里/小时的主线收费广场，中心线前后至少各 100 米。

④横断面坡度。为了便于收费广场排水，要求收费广场设置一定的横坡，其标准值为 1.5%，最大值为 2%。

⑤收费广场直线段。收费广场直线段的长度，如图 7 - 1 所示，除满足收费岛长度要求外，还要考虑交通高峰时车辆在各车道的排队长度。一般匝道收费广场直线长度 L_0 为 30—50 米。主线收费广场的交通需求较大，收费车道较多，交通高峰时，多数车辆集中在中心部分的车道上，而两侧的车道比较松闲，因此主线收费广场的直线段为 50—80 米。

⑥收费广场前后渐变段。为使车辆容易进入收费车道，以及在车流量较

多时容许某种程度的排队长度，应有适当长度的渐变段，并应满足表 7－1 的要求。从收费广场向标准宽度路段过渡的渐变段，要求能使车辆顺畅行驶，便于分流和合流，随意进入或离开任一车道。设 L 为渐变段长度，S 为渐变段宽度，则主线渐变率 S/L 一般取 1/7，至少不应大于 1/5；互通立交匝道收费站广场主线渐变率，不应大于 1/3，如图 7－1 所示。

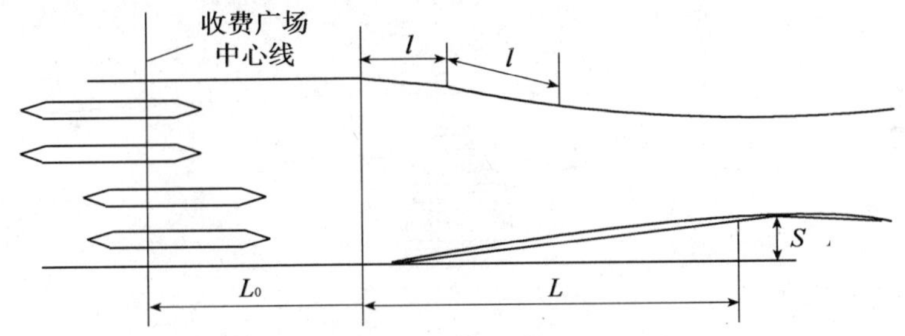

图 7－1　收费广场平面设置

⑦从匝道收费广场中心线到匝道分岔点的距离。一般情况下，在互通式立交的匝道收费站，考虑驾驶员自离开收费亭行驶 2—4 秒后，才能开始注意前方道路的状况，而状况判断与反应行为等需要 3—4 秒，合计 5—8 秒。对于不熟悉路况的驾驶员，如果从收费广场中心到匝道分岔点的距离不够，缴费后的驾驶员容易产生操作困难而无法进入相应的匝道，因此，为使驾驶员有充分时间判断方向，要求收费广场中心到匝道分岔点的距离应大于 75 米。到被交叉公路的平交点的距离不应小于 150 米。不能满足要求时，应在被交叉公路上增设停留车道。

（2）收费广场平面布置

①收费车道平面布置。开放式收费的收费站由于双向收费车道数相等，广场轴线和路线轴线一般会重合。但封闭式收费由于进、出口收费车道数量的差异，收费广场内车道的布置有三种方案，具体如图 7－2 所示。

图 7－2（a）是进、出口收费车道分别设在路线中心线的两侧，中央收费岛中心线与路线中心线重合形成对称布置。这样的布置方式适用于进、出口收费车道数相差不大的主线收费站和匝道收费站。当车道数较多时，外侧收费车道与路中心线距离远，会产生靠近路中心的收费车道形成排队而外侧车道却可能出现空闲的现象。

图 7－2（b）是由于进、出口收费车道数相差较大，将路线中心线和中央收费岛中心线错开设置，以解决单向交通流量大的问题。这种布置方式的

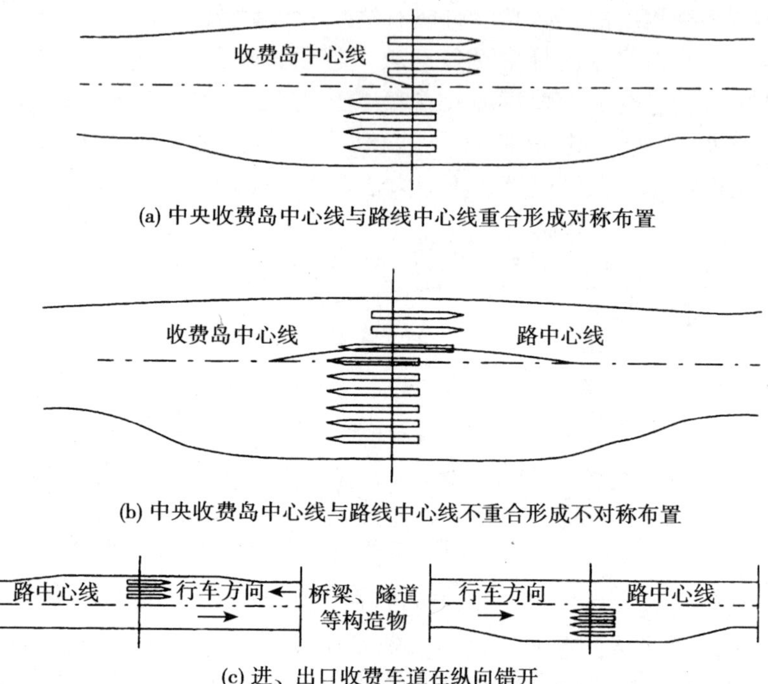

(a) 中央收费岛中心线与路线中心线重合形成对称布置

(b) 中央收费岛中心线与路线中心线不重合形成不对称布置

(c) 进、出口收费车道在纵向错开

图 7－2 收费车道平面布置

优点在于从总体上看收费车道绕行距离短，缺点是广场段路线线形必须加以局部调整，将入口一侧车辆绕行距离增加。

图 7－2（c）是将进、出口收费车道在纵向上错开设置，这样的布置方式适合于地形地物受限制的地方或对某一独立构造物（比如桥梁、隧道等）进行收费的场合。其优点是收费广场的占地宽度几乎缩小一半，平面上布置可以比较灵活；其缺点是将原来集中在一处的收费设施分成两个相对分离的收费设施，工程量和管理工作会有所增加。

②收费岛平面布置。收费岛在平面上有两种布置形式：一种是将收费亭对齐，另一种是将收费岛中心线对齐，如图 7－3 所示。前者便于收费广场横向管道的施工和布线作业；后者使收费车道出口方向距离加长，便于安装用于车型后校的车型自动识别等设备。

③预留管线。收费广场的管线包括收费车道横穿管线、收费广场两侧人井至广场照明和广场摄像机的管线以及收费广场至监控机房前人井的管线。收费车道横穿管的内径不宜小于 90 毫米。横穿管在穿光缆、电缆之前应预

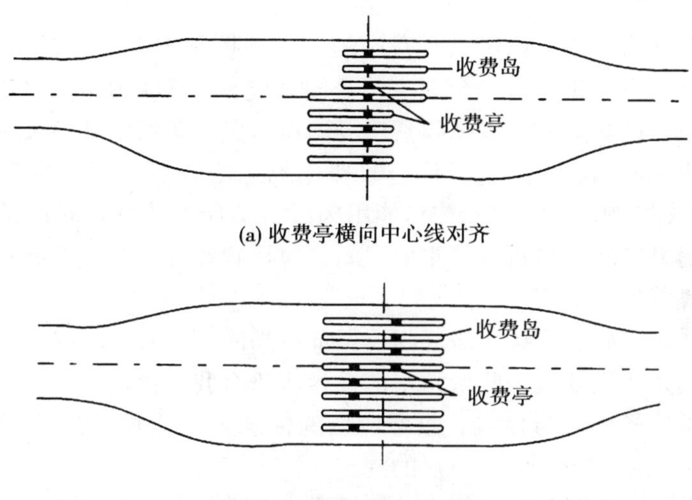

(a) 收费亭横向中心线对齐

图 7－3　收费岛平面布置

穿子管。横穿管的孔数可根据线缆的数量决定，每个子管应留有 10% 的余量，强电和弱电横穿管应选择不同的路由，其间距应符合有关规定。

收费广场及收费岛上的人井与手孔应符合相关的设计标准。

（3）收费广场附属设施

①收费雨棚。收费广场雨棚主要功能是遮阳、挡雨雪，并提供醒目视觉效果，提示驾驶员注意前方有收费站，准备停车缴费。雨棚结构多为金属网架结构或钢筋混凝土结构，造型一般应体现当地建筑风格或民俗风情。雨棚的长度一般为收费广场中心线宽度，宽度除根据收费岛的长度外，还应考虑收费岛上设备的布设情况，一般不小于 14 米，以获得良好的防晒、防雨效果。

雨棚净空除考虑通行净空外，还需考虑视觉效果，其通行净空高度一般可取 5. 5—6 米，对于较大的主线收费广场，为避免产生压抑感，可增加至 6—7 米。雨棚信号灯、照明灯具等都需要安装在雨棚上，因此设计时应考虑供电、通信线路的路由以及排水管的设置。

②地下通道。当收费车道较多（多于 8 个）的收费站且收费业务特别繁忙时，应设置地下通道，地下通道一端通向收费站房，每一个收费岛设置一个出入阶梯。人行通道的净宽应大于 2 米，净高应大于 2. 2 米。地下通道应注意通风、排水和出口的安全。在地下通道一般可设置电缆排架，用以铺设收费岛的供电、通信电缆。如因其他原因，不宜设置地下通道，可移至雨

棚之上设置人行通道。

③收费站房。收费站房是收费站的管理和控制中心，设有收费监控室、财务室、站长室、工作室、会议室等，附属建筑包括变配电房、发电机房、车库等。收费站房通常设置在收费广场出口翼侧。监控室和站长室一般设在二楼，值班室面向收费广场，且与收费广场中心线有较大的夹角（30—60度），通过宽敞的玻璃窗，监控员能用肉眼看清所有收费广场的情况。收费票据库、财务室和通信机房等重要房间也应设置在二层，且平面布置上应注意保证财务等房间的安全性。

收费站房与收费广场边缘之间应保证适当间距（15 米左右），在此范围内不得修建永久性建筑。收费站房的设计应符合我国民用建筑设计规范。

④收费广场标志与标线。收费广场的标志与标线设计应符合《道路交通标志和标线》（GB5768—99）的规定。

第一，收费广场的预告标志。车辆进入收费站时，需将较高的速度减速到零，如不事先对驾驶员进行收费预告，逐级指示，使驾驶员提前做好准备，并逐步减速，事故的发生是不可避免的。

一般来说，收费站的预告标志有 4—5 块，其中 3 块分别是 2 公里、1 公里、500 米预告标志，主要设于主线收费站前 2 公里、1 公里、500 米的位置，进行先期预告，另有 1 块预告标志则置于收费广场前适当位置。如果是出口匝道收费站，在两条出口匝道的交会处设 1 块标志，指示驾驶员前方不远处即是收费站。

第二，收费广场的禁止标志。在高速公路的入口，一般在互通或主线收费站之前，应设置禁止拖拉机通行标志、禁止摩托车通行标志、禁止非机动车通行标志、禁止行人通行标志，必要时还应设置限高标志。

为节省立柱、基础与版面，可把以上标志合并设置。

第三，收费广场的标线。收费广场的标线主要包括收费岛标线、收费岛迎车方向地面标线和减速线。

收费岛标线用来表示收费岛的位置，为驶入收费车道的车辆提供清晰的标记，避免车辆撞上收费岛。颜色为黄黑相间的斜线，线宽各为 15 厘米，由岛头中间以 45 度角向两边标画。

收费岛迎车流方向地面标线用来表示收费车道的位置，为缴费车辆提供清晰的标记，并要求在标线区内的车辆顺序排队，不能越线插队，颜色为白色，线宽 45 厘米，间隔 100 厘米，成 45 度斜角，外围标线宽 20 厘米，迎行车方向长 15 米。

减速线用于警告驾驶员前方应减速慢行，避免发生车辆碰撞，设置于主线收费站前和出口匝道适当位置。减速线为白色反光虚线，根据设置位置的不同，可以是单虚线、双虚线，重复三次，垂直于行车方向设置。减速标线间距应使驶向收费车道的车辆通过各标线间隔的时间大致相等，以利于行驶速度逐步降下来，其中第一道减速线（指最靠近收费站）设置于距收费广场中心线 50 米的地方。

二 站（点）类型及选择

（一）收费站的类型

依收费站所处的位置可分为主线收费站和匝道收费站。

1. 主线收费站

主线收费站是指设在主线上的收费站。封闭式收费系统除在高速公路两端各设一个主线收费站外，其余设在匝道上。开放式收费系统的收费站或主线/匝道栏栅式主线收费站，一般是在高速公路上每隔一定距离设置一座双向收费站。主线收费站的缺点是预期的高交通量会造成收费广场太宽，而使道路用地范围宽得不切合实际，征地困难，并可能产生最小转弯半径不足等问题。此外，还会严重地妨碍不停车收费系统的使用，因为驾驶员经过收费站时，不得不减速慢行。

当高速公路交通量大时，主线收费站极易因停车缴费产生严重延误。为疏解这一状况，主线收费站可有下列 4 种布设形式：

（1）双向错位收费。双向错位收费是指两个方向的收费广场沿路中心线方向至少相互错开 120 米以上，然后各自形成一个收费站。对于采用了不停车收费方式的混合收费站，在正线上实行不停车收费。若采用停车收费方式，驾驶员就要像进入高速公路服务区那样，转入一条平行车道，在栏栅式收费站收费。具有有效电子标签的车辆，可直接通过收费站。

这种错开的主线收费站的优点是可有效减小收费广场的宽度，缺点是使收费站的数目增加了 1 倍，增加了建筑及运营费用。不过，带有直通车道的不停车收费方式的效益极高，可有效地抵消这些费用。

（2）单向收费（不适用于封闭式收费）。将现行各主线收费站的同一侧均改为与主线（单向）相同的正常车道数，其余空间均拨给对向作收费车道使用，全线只该侧单向收费（费率提高 1 倍）。此方式的优点是不收费方向的收费延误完全消失，收费方向则因收费车道容量增加（至少增加 1/2），将高于主线容量，因此收费站不再是公路的瓶颈。缺点是收费方向交通量可能降低（用路者改走一般道路），因此通行费可能会短收，有失“使用者付费”原则。而不收费方向的交通量则可能增加，交通拥挤现象可能会经常单向发生。此外，可能产生最小转弯半径不足及收费站收费方向下游车流并入的渐变段长度不足等问题。

（3）隔站错开收费（不适用于封闭式收费）。与上述单向收费类似，不同之处在于此方法仍然维持双向收费，只是双向收费站错开且用路者每隔1收费站缴费1次（费率提高2倍）。此方式的优点除与上述单向收费相同外，尚能防止用路人逃避收费的情形，因此短收费将减少，且两方向的交通需求仍能维持双向收费的水准。缺点是可能产生最小转弯半径不足、收费站下游车流并入的渐变段长度不足等问题。此外，因用路者只要能避开第一个收费站即可免费使用下游第二个收费站距离的高速公路路段，且每1收费站需缴2倍通行费，可能促使较多用路者免费行驶或逃避收费。

（4）分支收费（分部收费车道）。分支收费方式是在收费站设置部分车道作为一般车道，而在收费站下游或上游约90—135米处再设置分支收费站，使部分车辆在分支收费站缴费。此方式的优点是可以减少收费站横向拓展造成转弯半径不足的问题，亦可使车辆快速通过，增加收费站容量，交通事故较一般布设型少。缺点为用地可能小幅增加（因分支收费站自主收费站向后或向前延伸的原因）。

2. 匝道收费站

匝道收费站是指设置在匝道上或联络线上的收费站，其布设方式可分为集中式与分散式两类。对于封闭式收费系统，集中式是将同一立交每一进出匝道均引至一处，与地区道路相衔接，集中设置双向收费站。此种方式的优点是方便了收费站的管理，提高了人员、设备的使用效率与机动性，收费车道也可视双向交通的分配比例弹性调拨使用。缺点是因为集中设置，会限制立交几何线形的设计，也会限制收费站位置的选择。此外，收费站上、下匝道上因立交几何线形的限制，在转绕交通量大时，容易堵塞而影响相关车辆的运行，发生车辆交织现象。而对于均一制收费站或主线/匝道栏栅式匝道收费站，只需入口或出口匝道引至一处，与地区道路相衔接，集中设置收费站。

对于封闭式收费系统，分散式收费站可在每一匝道设一收费站（亭），也可数个匝道设一收费站，例如高速公路南下方向的进、出口匝道合并为一个收费站，北另设一个收费站。布设分散式收费站的优点是可避免车辆平面交叉，减少车辆交织机会，也可缩短收费广场的渐变段距离，增加收费站设置区位选择的弹性等。缺点是收费管理较不方便，每一收费站均需基本的人力与设备，运营效率低，收费车道的分派（如调拨收费车道）也缺乏弹性。

（二）收费立交及匝道收费站型式的选择

一般认为，匝道收费站采用集中式比较合理，因而，收费公路对立交型式有较严格的要求。收费公路设置立交的做法是在距两条相关道路的交叉口的适当距离处另设一条联络线，在联络线与两条路相交的地方各设置一个三肢立交，如图 7－4 所示，这样所有车辆都集中经由联络线转弯出入，只需在联络线上设置一个收费站就够了，从而大大方便了收费管理。

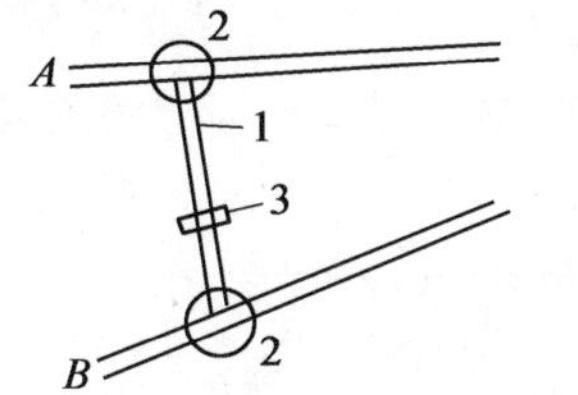

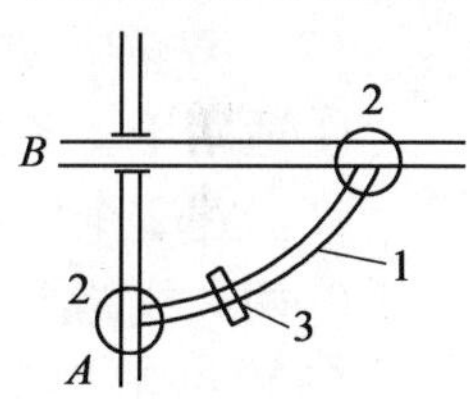

图 7－4　收费道路设置立交的方法

应按以下原则设置联络线：

一是联络线所在的象限主要取决于地形和地物情况，同时考虑交通量的大小，原则上任一象限都可设置。

二是联络线的位置和长度都要满足两端三肢立交处的加减速车道的设计要求（在收费站处进入路线的车辆要从头加速，从路线出来的车辆要减速到零）。

三是如果相交道路之一是次要道路，交通量较小，则那里的三肢立交也可不设，但注意，此时汽车加（减）速将受到限制。联络线两端的三肢立交可供选择的型式有：

①喇叭型立交。只建一个构造物，最为经济。A 式喇叭（指从次线进入主线的左转弯匝道为环圈式）主线上高速车辆驶出流畅，比 B 式喇叭（指从主线进入次线的左转弯匝道为环圈式）驶出车辆要经过环圈匝道转弯的好，故经常采用 A 式。

②Y 型立交。驶出、驶入运行皆最流畅，最适宜于转弯交通量大的情况。道路一侧空间受到限制时多采用。须建两层桥 3 处或三层桥 1 处，造价较高。

四是双子叶型立交。造型美观，只需建一个构造物，但主线驶出车辆须通过环形匝道，是不足之处。

常见的收费立交型式如图 7－4 所示，各收费立交的特点分述如下：

（1）单喇叭型

①适用于主要路线与一般次要路线相交。

②只需一个构造物，造价经济，采用最多。

③主线快速车辆驶出流畅。

④次要路线上车辆出入为平交。

（2）双喇叭型

①适用于 2 条主要路线相交，或次要路线交通量相当大时。

②需建 2 个构造物。

③两条线路上车辆进出皆流畅。

（3）单 Y 型

①适用于高速公路与一般公路相交。

②需要两层桥 3 处或三层桥 1 处，造价较高。

③高速车辆出入主线皆流畅。

④主线外侧用地较窄，适用于外侧有河流、铁路、厂房等障碍物的情况。

（4）双 Y 型

①适用于高速公路与其他干线公路相交的情况。

②建桥多，造价高。

（5）Y 形加喇叭型

①适用于高速公路与其他干线公路相交的情况。

②Y 形应设置在高速公路处。

（6）喇叭双子叶型

①与双喇叭相似，但双子叶立交进出车辆要绕环形匝道，宜设在交通量较小的道路上。

②虚线所示处可以发展成一个十字交叉，原来的双子叶式变成为部分苜蓿叶式。

收费立交和一般立交相比，除原来两道路相交处仍要设置跨线构造物外，还要增加三肢立交构造物，匝道也将延长，工程造价要比不收费立交大，行驶距离和车辆运营费用也有所增加。

对于一个匝道收费站，是采用分散式或集中式或半集中半分散式，立交型式怎样，应根据进出车流量、立交附近地形、相交道路的结构和性质等因素，从土建、设备投资、运营管理和驾驶员成本等多方面综合考虑，进行多目标决策，在满足功能要求的基础上，总成本最小者为最佳收费站立交型式。

三　站（点）设立的条件、标准和程序

（一）站（点）设立的条件

1. 国家关于收费站（点）设置条件的规定

2004年11月1日起实行的《收费公路管理条例》第十八条规定，建设收费公路必须符合下列公路技术等级和规模之一：

（1）高速公路连续里程30公里以上，城市市区至本地机场的高速公路除外；

（2）一级公路连续里程50公里以上；

（3）二车道的独立桥梁、隧道，长度800米以上；四车道的独立桥梁、隧道，长度500米以上。

技术等级为二级以下（含二级）的公路不得收费。但是，在国家确定的中西部省、自治区、直辖市建设的二级公路，其连续里程60公里以上的，经依法批准，可以收取车辆通行费。

需要说明的是，《收费公路管里条例》颁布以前的收费公路必须符合1994年两部一委第686号文件的规定：

（1）（包括部分半封闭）型的汽车专用公路；平原微丘区超过40公里和山岭重丘区超过20公里的一般二级公路。

（2）长度超过300米的公路桥梁；改渡为桥的可适当放宽到桥长超过200米；长度超过500米的公路隧道。

2. 影响收费站设立的主要因素

（1）自然因素。影响收费站区位设立的自然因素中，以气候最为重要。而气候因素中，又以浓雾和暴雨影响最大。

①浓雾。在气候因素中，影响行车最大者莫过于雾，浓雾中最易发生交通事故，其主要原因：一是浓雾中驾驶员对距离的判断不正确，常造成跟车距离不足。二是驾驶员对于公路安全设施过于信赖或过于不信赖，在视线不佳的情况下，以高速或极慢速行驶，造成行车速度差异过大，容易发生追尾撞车事故。

②暴雨。暴雨造成能见度降低，驾驶员视线不良，加上路面湿滑、轮胎与路面摩擦力不足等因素，车辆通过收费站广场前后加减速或变换车道亦容

易发生事故。若收费站设置在多雨地区，极可能增加收费站前后事故发生的概率，因此收费站亦应尽量避免设于经常下暴雨的地区。

（2）几何因素。影响收费站位置选择的几何因素主要有线形因素和距隧道、互通立交的距离。

①线形因素。收费广场是车辆临时停车缴费的地方，必须设在从较远的地方即可辨别且能做出停车准备的线形上，所以对收费广场平面线形、纵断面线形都必须满足一定的标准。

第一，驾驶员需在收费站处停车缴费，若其出入口线形过于弯曲，将会导致驾驶员视距不足而产生危险；车辆行驶在主线时处于高速状态，而在经过收费站时，必须减速，停车缴费再快速启动，其间驾驶员的注意力会集中于缴费过程中，若收费站坡度过大，易发生忽视刹车而导致事故。因此，主线收费广场宜设在直线段上，平面线形、竖曲线半径采用设置互通立交的主线线形标准，避免设置于容易超速、凹形竖曲线值最低等处，不宜设于转弯半径过小、坡度过大之处。

第二，车辆进出匝道时，其速率均小于驶于主线时，因此匝道收费站的线形要求不如主线收费站严格。若采用分散式匝道收费站设计，平曲线半径应为 200 米，竖曲线半径至少为 700 米，坡度不大于 2.0%。若采用集中式匝道收费站设计，其坡度、曲线半径与主线收费站相似。

②收费站与隧道、互通立交的距离。为了使车辆能安全停靠主线收费站缴费，应在距主线收费站 2 公里、1 公里和 500 米处设置准备停车缴费标志，告诉驾驶员前方有收费站应准备减速停车。基于此，收费站中心线距隧道出口应至少 2 公里，避免收费预告标志设在隧道内，影响行车安全，而且视认性也差，并可防止在交通流高峰时缴费车辆排队延至隧道内。

依据 AASHTO 公路与道路几何设计标准，高速公路互通立交之间的间距，市区路段至少为 1.6 公里，郊区路段不得小于 3.2 公里，其目的在于扩大交织空间，便于信号牌的设置与增加变速车道长度，以减少事故的发生。同理，主线收费站与互通立交之间的距离亦应有适当的调节路段，以供车流调整、交汇之用。因此，主线收费站（中心线）与互通立交之间的距离在市区路段至少为 1.6 公里，郊区路段至少为 3.2 公里。

当设置互通式立体交叉收费站时，若从收费广场中心线到匝道分岔上没有足够的距离，则对公路构造物不熟悉的驾驶员在楔型端附近急打转向盘的例子是很多的，如果考虑到驾驶员在收费广场启动后行驶 2—4s 不会对前方的公路予以注意，以及驾驶员对公路情况的判断操纵等需要 3—4s，则从收费站中心线到匝道分岔点的距离不应小于75米，到交叉公路的平交点距离不应小于150米，以使驾驶员有足够的时间判断方向，以免迷途。如不能满足，应在交叉公路上增设停留车道，在此范围内不应设置人行横道及公交车停靠点，以便缴费后的车辆能及时疏散通过立交。

（3）经济因素。影响收费站区位选择的经济因素包括征地成本，建造成本与作业成本，以及使用者成本等因素。

①征地成本。不同收费站设计形式所需占地面积各异，一般收费站用地除了收费站主体（即收费广场、收费岛、收费亭、收费车道等）外，尚包括办公用地（管理大楼）、停车场、车房、地称等设施用地。若用地面积大、范围广，则土地的取得亦相对较困难。收费站设置所征收的土地可依法征收拨用。目前政府为了公共建设，有征收、区段征收、土地重割或协议价购等各种方式，但各种方式因政府财源不足、补偿费偏低等因素，增加了征用地的困难度。另一方面，收费站除了土地征收成本外，尚有地上物的拆迁及补偿费等问题。在财政不足的情况下，这可是一笔巨大的款项。因此用地的价格及取得的难易程度也是收费站区位选择时应特别考虑的因素。

第一，主线栏栅式。主线栏栅式收费站的征地成本，随着收费站数量的增加而增加。基于此，收费站除非有兴建的必要，否则愈少愈好。如收费站数量已定，收费站的位置应考虑在征地较易且费用较小的区位设置。

第二，封闭式。封闭式收费因收费站设置于上下匝道上，若立交及匝道的布设既定，就没有位置选择的问题。若立交及匝道的布设未定，则设置立交时，除了要考虑立交本身用地征地外，也要考虑匝道收费站用地征地问题。

第三，均一式。均一式收费站的区位可以选择全部设置在上匝道或下匝道上，在评选收费站区位时，可以比较设置于上、下匝道的征地成本，选择成本较低的方式。

第四，主线/匝道栏栅式。基于用地成本考虑，主线/匝道栏栅式的主线收费站数量愈少愈好，区位亦应选择征地成本较低的地点。其匝道收费站亦可基于用地成本高低，选择设于上匝道或下匝道的方式。

②建造成本与作业成本。收费站位置选择除了考虑征地成本外，尚包括建造成本与作业成本。

第一，主线栏栅式。收费站的建造成本与作业成本，随收费站数量的增加而增加。基于此，除非必要，收费站设置数量愈少愈好。此外，建造与作业成本与车流量有关，如设于车流量大的地点需较大的收费广场及管理作业人员，建造及作业成本亦相对增加。因此从成本的角度观之，收费站不宜设于车流量大的地点。

第二，封闭式。封闭式在上、下匝道处均需设置收费站，因此就建造及作业成本而言，它不会影响收费站位置的选择。

第三，均一式。均一式可选择在上匝道或下匝道处，因此可以比较设置于上匝道或下匝道处的建造及作业成本，选择成本较低的方式。

第四，主线/匝道栏栅式。主线上收费站数量越少越好，区位亦应选择在建造与作业成本较低的地点。此外，匝道收费站亦根据成本高低，选择设于上匝道或下匝道的方式。

③使用者成本。收费站的设置往往造成用路者因缴费等产生额外行车成本（包含额外时间与油耗）。因此在选择收费站区位时，需考虑其对使用者影响的程度，收费站宜避免在交通堵塞地点设置，以免造成用路者过多的额外行车成本。

第一，主线栏栅式。主线栏栅式收费站如设在交通量大的区域，用路者可能需要花较长的时间排队缴费，增加许多额外行车成本。就使用者角度分析，主线收费站的数量愈少愈好，且宜避免在主线交通阻塞地点设置收费站，以免造成用路者额外的行车成本。

第二，封闭式。封闭式收费在入口匝道时需发通行券，出口匝道则需交回通行券，计费缴钱。交通堵塞时用路者需花较长时间排队缴费，增加额外行车成本。因封闭式在进、出口匝道均需设置收费站，故无须位置选择。

第三，均一式。均一式可以选择进口匝道或出口匝道收费，就整个系统而言，进、出口匝道的总流量应相等，因此使用者成本并非影响匝道位置选择的因素。

第四，主线/匝道栏栅式。主线/匝道栏栅式主线收费站设置，对使用者成本的影响与主线栏栅式收费相似，设置原则相同。

（4）社会因素

①公平性。车辆使用高速公路皆应付通行费，同时按行驶里程不同而收费，以符合“使用者付费”与“公平性”原则。以下将公平性原则分为按里程收费与免费通行比例两项因素说明。

第一，按里程收费。主线栏栅式。主线栏栅式的费率结构类似分区费率，在主线上以一平均间距布设收费站，每通过一次收取固定的通行费。旅程长度越长，通过收费站越多，所付的费用亦越多。缺点是从两个收费站之间的立交上、下高速公路者可免费使用，且仅通过一收费站的旅次，不论距收费站远近均应收取固定的通行费，不完全符合“使用者付费”的原则及“以量计价”的公平性。当高速公路采用主线栏栅式收费时，可以等间距增加主线收费站的个数，达到近似按里程收费的目的，但用路者将付出巨大的缴费延滞成本。

封闭式。封闭式的费率结构为里程费率，它是在每个立交的上下匝道上布设收费站，符合“使用者付费”的原则，并完全达到“以量计价”的公平性。

均一式。均一式的费率结构采用单一费率，它是在每个立交的上匝道或下匝道处布设收费站。其特性是用路者不论行驶里程多少，均付费1次，无法反映实际行驶里程，虽符合“使用者付费”的原则，但它最不具“以量计价”的公平性。

（叁）主线/匝道栏栅式。主线/匝道栏栅式费率结构为两段式费率，比主线栏栅式更能符合“以量计价”的公平性。仅需考虑匝道收费站与主线收费站距离过近时，用路者在短距离需付费两次的情形，因此宜考虑在主线收费站上下游一定范围内的上匝道或下匝道处布设收费站，较能符合按行驶里程计费的公平性。

第二，免费通行比例。高速公路主要是供中、长旅程使用，不同于一般道路，因此若过多的短程车辆使用高速公路，将使得高速公路的功能无法发挥。例如台湾中山高速公路共有40座立交，仅布设了10个主线栏栅式收费站，在两收费站间路段往往包含数个立交，短程车辆免费通行的情形相当严重，不符合“使用者付费”的原则。统计表明，使用中山高速公路总车辆中有55%的车辆未通过收费站，而这些未付费的短途车辆有90%集中在台北、台中、高雄三大都市区，它是造成中山高速公路在都市区段交通拥挤的主要原因之一。

主线栏栅式。当高速公路采用主线栏栅式收费时，可以通过增加主线收费站的个数，缩短收费站间距，从而减少免费通行车辆的比例。此外，因为高速公路的旅次非均匀分布于高速公路的立交间，必然有某些立交间的交通量较大，因此，选择适当的主线收费站位置亦可发挥管制短程交通的功能。收费站的位置最好设于主要道路的瓶颈区域和通勤旅次较大的路段，使短程用路者因需付费而转移于一般道路。

封闭式或匝道栏栅式。不论均一式或封闭式收费，因均在匝道设置收费站，车辆进入（或离开）高速公路必定经过收费站，不会发生免费通行的情形。

主线/匝道栏栅式。主线/匝道栏栅式收费若在全线上（或下）匝道均设置收费站，可做到无免费通行的状况。如因匝道收费站距主线收费站距离过近，避免用路者在极短的距离付费两次，可考虑主线收费站上（下）游一定范围内不另设匝道收费站，但可能发生免费通行的情形。如欲避免发生过多免费通行的现象，不设收费站的范围不宜过大。

②对主线及地区交通的影响。对主线交通的影响，定义为收费造成缴费等候对正常行驶的车辆产生的影响；对地区交通的影响，定义为收费对收费站附近地区的道路使用者产生的影响。

第一，主线栏栅式。主线栏栅式收费站如容量不足，交通流量大时将会造成交通拥塞，对主线交通影响较大。因此宜尽量避免在主线交通十分堵塞的地点设置收费站，以免形成交通瓶颈，影响高速公路的服务水平。此外，如收费站与立交间距离短，等候缴费车队容易延伸至上游，以致影响上游立交的进出交通，进而影响地区道路的运转。

第二，封闭式。因上、下匝道均设置收费站，在上匝道处亦形成等候缴费车队，若延伸至地区道路，则会对匝道收费站附近地区的路段使用者产生不便；在下匝道处则可能因缴费车队延伸至主线上而阻碍主线交通的顺畅，造成局部路段拥塞。但对整条高速公路而言，前述影响均无法避免，因此并非该类收费站区位选择的影响因素。

第三，均一式。均一式收费在上匝道设置收费站，交通量大时将会造成交通拥塞，影响地区交通的顺畅；若在下匝道处设置收费站，交通量大时将会影响主线的交通。因此，若以不影响地区交通的顺畅为主要考虑目标时，以在下匝道设置收费站为佳；若以不影响主线交通的顺畅为主要考虑目标时，则以上匝道设置收费站为宜。

第四，主线/匝道栏栅式。主线/匝道栏栅式收费站对主线及地区交通的影响与主线栏栅式收费站相似。匝道收费站的设置可以选择设置在上匝道或下匝道处，上匝道设置收费站对地区交通影响较大，设置于下匝道则对主线影响较大。故宜比较二者的影响程度，选择适当的匝道收费站设置方式。

③平行收费道路及互动。如果两条平行高速公路的收费站区位没有完善的规划和设计，很可能发生车辆利用两条高速公路间的系统联络线逃避收费的情形。若两条（或多条）平行高速公路均采用相同的均一式、封闭式或主线/匝道栏栅式，用路者使用高速公路必然会经过收费站，不会发生规避收费情况。两条高速公路均采用主线栏栅式收费站时，最容易发生用路者利用两系统联络线来规避收费的情形，如图 7－5 所示。规划设计时，若两条

高速公路的通行费相等，则两条高速公路最好设置相同数量的主线收费站，以达到收费互补的目的。

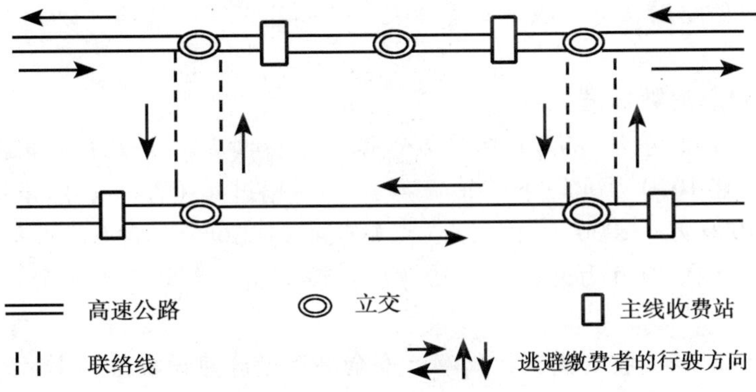

图7－5　两条平行高速公路主线收费站逃避缴费情形

④环保因素。收费站是停车收费的场所，会有大量的车停靠，这就增加了车辆排气量，引起空气污染。故收费站的设置必须兼顾环保，避免产生过多额外的社会成本。

第一，主线栏栅式。主线栏栅式收费站如设于交通需求大的区位，用路者可能需花很长时间排队缴费，增加排气污染量。从环保角度来看，主线收费站的数量越少越好，且宜避免在主线交通堵塞的地方设置，以避免排队缴费车辆造成过多额外的排气污染。

第二，均一式或封闭式。均一式或封闭式收费需在上、下匝道设置收费站，就环保因素而言，不是影响收费站区位选择的因素。

第三，主线/匝道栏栅式。主线/匝道栏栅式的收费站设置，对排污量的影响与主线栏栅式相似，设置原则也相同。

（二）站（点）建设的标准

收费站的收费、办公、生活、服务等基础设施建设应根据有关建设规模和标准的规定，进行规划和建设，收费站的建设应与收费公路建设同步实施，收费站收费与公路通车同步进行。收费站的征地和收费、办公、生活、服务设施建设及装备等项目的投资，也应按批准的投资额核定列入公路建设项目成本。

1. 收费站征用地标准

收费站（包括收费广场）建设的征地列入工程建设成本，其手续由该公路项目建设单位负责办理，并由其负责组织三通一平工程、收费站收费、办公、生活、服务设施的建设施工。收费、办公、生活、服务设施的平面图和收费、监控系统由公路收费管理单位组织设计和施工，其工程项目设计施工图须经省公路局核准。收费站建设要与公路建设实行征地、设计、施工三同步。

2. 收费车道数标准

新建、改建收费站的车道数主要根据通行费收费额度等因素确定。具体为：年收入在1000万元以下的站（点）按不超过4（含4个）车道控制；年收入在1000万—2000万元的站（点）按不超过6个（含6个）收费车道控制；年收入在3000万元以上的站（点）按不超过8个（含8个）收费车道控制。

3. 收费广场、收费大棚、岗亭、安全岛等设施建设标准

收费站应按有关标准修建收费广场、收费车道、安全岛、收费大棚、收费岗亭（亭内配有冷、暖设备）、配置指示信号装置、照明设施和安全可靠的车道开闭系统等。进入收费棚处须挂有统一标准的站名牌、公示牌和限高、限宽、限速等标志。收费站应配置有效的微机收费、监控系统、消防设施、防雷设施、报警设施、保险柜、工作生活车辆和通信装配等。

4. 站房建设标准

站房包括办公用房和职工休息室两部分。办公用房和职工休息室可以合并按3层以下简易砖混结构楼（平）房标准建设，年收入在1000万元以下的站（点）按不超过1000平方米控制；年收入在1000万—2000万元的站（点）按不超过1200平方米控制；年收入在2000万元以上的站（点）按不超过1500平方米控制。已有站房和集体宿舍，面积虽达不到上述指标要求，但基本能满足使用要求的，不再安排补建部分。

5. 附属用房建设标准

附属用房包括食堂、车库、配电室等。附属用房按砖混结构平房建设，建设规模为：年收入在1000万元以下的站（点）按不超过150平方米控制；年收入在1000万元以上的站（点）按不超过200平方米控制。

（三）站（点）报批的程序

收费主体在申报收费站（点）建设时通常应遵循基本的操作程序（参见图7-6），收费站的具体申报审批程序如下：

第一，项目建设单位应委托符合条件的设计单位，实事求是地对该项目的交通量、布局的和理性、工程及技术标准、资金筹措、还贷能力或投资收回期等进行科学的分析和论证，并编制可行性研究报告和项目建议书。由市

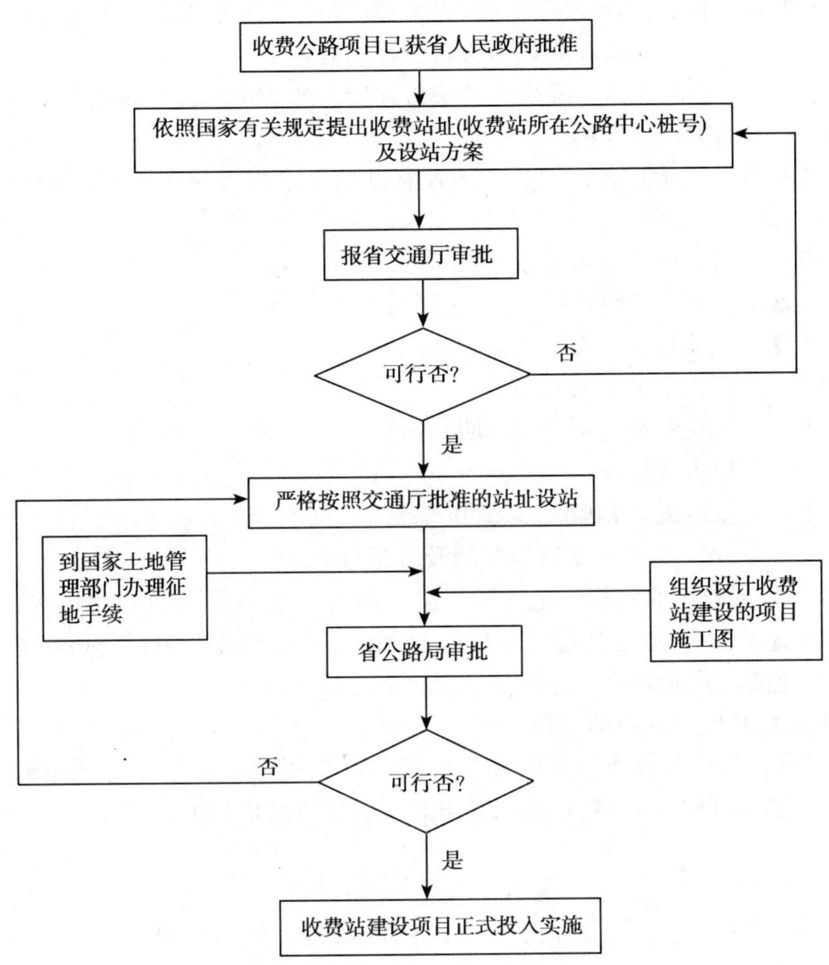

图 7－6　收费站报批的基本流程

(州）交通部门审查，经同级政府签署同意后，向省交通厅申报，同时抄送省公路局。

第二，交通厅授权省公路局对报告进行认真研究，提出具体审查意见，上报省交通厅审核，并按基本建设程序管理规定审批。经批准立项的收费公路项目，抄报省人民政府备案，同时抄送省财政厅、物价局。

第三，收费还贷项目的初步设计由市（州）交通局（委）向省交通厅申报，抄送省公路局。省交通厅授权省公路局审批，并报省交通厅备查。

第四，收费公路项目批准立项并开工后，项目建设单位应积极做好设站资料的准备工作，同时向省政府、省交通厅和省公路局提出站（点）设置方案，以利工程竣工验收后尽早收费，提高效益。

第五，工程竣工后，提出申请报告和竣工验收申请，交通部门组织竣工验收，报送相关设站资料：

（1）设站请示报告，包括县市政府设站申请报告和市（州）政府设站报告；

（2）收费路段平面示意图；

（3）工程项目可行性研究报告批复；

（4）工程项目初步设计批复；

（5）工程开工批准通知书；

（6）项目投资情况及贷款证明文书；

（7）工程审计报告；

（8）项目竣工（初验）验收报告；

（9）拟设站（点）交通量观测及分析报告；

（10）通行费收费标准论证及收益、贷款偿还或投资回报预测分析；

（11）收费经营（管理）单位基本情况，合资合作、独资公司应提供投资及企业法人营业证明、合资合作合同、公司章程等；

（12）其他需说明的材料。

第六，凡符合收费公路的项目，省公路局提出具体审查意见报省交通厅，并会同省物价局、省财政厅提出意见，报省政府批准。

第八章　劳动人事管理

一　机构设置

机构设置是指机构内各要素的协调配置和排列组合的方式，其目的是为了实现组织结构的优化和组织职能的高效化。组织结构设置必须遵循一定原则，还必须置于组织结构系统中整体配合，实现各机构的一体化。收费站的机构设置是指收费站内各职能机构和要素的协调配置和排列组合的方式。从整体结构看，我国收费站是公路管理公司或事业机构发挥职能的一线职能机构（见图 8－1、图 8－2）。

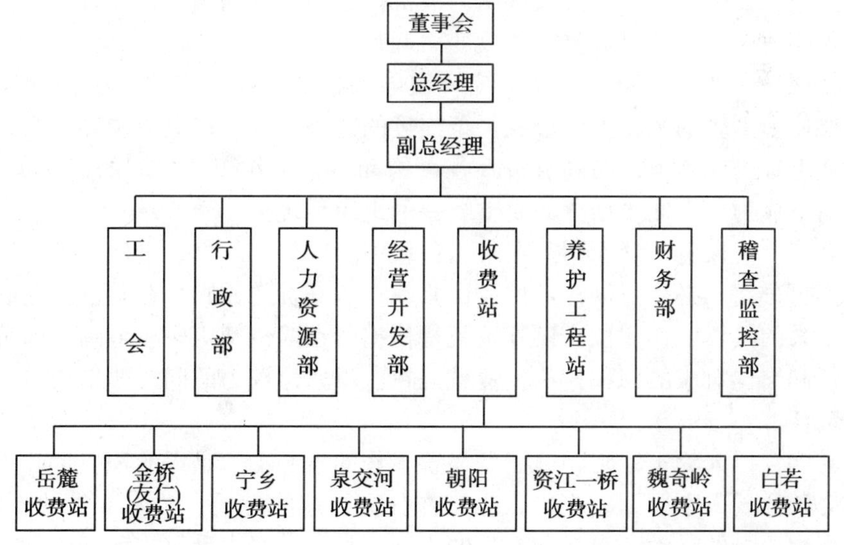

图 8－1　长益高速公路有限公司机构设置

作为一线职能机构的收费站，其结构设置的原则、方法以及机构职能和人员配备既要充分体现承接上级管理机构的职能，又要体现一线操作机构设置的一般规律，实现收费站管理职能和服务职能的有机统一。

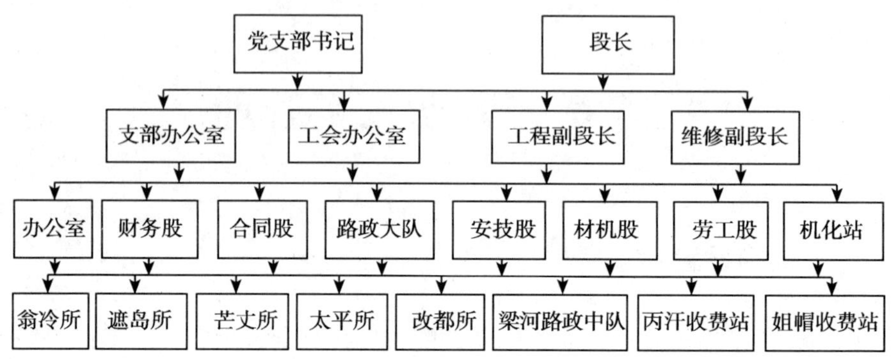

图8－2　盈江公路管理段机构设置

（一）机构设置的原则

收费站机构设置的原则一般包括目标适应、完整统一、职权责一致、以人为本和精简高效五个原则。

其一，目标适应原则。收费站内设机构必须与车辆通行费征收工作的目标要求相适应，并随目标要求的改变而调整。

其二，完整统一原则。为了统一领导和指挥，在确定内设机构和岗位时，要使上下级的工作关系形成一条连续的链条，并且在上级领导下级、下级服从上级的原则下，明确链条上各机构和各个工作岗位之间的工作关系，自上而下成为一个便于指挥的完整统一的组织系统。

其三，职权责一致原则。在组织层级中，职位、权力、责任三者相互依存、不可分离。必须贯彻在其位、谋其政、负其责的原则。在其位就是确定每一个人的具体工作职位；谋其政就是根据所在职位确定职权范围，即获得与职位和岗位对应的职权；负其责就是在获得职位权力的同时要承担与之相应的责任。

其四，以人为本原则。通行费征管工作的核心动力是人的积极性和创造性，必须体现人本原则。应当根据工作任务、职能性质、技术含量的不同，以及根据人员的受教育水平和素质的不同，相应设置内设机构和岗位，有利于人对于自身价值实现的追求，有利于鼓励收费人员积极性和创造性的发挥。

其五，精简高效原则。内设机构的设置应当体现因事设职、因职用人、人尽其才、物尽其用的成本观念。所谓精简并不是越少越好，而是相对于担负的职能任务而言，做到人员素质能力匹配，员额数量适中。这样既可以避免人浮于事带来的扯皮摩擦，又可以减少经费的开销，有利于提高工作绩效，实现低成本、高效率的目标。

（二）机构设置的方法

收费站按照统一协调、职责明确的要求，一般设立综合办公室、稽查监控室、收费班、财务票证室等机构，收费班一般实行四班三运转。设立站长、主任、会计、出纳、票管员、班长、稽查员、监控员、售票员等岗位。根据各站的具体情况，各收费站的机构设置可以有所创新（见图8－3）。

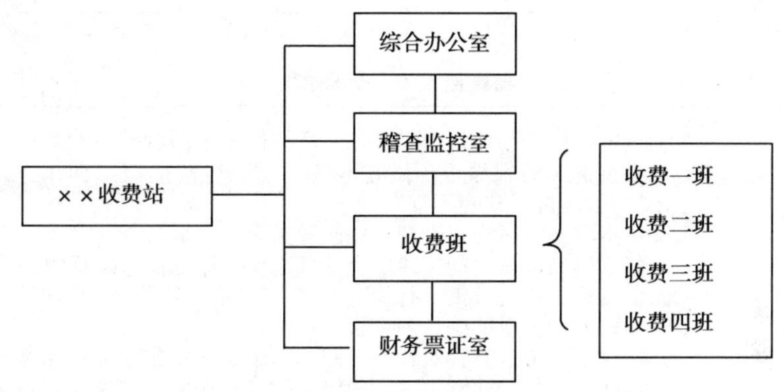

图8－3　××收费站

（三）机构的职能

我国收费站内设机构的主要职能呈现出统一性：综合办公室的主要职能包括负责收费站日常行政管理、后勤保障等工作。稽查监控室的主要职能包括负责收费行为的记录、监督等工作。财务票证室的主要职能包括负责通行费财务、票证的核算等工作。收费班的主要职能包括负责车辆通行费的征收、收费现场管理等工作。

在具体机构设置和职能配置上，可以根据本地收费站的实情细化机构职能（见表8－1）。为了更好地完成收费站任务，产生协同与整合效应，还可以把一个机构分为几个机构，然后细化其职能（见表8－2）。

表 8－1 收费站综合办公室的主要职能

收费站综合办公室的主要职能	①在收费站负责人的领导下，组织协调理顺各部门之间的关系，负责站务行政和后勤、设备设施、安全和保卫的综合管理等具体工作事宜 ②负责文秘、宣传以及上级要求的各类报表、材料的定时报送工作 ③负责站区安全生产工作，负责各种消防器材的管理、保养和指导使用工作 ④站领导不在时，临时负责收费站全面工作 ⑤遇到重大问题及时向站领导汇报 ⑥完成领导交办的其他工作

表 8－2 稽查监控室主要职能

稽查监控室	稽查股	①负责具体贯彻执行国家法令、法规以及上级的征费政策，在收费站负责人的领导下，做好本站车辆通行费征稽工作，努力做到“应征不漏，应免不征” ②负责收费区域交通管理，按照各类车辆行驶的车道进行疏导，做好收费站区域内的交通安全管理工作，保证良好的收费秩序 ③负责稽查收费政策执行情况和车主缴纳车辆通行费情况以及违章车辆处理情况的统计和汇报 ④按收费政策，有针对性地定期或不定期地组织全站性集中稽查整治活动，打击违章逃费，确保通行费的实收率，维持良好的收费秩序，并完成领导交给的其他任务
	监控班	①负责收费广场和重要部位的监视、控制和保卫工作，负责售票与管理的监督控制和调度工作 ②负责监督售票管理工作，及时纠正违反售票规定和管理制度的现象，维护正常工作秩序，防止贪污、舞弊行为和其他违法违纪行为发生 ③在工作中对冲岗逃费、各种免费车辆、突发事件以及有可疑迹象的人和车辆要重点录像、录音和跟踪抓拍，如实记录和反映情况并提出处理建议，保存好原始资料 ④维护监控设备的有效性和监控工作的严肃性，对监控资料保密 ⑤负责监控设备的保养、维护，保障设备的正常运行，及时发现和排除故障 ⑥遇到重大问题及时向站领导汇报，并完成领导交办的其他工作

（四）人员配备及要求

根据收费站机构设置的原则、方法及职能的内容，可以确定收费站主要管理人员、综合办公室人员、稽查监控室人员、财务票证室人员和收费班人员的基本配备及要求（见表 8－3）。

表 8－3　　收费站人员配备及要求

人员类型	配备及要求
收费站主要管理人员	站长至少设有一正两副，负责收费站工作的规划以及实施。女职工较多的收费站，其主要管理人员至少有一名女同志
综合办公室人员	一般设有主任、办事员、设备维护人员各一人，负责收费站日常行政管理、后勤保障等工作。有条件的收费站还设有司机和食堂工作人员等
稽查监控室人员	一般设有主任、监控员、稽查员，人数可根据实际需要配备，负责收费行为的记录、监督等工作。根据管理的需要也可单独设立监控室和稽查室
财务票证室人员	一般设有主管会计、出纳、票管员各一人，负责通行费财务、票证的核算等工作
收费班人员	一般设有班长、售票员、稽查员，一般按每车道 1—2 人配备，负责车辆通行费的征收、收费现场管理等工作

二　劳动用工

（一）人员选聘的条件与要求

（1）员工应聘收费站岗位时，必须年满 18 周岁，身体健康，表现良好，高中以上文化程度。

（2）收费站聘用员工实行男女平等、同工同酬的原则，特殊工种或岗位对性别、民族有特别规定的从其规定。

（3）收费站员工不准实行内退和停薪留职，人员一般不得外借。不得向借出三个月以上的人员支付工资、养老保险、医疗保险、失业保险、住房公积金及其他福利待遇。

（4）收费站应根据员工素质和岗位要求，实行岗前培训、职业教育或在岗深造培训教育，培养员工的职业自豪感和职业道德意识。

（5）收费站新增人员和新设站聘用人员应采用劳务派遣方式，即收费站与劳动派遣单位签订劳务派遣协议，约定派遣岗位和人员数量、派遣期限、劳动报酬和社会保险费的数额与支付方式以及违反协议的责任。

（6）收费站对新录用的员工实行试用期制度。劳动合同期限三个月以上不满一年的，试用期不得超过一个月；劳动合同期限一年以上不满三年的，试用期不得超过两个月。试用期包括在劳动合同期限中，并算作在收费站的工作年限。试用期工资不得低于当地最低工资标准，不得低于本站相同岗位最低档工资或劳动合同约定工资的百分之八十。

（7）收费站聘用员工实行劳动合同制度，自员工入职之日起30日内签订劳动合同，由双方各执一份。劳动合同必须统一使用当地劳动行政部门印制的文本，必须经县（市、区）或上一级通行费主管部门审定同意后，由员工本人、收费站站长签字，并加盖有效公章，经当地劳动保障部门鉴证后方能生效。

（二）劳动用工管理的原则与方法

表8－4 收费站劳动用工的原则

价值层面的原则	①收费站聘用员工按照公开、公平、公正的原则，实行定员、定岗、定责，全员竞聘上岗，应严格控制管理人员和后勤人员
	②收费站聘用员工实行男女平等、同工同酬的原则，特殊工种或岗位对性别、民族有特别规定的从其规定。收费站聘用员工实行劳动合同制度，自员工入职之日起30日内签订劳动合同，劳动合同由双方各执一份，由劳动人事管理部门签证
运作层面的原则	①任人唯贤原则。首先，应根据每个收费人员的不同才干，安排其适合的岗位，做到适才适用。其次，收费人员的岗位安排是一个动态的过程，而不是一职定终身，一定要根据收费人员的才能合理安排工作，杜绝论资排辈的现象发生
	②注重实绩原则。评价收费人员工作的好坏、能力的高低，只能以其工作的实际成绩为根据。收费人员工作的实绩，是选拔、奖惩以及职务升降的主要依据。坚持全面分析评价收费人员的实绩，而不是简单地进行肯定或否定
	③激励原则。采取各种激励措施，最大限度地提高收费人员的工作积极性和创造性，做到人尽其才，事竟其功
	④竞争原则。收费单位要让所有人员放开手脚，使他们在竞争的浪潮中自由拼搏，由此收费单位必须引入竞争机制，真正做到能者上，不称职者下
	⑤精干原则。收费单位的机构设置，要本着精简、效能、节约的原则，要根据机构的职能任务来组织员工队伍，既要有合理的层次和系统，又要有相互间合理比例和有机的结合，以形成一个效能最佳的群体
	⑥民主监督原则。收费人员管理的直接对象是收费人员，而人是最复杂的，这就决定了收费人员管理的复杂性和艰巨性。因此，收费人员管理必须引入监督机制，提高透明度，实行民主管理

要使收费人员管理从理论上、实践上做到科学化、合理化、制度化，提高效率，达到组织目标，就有必要探讨收费人员管理的基本原则。从总体上看，收费站劳动用工既要体现价值层面的公平、平等，又要体现运作层面的经济、高效。收费站劳动用工应完善与其管理体制相适应并能充分调动征管人员积极性的人事、用工和分配制度，建立人员能进能出、职务能上能下、收入能高能低和统一、精简、高效并充满生机活力的运行机制。聘用员工严格执行上级主管部门核定的人员控制数，实行定员、定岗、定责。按照公开、公平、公正的原则，全员竞聘上岗。严格聘用标准，全面考核、择优聘用，相同条件下原收费站员工优先，并实行合同管理。新设收费站人员的配备，应报上级主管部门批准，优先在辖属收费站选聘。收费站应严格控制管理人员和后勤人员，收费站内设机构和岗位应报上级主管部门审批。女职工较多的收费站，其领导班子成员中至少应有一名女同志。收费站劳动用工的原则及其基本内容见表 8－4。

根据上述原则，收费站劳动用工一般采用劳动合同制，并运用多种管理手段来管理收费人员。

其一，收费站对新录用的员工实行劳动合同制和试用期制，相关情况见前述“人员选聘的条件与要求”。

其二，收费人员管理的基本手段主要包括法律手段、行政手段、经济手段、宣传教育手段及目标管理手段等。法律手段是指收费单位根据国家有关法律、法规及本组织的各项规章制度来规范收费人员的工作行为，保证组织的正常运转和组织目标的实现；行政手段是指依靠收费单位和相关领导的权威，运用强制性的命令和措施，通过按行政层次自上而下的贯彻执行，直接对下属人员施加管理的过程；经济手段也称物质利益手段，是通过把收费人员的工作行为结果与经济利益联系起来，用经济利益的增减来调节收费人员工作行为的一种管理手段；宣传教育手段则是通过对政策、法律、规章制度的宣传和理想、道德的教育，提高收费人员的认识水平和思想水平，使他们自觉地为实现组织的目标而努力的方法；目标管理手段则是指收费单位的管理者和下级员工一起，通过制定和实施具体的目标来提高收费人员的积极性和工作效率的一种综合管理方法。

（三）劳动关系的建立与解除

根据收费站劳动用工的方法，不难看出，劳动合同是收费站劳动关系建立的基础。收费站与员工劳动合同的订立应依据劳动合同法相关规定，按照合同期限，一般订立固定期限合同或完成一定量工作任务合同。固定期限合同原则上不超过收费站法定收费截止年限。收费站与员工在约定双方权利和义务时，必须遵守本规范的相关内容规定。收费站与员工应按照劳动合同约定履行各自的义务，因特殊情况需变更劳动合同内容，收费站与员工必须协商一致，采用书面形式变更。

基于劳动合同基础上的劳动关系的建立，为劳动关系的解除提供了法律基础和操作依据。目前收费站解除收费人员的劳动合同主要有三种类型（见表8－5）。

表8－5 收费站劳动关系的解除类型

类型	内容
员工有右述情形之一的，收费站可以按有关规定和法定程序解除劳动合同	①试用期内发现不符合聘用条件的； ②严重失职，营私舞弊，给收费站造成重大损害的； ③与其他用人单位建立劳动关系，对完成站内工作造成严重影响或经收费站提出，拒不改正的； ④被依法追究刑事责任的； ⑤其他规定可以单方面解除劳动合同的
员工有右述情形之一的，收费站提前30日书面通知员工，可以解除劳动合同	①员工患病或非因工负伤，医疗期满后，不能从事原工作，也不能从事收费站另行安排的其他工作的； ②员工不能胜任工作，经过培训或调整工作岗位，仍不能胜任工作的； ③劳动合同订立时所依据的客观情况发生重大变化，致使原劳动合同无法履行，经协商仍不能达成协议的； ④政策性调整确需依有关规定和法定程序裁减人员的； ⑤法律、法规、规章规定的其他情形
有右述情形之一的，劳动合同终止	①劳动合同期满，双方不再续订的； ②员工开始依法享受基本养老保险待遇的； ③员工死亡或被人民法院宣告失踪或宣告死亡的； ④收费站被依法撤销的； ⑤法律、法规、规章规定的其他情形。注：员工也可以提出解除劳动合同，但应当提前30日以书面形式通知收费站。员工自动离职，属于单方面违约终止劳动合同，收费站可解除与当事人的劳动合同

三　干部人事

（一）站长的选聘及程序

1. 站长选聘的条件

收费站站长是收费站的行政领导，全面负责收费站的工作。因此，收费站站长的选聘，应当符合“德、能、勤、绩、廉”五个方面的条件。

“德”指的是政治素质。其基本内容是：热爱中国共产党，热爱社会主义，坚持四项基本原则；有较强的事业心和责任感，能认真贯彻党和国家的方针、政策，服从统一指挥，执行上级决定。

“能”指的是业务素质。其基本内容是：具备较强的组织和管理能力；具备高中或相当于高中以上文化程度，具有一定政策理论水平，熟悉公路收费管理的业务知识，掌握有关财务管理知识等与收费站业务相关的一般知识；具备胜任工作的身体条件。

“勤”指的是工作作风和工作态度。即要求热爱本职工作，刻苦钻研收费管理业务知识，不断学习现代科学技术，掌握过硬本领，做到思想进步，作风正派，团结同志，对缴费车主态度和蔼，文明服务；具有较强的团队观念和工作纪律观念。

“绩”指的是工作业绩。它要求在收费站的工作中具有丰富的工作经历，并取得了让员工信服和领导满意的工作业绩。

“廉”指的是道德素质。它要求廉洁奉公，法制观念强，遵章守纪，秉公办事，不为利诱，不利用职权和工作方便牟求私利，不贪污受贿。

各收费站可以这五个基本条件为基础，结合实际，细化站长选聘的条件，把优秀的人员选聘到领导岗位上来（参见表8－6）。

2. 站长选聘的程序

交通公路部门管理的普通公路收费站站长选聘应当按照“任人唯贤，优胜劣汰”的原则进行。凡具备聘用资格的，由县（市、区）公路部门组织推荐，市（州）公路管理部门和县（市、区）公路部门共同考核、聘用，并报省公路管理部门备案；副站长由站长提名或县（市、区）公路部门组织推荐，县（市、区）公路管理部门考核、聘用，并报市（州）公路管理部门备案。每年由市（州）公路管理部门对站长进行考核，平时稽查、检查的情况纳入考核之中。站长工资、奖金与考核结果挂钩。

表 8－6　　湖北省收费站站长选聘的条件

湖北省收费站站长选聘的条件
①具备大学专科以上学历，持有省直机关及部门颁发的执法证书，具备较强的业务和组织协调能力，能妥善处理各方面关系
②能全面掌握行业管理政策，全面把握《公路法》、交公路发［1994］第686号、鄂政发［1999］第56号、省政府第193号令等相关政策法规，并能正确运用
③全面掌握本行业的行为管理规范和本岗位的工作职责
④熟悉了解《会计法》基本内容和收支两条线规定，具备一定的财务管理知识，制订合理的收支计划
⑤能够有效的组织本站人员开展文明创建活动，能全面掌握本站职工思想动态，及时协调处理职工内部矛盾
⑥能结合本站实际，制定本站收费管理规章制度，掌握本站的次票、月票标准
⑦熟悉收费各项岗位流程，能够及时地有效地查处各种违法乱纪行为
⑧具有较强的处理突发事件的能力，能有效地协调各级的关系

（二）中层干部的选聘及程序

收费站的中层干部主要包括收费站副站长和稽查、监控、行政办公室主任等。中层干部的选聘条件可以参照站长的选聘条件，只是在要求上可以比站长稍微放宽些，但要坚持“宁精勿滥”的原则。

从选聘方法看，中层干部一般通过竞争上岗形式在收费站员工内部选聘，也可以从外部选聘。内部选聘是指从组织内部选聘符合条件的人员通过担任中层干部。外部选聘即面向社会公开招聘中层干部。这两种方法各有利弊，相关情况见表 8－7。

表 8－7　　内部选聘与外部选聘方法的利弊比较

	内部选聘	外部选聘
优点	① 了解全面，准确性高； ② 可鼓舞士气，激励员工进取； ③ 应聘者可更快地适应工作； ④ 使组织培训投资得到回报； ⑤ 选择费用低	① 人员来源广，选择余地大，有利于招到一流人才； ② 新员工能带来新思想和新方法； ③ 当内部有多人竞争而难以作出决策时，向外部招聘可在一定程度上平息或缓和内部竞争者之间的矛盾； ④ 人才现成，节省培训投资
缺点	① 来源局限于组织内部，水平有限； ② 容易造成“近亲繁殖”； ③ 可能会因操作不公或员工心理原因造成内部矛盾	① 不了解组织情况，进入角色慢； ② 对应聘者了解少，可能招错人； ③ 内部员工得不到机会，积极性可能受到影响

由于内部选聘和外部选聘各有其优缺点，因此收费单位在选聘中层干部时，应根据组织的具体情况确定采取何种选聘方法，而不能一概而论。但是由于中层干部是收费站的组织管理层，对收费站的业务水平要求比较高，且工作具有相对的稳定性，一次性聘用的数量不大，因此，在实际工作中，多采用内部选聘的方法。

在选聘的操作过程中，可以通过以下四个程序进行：第一，制订选聘计划。选聘计划是根据收费业务发展以及人才结构的需要而制订的。第二，发布选聘信息。在选聘计划制订后，就可以发布有关选聘信息，即通过报纸、电台、劳动就业服务部门及其互联网等渠道发布选聘信息。第三，选聘测试。测试是采用各种科学方法对应聘者的能力、性格和基本文化素质等方面进行全面衡量，以确保最合适的候选人得到这一职位。常用的测试手段包括应聘者申请表分析、笔试、绩效模拟测试、面试、履历调查等。第四，做出录用决策。对在甄选评价过程中的信息进行综合评价和分析，做出录用决策，并将录用结果向社会公布。同时，对初步录用者进行身体健康检查，剔除不合格者。收费管理机构经过最后的筛选，就可以确定选聘的中层干部。

四　收入分配

（一）收入分配的原则

“收入分配”指的是将收入或财富分配到具体单位和个人的行政管理行为。收费站收入分配的总要求是依据各岗位要求、表现，在改革的同时，合理拉开分配档次，充分体现按劳分配、多劳多得、优质多得的原则，提高征管人员爱岗敬业的积极性。实施收入分配时，应当遵循以下三个基本原则：

一是同工同酬、按岗定酬的原则。员工的收入分配与其岗位类别和工作性质挂钩。对同类的岗位的职责、劳动强度、工作复杂程度的收入分配，体现平等和一致的要求。杜绝“拉关系、攀领导”获取不当实惠的现象。

二是按劳分配、多劳多得的原则。按劳分配、多劳多得是我国现阶段主要的分配原则，收费站的收入分配也要遵循这一原则。例如，加班费就应该严格遵循按劳分配的原则。一线的员工加班多，值班多，理应多得；二线的员工加班少相应就应该少得。在加班费的发放上绝不能搞平均主义，或者由领导研究确定加班费发放的数量。加班费的确定应根据考勤记录如实发放，取得员工的信服。

三是优质多得、论功行赏的原则。对在收费站管理和收费工作中取得突出成绩的员工应实行收入分配的倾斜，适时地进行论功行赏，充分发挥分配的激励作用。在实行这一原则时领导干部要廉洁自律，不要把功劳大包大揽，把论功行赏变成为自己谋福利的手段。

（二）收入分配的主要方法

根据收入分配的原则，收费站收入分配应全部实行绩效工资制。收费站员工的工资由基础工资、岗位工资、效益工资组成：基础工资按当地政府确定的最低工资标准执行；岗位工资根据各岗位职责、岗位系数，区别情况确定标准；效益工资根据收入完成进度和超收奖励进行测算。正常完成收入计划，员工工资计算方式：基础工资 + （岗位工资基数 × 岗位系数） + 效益工资；如超收在正常完成收入计划，工资基础加上相应的超收奖励；如歉收应按歉收总额抵扣岗位工资和效益工资直至扣完。收费站站长工资可实行年薪制，与收费业绩挂钩，凡完成任务、管理工作达标者，其工资可高于员工平均工资的三至五倍。

在具体的操作过程中，工资系数和考核办法要结合当地的物价水平和收费站的实际情况依法进行（参见表 8 – 8）。

表 8 – 8　　某收费站员工收入分配的方法与工资构成

基础工资	收费站员工基本生活费，标准为 300 元。
岗位工资	根据岗位责任、工作强度、工作量大小等因素，体现岗位差异、工作责任差异和工作量差异，区别情况确定工资标准。分别为站长 800 元，副站长 600 元，班长 500 元，售票员 450 元，前勤值勤员 400 元，监控员 400 元，后勤人员 400 元
效益工资	效益工资的基数是站长 1100 元，副站长 900 元，班长 700 元，售票员 550 元，前勤值勤员 500 元，监控员 500 元，后勤人员 500 元 效益工资 = 基数 × 效益工资系数 ÷ 100。效益工资主要和当月收入、次票实征率、月票标准到位率和收费员行为规范挂钩

收费站员工的收入分配还必须与绩效考核结合起来。收费站员工的绩效考核一般分为平时考核和年度考核两种。平时考核是根据收费人员的日常工作表现进行的实时考核。年度考核是在年度结束时对收费人员进行的比较全面的定期考核，是平时考核的综合反映。在考核方式上，收费人员考核可以分为基本方式和辅助方式。基本方式即领导和群众相结合，平时

与定期相结合。把上级有关负责人对收费人员的考察与广大群众的参与结合起来，采用领导检查、群众监督的方式对收费人员进行考察。除基本方式外，还有测试法、评鉴法与群众分析法等辅助方式。测试法是指将被考核人员放在模拟的工作环境中，让其处理公务，以观察他的心理与行为举止，测试其能力的强弱。评鉴法是指根据收费人员日常工作的表现，制定出一系列的评鉴标准，并将其转化为能计算的百分制，定期打分进行考核。由群众对收费人员在处理事务过程中的态度、业务熟练程度、待人接物、语言表达等方面进行评分。群众分析法则是指在获得了收费人员个体素质基本信息的基础上，借助电脑，利用数理统计方法，进行高层次定量分析所进行的考核。

需要指出的是，在收费公路收费人员的考核与评价上，目前还没有一套完全成熟的模式可供借鉴，但计算机辅助收费系统的广泛应用，为收费人员的跟踪、考核与评价创造了极为有利的条件。这里，我们举例介绍京津塘高速公路天津段的“收费岗位量化考核法”。该方法从对收费人员管理的实际出发，在实践中发挥了较好的作用。

收费岗位量化考核法的考核内容共分为两个部分：第一部分为出勤、纪律、卫生、服务、业务、设备维护等六项内容，每项分值为5分，六项内容满分为30分，占全部奖金的30%。第二部分为计算机统计的收费人员个人月处理车辆数和通行费收入月累计数，每项分值各35分，两项合计满分70分，占全部奖金的70%。这些指标的第一部分由管理人员根据收费人员表现每日输入计算机，第二部分由计算机自动生成。然后通过确定两个比例，即分值比例和分配比例来核算个人当月奖金总数。分值比例为量化考核的两部分内容占奖金总数的百分比；分配比例是个人得分占全站总分的比例。个人月奖金额 = 月奖金基数 × 分值比例 × 人数 × 分配比例。

例如：某收费站有收费人员20名，本月份全站收费总额为150.24万元，处理车辆总数为112331辆，本月奖金基数平均为240元/人。A收费人员本月工作情况为：出勤5分、纪律5分、卫生4分、服务5分、业务5分、设备维护4分，第一部分六项共得28分，占全站此部分总分600分的4.67%，根据公式：第一部分奖金应为240×30%×20×4.67%=67.25元。同时，A收费人员本月份个人收费额为11.550万元，占全站收费总额的7.69%，其处理车辆总数为6805辆，占全站处理车辆总数的6.06%。据公式，第二部分奖金应为240×35%×20×7.69%+240×35%×20×6.06%=

231 元。故 A 收费人员本月奖金应为 67. 25 元 +231 元 =298. 25 元。

在收入分配的审批程序与要求方面，收费站建立人员明细表，定期核准收费人员档案工资及各项保险、补贴资料。按月根据收费站收入分配制度编制工资、奖金、补助分配表，经批准发放后，纳入收费站档案管理，按月实行财务公开。

（三）收入分配的审批程序及要求

收费站确定收入分配的标准，必须严格履行审批程序，即按照隶属关系，经收费站主管部门审核同意后，报同级劳动部门或有关职能部门审批。收入分配主要内容包括：工资制度、标准工资、津贴补贴、奖金（不含由政府给予的一次性特殊奖励）等全部工资收入。经审核批准执行的收费站收入分配标准，应纳入收费站工资总额计划管理。

收费站收入分配实行绩效挂钩办法，标准应根据工作任务完成情况予以制定。效益工资根据收入完成进度和超收奖励进行测算。正常完成收入任务，员工工资为：基础工资 + （岗位工资基数 × 岗位系数） + 效益工资；超额完成收入任务，员工工资可在上述工资基础上加相应的超收奖励；未完成收入任务，按歉收比例抵扣岗位工资和效益工资直至扣完。收费站站长工资可实行年薪制，与收费业绩和标准化收费站创建工作挂钩。凡完成任务、管理工作达标者，其工资可高于员工平均工资的三至五倍。

五 教育激励

（一）站长的培训与激励

收费站站长属于收费站的管理层，其培训和激励的内容和方法既要体现管理人员培训的一般规律，也要体现收费站工作的特殊性。为了使培训收到实效，收费站站长的培训内容应遵循以下几个原则：

一是针对性原则。收费站站长培训是收费站管理的一项重大投资，是其管理战略的有机组成部分。因此应结合收费站战略发展的需要，根据培训需求分析的结果，科学、合理地确定培训内容。

二是超前性原则。收费站的管理需要收费站站长培训的能力素质和思想观念具有一定的超前性。所以，在设计培训内容时，既要考虑当前又要顾及长远，未雨绸缪，为收费站站长远发展目标的实现打好基础。

三是实用性原则。实践性和应用性是管理培训的突出特点，收费站站长培训也应充分考虑这些特点，坚持学以致用、讲求实用、力求实效的原则，突出培训内容的可操作性，以解决好收费站站长能力素质不适应企业发展要求的实际问题。

根据上述三个原则，收费站站长除了学习收费站员工培训的基础科目和专业科目外，培训内容主要包括政治素质、专业知识和管理能力培训三大类（见表8－9）。

表8－9　站长培训的目标及内容

<table>
<tr><th colspan="2">培训模块</th><th>培训目标</th><th>培训内容</th></tr>
<tr><td colspan="2">政治素质培训</td><td>提高政治鉴别能力</td><td>战略思维、政策把握、忠诚意识</td></tr>
<tr><td colspan="2">专业知识培训</td><td>知识更新、传递信息、增强专业才干</td><td>根据岗位特点对专业知识的要求确定培训内容</td></tr>
<tr><td rowspan="3">管理能力培训</td><td>自我管理类</td><td>提高自我管理水平</td><td>时间管理、有效的沟通技巧、礼仪</td></tr>
<tr><td>绩效管理类</td><td>提高绩效管理水平</td><td>目标管理、激励、绩效评估</td></tr>
<tr><td>团队管理类</td><td>提高团队管理水平</td><td>有效授权、领导科学与艺术、团队建设</td></tr>
</table>

针对收费站发展的需要和培训工作的特点，在对收费站站长培训方法的选取上可以采用以下几种主要模式：坚持组织培训与自主培训相结合的培训模式；坚持脱产培训与在职自学相结合的培训模式；坚持学习培训与实践锻炼相结合的培训模式；坚持短期培训与长期培训相结合的培训模式；坚持国内培训和境外培训相结合的培训模式。此外，还可以采用网络的培训模式、菜单式培训模式和框架整合培训模式。

所谓激励，就是激发人的行为动机，调动人的积极性、主动性和创造性的过程。收费站站长的激励方式总体上可以分为物质激励和精神激励两大类。物质激励就是通过工资、奖金、奖品、住房等实物形式对站长进行有效激励；精神激励就是通过提高个人理想和志向、领导重视和信任、群众赞扬与爱戴、授权等方式对站长进行有效激励。在具体运用中，要坚持物质激励和精神激励相结合的原则。

根据物质激励和精神激励相结合的原则，我们提出收费站站长全方位的激励模式（见表8－10）。

表 8－10 站长全方位激励模式

激励类型	激励的方式和途径
目标激励	为收费站站长确立具有吸引力的系列目标，明确努力方向，既有精神动力又有物质引力，把收费站的管理与其个人目标有机地融合在一起
尊重激励	让收费站站长感受到他的工作岗位及其工作受到领导和组织的重视，既要重视共同的、普遍的人格需要，也要重视个别的、特殊的人格需要的满足
感情激励	高层者通过走访、谈心、与收费站站长共同娱乐和共同度假等非正式沟通渠道，同他们建立真挚的友谊与和谐的人际关系
宣泄激励	在收费站管理中，经常会因出现一些棘手的问题引起收费站站长的不满情绪，上级主管部门要主动去听取他们的牢骚、怨言，主动承担责任，支持其改进工作
奖惩激励	通过合理的适度的奖惩，调动收费站站长的积极性，使他们既能感受到重视，又能严格要求自己
民主激励	这是以高层管理者的民主意识唤起收费站站长的主人翁意识的激励方式。为此，在管理中要提高透明度，适度地授权
价值激励	让收费站站长充分感受到自身的价值和管理工作的成就感
领导行为激励	领导行为激励就是要求高层管理者注重自己行为的榜样效应，从而有效地激励收费站站长

（二）中层干部的培训与激励

在管理逐步走向正规化的今天，中层干部的培养和选拔显得尤为重要。因为任何管理，都有赖于中层干部的具体组织与实施。所以，只有建设一支坚强有力、游刃有余的中层管理干部队伍，才能适应发展的需要。收费站中层干部也属于收费站的管理层的一部分，其培训和激励的内容和方法与站长类似。既要体现管理人员培训的一般规律，又要体现收费站工作的特殊性，还要遵循针对性原则、超前性原则、实用性原则，同时还要遵循个性化原则。鉴于收费站站长和中层干部的能力素质和岗位职责不同而对培训需求各异的实际，培训内容设计必须体现差异性，因人而异，增加个性化的培训内容。

中层干部为收费站内设机构的负责人，具体负责收费站管理的一部分。

其工作具有相对独立性，但又要注意收费站整个管理层的协调与团结，因此其培训要注重以下几个方面：

一是业务技能的培训。作为单项管理工作的负责人，必须熟练掌握其所在岗位的业务知识，并不断提升自己的工作能力。

二是协调能力的培训。要加强中层干部的角色分析、有效的沟通技巧、礼仪、团队建设方面的培训。提高其与收费员工、站领导、其他中层干部的协调、沟通、配合的能力。

中层干部的培训除上级主管部门实施以外，收费站内部也应该结合普通员工的培训计划开展。

中层干部以收费站的物质激励和精神激励为主。通过收费站提高其薪酬福利等待遇进行有效的物质激励，以及通过提高个人理想和志向、领导重视和信任、群众赞扬与爱戴、授权等方式进行有效的精神激励。对中层干部进行激励不仅可以体现收费站对其工作的肯定，而且体现对普通员工和其他中层干部的精神鼓舞。同时，正确、适当的激励可以增强收费站的向心力与凝聚力。

（三）员工的培训与激励

1. 员工培训的含义与意义

收费人员培训是指收费单位为了适应公路收费管理现代化的需要，端正收费人员的工作态度，提高收费人员的工作能力，进行的一系列知识教育和技能培训活动。公路收费管理机构要富有成效，充满活力，具有强大的生命力和发展力，必须拥有众多的、多方面的人才，这就要求收费公路管理者必须具有良好的培训能力。培训是管理者的基本职能，一个好的管理者同时也是一个合格的培训者。收费人员的培训应建立在一整套“岗位职务职能标准”的基础上，以是否达到岗位技能标准作为培训的目标。

收费人员的培训应当以一线收费人员为主体，同时，也对与收费有关的其他岗位人员进行培训，因此，接受培训的人员应包括：现场收费人员、稽查监控人员、财务票管人员、后勤保障人员等。由于收费管理是一种动态管理，常会出现人员更换、站间调动、设备更新、制度调整等情况。因此，收费人员的培训应当是一种带有周期性的、不间断的工作，并应做到政治思想教育与专业技术知识教育相结合、理论知识与实践经验相结合、全员培训与重点提高相结合、严格考核与择优奖励相结合。

收费人员培训是收费公路收费人员管理的一项主要内容，是开发人才资源、全面提高人员素质、实现科学发展和长效管理的重要工作，也是调动收费人员工作积极性，提高收费人员工作能力的必要条件。具体来说，收费人员培训有如下重要意义：首先，通过培训可以提高收费人员的基本素质和业务技能，提高收费的整体服务水平，从而提高单位或企业的外部形象和经济效益。其次，通过培训可以统一收费人员的思想观念，促进收费人员遵章守纪，改善工作态度，激发收费人员为实现组织目标而奋斗。最后，通过培训可以培养良好的团队精神和人际关系，了解相关部门的情况，达到团结合作、共同提高的目的。鉴于此，收费单位应当将收费人员的培训工作放在战略地位，将其作为收费人员管理的一项重要内容来抓。

2. 员工培训的流程与方式

收费人员培训通常是由工作需要或出于某种目的而引起的。为了保证培训目的的顺利实现，培训应按照科学的流程展开。首先，精心选择教员，成立培训组织，详细制订教学大纲和教学计划，并在此基础上制定具体的日程安排。其次，组织教员认真备课，做好培训前的各项准备工作，通过教员的讲解，使培训人员掌握培训课程的内容。最后，采取口试或笔试等形式对培训人员进行考核，以了解其学习成效。对于考核达到要求的颁发结业证书。

收费人员培训的方式有很多，依据不同的标准，可以划分为：内部培训与外部培训；集中培训与分散培训；当面讲授与岗位实习培训等。但是，无论采取哪种培训方式，都必须为培训的内容服务。进行培训时，要特别注意两点：（1）培训要不拘形式，讲求实效；（2）培训要着重培养收费人员的能力，减小理论知识在培训中的比例。并把握好三个环节：（1）要围绕组织的目标，拟好培训大纲和培训计划。培训日程的制定和安排要科学周密，具有操作性；（2）教员业务要精，表达能力要好，能够把知识有效地传授给学员，同时要抓好教案的准备工作并备好课；（3）要使收费人员懂得掌握知识技能对今后工作的重要性，充分激发收费人员的积极性，调动收费人员的求知欲望。

此外，在具体的培训活动中，可以通过各种形式的考核，进一步增强培训效果，保证培训质量。如果培训的专业多、时间长，可以采取学一门考一门的方法；如果培训的专业少、时间短，可以采用结业总考的方法。考核的形式可以采用笔试和口试，二者的优缺点比较见表8－11。

表 8－11　　笔试与口试优缺点比较

	笔试	口试
优点	① 每人考核的内容相同； ② 评分可以不在教室内进行； ③ 对考核情况有笔头记录	① 这是一种非正规性的考核，可以在课堂上使用，以便检查学员理解的水准； ② 整堂课都可以提问题，使学员处于精力集中状态； ③ 口试形式可以调动学员积极介入
缺点	① 受制于写作能力； ② 不能考核技能，仅能考核人们是否知道自己做什么； ③ 参加考试的人可能合格，但在实际工作中不一定熟练	① 有些人害羞，在其他人面前回答问题时脑子一片空白； ② 口试就像机关枪点射，对学员掌握的东西得不到一个完整的图画

3. 员工培训的内容与科目

收费人员培训的内容通常分为一般性培训和专业性培训两个部分。一般性培训包括：收费制度、岗位职责、法制教育、英语会话、安全防范、文明服务、收费公路基本知识以及军训等。专业性培训则包括：收费流程、车型判断、点钞、设备操作维护、表格填报、票款结算、票务管理等。

公路收费工作具有自身的独特性和专业性，因此，要使培训工作实现预定的培训目标，达到一定的培训效果，就必须有个统一的相对固定的公路收费培训的基础科目和专业科目。一般来说，收费公路收费管理培训具有四种基础科目和五种专业科目（表 8－12、表 8－13）。

表 8－12　　收费公路收费管理培训基础科目

科目	基本内容
一般性常识	①交通行业在国民经济、社会发展中的地位与作用；②交通法规与交通规则常识； ③《公司法》、《公路法》、地方高速公路管理条例等法律法规
收费工作的常规	①收费的操作流程；②文明服务的规范要求；③收费工作纪律；④特情处理的程序与权限；⑤安全与设备的管理要求
一般管理常规	①日常管理规定；②现场管理规定；③班组管理规定；④考核管理规定；⑤着装仪表管理规定
军事化管理常规	①站队集合；②整理着装；③整齐报数；④立正稍息；⑤四面转法；⑥齐步、正步、跑步；⑦起立蹲下、跨立；⑧内务整理；⑨军姿军礼

表 8－13 收费公路收费管理培训专业科目

科目	基本内容
收费人员专业科目	①车辆型号的识别与判型；②收费业务操作规范化与流程；③文明服务，文明用语的要求与演练；④钱、票领交与清算；⑤点钞与假币识别；⑥收费纪律与有关规定；⑦特情处理；⑧交接班与演练；⑨班前班后会的召开；⑩定额票据的使用和管理；⑪安全与设备
监控专业科目	①收费、监控设备的组成；②数据管理系统；③收费监视系统；④月票 IC 卡管理系统；⑤收费车道设备系统；⑥视频切换控制系统；⑦多媒体图像采集和管理系统；⑧对讲系统；⑨录像系统；⑩报警系统
值班站长专业科目	①负责收费班、监控班、收费稽查、设备维护和后勤管理；②安全和保卫的综合管理；③工作的协调；④文秘、宣传和各类报表材料的工作；⑤站区生产安全工作；⑥各种消防器材的管理、保养和指导使用；⑦站领导不在时，行使值班站长的权利和义务
财务人员专业科目	①通行费收入台账的登记；②IC 卡收发、使用台账的登记；③定额、打印票据收发、使用台账的登记；④审核汇卡上缴单和票据核销单的方法；⑤钱、票、卡记账凭证的装订与保管；⑥年度会计档案的整理存放；⑦钱、票、卡的稽查方法；⑧IC卡和备用金的交接程序；⑨报表、统计、总结、计划的撰写；⑩各类台账的建立健全、使用、保管、装订；⑪现金、银行日记账的登记
水电工专业科目	①供电设备的日常运行维护；②用电安全规定；③柴油发电机组维护管理；④公路照明系统维护管理；⑤各种电器设备的性能、运行方式及操作技术；⑥电器基本知识、相关规程、专业技术及安全操作技术；⑦触电急救方法；⑧防雷击、防静电及处理电气火灾等有效手段

激励是对收费站员工的教育的一个基本目的。为了充分激励员工，除在精神上进行激励外，还必须在收入分配的方法上进行创新，进行实物和现金奖励是奖励员工积极性的一个主要方法。如荆州市就制定了《荆州市公路通行费收费站奖惩兑现评比办法》，对员工在收入分配上进行激励。其操作主要是根据得分换算成相应比例发放每季度激励资金。以荆州市秘师桥站为例，该站 2006 年每月经费为 11.47 万元（不含项目资金及对个人和家庭的补助支出），每季度激励资金基数为 11.47 万元×3 个月×20% =6.88 万元，

若一季度秘师桥综合得分 90 分，换算成百分比后系数为 81.81%，可返回该站激励资金为 6.88 万元 ×81.81% =5.64 万元；如综合得分为 120 分（包括加分），换算成百分比后系数为 109.08%，可返回该站激励资金为 6.88 ×109.08% =7.5 万元，每季度第一、二个月均按 11.47 万元拨付（未扣 20% 的激励资金），第三个月经费 =11.47 万元 -6.88 万元 + 季度返还激励资金。以此类推，季度激励资金中必须安排 50% 以上的资金用于收费办和收费站干部职工奖励，站长奖金为职工的二至三倍。

对收费站员工的教育，要以“劳动竞赛”和“文明创建”活动为载体，寓教育于活动之中。如开展“三个代表”学习、“百千万”劳动竞赛活动等，引导员工做政治上的明白人、作风上的清白人、工作上的实干人、业务上的精明人，在员工中形成讲政治、学业务、练硬功、争先进的良好风气。

第九章　财务管理

一　财务管理概述

本节从岗位要求与职责、工作规范、集中归口管理的核算形式、部门预算管理的核算形式四个方面对财务管理进行概述。

（一）岗位要求与职责

1. 财务岗位要求①

（1）单位必须设置财务部门，配备一定数量与工作要求相适应的、具有一定素质的会计人员，并指定财务部门负责人，在单位负责人的领导下，统一管理单位各项财务收支活动。如有特殊需要，经单位领导集体研究决定在有关部门配备专职会计人员的，必须指定主管会计，并接受单位财务部门的统一领导和管理。

（2）各单位财务部门内部必须建立健全会计稽核制度和内部牵制制度，并按照《内部会计控制规范》的规定要求，科学合理地设置财务、会计岗位，严格实行授权批准、业务经办、会计记录、财产保管、稽核检查等不相容职务相互分离，明确会计凭证、会计账簿和财务会计报告的处理程序，建立和完善会计档案保管和会计工作交接办法，实行会计人员岗位责任制，充分发挥会计的监督职能，保证会计工作质量。

（3）省、市（州）公路管理机构的财务部门负责人，除取得会计从业资格证书外，必须具备财务会计专业大专以上文化程度，或具备会计专业中级或会计专业高级技术职务资格。

县（市）公路管理机构的财务部门负责人和有关部门中的主管会计，除取得会计从业资格证书外，必须具备会计师专业技术职务资格，或在公路行业从事会计工作三年以上并具备会计专业初级技术职务资格。

各级公路管理机构新进会计人员，必须具备财务会计专业大专以上文化程度，或具备会计专业中级或会计专业高级技术职务资格。

---

① 《湖北省公路财务监督管理办法（试行）》。

（4）会计人员应遵守职业道德，做到敬业爱岗，熟悉法规，依法办事，客观公正，搞好服务，保守秘密。

各单位应加强对会计人员的教育和培训工作。合理安排会计人员的培训，保证会计人员每年有一定时间用于学习和参加培训。通过教育和培训，提高会计人员的政治思想和业务素质。

（5）会计人员调动工作或者离职，必须与接管人员办清交接手续。

一般会计人员办理交接手续，由财务部门负责人（主管会计）监交；财务部门负责人（主管会计）办理交接手续，由单位负责人监交或授权分管财务领导监交，必要时上级主管单位可以派人会同监交。

交接工作完毕后，交接双方和监交人员必须在移交清单上签名，移交清单一式三份，交接双方各执一份，存档一份。

2. 财务人员岗位职责①

（1）依法依规进行通行费财务管理，依法行使对本单位经济活动进行核算、审核、监督的职能。

（2）遵守职业道德，努力学习相关的政策法规和现代新技术，熟练操作电脑，不断强化自身业务素质，提高业务水平。

（3）组织实施日常财务工作，按规定做好财务核算工作。按时完成各种报表的填报工作，保证会计资料的真实、完整、准确。

（4）严格执行各项支出预算，及时进行财务分析，提出合理化建议。

（5）按规定做好会计档案管理工作，妥善保管各项会计资料，接受上级业务主管部门及其他相关部门的监督检查。

（二）工作规范

1. 财务工作总体要求②

（1）收费站收入包括收费站收取的车辆通行费、存入通行费专户的利息和损坏收费设施赔偿处罚等其他收入。收入必须按有关规定及时入账。

（2）车辆通行费收入（含利息）实行专户管理，即各站设立一个通行费收入专用账户，并及时上缴市（州）公路管理部门，再由市（州）公路管理部门按旬将车辆通行费收入（每月 5 日、15 日、25 日，年终最后一旬上解日为 12 月 31 日）上解到省公路局通行费专户。严禁缓交、隐瞒、截留、坐支、挪用通行费收入。

---

① 《湖北省收费还贷公路通行费征管规范（2008 年修订稿）》。

② 同上。

（3）通行费支出严格执行预算，确保专款专用。

（4）支出项目确需变更的，履行报批手续，经省公路局核准后方可调整。

（5）加强支出管理，降低征收成本，严禁挤占挪用，杜绝铺张浪费。

（6）加强财务监督，定期或不定期的对通行费支出情况进行检查和审计。市（州）审计每年不少于一次。

（7）收费站应加强国有资产管理，建立固定资产台账，完善账、卡制度，定期清查盘点，并按规定处理盘盈盘亏。未经省公路局批准，各地不得自行转移、变卖、私分、担保、抵押收费设施等固定资产。低值易耗品应建立规范的采购、入库和领用制度，完善相关手续。

（8）收费站的一切资产属于国家财产，由省、市公路管理部门支配，一般按使用性质划分如下：

①土地；

②建筑物：站房、站亭、收费岛（棚）及其他建筑等；

③交通工具：汽车、摩托车等；

④水电设施：照明系统、发电机组、水井、供水设备；

⑤收费设施：微机售票及监控系统、计重收费系统、车道开闭系统、公告牌等；

⑥办公设施：空调、电话机、传真机、微机、打印机、照相机、复印机、家具；

⑦其他设施：电视机、影碟机、音响、食堂用具等。

（9）财务人员严禁发生下列行为：

①白条抵库；

②资金外借；

③设立小金库；

④公款私存；

⑤利用账户替其他单位和个人套取现金；

⑥挪用或坐支通行费收入；

⑦伪造、毁灭、隐匿会计凭证、会计账簿；

⑧利用职务便利，非法占有收费站财物；

⑨上报报表不真实、不及时；

⑩不按规定时间上解通行费收入；

⑪收费设施设备无管理制度、责任人，无固定资产台账或账实不符；

⑫擅自处分收费站资产，造成资产流失；

⑬有其他渎职行为和严重错误。

2. 收入管理规范

（1）收入是指通行费收费站依照有关规定对过往车辆收取的、应当上缴省级财政专户管理的通行费及其“收入汇缴专用存款账户”的利息收入。

（2）通行费的取得，应当严格执行省政府及其财政、物价部门规定的收费项目和标准，必须使用省财政厅统一印制、省公路局统一发放的专用收费票据。

（3）通行费征收贯彻“应征不漏，应免不收”的原则，未经省交通厅批准，任何单位和个人不得随意减免。各级公路部门要加强收入计划管理，严格结算制度，确保通行费收入及时到位。

（4）各收费站（点）收取的通行费收入，由市、州公路部门按旬全额上解到省公路局，再由省公路局及时上解到省交通厅。最后由省交通厅集中全额缴入省级财政专户。通行费收入上缴省财政专户的监缴工作由省交通厅负责。

省交通厅及公路部门经过省财政厅批准，可在指定的银行开设“收入汇缴专用存款账户”，用于全省通行费收入（含利息收入）的解缴管理。“收入汇缴专用存款账户”只能发生通行费收入解缴款项，不得发生任何支出款项。

（5）通行费各项收入必须纳入单位财政部门统一核算和管理。严禁隐瞒、截留、坐支、挪用应当上缴财政管理的资金。

3. 支出管理规范

（1）支出是指用通行费收入安排收费还贷公路及其收费管理机构的还贷付息支出、养护改造费用、征管费用等项开支。具体开支范围为：

①还贷付息资金：按不低于国家和省规定的比例，由省交通厅通过核定支出计划予以安排，专项用于偿还收费还贷公路银行贷款或有偿集资本息。

贫困地区撤站还贷补助资金由省交通厅按照省政府规定的比例，统一从省级财政专户核拨的通行费中按月计提，统筹用于全省贫困地区撤并收费站（点）还贷补助。非贫困地区撤并站（点）后偿还贷款本息确有困难的，可酌情予以补助。

②站点设施建设费：包括收费站（点）的新建、迁移、改造、电脑监控设施购建等支出。站（点）设施建设费用支出由省公路局实行专项审批，纳入当年计划，专款专用。工程完工后，上级主管部门要及时组织检查和验

收。办理竣工决算和固定资产交付使用手续。

③养护费用支出：包括收费公路小修保养、大中修、改善、抢修、绿化、养护机械设备等支出。养护费用支出由省公路局按现行公路等级和养护定额编制计划，一并纳入县（市、区）公路养护部门执行。大中修工程、改善工程严格按公路基本建设程序、按工程进度拨款，把好质量关，工程完工后组织检查验收。

④管理费用支出：包括收费人员及收费管理人员基本工资、补助工资、其他工资、职工福利费、社会保障费、助学金、科技教育费、公务费、业务费、设备购置费、修缮费等支出。管理费用支出由省公路局根据定员人数和事业单位经费定额核定，对下实行经费包干。

⑤其他支出：上述支出范围以外，经省财政厅、省交通厅核准的其他各项支出。

（2）通行费支出由省财政厅按照收入进度和支出计划审核拨付。省交通厅对于省级财政专户核拨的通行费（包括省财政返还的通行费营业税和按规定计提的贫困地区撤站还贷补助资金），全额拨付省公路局；省公路局根据各地收入上解情况及批准的支出计划按月、按项目下拨各市（州）公路部门，用于还本付息和管养费用等。县（市）公路部门及收费站根据分解的计划，逐月向市（州）公路部门报领经费。

省交通厅及各级公路部门应当在省财政厅指定的银行开设支出账户，用于核算和管理财政或上级主管部门的拨入款项与各项支出。

（3）通行费各项支出必须严格执行规定的开支范围和标准。还贷付息资金和贫困地区撤站还贷补助资金实行专款专用，严禁挪作他用；其他专项支出应当按照批准的项目和用途使用；人员经费和公用经费的支出应按国家有关规定执行。涉及基本建设方面的支出，应按国家有关规定办理。各级公路部门要建立健全支出管理制度，严格审批手续和财务管理，杜绝铺张浪费。通行费支出实行计划控制、超支不补、结余留用。专项资金结余结转下年度继续使用。经费包干结余可以按照有关规定提取职工福利基金，剩余部分作为事业发展基金。

4. 资产、负债管理规范

（1）资产是指还贷收费公路及其收费站占有或者使用的能以货币计量的经济资源，包括流动资产、固定资产、无形资产、债权和其他权利。

各级公路部门及收费站必须加强对财产物资的采购、收发、保管、调拨、维修和使用的管理，并建立财产物资的内部管理制度，每年至少对财产物资清查盘点一次，保证账实相符。对财产物资盘盈、盘亏，应当查明原因及时上报，经上一级公路主管部门批准后调账。

（2）通行费收费站的一切财产，属国有资产，由公路部门管理。收费站停止收费时，全部财产由市（州）公路部门负责清点查收，并报省公路局核备，不得自行转移变卖和私分。未经省交通厅批准，不得将通行费收费权用作贷款或投资质押，不得以资产对外提供任何担保。

（3）负债是指收费站所承担的能以货币计量，需要以资产或者劳务偿还的债务，包括借贷款项、应付款项、暂存款项、应缴款项等。

各级公路部门要定期对债权、债务进行认真清理，及时收回应收账款，积极偿还贷款、集资本息。未经省交通厅批准，不得增加贷款与集资。偿还本息时应取得合法凭据与必要手续。如遇政策性利息变动，应及时与提供贷款、集资方协商调整利息。

5. 票证管理规范

鉴于票证管理的重要性，我们将在本书第 11 章“票证管理”中详细论述，因此，在此不再赘述。

6. 财务清算规范

（1）收费站（点）收费期满或因其他原因停止收费时，应当进行清算。撤并站（点）前三个月，由市（州）公路部门成立清算小组，制定清算方案，对收费站的财产、物资、债权债务、有价票证进行全面清查。编制资产负债表和财产清单。提出清算处理意见报省公路管理局审核批准。清算期间，未经清算组同意，不得随意处置收费站（点）的财产。

（2）停止收费的收费站（点）财产，按下列顺序偿还债务或处理：

①应付未付的职工工资，劳动保险费等；

②尚未偿还的债务（包括个人集资、单位欠款、银行贷款）；

③清算终了，财产收益大于损失的净益部分，交给接受收费还贷公路的养护单位。财产损失应专题逐级报省交通厅审批。

（3）清算完毕后，清算组应当提出清算报告并造出清算期内收支报表，连同中国注册会计师查账报告，报送省公路局核查，报省交通厅核准。

7. 财务报告规范

（1）财务报告是反映一定时期内通行费财务收支状况和计划执行结果的总结性书面文件，包括财务报表和财务情况说明书。

（2）通行费财务报表包括：资产负债表，收入支出表，收入解缴情况表，支出明细表，以及专项支出情况表等。分别采取月报、季报、半年报及年报的形式。

（3）通行费财务情况说明书应当反映本期收入、支出、结余、专项资金使用及资产变动的情况，说明影响财务状况的重要事项，对存在的问题提出改进意见等。

（4）各级公路部门应当依据会计核算资料和有关文件，真实、准确、完整地汇总编制财务报告，并按规定报送上级主管部门和省财政厅。

（三）集中归口管理的核算形式

通行费是按照“贷款修路、收费还贷”政策，向通行收费还贷公路、桥梁、隧道的车辆收取的，用于收费还贷公路偿还贷款（集资）和管养经费的专项资金。湖北省在全国较早的实行集中归口管理，即湖北省交通厅（简称省厅）委托湖北省公路管理局（简称省局）具体负责全省收费公路（除开省厅直接管理的高速公路）的行业管理工作，通行费收入纳入省级财政专户，实行收支两条线管理和专款专用，取得了通行费管理的良好成效，积累了丰富的管理经验，其做法简述如下：

1. 收支两条线管理①

（1）市（州）公路管理部门及各收费还贷公路收费站必须在省公路局批准的银行开设通行费“解交户”和支出账户，分别用于收入解缴和费用支出。

收费还贷公路收费站当日收取的通行费必须存入通行费收入“解交户”，不再存入当地的财政专户，并按旬直接上解市（州）公路管理部门的通行费收入“解交户”，市（州）公路管理部门按旬直接上解省局财政收入专户，省局再按旬上解省厅财政收入专户。

通行费由省厅上解省级财政专户计提“贫困地区撤站还贷补助资金”后，拨付给省局；省局根据各地上解情况及支出计划按月下拨给各市（州）公路管理部门的支出账户，用于还本付息和管养费用等；各收费站经费支出，由市（州）公路管理部门按计划分月拨给各收费站的支出账户。

（2）合资合作经营（含部分转让收费权）的收费公路中交通部门的投资收益，由有关地方交通主管部门或公路管理部门按有关规定全额上解省厅，由省厅安排用于当地偿还贷款本息或用于公路建设。

① 《湖北省交通厅关于全省收费公路统一规范管理的实施意见》。

2. 统一计划、统一收支、分级负责的财务管理体制

湖北省交通厅为全省通行费财务收支的主管单位，省公路局负责通行费收支的财务核算与管理。省财政厅对通行费收支活动实施财政、财务管理与监督。全省通行费财务工作实行统一计划、统一收支、分级负责的管理体制。

会计核算实行二级或三级核算、三级管理体制，即省为一级核算单位，市（州）为二级核算单位，市（州）公路部门直接管理的收费站、县（市）公路部门及其所属收费站为报账单位；或省为一级核算单位，市（州）为二级核算单位，县（市）公路部门为三级核算单位，收费站为报账单位。

通行费财务管理的基本任务是：

（1）贯彻执行国家的有关法律法规、财务制度和通行费的有关政策；

（2）落实通行费财政收支两条线管理规定，保证及时、足额上解通行费收入；

（3）做好通行费收支预算的计划、控制、核算、分析和考核工作；

（4）在确定的收费期限内，增收节支，按时还贷付息；

（5）加强票证管理，管好货币资金和财产物资，维护国家财产的安全、完整；

（6）建立、健全内部监督管理制度，加强财会基础工作，接受职能部门及上级主管部门的监督检查。

（四）部门预算管理的核算形式

预算是指各单位根据公路事业发展计划和任务，按照部门预算管理规定要求编制的本单位预算年度的部门预算。通行费收支预算则是通行费征管部门所进行的部门预算。

1. 预算编制的原则

（1）合法性原则。部门预算的编制要符合《预算法》和国家其他法律、法规的规定，充分体现国家有关方针、政策，并在法律赋予部门的职能范围内编制。具体来讲：一是收入要合法合规。二是各项支出要符合公路事业发展的目标，要遵守现行的各项财务规章制度。支出预算要结合本部门的事业发展计划、职责和任务测算；对预算年度收支增减因素的预测要充分体现与国民经济和社会发展计划的一致性，要与经济增长速度相匹配；项目和投资支出方向要符合国家产业政策；支出的安排要体现厉行节约，反对浪费，勤俭办事的方针；人员经费支出要严格执行国家工资和社

会保障的有关政策、规定及开支标准；日常公用经费支出要按国家、部门或单位规定的支出标准测算；部门预算需求不得超出法律赋予部门的职能。

（2）真实性原则。部门预算收支的预测必须以国家社会经济发展计划和履行部门职能的需要为依据，对每一收支项目的数字指标应认真测算，力求各项收支数据真实准确。机构、编制、人员、资产等基础数据资料要按实际情况填报；各项收入预算要结合近几年实际取得的收入并考虑增收减收因素测算，不能随意夸大或隐瞒收入；支出要按规定的标准，结合近几年实际支出情况测算，不得随意虚增或虚列支出；各项收支要符合部门的实际情况，测算时要有真实可靠的依据，不能凭主观印象或人为提高开支标准编制预算。

（3）完善性原则。部门预算编制要体现综合预算的思想。各种预算外资金要严格实行“收支两条线”管理，所有收入和支出全部纳入部门预算，改变预算内外资金“两张皮”的状况，取消收支挂钩的预算核定方法，对单位的预算内、外各项财政资金和其他收入，统一管理，统筹安排，统一编制综合财政预算。编制预算时，要将部门依法取得的包括所有财政性资金在内的各项收入以及相应的支出作为一个有机整体进行管理，对各项收入、支出预算的编制做到不重不漏，不得在部门预算之外保留其他收支项目。

（4）科学性原则。部门预算编制要具有科学性，具体主要体现在：①预算收入的预测和安排预算支出的方向要科学，要与国民经济社会发展状况以及公路交通事业的发展相适应，要有利于促进国民经济协调健康、可持续发展；②预算编制的程序设置要科学，合理安排预算编制每个阶段的时间，既以充裕的时间保证预算编制的质量，又要注重提高预算编制的效率；③预算编制的方法要科学，预算的编制要制定科学规范的方法，测算的过程要有理有据；④预算的核定要科学，基本支出预算定额要依照科学的方法制定，项目支出预算编制中要对项目进行遴选，分轻重缓急排序，科学合理地选择项目。

（5）稳妥性原则。部门预算的编制要做到稳妥可靠，量入为出，收支平衡，不得编制赤字预算。收入预算要留有余地，没有把握的收入项目和数额，不要列入预算，以免收入不能实现时，造成收小于支；预算要先保证基本工资、离退休费和日常办公经费等基本支出，以免预算执行过程中不断调整预算。项目预算的编制要量力而行，有多少钱办多少事。

（6）重点性原则。部门预算编制要做到合理安排各项资金，本着“一要吃饭，二要建设”的方针，在兼顾一般的同时，优先保证重点支出。根据重点性原则，要先保证基本支出，后安排项目支出；先重点、急需项目，后一般项目。基本支出是维持部门正常运转所必需的开支，如人员基本工资、国家规定的各种补贴津贴、离退休人员的离退休费、保证机构正常运行所必需的公用经费支出以及完成部门职责任务所必需的其他支出，因此要优先安排预算，不能留有缺口；项目支出根据财力情况，按轻重缓急，优先安排党中央、国务院交办的事项，符合国民经济和社会发展计划、符合国家财政宏观调控和产业政策的项目。

（7）透明性原则。部门预算要体现公开、透明原则。对于单位的经常性支出，要通过建立科学的定员定额体系，实现预算分配的标准化。对于部门为完成特定行政工作任务或事业发展而发生的各类项目支出，要通过填报项目文本、建立项目库、科学论证，采用择优排序的方法确定必保项目和备选项目，结合当年的财力状况与财政支出重点，优先安排急需、可行的项目，从而减少预算分配中存在的主观随意性与“暗箱操作”，使预算分配更加规范、透明。

（8）绩效性原则。部门预算应建立绩效考评制度，对预算的执行过程和完成结果实行全面的追踪问效，不断提高预算资金的使用效益。在项目申报阶段，要对申报项目进行充分的可行性论证，以保障项目确实必需、可行；在项目执行阶段，要建立严格的内部审核制度和重大项目建设成果报告制度，以对项目进程、资金使用情况进行监督，对阶段性成果进行考核评价；在项目完成阶段，项目单位要及时组织验收和总结，并将项目完成情况报有关部门。

2. 预算编制的程序

通行费收支预算依照下列程序编报和审批：

（1）“一上”阶段（8月底前完成）

①每年7月底前，市（州）公路部门根据下年度工作计划和收支增减因素，提出本地区通行费收支预算，报送省公路局。

②省公路局审核各市（州）通行费收支预算，编制全省通行费年度收支预算，于8月上旬报送省交通厅。

③省交通厅按照编报口径要求，申报“一上”预算（8月20日前）；省财政厅对各部门“一上”阶段申报的情况进行汇总（8月底前）。

（2）“一下”阶段（9月初至10月20日前完成）

省财政厅按照省政府审定的基本支出定员定额标准和项目支出安排意见，汇总形成交通厅年度预算控制数，报省政府批准后通知到交通厅，顺次通知到省公路局、市（州）公路部门。

（3）“二上”阶段（12 月底前完成）

①市（州）公路部门根据预算控制数，编制形成比较规范的、细化的预算文本，再次送省公路局审核；省公路局形成本部门预算再次送省交通厅审核；省交通厅再次形成预算文本送省财政厅审核（11 月 20 日前完成）。

②省直部门预算评审委员会对交通厅申报的通行费项目的必要性和可行性、支出安排的合理性以及文本填报的规范性进行论证、评价（12 月 10 日前完成）。

③省交通厅按照按财政审核和省直部门预算评审委员会评审意见修改通行费部门预算（12 月 17 日前完成）。

④将评审后的通行费部门预算报省政府审定（12 月 25 日前完成）。

⑤将省政府审定的通行费部门预算提交省人大财经委、预工委初审（12 月底前完成）。随后提交省人代会审议。

（4）“二下”阶段

次年 3 月份，省财政厅将省人大审查批准的通行费部门预算批复到省交通厅执行，省交通厅在 15 日内批复到省公路局以及所属单位。

3. 收支预算

通行费部门预算包括通行费收入预算和通行费支出预算。

通行费收支预算应遵循收支平衡原则，不得编制赤字预算。部门预算的编制、上报时间按省财政部门规定执行。

编制部门预算时，如有属于政府集中采购目录以内或限额标准以上的采购项目，还应同时编制年度政府采购预算。

政府集中采购目录及标准按照省财政部门规定执行。

（1）通行费收入预算。通行费收入属于预算外收入，其收入包括收取的车辆通行费、通行费收入专户利息、损坏收费设施赔补偿费、劳务收入以及经营性公路中方收益等。各单位参考以前年度收入预算执行情况，根据预算年度的收入增减因素和措施测算，按照上级主管部门批准的控制数编制。

上年结余结存按预计本年结转下年的收入数编制。

其余各项，各单位按照实际情况编制。

（2）通行费支出预算。通行费预算支出项目包括基本支出、项目支出、结转下年等。

基本支出包括人员支出、日常公用支出和对个人与家庭的补助支出。

人员支出包括在职职工基本工资、津贴、奖金、社会保障费和其他人员工资。按编制内实有人数和经费标准计算编制。经费标准严格按国家和省统一规定的项目和标准计算。

日常公用支出包括办公费、专用材料购置费、水电费、邮电费、交通费、差旅费、会议费、培训费、招待费、工会会费、福利费等。编制预算采取单项定额办法，各单位根据财政部门确定的各明细开支项目的标准和定额，按单位编制内实有人数及行政级别计算编制。

对个人和家庭的补助支出包括离休费、退休费、住房公积金、优抚对象及抚恤救济费、助学金和其他补助支出。其中离休费、退休费和住房公积金按单位实有人数，根据有关部门核准的经费标准计算编制。

项目支出由各单位根据财力可能和公路事业发展需要，分轻重缓急安排。所有项目必须附有项目申报文本，提供立项依据和详细测算依据。项目支出包括通行费还贷支出、收费公路养护费用、站（点）建设费、收费设施维护费、行业管理费、经营性公路中方收益支出、其他支出等项目。

（3）通行费收支预算的执行。各级公路管理机构审核汇总本单位预算年度部门预算，年度部门预算一经审批下达，各级公路管理机构必须及时分解下达到用款单位、部门执行。各单位必须严格按照批准的预算项目和标准执行，预算内资金实行责任人限额审批，限额以上资金实行集体审批。严格控制无预算的资金支出，禁止预算外项目和随意突破预算。

如遇特殊情况需调整预算，必须按规定履行报批手续，经原批准预算部门批准后方可执行。

各单位必须加强预算编制、执行、分析、考核等环节的管理，明确预算项目，建立预算标准，规范预算的编制、审定、下达和执行程序，及时分析和控制预算差异，采取改进措施，确保预算的执行。

二　会计核算

通行费会计是一种专业性会计，它是通行费征稽部门按照国家有关通行费征收政策和财政、财务制度的规定，以及公认的会计原则，运用会计专门方法，连续、系统、全面地反映和监督通行费的征收、上解及征稽经费支出等情况的经济管理活动。通行费会计是一种与预算会计既有区别又有联系的特殊专业会计，在进行核算时，不计盈亏，不仅要核算通行费的征收、上解等主要资金流动过程，而且要核算征稽经费的拨入、使用及其结果。

通行费会计虽是一种特殊的专业会计，但它同样具有自己的会计核算对象，也就是说它具有自己所反映和监督的内容。通行费会计的对象就是征稽活动中的资金来源和运用。

（一）会计核算的作用①

通行费会计核算是征稽管理工作的重要组成部分，也是通行费征稽财务管理和审计的基础。会计核算资料是征稽部门进行规费征收预测和财务决策，制订通行费征收计划和财务收支计划的主要依据之一。因此，通行费会计核算在整个征稽管理活动中占有非常重要的地位。会计核算的重要作用主要包括以下几个方面：

1. 为财务部门全面、系统、及时、准确地提供会计核算资料

规费征稽部门的财务机构进行财务管理的主要依据来自于会计核算资料。财务部门通过对会计核算资料的全面分析比较，可以对前一时期的规费征稽财务活动情况作出合理的评价，以便调整和改善规费征稽财务活动。同时还可以对未来的规费征收计划和征稽经费支出计划作出预测，为进行正确的财务决策、制定可操作性的规费征收计划和征稽经费收支计划提供依据。

收费会计核算资料也是征稽部门开展审计的主要证据和依据。征稽审计的重要工作就是对征稽部门内部控制制度（主要是财务制度和会计制度）的审查和监督，检查会计核算和财务管理活动的合法性、真实性、公允性。这种检查对比需要足够的证据和依据，这些证据和依据主要来自于会计核算资料。

2. 反映和监督公路规费征稽计划的执行情况

公路规费征收计划执行情况的好坏，规费征收计划是否能够完成，不仅直接影响公路交通事业的顺利发展，而且影响国家经济建设的发展。因此公路规费的会计核算，不论履行反映职能，还是履行监督职能，都应把促进规费征收计划的完成作为主要任务。规费征稽单位的会计部门应配合

---

① 赵文英：《公路桥梁通行费征收管理规范实务全书》，中国环境科学出版社 2002 年版，第 249—251 页。

相关业务部门，开展费源调查，做好征收工作中的各项内部业务。同时，将规费计划执行过程中的收入和解缴情况进行科学的记录，利用会计核算的方法将其如实地反映出来，并及时进行规费征收情况的分析和判断，为部门领导和上级主管部门提供准确可靠的决策信息，保证规费征收计划的顺利完成。

3. 反映和监督国家有关规费征收政策和财政、财务制度的执行情况

国家颁布的有关规费征收政策、法规及有关财政、财务制度，是维护经济秩序和促进经济建设健康发展的法制措施，也是保证规费征稽工作顺利进行的根本手段。在征稽会计核算中，应以国家的有关法规、规定和政策为准绳，按照会计核算的专门方法，反映和监督各单位执行政策和制度的基本情况。一方面要协助和监督有关部门按照国家征费政策合理组织费源，保证收入准确、及时、足额地上解上级主管部门，严格禁止乱收滥罚，擅自减免和拖欠、挪用、坐支规费收入的不法行为；另一方面对征稽经费支出，应按国家有关财政、财务制度规定和增收节支的原则，按时拨付，合理使用，努力提高征稽经费的使用效率，保证规费征稽工作的顺利进行。

4. 反映和监督规费征稽单位各项财产、物资的管理和使用情况

规费征稽部门的财产、物资都是国家的公共财产，是征稽单位进行正常收费的物质基础，也是公路交通基础设施维护、改造、建设的物质基础。因此，征稽部门应健全财产、物资管理制度，加强对财产、物资的管理，保护国家财产的安全、完整和合理使用。这是完成征收计划的重要保证，也是征稽会计核算的重要任务之一。为此，要求会计核算工作在做好各项基础工作的基础上，对各项财产、物资的增减变动和结存情况，对各种有价票证的领、管、用、核，对各种债权、债务的形成和处理等，都应如实反映和监督。只有这样，才能使规费征收单位的各项财产、物资安全可靠，用之合理。

5. 反映和监督征稽经费增收节支情况

规费征稽部门的经费支出情况，也是会计核算的主要内容之一。它对征稽工作的顺利开展产生重要影响。因此，应该加强征稽经费的会计核算和监督，检查征稽经费的支出是否符合国家有关财政、财务制度的要求，是否符合增收节支的原则，从而努力节省人力、物力和财力，提高征稽经费的使用效率。

（二）会计核算办法

通行费会计核算科目是对管理单位各项经济业务进行分类核算的工具，是设置账户、填制凭证、登记账簿必须遵循的规则。各单位应正确地设置使用会计科目，全面、真实、正确、系统地记录经济活动事项。

1. 会计科目

会计科目名称和科目编号如表9－1所示。

表9－1　　会计科目表

序号	编号	科目名称	序号	编号	科目名称
（一）资产类			**（二）负债类**		
1	101	现金	15	201	借入款项
2	102	银行存款	16	202	应付票据
3	103	零余额账户用款额度	17	203	应付账款
4	105	应收票据	18	204	预收账款
5	106	应收账款	19	207	其他应付款
6	108	预付账款	20	208	应缴预算款
7	110	其他应收款	21	209	应缴财政专户款
8	115	材料	22	210	应缴税金
9	116	产成品	**（三）净资产类**		
10	117	对外投资	23	301	事业基金
11	120	固定资产	24	302	固定基金
12	124	无形资产	25	303	专用基金
13	125	财政应返还额度	26	306	事业结余
14	130	借款工程	27	307	经营结余
			28	308	结余分配

续表

序号	编号	科目名称	序号	编号	科目名称
（四）收入类			**（五）支出类**		
29	401	财政补助收入	36	501	拨出经费
30	403	上级补助收入	37	502	拨出专款
31	404	拨入专款	38	503	专款支出
32	405	事业收入	39	504	事业支出
33	409	经营收入	40	505	经营支出
34	412	附属单位缴款	41	509	成本费用
35	413	其他收入	42	512	销售税金
			43	516	上缴上级支出
			44	517	对附属单位补助
			45	520	结转自筹基建

*会计科目的使用说明，请参见《湖北省公路事业单位会计核算办法（试行）》，此处不做详细介绍。

2. 年终清理结算和结账

事业单位在年终前，应根据财政部门或主管部门的决算编审工作要求，对各项收支账目、往来款项、货币资金和财产物资进行全面的年终清理结算，在此基础上办理年度结账，编报决算。

年终清理结算的主要事项包括：

清理、核对年度预算收支数字和各项缴拨款项、上缴下拨款项数字。年终前，对财政部门、上级单位和所属各单位之间的全年预算数（包括追加追减和上、下划转数）以及应上缴、下拨的款项等，都应按规定逐笔进行清理结算，保证上下级之间的年度预算数、领拨经费数和上缴、下拨数一致。

为了准确反映各项收支数额，凡属本年度的应拨应缴款项，应当在12月31日前汇达对方。

凡属本年的各项收入都应及时入账。本年的各项应缴预算款和应缴财政专户的预算外资金收入，应在年终前全部上缴。属于本年的各项支出，应按规定的支出用途如实列报。

年度单位支出决算，一律以基层用款单位截至12月31日的本年实际支出数为准，不得将年终前预拨下年的预算拨款列入本年的支出，也不得以上级会计单位的拨款数代替基层会计单位的实际支出数。

事业单位的往来款项，年终前应尽量清理完毕。按照有关规定应当转作各项收入或各项支出的往来款项要及时转入各有关账户，编入本年决算。

事业单位年终应及时同开户银行对账，银行存款账面余额应同银行对账单的余额核对相符。现金账面余额应同库存现金核对相符。有价证券账面数字，一般应同实存的有价证券核对相符。

年终前，应对各项财产物资进行清理盘点。发生盘盈、盘亏的，应及时查明原因，按规定作出处理，调整账务，做到账实相符，账账相符。

事业单位在年终清理结算的基础上进行年终结账。年终结账包括年终转账、结清旧账和记入新账。

年终转账。账目核对无误后，首先计算出各账户借方或贷方的 12 月份合计数和全年累计数，结出 12 月末的余额。然后，编制结账前的“资产负债表”，试算平衡后，再将应对冲结转的各个收支账户的余额按年终冲转办法，填制 12 月 31 日的记账凭单办理结账冲转。

结清旧账。将转账后无余额的账户结出全年总累计数，然后在下面画双红线，表示本账户全部结清。对年终有余额的账户，在“全年累计数”下行的“摘要”栏内注明“结转下年”字样，再在下面画双红线，表示年终余额转入新账，旧账结束。

记入新账。根据本年度各账户余额，编制年终决算的“资产负债表”和有关明细表。将表列各账户的年终余额数（不编制记账凭证），直接记入新年度相应的各有关账户，并在“摘要”栏注明“上年结转”字样，以区别新年度发生数。

事业单位的决算经财政部门或上级单位审批后，需调整决算数字时，应作相应调整。

三 财务分析

（一）财务分析的主要报表

事业单位会计报表是反映事业单位财务状况和收支情况的书面文件，是财政部门和上级单位了解情况、掌握政策、指导单位预算执行工作的重要资料，也是编制下年度单位财务收支计划的基础。各单位财务部门必须认真做好会计报表的编审工作。

事业单位会计报表主要包括资产负债表、收入支出表、附表及会计报表附注和财务收支情况说明书等。

公路事业会计报表中通行费报表主要有：资产负债表、收入支出总表、收入明细表、事业支出明细表、应缴规费收入明细表、基金明细表、借入款项明细表、固定资产明细表、养建资金收支明细表、通行费收支明细表以及有关会计报表附注。几种公路通行费征收常用的报表如下所示：

通　行　费　收　支　明　细　表（1/2）

编制单位：　　　　年　月　日　　　　单位：元

项　目	行次	预算数			实际数		上年同期累计数	本年累计占本年预算(%)	本年累计与上年同期相比增减（%）
		合计	上年结余	本年预算	本月	本年累计			
甲	乙	1 = 2 + 3	2	3	4	5	6	7 = 5/1	8 = (5 - 6)/6
一、收入合计	1								
1. 事业收入—通行费	2								
2. 其他收入—代收劳务收入	3								
二、支出合计	4								
（一）拨出经费—通行费	5								
（二）事业支出—通行费部分	6								
1. 基本支出—通行费部分	7								
（1）人员支出—通行费部分	8								
①基本工资	9								
②津贴	10								

续表

项　　目	行次	预算数			实际数		上年同期累计数	本年累计占本年预算(%)	本年累计与上年同期相比增减（%）
		合计	上年结余	本年预算	本月	本年累计			
甲	乙	1 = 2 + 3	2	3	4	5	6	7 = 5/1	8 = (5 - 6)/6
③奖金	11								
④养老保险	12								
⑤失业保险	13								
⑥医疗保险	14								
⑦其他社会保险	15								
⑧其他人员工资	16								
（2）公用支出—通行费部分	17								
①办公费	18								
②专用材料购置费	19								
③水电费	20								
④邮电费	21								
⑤交通费	22								
⑥差旅费	23								
⑦维修费	24								
⑧会议费	25								
⑨培训费	26								
⑩招待费	27								

通 行 费 收 支 明 细 表（2/2）

编制单位：　　　　年　月　日　　　　单位：元

项目	行次	预算数			实际数		上年同期累计数	本年累计占本年预算(%)	本年累计与上年同期相比增减（%）
		合计	上年结余	本年预算	本月	本年累计			
甲	乙	1=2+3	2	3	4	5	6	7=5/1	8=(5-6)/6
⑪工会经费	28								
⑫福利费	29								
⑬医药费	30								
⑭印刷费	31								
⑮取暖费	32								
⑯劳务费	33								
⑰租赁费	34								
⑱物业管理费	35								
⑲设备购置费	36								
⑳其他	37								
（3）对个人和家庭的补助支出—通行费部分	38								
①离休费	39								
②退休费	40								
③住房公积金	41								
④优抚对象及抚恤救济费	42								
⑤助学金	43								
⑥其他	44								
2. 项目支出—通行费部分	45								
（1）还贷支出	46								
①还本	47								
②付息	48								

续表

项目	行次	预算数			实际数		上年同期累计数	本年累计占本年预算(%)	本年累计与上年同期相比增减(%)
		合计	上年结余	本年预算	本月	本年累计			
甲	乙	1 = 2 + 3	2	3	4	5	6	7 = 5/1	8 = (5 - 6)/6
（2）通行费支出	49								
①收费路段养护费	50								
②农村路网建设费	51								
③站（点）设施维护建设费	52								
④行业管理费	53								
⑤其他支出	54								
三、结余合计	55								

湖北省公路通行费收入快报

填报单位： 年 月 日 单位：元

单位	年度计划	裁票收入						实际解交数						上年同期裁票收入	
		小计		裁票收入		专户存款利息		小计		裁票收入		专户存款利息			
		本月	累计	本月	累计	本月	累计	本月	累计	本月	累计	本月	累计	本月	累计
合计															

事业单位会计报表应当根据登记完整、核对无误的账簿记录和其他有关资料编制，要做到数字正确、内容完整、报送及时。

各单位应当加强日常会计核算工作，会计报表的数字要根据经审核无误的会计账簿记录汇总，切实做到账表相符，有根有据，不得估列代编。

会计报表要层层汇总，上级单位要在编制本级会计报表的基础上，根据本级会计报表和经审查过的所属单位会计报表，编制汇总会计报表，并将上下级之间的对应科目数字冲销后，逐级汇总上报。单位汇总会计报表应按国家统一会计制度要求，及时报送有关部门和单位。上报上级单位和财政部门的会计报表必须经会计机构负责人、主管会计工作负责人和单位负责人签字并盖章后加盖单位公章。

会计报表分为月报、季报和年报（决算）三种。其中：

月报：资产负债表
　　　收入支出总表
　　　收入明细表
　　　事业支出明细表
　　　应缴规费收入明细表
　　　通行费收支明细表
　　　公路通行费收入快报

季报：借入款项明细表

年报：基金明细表
　　　固定资产明细表

月份会计报表应于月份终了后五日报出；季度会计报表应于季度终了后七日报出；年度会计报表应按财政部决算通知规定及主管部门要求的格式和期限报出。

（二）财务分析的主要方法①

收费财务分析，是根据收费统计的目的和要求，运用统计特有的方法，对收费统计资料进行科学的分析研究，揭示收费指标的内在联系及变化规律，为解决规费征收工作存在的问题，提高规费征管工作水平提供依据。由于财务分析的目的、要求、内容的不同，因而财务分析方法较多，主要有平均分析法、对比分析法、综合指标法、动态数列法、因素分析法、相关分析

---

① 赵文英：《公路桥梁通行费征收管理规范实务全书》，中国环境科学出版社 2002 年版，第 224—229 页。

法、平衡分析法等。下面就其中几种常用的分析方法作重点介绍。

1. 平均分析法

平均分析法是通过计算平均指标值的办法，来综合反映同质总体内各单位某一数量标志不同数值的一般水平或代表水平。它只能反映总体现象在某具体条件下的一般水平。在规费征稽部门中主要用来比较同一时期不同部门规费征收业绩和质量的一般水平。同时，还可以用来简单反映同一单位在不同时期的规费征收成绩和质量水平高低，但对不同时期的变化程度却无法反映出来。

平均分析法主要是通过计算平均指标值来进行分析比较的，而平均指标主要包括简单算术平均数、加权算术平均数、调和平均数等。

①简单算术平均数。它不考虑各单位标志值对总体标志产生影响程度的大小，都作为同等标志值直接加总，除以总体单位数求得的平均数。

公式为：

$$\bar{X} = (X_1 + X_2 + X_3 + \cdots + X_n)/n$$

式中：X——代表算术平均数；

X_1、X_2、X_3、…、X_n——代表各单位标志值；

n——代表总体单位数。

［例 1］某地区征稽处某年内征收通行费情况如表 9－2：

表 9－2　　某地区征稽处某年内征收通行费情况　　单位：万元

月份	1	2	3	4	5	6	7	8	9	10	11	12
费额	100	150	111	120	40	30	100	40	50	100	105	110

根据简单算术平均法计算该处月均征收额

依资源表可得出该征稽处本年度内月征费额为：

月征收额 =（100 + 150 + 111 + 120 + 40 + 30 + 100 + 40 + 50 + 100 + 105 + 110）/12 = 88（万）

②加权算术平均数。它充分考虑到各组（单项数列和组距数列）出现的频数（次数）或其所占组数的比重对计算平均值产生不同程度的影响，在各单位标志值（或组中值）前面乘上频数或比重值，再除以总体单位总数即可求得算术平均数。

加权算术平均数 = $(X_1f_1 + X_2f_2 + \cdots + X_nf_n) / (f_1 + f_2 + \cdots + f_n)$

式中：f——代表各组次数或权数；

其他符号意义同①中的要求。

③调和平均数。它是各标志值倒数的算术平均数的倒数。它是规费统计中，由于资料原因不能直接计算算术平均数，得出与采用算术平均数相同的结果。因此，调和平均数实际上是算术平均数的变形使用。

当然，计算出了平均值之后，还应计算标准差大小，通过调整财务分析计算方法，减少标准差数值，控制统计误差范围，使规费财务分析计算数值更准确、真实，为规费征稽预测和决策提供更可靠的依据。标准差的计算公式如下：

未分组采用简单平均数计算时：

$$\delta = \sqrt{\sum (X - \bar{X})^2 / N}$$

经过分组形成单项数列计算平均数时：

$$\sqrt{\delta = \sum (X - \bar{X})^2 \times f / \sum_f}$$

2. 对比分析法

对比分析法是财务分析中使用较普遍而且应用面较广泛的方法，它是通过计算规费统计相对指标的方法来反映相关可比性指标在数量上的对比关系，并且分析研究规费指标计划完成情况、结构、比例、普遍程度、发展速度等。其常用方法如下：

①计划完成程度指标。它反映实际完成数与计划任务数之间的数量对比关系和数量对比程度。它适用于收费完成程度的分析。

[例2] 广东省1995年规费征收计划完成情况统计比较如表9－3：

表9－3　　广东省1995年规费征收计划完成情况　　单位：万元

项目	年度计划	实际完成	完成计划（%）
公路养路费	419140	449568	107.3
公路建设还贷资金	74300	74189	99.9
高等级公路还贷资金	45000	46478	103.2
省管过桥费	27620	29491	106.8
过渡费	2400	2704	112.7
合计	568460	602422	106

从上表很容易看出广东省1995年规费征收单项指标和总指标的计划完

成程度，为下一年度的征费工作提供了指导。

②结构相对指标。它是在统计分组的基础上，反映总体内部各组成部分的数值与总体的全部数值的数量对比关系和数量对比程度。它适用于比重分析，表明总体各部分所占比重及其在总体中所占地位。

结构相对指标 = 总体中某一部分数值/（总体全部数值） ×100%

［例 3］1995 年广东省部分市规费漏征情况如表 9－4。

表 9－4　　1995 年广东省部分市规费漏征情况

	漏征车		占该市车辆（%）	
	台	t	台	t
惠州市	16160	44685	32.40	41.53
梅州市	5764	12334	19.34	17.41
河源市	1123	4991	9.62	15.56
潮州市	3003	4532	16.03	16.08

③比例相对指标。它是在统计分组的基础上反映现象总体内部组成部分之间的数量对比关系和数量对比程度。用来分析规费各费种（发展平衡性问题）之间的比例关系。

比例相对指标 = 总体中某一部分数值/总体中另一部分数值

［例 4］例 2 中广东省 1995 年度公路养路费实际完成 449568 万元，公路建设还贷资金实际完成 74189 万元，因而前后两者的对比比例为 606：100。

④比较相对指标。它是反映同一时期内同类现象在不同空间之间的数量对比关系和数量对比程度的指标。它可用于分析同类现象在不同空间发展的不平衡性和差异程度，为规费征管工作提供依据。

$$\text{比较相对指标} = \frac{\text{某条件下的某类指标值}}{\text{另一条件下同类指标值}} \times 100\%$$

⑤强度相对指标。它是同一时期内两个性质不同但又有一定联系的总量指标的对比。它主要用来分析研究某现象的强度、密度和普遍程度。

$$\text{强度相对指标} = \frac{\text{某一总量指标数值}}{\text{另一有联系而性质不同的总量指标数值}} \times 100\%$$

⑥利用程度指标。它主要用来反映实际数与可能数之间的对比数值和对比程度的指标。它适用于费源利用程度或费源征收情况的分析。比如，规费

实征率就是这样的指标。它是报告期实际裁票收入总额与应征规费总额之比。

⑦动态相对指标。它是同一现象在不同时期之间数量对比关系和数量对比程度的相对指标。它表明某经济现象在时间上的发展变化趋势和速度。它主要用于发展速度和增长速度分析。

$$\text{动态相对指标} = \frac{\text{报告期某一现象的指标值}}{\text{基期同一现象指标值}} \times 100\%$$

3. 因素分析法

任何总体因素都是由若干相互影响和相互作用的部分因素组成。其中，任何组成因素的变化都会对总因素产生不同程度的影响。这是事物发展变化的普遍规律。因此，规费统计中的因素分析法，是从数量方面分析各项因素变动的影响程度，从而达到研究各因素共同发生变动作用时对整个规费征收管理工作带来的综合影响的目的。不过，在进行因素分析前，必须将某规费统计总量指标，分解为由若干相互制约和作用的个体分量指标组成的综合指标体系。然后，用连环替代法的原理和方法进行逐个因素变动对整体因素的影响程度的分析，并对上述计算出来的结果，按其正反影响的经济意义进行加减，最后确定因素的综合影响值。

但是，在进行连环替代法分析时应遵循一定的规则，即当测定某一因素变动对某一经济总量的影响时，必须假定其他因素不变，已替代分析过的因素应保持在变动后的数据上；同时，在研究质量指标时，应将质量指标固定在基期。

4. 相关分析法

它是利用现象之间的相关关系而非严格的函数关系，通过计算相关指标来反映相关因素在数量上的对比关系。公路规费是公路养护和建设的重要资金来源，它的收入来自社会经济的相关方面。因此，公路规费收入在一定时期的增长情况同当时社会经济某因素的发展变化相关，通过对影响规费收入的社会经济因素的分析，进一步明确规费收入的变化规律，为进行准确的规费收入预测，确定规费收入计划，制定规费政策提供依据。例如养路费收入额的大小及其变化情况，在不同时期与该时期的工农业总产值及增减变化情况，与该时期车辆数量及其增减变化情况进行分析，找出公路养路费收入与工农业总产值及车辆的发展变化的相关关系，为确定某一时期公路养路费的发展水平和增长速度提供参考资料。

四 财务监督

（一）财务监督的原则与任务

1. 财务监督的基本原则

（1）依法监督管理原则。各单位必须严格执行《会计法》等国家有关法律、法规和财务规章制度，建立健全单位内部财务管理制度，对单位经济活动进行全过程监督控制，确保各项资金的安全、合理和有效使用。

（2）分级监管、分级负责原则。省公路局负责各市（州）公路管理机构和局直单位的财务监管工作，各市（州）公路管理机构负责县（市）公路管理机构和直属单位的财务监管工作。

（3）收支两条线管理原则。收费还贷公路通行费、车辆过渡费、路产损失赔（补）偿费等行政事业性收费必须严格执行国家有关收支两条线管理的规定。

（4）预算管理原则。各单位全部收支都要在单位部门预算中全面反映，实行一个单位一本预算，严格按预算进行财务收支管理。

（5）会计核算原则。各单位必须按照《会计法》、《会计基础工作规范》和《湖北省公路事业单位会计核算办法》（试行），对公路事业单位实际发生的经济业务事项进行会计核算。单位各项财务收支必须纳入单位财务部门统一核算和管理。

经有权单位批准立项的公路建设项目按照《国有建设单位会计制度》进行会计核算。

2. 财务监督的主要任务

（1）编制单位预算，如实反映单位财务状况。

（2）依法组织收入，努力节约支出。

（3）建立健全内部财务管理办法，规范会计核算，提高资金使用效益。

（4）加强国有资产管理，防止国有资产流失。

（5）对单位经济活动进行财务控制和监督。

（二）财务监督的职责与制度

1. 财务监督的职责

（1）单位负责人对本单位、本系统财务监督管理工作和内部控制制度的建立健全及有效实施负全面责任，分管财务领导负直接责任。

（2）各级公路管理机构对本系统单位财务监督管理的主要职责：

①贯彻执行国家有关财经法律、法规、规章，制定本系统财务监督管理办法和内部控制制度并组织实施。

②对本系统单位各项收支预算编制、执行情况和财务收支情况进行监督检查。

③依法筹措和合理安排资金，及时调度和拨付各项资金。

④汇总、编报、审核所属单位各项年度财务收支预算、决算。

⑤收集、汇总、考核、报送各项财务信息，编报财务分析报告。

⑥完成其他财务会计事务工作。

（3）各单位财务监督、管理的主要职责是：

①依法设账，按照规定会计制度核算各项经济业务，真实、准确、完整反映单位财务状况。

②根据国家有关法律法规，建立、健全单位内部各项财务管理制度，加强收支管理，保证资金安全、合理、有效使用，保证国有资产保值增值。

③根据《内部会计控制规范》及其具体规范，建立健全适合本单位业务特点和管理要求的货币资金、实物资产、对外投资、工程项目、筹资、担保等各项内部控制制度，并组织实施。

④编报单位年度财务收支预算、决算及有关公路建设项目年度财务决算和竣工财务决算。

⑤收集、汇总并上报各项财务信息，编报财务会计报告。

⑥接受有关部门依法实施的财务监督检查，如实提供会计资料等。

（4）各级公路管理机构要加强本单位及本系统单位的监管工作，如有违反本办法规定或监管不力，造成重大失误的，其主要领导负领导责任，分管领导负直接领导责任。

（5）单位内部各职能部门，要各自把关，管好相关业务职能工作，监管工作不落实而造成重大失误的，要追究相关责任。

（6）各单位财会人员要按照国家政策和财经法规，认真履行职责，对各项财务活动实施会计监督。对违反本规定的，财会人员应及时提出书面意见，有关领导仍坚持其决定的，责任由有关领导承担；财会人员明知资金收入或使用不符合规定，不予制止，又不向有关领导反映的，应承担相应责任。

（7）各单位对财务监督管理中成绩突出，有重大节约资金的人员经上报批准，应给予奖励；对违反规定造成损失的人员要追究行政责任；对情节严重，构成违法犯罪的，移交司法机关依法追究刑事责任。

2. 财务监督的制度

各级交通、公路管理部门应当建立内部稽核制度、内部审计制度，定期或不定期地对通行费收支及票证管理情况进行监督检查。

检查的主要内容包括：

（1）单位内部财务管理制度是否健全。

（2）通行费收支是否符合收支两条线管理规定。收入解缴是否足额、及时。

（3）各项支出是否执行规定的开支范围和标准，专项资金是否专款专用。

（4）票据领用发放、保管使用、核销是否符合规定。

（5）票、证、账、款是否一致。

（6）收费站岗位责任制是否落实，有无检查记录，对检查发现的重大问题是否及时上报和处理。

（三）财务审计

通行费征收审计是由专职的机构和人员依法对通行费征收部门的财务收支及其有关经济活动的真实性、合法性、公允性、有效性进行审查，评价经济责任，维护财经法规，促进被审计单位加强管理和控制的经济管理活动。

1. 财务审计的任务

通行费审计是对通行费征收活动和财务活动进行经济监督的重要手段。通行费征收审计的主要任务是由其对象和现代化管理要求所决定的，分别说明如下：

（1）审查收费决策方案、收费计划、经费预算的制定及执行。收费单位的决策、计划、预算等的制定，应符合国家政策和法规，要适应经济发展的需要和国民经济管理的要求。因此，审计机构应对收费公路收费单位制定的各种决策、计划、预算进行审查，评价其合理性和可行性，并对有关部门的执行情况进行认真的审查，如制定的管理制度是否发挥了作用、收费计划是否完成等。

（2）审查反映收费活动的有关资料是否真实、正确。要保证收费活动真实可靠，就应对统计、会计、业务核算等资料进行审查。审查会计记录是否符合会计准则，是否与收费部门会计制度相符合；收费业务数量计算是否准确，费用开支渠道是否符合规定，会计资料之间的关系是否正确；财务是否正常等，并对其作出评价。

（3）审查收费业务活动的合法性和规范性。车辆通行费征收工作是一项政策性很强的业务，因此应强化其规范性和合法性。审查各级征稽部门是否严格执行国家收费制度，有无少收、漏收、擅自减免收费的情况；收费收入是否及时上缴，有无坐支、瞒报、截留收费的情况；收费管理制度是否健全，收费收入票据、凭证、报表使用是否正确等；收费违章罚款执行是否严格，罚款收入是否按规定上缴；是否存在不按规定程序进行业务处理弄虚作假等。

（4）审查评价部门内部控制制度的制定和执行。要提高收费管理水平，必须制定和完善内部控制制度。内控制度不严密，则各部门及有关人员之间无法相互监督、相互牵制、相互促进，无法达到防错防弊的目的。因此审查评价其内部控制制度是否健全、有效，以促进征稽部门真正做到自我约束。

（5）审查部门的人、财、物是否得到充分利用。审查部门是否存在人浮于事，机构臃肿的现象；是否以节约为原则，对财产物资认真保管和验收；是否充分利用财产物资，有无毁损、浪费、挪用等现象。

2. 财务审计的依据与原则

收费审计依据又称收费审计判断标准，它是在进行收费审计时，判断被审对象的合法性、合理性、规范性、有效性的依据，是对被审计单位进行评价并作出审计结论、审计决定和剔除审计意义的准绳。一般来说，收费审计依据主要包括：①

（1）法律、法规依据。主要包括宪法、刑法、民法、经济法、会计法、统计法、审计法等，以及《交通行业内部审计工作规定》。它们是判断审计对象合法性的标准。

（2）政策、规范依据。主要是国家关于通行费征收的各项政策性规定、条例和管理办法，以及国家制定的财务、财政制度和管理办法。特别是国家关于通行费征收对象、范围和标准的具体规定，以及上级主管部门制定的规章制度和业务规范及技术经济标准，都是判断审计对象规范性和合理性的标准。

（3）理论性依据。主要包括社会主义市场经济理论和交通在国民经济中的地位和作用，以及会计、统计、业务管理方面的原则和原理，如《会计准则》和《会计制度》等。它是判断被审事项是否有理有据的标准。

① 钱俊君：《车辆通行费收费员》，湖南科学技术出版社2003年版，第76页。

（4）事实性依据。指通行费征稽的实际过程和最终结果，如已发生的收费业务、财务收支活动，以及反映这些经济活动的会计凭证、会计报表、内控制度等。这是最有说服力的依据，是判断通行费征稽行为是否符合制度要求，征稽结果是否真正有效的客观依据。

收费审计原则是审计人员在收费审计工作中应遵循的基本指导思想。根据《中华人民共和国审计法》有关规定，收费审计基本原则可概括为以下三条：

（1）依法审计原则。《审计法》第三条规定："审计机关依照法律规定的职权和程序，进行审计监督。"这要求审计机关在执法中既要依照法律规定的职权和程序进行审计，也要依照法律、法规和国家其他财政收支、财务收支的规定，进行审计评价和审计处理、处罚。

（2）独立审计原则。《审计法》第五条规定："审计机关依照法律规定独立行使审计监督权，不受其他行政机关、社会团体和个人的干涉。"这条规定授权审计机关依法独立行使审计监督权，排除其他行政机关、社会团体和个人的干涉。

（3）客观公正，实事求是，廉洁奉公，保守秘密原则。为使审计机关和审计人员站在客观公正的立场上依法独立行使审计监督权，《审计法》第六条规定："审计机关和审计人员办理审计事项，应当客观公正，实事求是，廉洁奉公，保守秘密。"

3. 财务审计的步骤

通行费征收审计的步骤亦即审计程序，是指通行费征收审计工作从开始到结束的整个过程。根据《交通行业内部审计工作暂行规定》中的审计程序要求，通行费征收审计程序主要分为三个阶段，即准备阶段、实施阶段、终结阶段。准备阶段是指从确定接受通行费审计任务起到实施审计前的工作阶段，其目的是了解审计对象的情况，确定审计目标，预见可能出现的问题，制订完整的审计方案等。实施阶段的主要内容有审查资料，调查核实，提取证据，综合评价，征求审计工作底稿意见。终结阶段的主要内容为编写审计报告，征求审计对象的意见，做出审计处理决定，整理审计文件进行归档。在实际运用过程中，则可将其划分为下面几个步骤：

（1）搜集了解情况，确定审计方案。在确定被审计单位之后，在实施审计之前，要取得被审计单位的支持，根据该项审计工作的目的和要求、规定的审计种类和范围，着手搜集资料，了解情况，进行认真的分析研究，提出具体可行的审计实施方案。搜集资料有下面几种：

①被审计单位的组织机构及有关人员的职责。特别是财会部门和财产管理部门的情况。

②被审计单位的业务资料。如业务种类、管理方式、资金数额、征收范围、征收业务计划、财务计划、统计资料等。

③收集相关会计资料。如收据存根、各种支票、会计凭证、账簿、会计报表等。

（2）查阅报表，核对账册，审查凭证。查阅报表主要是对会计报表进行全面的分析，从资产负债及所有者权益之间的相互关系上审查其资金使用情况；根据会计报表之间有关数据关系判断是否有弄虚作假行为；还可以查阅报表的有关数据与统计资料等，分析单位的计划完成情况，同时可发现单位有无异常情况，其账表是否相符等，核对账册、审查凭证是通过对总账、明细账、记账凭证、原始凭证、经济业务记录或统计资料等进行层层核对审查，判断账务处理是否有错或弊端，分清是联单运用会计原理和原则的错误，还是处理记账手续和记账技术上的错误或者是弄虚作假等弊端行为。

（3）清查核实，调查取证。在查阅报表、账册、凭证的基础上，还要检查账面与实际是否相符，重点清查变动频繁的现金、银行存款、往来账项及工程成本。如核对现金日记账的账面余额与实际库存数额，核对银行存款日记账与银行存款对账单的余额等。对核对中发现的问题，要内查外调，反复对证，弄清问题，并取得必要的证据，如实物证据、口头证据、书面证据、环境证据等。

（4）综合分析研究与评价，做出审计结论。审计机构的审计人员根据审查结果，对被审计单位的征稽活动以及财务收支等经济活动的真实性、正确性、合法性、有效性做出评价；对存在的问题提出处理意见，对提高通行费征稽管理水平、改善通行费征稽工作提出合理化建议，并最终形成审计报告。

4. 财务审计的方法

审计方法是指审计人员根据特定的审计目标，收集、鉴定、综合审计证据以及查明事实真相，形成审计结论的各种技术手段。通常采用的方法如下：

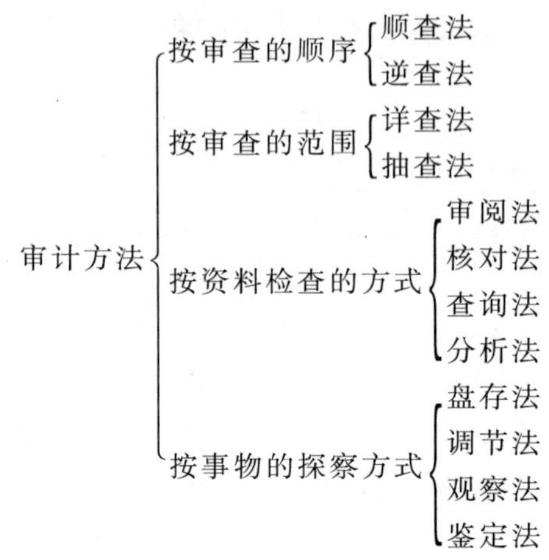

（1）按审查的顺序，可分为顺查法和逆查法[①]。

①顺查法。顺查法也称正查法，是指按照经济业务发生的先后顺序依次进行检查的方法。该方法能全面系统地审查通行费收支处理所存在的问题，确定会计报表中的各项数据是否真实正确，反映征稽部门的内部控制制度是否健全。但其工作量大，而且费力费时。顺查法一般适用于内部控制制度不健全的单位，或存在违纪问题的案件。

②逆查法。逆查法也称倒查法，是指逆经济活动发生的先后顺序进行审查的方法。逆查法是根据有关线索及在审阅过程中发现的疑点进行审计的。它能抓住重点，节约人力及时间，也可节约审计费用，提高审计的效率。但逆查法容易遗漏重大问题，它多用于鉴定单位财力状况是否良好，分析各项指标完成情况等方面。

值得指出的是，顺查法和逆查法各有特点，在实际审计工作中往往将两者结合起来运用，如在整体采用逆查法的情况下，并不排除对某些重要的方面或问题采用顺查法进行审计，做到取长补短，保证审计质量，提高审计工作效率。

（2）按审查的范围，可分为详查法和抽查法。

①详查法。详查法是指对被审计单位一定期间内的全部或某一部分经济活动的有关资料进行全面、细致、彻底的审查的方法。详查法的特点是全过程的审计检查。在具体做法上，通常采取逐笔检查核对的办法。所以，详查

① 赵文英：《公路桥梁通行费征收管理规范实务全书》，中国环境科学出版社2002年版，第302页。

法最大的优点是审查全面，问题不易遗漏，能保证审计的质量。但也存在着耗费多、时间长、成本高的问题。一般说来，财经法纪审计，经济活动简单、业务量极少的小单位审计，以及对审计目标有重大影响，且认为产生错误或舞弊的可能性很大的审计项目进行审计时应采用详查法。

②抽查法。抽查法也称抽样审计法，是指从作为特定审计对象的总体中，按照一定方法，有选择地抽出其中一部分资料作为样本进行检查，并根据其样本结果来推断总体的一种审计方法。抽查法根据抽样方法的不同而有区别。抽样的方法大致有三种：即任意抽样法、判断抽样法和随机抽样法（又称统计抽样）。与此对应，抽查法也有三种类型，即任意抽查法、判断抽查法和随机抽查法（或称统计抽查法）。抽查法最大的优点是适应性强，工作效率高，成本低。但也存在着计算复杂、专业性强和难操作的问题。在审计过程中，除个别对审计目标有重大影响的，或是认为存在错误和舞弊可能性大的审计项目，应采用详查法外，其余宜采用抽查法。抽查法已成为一种普遍使用且得到各方认可的审计方法。

（3）按资料检查的方式，可分为审阅法、核对法、查询法和分析法[①]。

①审阅法。这是审计的最基本、最常用的审计技术方法，是审计人员按照一定标准，对通行费有关书面资料进行评判的详细审查和研究，借以查明这些资料的真实性和正确性，以及它们所反映的通行费征稽活动的合理性、合法性的一种技术方法。它是通过对被审计单位各种管理制度规定、会议的记录，各种业务报表、总结等书面资料的审阅，发现问题和线索，在此基础上，进一步查证情况，弄清事实的方法。具体运用在以下五个方面：一是审阅原始凭证的真实性、正确性、合法性。二是审阅记账凭证的正确性。如记账凭证的内容和金额是否和原始凭证相互一致，会计科目及分录是否和经济业务的内容相互一致等。三是审阅账簿。如记账是否符合记账规则；记录是否及时、正确；发生的经济业务是否符合国家的政策、法令、制度和规定等。四是审阅会计报表。征稽部门的报表有：资金平衡表、经费支出表、公路规费征收表等。审阅报表的编制是否符合会计制度要求，资料和项目是否填齐全，有无漏列或擅自增删、改变指标的总称和内容；各类资金有无混用的情况；各项指标的完成情况等。五是审阅其他有关记录。如计划、定额、合同、考勤记录、业务统计及有关的文件等。将它们与会计资料相对比，审查有无异常之处。

---

① 钱俊君：《车辆通行费收费员》，湖南科学技术出版社 2003 年版，第 77—78 页。

②核对法。核对法是利用会计数据资料之间客观存在的对应关系、平衡关系和转录关系，为两处或两处以上的相关数据进行相互对照比较，并根据它们之间是否相符来核实有关会计记录、账务处理及其他资料是否正确、完整的一种审计技术方法。通过对证证核对、账证核对、账账核对、账表核对、账实核对、表表核对等，审查会计记录的真实性和正确性，并找出差错之所在，分析差错的性质和原因，从而为审计人员深入开展审计，搜集审计证据创造条件。具体核对内容如下：①记账凭证与原始凭证的业务内容和金额；②汇总记账凭证与据以汇总的凭证的数额；③记账凭证与各种账簿记录的内容和数额；④总分类账与明细分类账的内容和数额；⑤账簿记录与会计报表的数额；⑥会计资料与统计资料的有关数据。

③查询法。查询法是指通过调查询问的方式取得必要的资料或对原来的事实及会计记录进行查证的方法。也就是说，它是为了查明或验证某项事实或某项数据，向知情或经办单位和人员调查询问，并要求对方予以明确说明或证实，以取得必要资料和证据的一种审计技术方法。它主要包括面询法和函询法两种。面询是直接向有关单位及个人了解情况、取得证据。函询是通过发出函或电报向有关单位及个人核实经济业务的实际情况，取得证据。不管是哪种查询，都应做好查询记录及形成的结论记录，以保证所取得资料和证据的真实与完整。

④分析法。分析法是指对被审查的资料按照审查的要求加以分类比较，以便从全面的有机联系中抓住事物的本质，从而作出正确的审计结论的方法。具体来讲，它是按照一定的标准或次序，将被审事项有条理地划分为若干组成部分，并对其进行定性和定量相结合的分析，找出其本质和属性以及彼此联系之所在，借以获得线索或查明真相的一种技术方法。常用的分析法有绝对数分析法、相对数分析法、归纳分析法三种，具体包括比较分析、比率分析、账龄分析、科目分析、趋势分析和因素分析等。

（4）按客观事物的探察方式，可分为盘存法、调节法、观察法和鉴定法。

①盘存法。盘存法是指审计人员现场监督被审计单位各种实物资产及现金、有价证券的盘点，并进行适当的抽查。按具体做法的不同可分为直接盘存法和监督盘存法两种。直接盘存法，指审计人员在实施审计检查时，通过亲自盘点有关财物以确定其实有数额的一种方法；监督盘存法，指在盘点有关财物时，审计人员不亲自盘点，而是通过对有关盘点手续的观察和现场的监督，以确定实有数额的一种盘存法。在审计过程中，多数采用监督盘存

法。盘存法的工作程序如下：①

第一，盘点准备工作。首先，确定需要盘点的财物并予以保存。其次，确定参加盘点的人员。再次，准备记录表格，检查度量器具。最后，选择恰当的盘点时间。盘点时间的选择，以不影响工作正常进行为准，一般应选择在每天的业务终了后，或是在业务开始前。

第二，进行实地盘点。对于一般的财物盘点，审计人员主要在场监督，看看工作人员是否办理了应该办理的手续，同时注意观察有关物品的质量；对于重要的财产盘点，审计人员除了监督、观察外，还应进行复点，如现金的盘点、贵重物品的盘点等。盘点完毕，应将盘点的实际情况，如实填在事先准备好的表格上。

第三，确定盘点结果。盘点结果确定以后，所有参加盘点的人员应在盘点表上签名，以明确责任。在具体运用盘存法时，应注意：第一，实物盘存一般采取预告检查，如有需要也可采取突击检查方式。如现金盘点，必须采用突击方式。第二，不能只清点实物数量，还应注意实物的所有权、质量等。第三，任何性质的白条，都不能用来充抵库存资产。

②调节法。调节法是指为验证某一项目数据的正确性，通过调整有关数据，求得需要证实数据的方法。如前述用盘存法对财物盘存时，由于盘存日与被查日（如一般年报审计中的报告日）不同，因此必须通过调节法，把盘存日的实存数通过调节得到被查日的实存数。调节法的公式为：

被查日存量＝盘点日存量＋盘点日与被查日之间发出量－盘点日与被查日之间收入量

注意：公式中后两个项目，必须是经过审计人员审核无误的数据。

③观察法。观察法是指审计人员实地察看被审计单位的经营场所、实物资产和有关业务活动及其内部控制的执行情况等，以获取证据的方法。如审计人员进入被审计单位以后，对被审计单位所处的外部环境和内部环境进行观察，借此取得环境证据。观察法除应用于对被审计单位经营环境的了解以外，主要应用于内部控制制度的遵循测试和财产物资管理的调查，如有关业务的处理是否遵守了既定的程序，是否办理了应办的手续；财产物资管理是否能保证其安全完整，是否有外存的物资等。观察法结合盘点法、询问法使用，会取得更佳的效果。

④鉴定法。鉴定法是指通过物理、化学、技术鉴别等手段来确定实物资

① 金宗友、朱虹：《审计基础与实务》，武汉理工大学出版社2005年版，第47—48页。

产的性能、质量和书面资料真伪的一种方法。审计人员有时需要对书面资料真伪进行鉴定，对实物性能、质量、估价的鉴定，经济活动合理性鉴定等，如审计机关中无该方面的专门人才，就有必要聘请有关专家进行鉴定。应用鉴定法，在聘请有关专业人员时，应判断被聘人员能否保持独立性，与被鉴定事项所涉及的有关方面有无利害关系；鉴定后应出具正式报告并签名，以明确责任。

第十章　收费现场管理

一　收费现场管理的作用、方法及要求

（一）收费现场管理的作用

收费现场为车辆通行费征收的主要场所，包括收费广场、收费车道、安全岛、收费亭、收费大棚、收费公示牌、收费设施以及便民服务设施。其中现代化的收费设施包含微机售票系统、安全的车道开闭系统、监控系统、照明系统等，部分对货车实施计重收费的收费站还有计重系统。

收费现场一般位于公路主干道上，收费人员借此向通行收费公路的车辆收取通行费。因此保证收费现场的安全畅通和良好秩序，是通行费征收过程中十分重要的工作。

（二）收费现场管理的方法

一是，合理配置人员，明确岗位职责。为确保收费现场的秩序正常，收费班可设置班长、售票员、外勤员岗位。

当班班长是收费现场的第一责任人，组织当班收费员按规定开足车道，并搞好班内会务、学习、卫生、劳动、临时工作任务等组织协调工作，负责清理站区闲杂人员，保障收费区域的工作安全。

当班售票员是直接责任人，在工作期间必须做到业务熟练，裁票、收款准确及时，热情服务，积极协调处理收费过程中出现的矛盾纠纷，遇到重大问题及时向领导汇报。

当班外勤员负责做好政策宣传解释工作，做好礼仪服务，疏导交通，维护收费区域畅洁绿美的环境。

二是，实行值班站长 24 小时负责制，随时掌握收费情况，及时妥善处理各种突发事件。

三是，不断提高收费现场管理的科技含量，利用电视监控微机售票系统，加强对现场的监督检查。

（三）收费现场管理的要求

售票员要熟悉收费业务，对车辆的征收标准、征收程序做到准确、快捷。稽查员要能熟练运用政策以及其他业务知识，解决收费过程中出现的一些矛盾或困难。班长要对收费现场的状况密切关注，协调好收费班成员的工作和活动，随时发现和处理相应的工作问题。值班站长要有一定的综合协调能力，对于收费过程中出现的较大问题，能迅速、准确的作出判断和决策，指导收费班开展通行费的征收。以及收费现场的管理工作。具体来说，要着力作好以下工作：

（1）确保收费站区干净整洁、绿化美观，车道无垃圾，收费亭门窗明亮，地面清洁，操作台物品摆放有序，栏杆、封道器等设施设备完好干净。

（2）按规定开足车道，严禁随意减少或关闭收费道口，确保车道畅通。

（3）收费区严禁闲杂人员逗留，不准非机动车辆进入机动车道。除当班收费员外，未经批准，外勤人员不得随意进入售票亭内。

（4）遵守岗位纪律，当班工作期间严禁离岗、脱岗、缺岗、串岗、睡岗、扎堆戏闹、接打手提电话。

（5）严格废票管理，统一设置废票箱，放在收费亭内监控镜头下并上锁。

（6）熟练业务，操作快捷，保证畅通高效，杜绝堵车现象发生。

（7）要创造性地开展多形式的服务活动，深化服务意识，端正服务态度，树立“小小收费亭，服务大舞台”意识。

（8）深化延伸服务，积极为司乘联系或提供抢险救援、应急报警、车辆维修等帮助，了解熟悉本站辐射地主要路网情况、旅游景点、行政区划、经济园区等，掌握基本消防知识和常用救助方法。

（9）稽查人员要随时督察上岗人员的不规范服务行为，并实现可追溯性。

（10）对于群众举报、投诉，要认真核查，并对举报投诉人进行反馈，情况属实的要严肃查处。

（11）设备完好率要保证达到≥98%，工作人员违反操作规程或由于主观失误造成收费设施损坏的，按被损坏部件经济价值的30%给予赔偿（不足200元的按100%计赔）。

（12）当班外勤员在执勤过程中负责对出、入口较宽、较高或装载物倾斜的车辆进行手势引导或示意减速慢行，直至该车正常、安全通过。

（13）要注意对站容站貌进行经常性美化、净化。遇到车辆撞坏收费设施时，力求早处理、快补修。

（14）如因恶劣天气、交通事故或设备故障造成堵车时，收费站应做好疏导和应急工作，要求车道全部开放，并派人提前告知司乘人员备好通行费。

（15）在收费现场要合理设置有关标志或醒目的提示标语等。

（16）严禁任何人以任何理由携带易燃、易爆危险品进入站区。

（17）收费员不准为他人拦截搭乘过往车辆，任何人不得与车争道、不得强行抓拽欲逃逸车辆。

（18）针对收费工作特殊事件多、突发性强的特点，积极主动采取有效措施予以解决。

（19）应以良好修养耐心对待收费争执，应树立服务意识和换位意识来缓冲矛盾。要善于区别情况采取冷处理、热处理、转移处理等多种方式艺术地化解矛盾。

（20）如遇车辆撞坏收费设施，应立即按程序处理并做好相关记录。

（21）如发生交通事故，应注意保护事故现场，并另启车道积极疏通车辆，确保收费工作正常运转。

（22）对待上级的稽查、检查，要积极配合、如实回答上级提问。

（23）对于冲卡车辆和寻衅滋事的司乘人员，要记清车号或车辆的外部特征，请求有关部门协同处理，同时进行录像跟踪，以作为处理事故的依据。

（24）当市电停供时，值班站长负责通知设备管理员立即发电，并做好相关记录。

（25）对待需要礼仪迎送车辆，要按规定做好礼仪准备，确保车辆快速、安全通过。

（26）发生突发事件，由值班站长、班长积极稳妥地协调处理，若因推诿责任、回避矛盾对正常收费工作造成不良影响的，要追究有关人员的责任。

二 岗位职责

（一）售票员的岗位职责

（1）认真执行各项法律、法规、政策和工作规章制度，做到应征不免，应免不征。

（2）严格执行通行费征收标准，坚持原则，忠于职守，自觉接受社会监督。

（3）工作期间必须做到业务熟练，裁票、收款准确及时，热情服务，以良好的职业道德展示收费人员的工作形象。

（4）积极协助处理收费过程中出现的矛盾和纠纷，遇到重大问题及时向站领导汇报。

（5）微机售票过程中严格按规定程序操作，爱护公物，保持微机售票设备的完好和处于良好的运行状态。

（6）加强政治和业务学习，提高业务技能，改进工作方法，完成各项工作目标。

（7）售票员要正确、清晰、按时做好各类票证报表工作，严格日清月结，并与现金账目相符。

（二）班长的岗位职责

班长的岗位职责包括岗前、岗中和岗后三个方面。

1. 班长岗前的主要职责

（1）提前一刻钟到达工作室，负责召集班组成员；

（2）召开班前会，安排当天全班人员工作；

（3）提醒班组成员带齐必需的工作用品，检查班组人员是否夹带私款、废弃票等上岗并检查票据箱是否整洁；

（4）带领班组人员在列队上岗处集合，整容、整队上岗。

2. 班长在岗的主要职责

（1）班长有顺序地安排售票员进行交接，原则上先进行备用车道交接，然后按序交接；

（2）班员交接完毕，交接班的两个班长互相检查设备完好、物品齐全、卫生等情况并交代清楚有关事项；

（3）合理有序地安排机动人员顶替因故离岗的收费员；

（4）纠正违章先敬礼，后讲话。处理违章，按章秉公办事；

（5）车辆高峰期，安排外勤人员开启备用车道，有序指挥车辆进入收费道口；

（6）遇突发事件，及时上报监控室或值班负责人；

（7）每天有序地安排人员打扫收费亭、收费广场、通道；

（8）夜间每隔一小时，班长带领外勤人员进入站区内巡查，并做好台账记录，天亮前的最后一次巡查，将走道灯全部关掉；

（9）遇有重要公务车辆经过要作好礼仪服务。

3. 班长岗后的主要职责

（1）交班结束后，班长集合班组人员整队下岗；

（2）督促班员及时填好下班统计表和解缴收费款，同时做好自己班组工作情况的记录；

（3）召开班后会，小结当天工作情况，指出存在的问题；

（4）按上级要求，定期或不定期组织班组人员进行政治、业务学习，召开批评与自我批评的民主生活会；

（5）组织班组人员对卫生包干区进行打扫。

（三）值班站长的岗位职责

（1）在站长直接领导下，负责监控室、通道监视和站务行政、后勤、安全管理等工作。

（2）站长不在时，履行站长职责，负责全站收费工作的组织、管理、协调工作，保证收费工作正常运转，重大问题及时向站长汇报。

（3）负责站长交付的行政管理工作，创造和维护良好的工作、生活秩序；做好后勤保障工作，管好水电工、驾驶员、炊事员和聘用的临时工作人员。

（4）在收费人员不足的情况下，兼做收费工作，履行收费人员职责。

（5）在没有保卫人员的情况下，兼做保卫工作，履行保卫人员职责。

（6）负责考勤管理工作，监督考勤制度落实情况。

（7）做好站长交代的其他工作。

（四）站长的岗位职责

（1）负责收费站的全面工作，对所属人员进行严格管理，科学分工，明确职责。

（2）组织实施以收费为中心的各项工作，教育监督收费人员及全站人员认真履行职责，并进行考评。

（3）加强收费管理和内部稽查工作，监督检查票据的售、检、存放、复核、解缴等重要环节和定期察看录像。

（4）实施经常性的安全生产和遵章守纪教育，及时纠正和正确处理违章违纪现象，不断提高全站人员遵章守纪的自觉性。

（5）负责组织全站人员的工作学习和工作训练，进行军事化管理，不断提高工作效率和业务素质，培养雷厉风行、令行禁止的作风。

（6）负责检查指导收费设施设备的使用与维护，加强收费站房产等固定资产基础设施的管理，做好安全保卫工作。

（7）定期召开站务会，总结经验，赏罚严明，充分调动全站人员的积极性，做好爱站、护站及创优等工作。

（8）认真填报上级规定的各类报表、台账并督促全站做好该项工作。

（9）副站长协助站长进行工作，站长不在时代理站长工作，履行站长职责。

三　工作规范

（一）礼仪规范

1. 语言礼仪

（1）收费人员须使用普通话唱收唱付，文明用语标准规范。

（2）服务倡语：

您好！对不起，请稍等；您好，请缴通行费…元；收您…元，找您…元，请拿好钱、票；有什么需要我帮忙吗？请您按章购票；请出示您的有效（免费）证件；对不起，您不能免费；谢谢！祝您一路平安等。

（3）服务忌语：

不知道；我就这态度；不交钱就不能走；快开车，别挡道；别啰唆，快交钱；收费标准在那儿，自己去看等。

（4）在遇到重大节假日、恶劣天气等特殊情况时，要灵活使用文明服务用语。

2. 仪态礼仪

收费人员工作期间应保持仪态端庄，面带微笑。当车辆驶经收费窗口时，收费人员必须手心向下，五指并拢，示意车辆停驶缴费。车辆缴费后，手心向上，五指并拢，微斜，问好送行。

3. 仪容礼仪

通行费征管人员不准留奇异发型，不准穿拖鞋，不准袖手、插兜或勾肩搭背、嬉笑打闹，不准披衣敞怀。女同志统一发型，工作时一律不准戴首饰、围巾，不得化浓妆，男同志不准蓄长发、留胡须、鬓角和戴墨镜。

4. 着装礼仪

（1）通行费征管人员在工作期间必须按规范统一着装，做到穿戴整洁，持证挂牌上岗。

（2）各收费站必须根据实际情况统一着装换装时间。

（3）春、秋、夏、冬装不得混穿，着春秋装时必须穿统一配发的衬衣并打领带。

（4）夜间在收费亭外值勤、稽查人员必须着有反光警示标志的服装。

（二）收费规范

1. 征收范围

（1）机动车辆通过公路收费站（点）时，除国务院和省政府规定减免外，均应按规定缴纳车辆通行费。其他各级政府或部门擅自出台的减免通行费政策和规定无效。

（2）收费站应严格执行“应征不漏，应免不征”的收费政策，对于减免通行费的车辆，按政策规定执行。

2. 征收标准

收费站应严格按照省物价部门等审批的征收标准执行，不得擅自更改收费标准。

3. 收费程序

严格遵守操作规范和工作流程，做到业务娴熟，车型判断准确，收费系统操作规范，坚持一车一杆，避免人为操作不当造成栏杆或路障损坏车辆。

（1）次票车辆收费程序

① 按车型收费车辆：判断进站车辆车型和收费标准→车辆到窗口后，作停车手势并问好→报收费金额→收款，唱收唱付→撕票，找零→作送行手势并道别。

② 计重收费车辆：车辆到窗口后，作停车手势并问好→报车辆载重吨位、超限吨位及收费金额→收款，唱收唱付→撕票，找零→作送行手势并道别。

（2）月票车辆收费程序

① 按车型收费车辆：判断进站车辆车型和收费标准→车辆到窗口后，作停车手势并问好→刷卡→作送行手势并道别。

② 计重收费车辆：车辆到窗口后，作停车手势并问好→刷卡→作送行手势并道别。

（3）免费车辆放行程序

重要公务的建制车队免费通行并做好礼仪服务；一般免费车辆，判断进站车辆车型和收费标准→车辆到窗口后，作停车手势并问好→验证（报监控室）→作送行手势并道别。

4. 交接班规范

（1）交接班程序：售票员必须提前15分钟到票管室，作好上岗前准备工作→班长点评→接班人员列队上岗→交接班双方办理交接事宜→交班人员列队离岗→班长讲评→发生重大事件时交班班长须向站值班负责人报告情况。

（2）交接班人员必须在班长带领下按高矮顺序列纵队，右手提（或肩背）票箱（包），列队上下岗，穿越车道要注意安全。

（3）售票员交接班时，应清理好个人票据、通行费票款、备用金和印章等办公用品；收费班值勤人员应提前半小时打扫、清理站区卫生，确保收费环境干净整洁；班长做好收费班工作日志的填写工作，对当班未处理完的事项在工作日志上说明清楚，做好交班准备。

（4）交接班双方班长对车道设施及当班收费情况记录进行交接，确认无误后在收费班工作日志上签字。

（三）售票操作规范

（1）售票员必须使用微机售票。只有在停电或系统、设备发生故障确实无法进行微机售票时，上报监控和稽查人员，经批准后方能出售手工票。手工票必须加盖收费站名、工号章和日期章，手工票出售过程中监控人员应跟班做好记录。

（2）售票员接班前，应认真核对票据和清点备用金。交接班时，接班人员应清点收费设施和物品是否完好，有无遗失；交班人员必须确认电脑显示器上所显示的姓名、工号、班次同接班人员相符，并进入正常收费状态；双方确认无误并做好交接班记录后，交班人员方可离开。

（3）月票车辆必须刷卡通行。

（4）“绿色通道”车辆必须验证后，方可享受优惠政策。

（5）免费车辆必须验证后放行，有疑问的按规定报监控室。

（6）按车型收费车辆的车辆类型无法确认时，可要求驾驶员出示行车证或对照《公路汽车征费标准计量手册》核定车辆征费标准。按计重收费的车辆，由于计重设备显示载重吨位与车辆实际载重吨位误差较大时，可按其出示的有效证明的荷载吨位实行计重收费；计重设备判别车辆车轴数量及超限标准错误时，应按实际车轴数量及超限标准对其进行收费；计重收费设备发生故障时，必须报告监控室和站领导，经同意后方可按车型标准进行收费。在无特殊情况下，不得允许车辆复秤。

（7）收费系统出现故障造成卡票、打印票证不规范（如白票、破损票）等，而收费显示器上已记录了该票的金额，应立即停止收费，关闭车道，并向监控室报告原因，由监控室记录票证号和原因，安排维护人员进行维护。废票不得出售，应加盖“作废”章，交由监控室会同财务部门处理。

（8）售票过程中出现司机交钱不要票时，应按车辆所缴票款金额打印出相应票证，加盖“作废”章后投入废票箱，同时报告监控室确认记载，完成上述废票处理程序后方可继续收费。

（9）售票员在微机售票中因操作和车型判断失误出现错票（包括冲岗车辆、计重数据误差、收费标准不符等），须上报监控室，讲明原因，经同意后，由监控人员记录票证号、金额、时间和原因，不得自行处理。

（10）当班售票员不得无故离岗，确需离岗的，须经当班班长同意，在保证正常通行的情况下，由班长或班长指定人员顶岗，顶岗人员应当面点清票款，离岗时间超过30分钟，顶岗人员必须使用本人的工号收费。

（四）安全规范

收费站的安全规范，主要有以下几个方面：

1. 制定安全目标

安全目标是实现安全生产的总要求，是实现安全生产的行动指南。安全目标对职工的行动具有激励和推动作用。切合实际的目标能激发和调动职工的积极性和创造性。目标就是方向，各征收单位要根据自己所处的环境、工作性质和特点以及人员构成等实际情况，制定出安全生产目标，并配上相应的安全措施，使之成为全站干部职工自觉行动的指南。

2. 落实安全生产责任制

安全生产责任制，是指企业各级领导、职能部门以及有关工程技术人员和各岗位上的作业人员，在生产上应负某种安全责任的一种制度。管生产必须同时管安全。一些地方采取逐级签订安全生产责任书的形式，使安全工作得到较好的开展。

3. 搞好安全教育

结合本行业特点开展安全教育，是搞好征费工作的重要环节。通过安全教育，能使职工增强安全观念，掌握安全生产的规律，提高执行安全措施的自觉性，学会预防事故的本领，为搞好文明征费创造良好条件。

安全教育的内容一般有：（1）安全生产方针、政策教育，使职工认识到安全具有群体性和很强的政治性，而且与个人前途、家庭幸福、单位的建设等都是息息相关的。（2）纪律教育（包括劳动纪律、安全纪律、组织纪律、生活纪律等)，使职工认识到安全无处不在，无事不包，安全必须从自己做起，切实提高执行安全措施的自觉性。(3) 事故案例教育，它可以使职工从事故中看到危害，更好地吸取教训，引以为戒，避免重复事故的发生。(4) 法制教育，使职工增强法制观念，认识到违纪导致事故是要受到追究的。(5) 安全知识教育，使作业人员认识和掌握本单位使用的汽车、设备和各种器械的性能、特点以及安全装置、防护设施的性能作用和维护保养方法，使各种设备具备良好的技术状态。

4. 做好安全检查工作

安全检查是安全管理的重要内容，是贯彻党的安全生产方针、政策、法律的重要手段，也是揭示和消除事故隐患，交流经验，促进安全生产的有效措施。

收费站房和广场上的安全设施应是检查的重点。这里每天有几千以至几万辆车通过，所以，其安全设施必须随时保持完好，如有损坏，必须及时维修和更换。

发电机组、用电设备、线路、油库、车辆和其他设备以及防火、防警、防毒(包括职工家庭的煤气设备)都是安全检查的重点。

安全检查的类型可分为：(1) 岗前安全检查。即各类作业人员上岗前对作业范围设施进行检查，如收费人员要检查站房和广场的护栏、指示灯和各种标志是否完好；征稽人员检查收费人员是否串岗、睡岗、漏岗，是否按规定着装；司机检查车辆的技术状况；发电人员检查发电机组的运行状况，用电设备是否漏电、串电等。(2) 季节性安全检查。根据季节特点，检查防火、防爆、防雷击、防触电、防台风、防暑等安全措施是否落实。(3) 节日前后安全检查。查值班人员是否落实，作业人员是否纪律松懈，重点部位的防盗防火措施是否落实。(4) 定期检查。主要是结合工作总结，进行半年和年终检查。通过检查，促使安全工作全面落实。

检查是一种手段，整改、排除隐患，实现安全和文明收费才是目的。因此，在检查中，要特别注意安全上的薄弱环节和关键问题，一旦发现，要进行治理，认真解决。

5. 加强设备的维护和保养

设备是企业生产的物质基础，是完成任务的重要手段。设备运行正常、性能完好、机件无损、机件整洁、零附件齐全好用，是安全生产完成任务的最基本条件。

收费站除汽车和发电设备外，不少已配上电脑设备。电脑设备必须按专业的要求认真使用和养护。汽车和发电机组的养护，人们已在长期的实践中总结出很多行之有效的经验，如“四不准超”（即不准超温、不准超压、不准超速、不准超负荷运行）、“三勤一定”（即勤检查、勤擦扫、勤保养、定时准确记录）和“十字作业法”（即清洁、润滑、坚固、调整、防腐）和“四懂三会”（即懂设备结构、懂设备原理、懂设备性能、懂设备用途；会操作使用、会维护保养、会排除故障）等，这些经验都值得我们学习并运用到实践中去。

6. 正确处理安全事故

安全事故按照“三不放过”的原则进行处理，即事故不查清楚不放过，责任人不受处理不放过，群众不受教育不放过。

四　应急处置

（一）应急处置原则

以人为本、预防为主。最大限度保障人员的生命财产安全，尽可能减少由于突发公共事件带来的人员伤亡和危害。

统一指挥、分级响应。在交通主管部门的统一领导下，建立健全分类管理、分级响应的应急管理体制，实行分级负责制度，充分发挥收费公路各级应急机构的作用。

整合资源、协同处置。充分利用现有资源，对其整合规划，实现人力、物资、技术、信息等资源的合理配置，形成联动机制，统一调度、资源共享。

科学应对、合法处置。加强应急技术平台建设，重视专家咨询建议，依托专业知识，运用先进技术，提高应急决策水平。严格遵守有关法律法规，提高应急规范化、制度化和法制化水平，形成指挥统一、反应灵敏、功能齐全、协调有序、运管高效的应急管理体系。

（二）应急处置流程

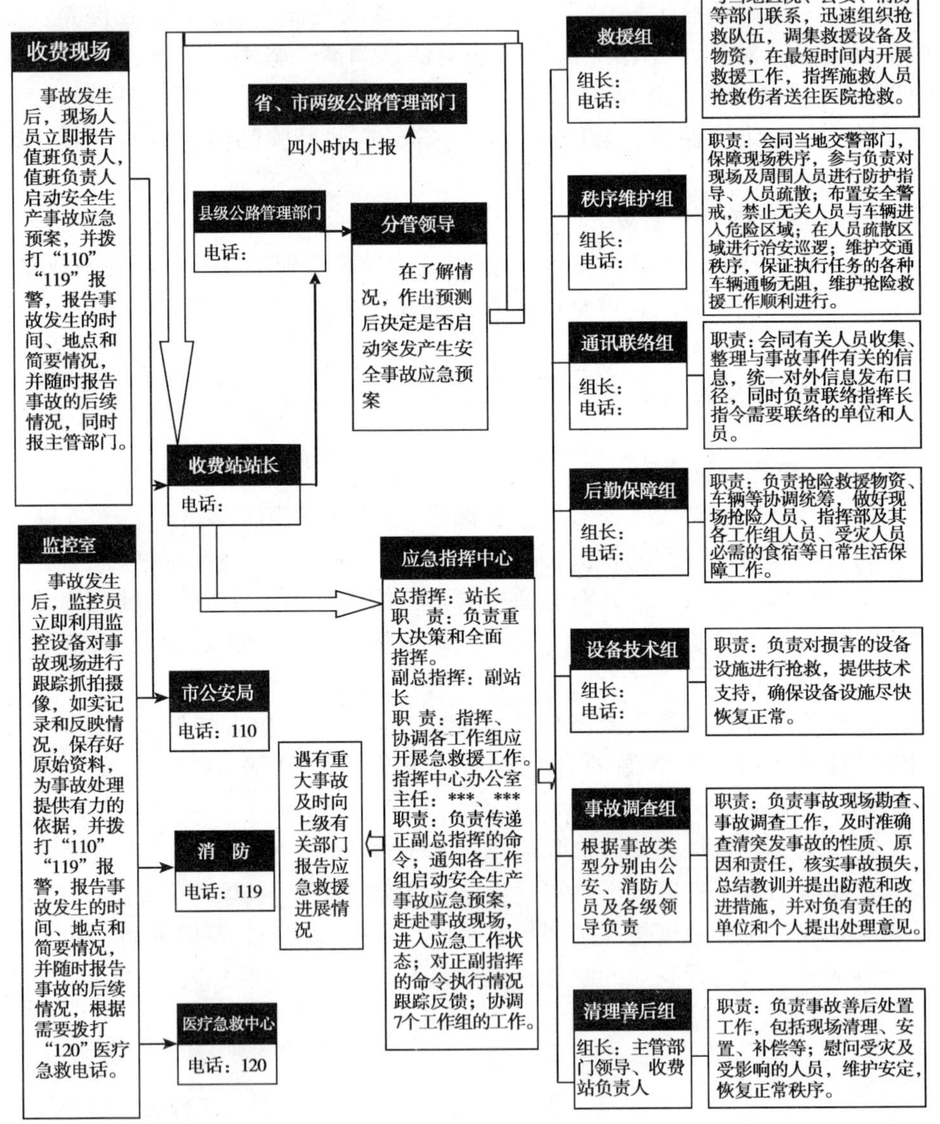
启动安全生产事故应急预案
收费现场
事故发生后，现场人员立即报告值班负责人，值班负责人启动安全生产事故应急预案，并拨打“110”“119”报警，报告事故发生的时间、地点和简要情况，并随时报告事故的后续情况，同时报主管部门。
省、市两级公路管理部门
四小时内上报
县级公路管理部门
电话：
分管领导
在了解情况，作出预测后决定是否启动突发产生安全事故应急预案
收费站站长
电话：
监控室
事故发生后，监控员立即利用监控设备对事故现场进行跟踪抓拍摄像，如实记录和反映情况，保存好原始资料，为事故处理提供有力的依据，并拨打“110”“119”报警，报告事故发生的时间、地点和简要情况，并随时报告事故的后续情况，根据需要拨打“120”医疗急救电话。
市公安局
电话：110
消 防
电话：119
医疗急救中心
电话：120
遇有重大事故及时向上级有关部门报告应急救援进展情况
应急指挥中心
总指挥：站长
职 责：负责重大决策和全面指挥。
副总指挥：副站长
职 责：指挥、协调各工作组应开展急救援工作。
指挥中心办公室主任：***、***
职责：负责传递正副总指挥的命令；通知各工作组启动安全生产事故应急预案，赶赴事故现场，进入应急工作状态；对正副指挥的命令执行情况跟踪反馈；协调7个工作组的工作。
救援组
组长：
电话：
职责：在指挥长指挥下，与当地医院、公安、消防等部门联系，迅速组织抢救队伍，调集救援设备及物资，在最短时间内开展救援工作，指挥施救人员抢救伤者送往医院抢救。
秩序维护组
组长：
电话：
职责：会同当地交警部门，保障现场秩序，参与负责对现场及周围人员进行防护指导、人员疏散；布置安全警戒，禁止无关人员与车辆进入危险区域；在人员疏散区域进行治安巡逻；维护交通秩序，保证执行任务的各种车辆通畅无阻，维护抢险救援工作顺利进行。
通讯联络组
组长：
电话：
职责：会同有关人员收集、整理与事故事件有关的信息，统一对外信息发布口径，同时负责联络指挥长指令需要联络的单位和人员。
后勤保障组
组长：
电话：
职责：负责抢险救援物资、车辆等协调统筹，做好现场抢险人员、指挥部及其各工作组人员、受灾人员必需的食宿等日常生活保障工作。
设备技术组
组长：
电话：
职责：负责对损害的设备设施进行抢救，提供技术支持，确保设备设施尽快恢复正常。
事故调查组
根据事故类型分别由公安、消防人员及各级领导负责
职责：负责事故现场勘查、事故调查工作，及时准确查清突发事故的性质、原因和责任，核实事故损失，总结教训并提出防范和改进措施，并对负有责任的单位和个人提出处理意见。
清理善后组
组长：主管部门领导、收费站负责人
职责：负责事故善后处置工作，包括现场清理、安置、补偿等；慰问受灾及受影响的人员，维护安定，恢复正常秩序。

（三）应急处置要求

1. 收费区域突发公共事件应急处置

（1）报警，与当地110、120、119取得联系，请求支援。

（2）加强收费区域现场安全保卫工作。

（3）加强收费区域、事故地点及事发现场周边控制，严防无关人员进入现场。

（4）通知相邻收费站进行车辆分流。

（5）立即组织人员抢险救援、疏导交通、配合公安机关进行现场处置工作。

（6）做好宣传教育工作，防止矛盾激化和事态扩大。

2. 重大火灾事故应急处置

（1）任何人发现火灾险情时，都应立即拨打119报警，说清着火地点、部位、燃烧物品、火灾状况等。同时向上级报告，并通知相关职能部门负责人做好灭火前必要的准备工作，及时记录火灾情况。

（2）现场成立灭火指挥部，负责查看火情，掌握火势发展情况，随时向119指挥中心通报，并及时派出人员接应专业消防队。

（3）迅速组织义务消防员及时赶赴现场，开展自救行动。根据火情切断电源、可燃性气体源，指挥义务消防队灭火。指挥抢救伤员，疏散物资，及时控制火势蔓延。清除交通障碍，疏散围观群众，做好警戒工作。专业消防队到达后，及时向公安消防火场总指挥报告灾情，按统一部署，做好救灾工作。

（4）全体在场工作人员、义务消防员必须在灭火指挥部指挥下，有条不紊地进行疏散救护工作。由民警或治安员、安全管理人员负责向安全区（安全通道、消防楼梯）进行引导、护送、疏散人群，指引救护人员及时对伤员进行处理或救治。

（5）现场指挥根据扑救火灾的需要，决定使用各种水源，实行用电管理，划定警戒区，实行收费车道管制。

（6）加强火灾现场警戒，看管好抢救出来的物资。

3. 收费系统严重故障应急处置

自动化收费系统出现故障，无法正常收费，造成车道堵塞时，收费站应立即上报处应急领导小组办公室，处应急领导小组办公室应立即协调维修人员赶到现场维修，同时启动收费应急预案，收费站要安排值班站长现场监督，同时处应急领导小组安排收费稽查人员现场指导，防止发生漏收、错收通行费事件，同时向上级应急领导小组办公室报告以便灵活应对可能出现的突发事件。

4. 重大自然灾害事故预防和应急处置

（1）出现大雾、冰雪等恶劣天气时收费站应开启雾灯。

（2）收费站出入口设置警示警告标志，提示过往驾驶员打开雾灯，减速慢行，保持车距。

（3）在冰雪天气，收费站要积极清除收费区域的积雪，保证进出车道安全、畅通；在收费通道上喷洒防滑物，以降低路面冰点，增强路面抗滑性能。

5. 危险品重大事故应急处置

当出现危险品泄漏、火灾（固体火灾、液体火灾、气体火灾）、爆炸、中毒等重大事故时，应采取必要的应急措施。

（1）立即上报，并向119、120报警，说清事故发生地点和现场情况。同时通报当地公安、安监、环保、质检部门。

（2）根据事故性质及危害程度，划定安全警戒线和警戒区，实行局部路段封闭、隔离、洗消，甚至关闭收费车道。通过各种方式迅速告知来往车辆，及时记录现场情况。

（3）各应急组织机构人员迅速赶赴现场，协助专业人员处理事故。

（4）在保证自身安全的前提下，协助有关部门营救受害人员，组织撤离或者采取其他措施保护危害区域内的其他人员，不得拖延、推诿。

（5）调查人员伤亡情况，估算经济损失，分析事故原因。

6. 重大交通事故应急处置

（1）接到报警后，迅速报告上级应急机构、当地政府及相关部门。

（2）及时向当地110、120报警，说清事故发生地点和案发现场、损伤情况。

（3）向交警等相关部门通报，协调封闭事故现场等相关事宜。

（4）组织现场抢险救援，控制事态发展，降低损失，配合交警部门进行现场事故处理。

（5）单向车道堵塞时，要采取双向间隔放行的措施；双向车道堵塞时，要封闭事故路段并引导车辆绕行。

（6）在事故处理过程中要按规范设置警示警告标志，加强现场管理。协调养护部门在最短时间内修复公路设施。

7. 重大交通堵塞应急处置

（1）及时向沿线通报交通流量信息。

（2）开启所有收费通道，调整出入口车道。

（3）立即请示上级有关部门，获得准许后迅速采取措施，引导、疏散滞留车辆。

（4）为滞留司乘人员提供食、宿、车辆维修等便利条件。

8. 施工封闭区域事故应急处置

通行车辆闯入施工封闭区域，造成人员伤亡及设备、设施损坏的，收费站发现后，应立即报告交警和路政部门，涉及人员伤亡的，要及时报告120急救中心实施救护。在此期间，收费站要派有关人员协助维护好现场秩序，防止造成二次交通事故。

第十一章　票证管理

票证是具有规定格式和具体内容的一种书面证明。通行费票证按其使用范围分为次票和月票两种类型，其相关情况见表 11－1。

通行费收费票证（简称收费票证）是通行费收费站依据国家和省有关规定收取车辆通行费时，向被收取单位或个人出具的收款凭证，是收费站财务收支的法定凭证，也是通行费稽查的重要依据。各级交通公路部门必须加强通行费收费票证的领发、使用、结存、核销的各环节管理。

一　票证管理的作用及原则

（一）票证管理的作用

通行费票证管理工作是通行费征收单位最重要的基础工作之一，也是对通行费征收业务进行管理和监督的重要环节，对完成国家下达的通行费征收计划、更多地筹集交通建设资金具有十分重要的作用。

（1）通过对通行费票证使用情况的管理，可以及时地、准确地反映通行费征收计划的执行和完成情况，为制定、调整征收管理措施提供可靠的依据。

（2）通行费票证管理，可以加强经济管理上的责任制，明确有关部门和经办人员的经济责任。

（3）通过通行费票证管理，可以保证通行费收入的安全完整，维护国家财经纪律和法律法规的严肃性。

（4）通过通行费票证管理，有利于促使征管人员认真履行职责，增强工作责任感。

除此之外，公路收费票证管理的作用还表现在为清查逃费单位，追究其逃费责任，对其实施必要的处罚提供证据；为审计部门对规费征稽部门实施有效审计提供真实可靠的证据。在审查通行费征收部门是否有少征或多征、漏征、随意减免征费等问题时，票证管理的作用更加明显。同时，可以为处理行政诉讼案件提供有力的证据。

（二）票证管理的原则

收费票证管理，应遵循归口管理、分级管理、依法管理和“三挂钩”管理四条原则。

1. 归口管理原则

对收费票证的归口管理，即正确划分收费票证的范围，主要是正确区别罚没票证、行政事业性收费票证、非经营性结算统一票证和经营性收费票证的界限，原则上规定罚没票证、行政事业性收费票证、非经营性结算统一票证的印制、发售、使用和稽查由财政部门（或收费管理部门，以下同）进行管理。实行归口管理可以协调业务，统一制度，促进收费工作的正常运转。

2. 分级管理原则

对收费票证的分级管理，主要表现在两个方面：一是按中央、省、市、县不同级别收费票证流转的不同环节进行管理，大项目收费所用票证由中央或省直接印制下发市、县；使用量大，较普通的收费票证委托给市级印制、发放。二是指在主管部门和使用单位两级实行分别管理。分级管理能够有效地在收费票证流转的不同环节加大管理力度，并有利于区分管理责任，避免收费票证管理出现混乱的局面。

3. 依法管理原则

依法管理收费票证，即严格按照中央和地方有关收费票证管理办法、规定、条例等规章制度和法规对收费票证实施管理。收费票证管理办法、规定、条例等是收费票证管理工作的重要依据，也是收费工作正常进行的保证。

4. “三挂钩”管理原则

这一原则是将《行政事业性收费许可证》、《票据认购证》和收费、结算资金，纳入财政统一管理或财政专户储存管理。这一原则要求：凡需购领收费票证的单位必须按有关规定先到物价部门办理《行政事业性收费许可证》，再凭证到财政或收费管理部门办理《票据准购证》，凭此两证才能领购收费票证。其收费资金必须纳入财政统管或财政专户储存。收费票证“三挂钩”管理原则对规范收费行为，加强资金管理具有重要作用。

表 11－1 通行费票证的类型（按使用范围划分）

次票	次票是车辆在通过通行费收费站时即时缴费时给付的一种有价票证	
	次票特点	次票为一次性使用票据，车辆每通过一次须缴纳一次通行费，即给付一张次票
月票	月票是用于过往频繁的车辆使用的，按月缴纳	
	月票特点	月票使用期限为当月有效，过期未缴纳下月通行费的，视为作废，再通过通行费收费站时须按次票规定缴纳通行费
	期票	期票（分年票、半年票、季票）是月票的特殊表现形式

二 岗位职责

（一）票管员的岗位职责

1. 服从站长及相关负责人的领导，做好票证管理工作。

2. 按照实际用票量，向上级申领票证，建立票证领、发、核、销台账，并将发生的业务逐笔分类入账，保证站（点）票据的正常流通和使用。

3. 负责清点所领票据，发现缺页、漏号及印刷不规范的票据应停止发放，留存并向上级报告核销。严格履行票证发出签字手续，及时回收票据存根，并按规定妥善保存。

4. 协助出纳对售票人员的票款进行抽查，每月底应对售票员的库存票证、票款进行核对，核对相符后双方签字确认。

5. 掌握售票员手中的存票，限额发放票证，月末结账时将当月票据的领、存、核、销情况编制报表，报会计汇总。

（二）票管会计的岗位职责

1. 认真学习，严格遵守财经纪律以及票证管理制度和各项规定，充分发挥对票证运作全过程的管理和监督职能。

2. 负责票证、卡发放，按要求在领用单上认真填写票证、卡的起止号码、数量和金额，对发放的票证要逐本逐页认真检查，谨防差错。

3. 做好总账和收费员个人明细账，每日核对账、票、卡、款是否相符；做好统计、汇总工作，并按规定上报情况报表。

4. 适时向上级申领票证，并将领取使用的有价票证储存定位，排列有序；做好防火、防盗、防潮、防鼠咬等安全工作。

5. 每日、每月与现金会计对账，如有问题，随时核对，做到会计与收费员票、款一致，账目清楚，协助出纳做好每旬收入及时核对和上解。

6. 每月核对账务，做到账账相符；每月核对库存，做到账实相符；账务登记应及时，账务设置应完整。

7. 经常性地做好 IC 卡的调配工作。

三　工作规范①

（一）收费票证印制规范②

收费票证由省财政厅指定的印刷厂印制，加盖省财政厅票据专用章，其他任何单位和个人不得印制和仿制。收费票证印刷实行计划管理，市（州）公路部门于当年 9 月底前向省公路局报送次年票证印刷计划。注明印刷票据的种类（人工票、计算机票）、面额、数量，省公路局汇总后向省财政厅申报办理有关手续。印刷计划若发生变化应提前 2 个月向省公路局报告调整印刷计划。收费票证实行不定期换版制度。

（二）收费票证档案规范

1. 通行费收费票证资料包括：票证申购单、各种票证及存根、票证账簿报表等。

2. 票证档案保存期限：票证账簿、报表保存期限 15 年；票证存根、申购单保存期 5 年。

3. 保存期满由收费站组织清理造册，报市（州）公路部门审核并签署意见，省公路局会同省财政厅审核批准后，组织销毁。

（三）收费票证监督检查规范

1. 各级交通公路主管部门必须对通行费收费票证实行定期、不定期监督检查。

市（州）公路部门对本地收费站每月至少检查一次票证管理情况，收费站票管人员每旬至少检查一次收费员票证情况。省公路局不定期抽查各地票证使用情况。

---

① 《湖北省收费还贷公路通行费征管规范（2007 年修订稿）》。

② 《湖北省收费还贷公路通行费票证管理办法（试行）》。

2. 检查内容为：

（1）是否有私自印制通行费收费票证行为；

（2）是否有伪造通行费收费票证行为；

（3）是否按规定使用通行费收费票证；

（4）是否超范围、超标准收取通行费；

（5）是否及时全额上解通行费票款；

（6）是否有管理不善、丢失毁损票据的现象；

（7）是否有其他违反收费票据管理规定的行为。

3. 违反本规定，按下列规定处理：

（1）因保管不善发生票据毁损的，票管人员必须查明原因，注明损失票证的数量、起止号码，并写出书面检查，报市（州）公路部门审批。市（州）公路部门根据情节给予责任人行政处分和经济处罚。核销被毁损的票据必须经省公路局审查。

（2）收费员不按规定使用票据，有收钱不给票、出售回笼票、跳号使用、借用票据、涂改、撕毁、使用作废票证等行为的，一经发现，立即下岗学习，并予以警告；再次出现违规行为，当地交通公路主管部门可终止其劳动合同，予以开除。

（3）不按规定及时上解通行费票款的，未按期办理清算销号手续的，省公路局、市（州）公路部门可扣减相应回拨资金。

（4）超范围、超标准收取通行费的，没收其非法所得，并给予行政和经济处罚。

（5）违反本办法构成犯罪的，移交司法机关依法追究有关责任人的刑事责任。

（四）收费票证领取规范

1. 收费票证实行缴领挂钩、分次限量购领制度

省公路局根据各地上解的通行费收入确定实际用票量并考虑一定的周转量分别核发票证。手工票和微机票要分开购领，原则上使用微机售票的收费站不得购领手工票，如因特殊情况需使用的，必须报经省公路部门批准方可购领。

2. **通行费票证实行收费站、售票员二级负责制**

即收费站票管员按实际用量加一定的库存量每月申报用票计划，领用时填制《公路通行费票证领用单》（参见《湖北省公路通行费票据领用单》），注明票证种类、面额、数量，加盖单位公章、经办人签名，经收费站站长签字同意后，向市（州）收费办申请领取一定数量的票证。领用票证实行专人负责制，必须由票证人员亲自办理，负责领取、核对和押运，不得委托他人代办。领票过程中不得发生错漏损毁。

湖北省公路通行费票据领用单

领票单位：　　　　　　　　年　　月　　日　　　　　　　　编号：

票面金额	领用本数	起讫号码	金额	预计使用时间
壹元				
贰元				
叁元				
肆元				
伍元				
陆元				
柒元				
捌元				
玖元				
拾元				
壹拾伍元				
贰拾元				
贰拾伍元				
月票收据				
微机票	箱			
合计				

领用单位（盖章）：　　　　　　　　发票机关（盖章）：
领导人：　　　　　　　　　　　　　领导人：
经办人：　　　　　　　　　　　　　经办人：
一式三联：第一联　发出单位留存联　　　第二联　领用部门留存联
第三联　发出单位记账联

3. **收费站票管员定期向售票员发放票证，数量以一个轮班为限**

发放时必须填写《车辆通行费票证申领单》，对票证的数量、序号逐项进行核对，确认无误后，经双方签字后有效，并按序号从小到大发放，不可跳号。在票证申领、移交过程中必须当面点清，严禁代领、代发、代签。

4. 各级公路部门在通行费票证管理各环节必须实行验收制度

收费票证应先验收入库，后登记领发。未验收的收费票证不得入库、领发、使用。领票人和发票人双方必须当面点清，并签名盖章，办理领用手续。验收中发现缺页、漏页、跳号、重号、票据存根不一的情况，应整本停止使用，及时登记报告原发票部门。

（五）收费票证保存规范

1. 各级公路部门应按管用分离的原则设立专人妥善保管收费票证及存根。

配置库房、专柜保存收费票证。各类票证要分门别类，顺序存放，卡片管理，逐笔顺序登记收、发、存的数量和起止号码，便于查找、盘点。

2. 票证的保管必须做到"三专"和"六防"。

"三专"即：专人、专房、专柜管理；"六防"即：防火、防盗、防霉、防鼠、防蛀、防丢失，并建立岗位责任制、建立台账进行管理。

3. 票管员换岗或因故离岗的，应在市（州）票管员、收费站领导监督下，办理交接手续，并作好交接记录。

4. 票管员每日对各班收费员使用票证进行销号，按日填报《票证领用、缴销、结存日报表》，月终、年末汇总填报《票证领用、缴销、结存月（年）报表》。

5. 票管员对月票 IC 卡必须逐张登记并造册，发出和收回要按规定程序记载相关信息，遗失、损坏的月票 IC 卡要注明原因并报监控室删除卡内信息，以防重复使用，信息中心必须由专人负责。

（六）收费票证使用销售规范

1. 收费票证必须使用省财政厅统一印制、由省公路局统一发放的票证，逐步实行一车一票，专票专用，顺号使用，任何单位不得以其他票据代替收费票证，不得使用回笼票证。

收费票据必须加盖收费站站名章、日期章和售票员工号章方可生效。作废的票证必须加盖作废章，交票管人员处理，并报上级单位核销。

2. 票证的销售，售票员应按"先进先出、序号从小到大"的原则销售通行费票证。

3. 票证销售实行一车一票，微机票上必须打印当班工号和日期，手工票必须加盖当班工号和日期章。

4. 除当班售票员在当班时间销售本人登记的通行费票证外，未经同意任何人不得参与销售，更不能私自借票销售。

售票员在当班工作结束后，认真填写各种规定的原始单据；使用微机售票时，票管员依据监控室打印的当班收费员的收费记录，注明售票员交款金额，按"长款上缴，短款自赔"的原则入账，并由票管员和售票员双方签字确认。

5. 票管员要逐日填报《车辆通行费票证销售、车流量日报表》，月终、年末汇总填报《车辆通行费票证销售、车流量月（年）报表》。

6. 收费票证使用规范

（1）释义。按照收费票证出售后的处理方式不同可分为以下几种类型：

废票：售票过程中出现司机已缴纳车辆通行费但未索取的已费票证。

错票：错票按其形成的原因不同可分为修改票和空白票两种。

修改票：售票员在微机售票中因操作和车型判断失误打印出的票证（包括冲岗车辆、收费标准不符等）。

空白票：收费系统出现故障造成卡票、不能出票、打印票证不规范等而收费显示器上已记录了该票金额的票据。

弃票：通行费票证出售后，车主丢弃在车道或安全岛上的票据。

（2）处理方式。废票的处理：当班收费员应按车辆所缴票款金额打印出相应票证，加盖"作废"章后投入废票箱，同时报告监控室确认记载，完成上述操作后方可继续收费。当班工作结束后，应由专人回收登记。废票每隔半月应组织专人回收并销毁。

废票销毁的基本要求：①收费稽查组首先整理好应销毁的废票，并如实填写《废票销毁登记表》，确定销毁日期，然后向主管领导提出销毁申请。②废票销毁参与人员：由收费稽查组牵头，财务组、办公室各派一人参加，在所当班领导或上级主管部门有关人员的监督下对废票进行集中销毁，所有参与人员必须在《废票销毁登记表》上签字，并归档妥善保管。

（七）收费票证核销规范

1. 收费站收费人员每天向票管人员上缴票证存根，经票管人员审核后，在票证领销簿上登记，双方签字销号。售出票款必须同时结清入账，保证票款相符。

2. 收费站每月5日前将上月《公路通行费票据核销月报表》（参见《湖北省车辆通行费票据核销月报表》）报市（州）公路部门，由市（州）

公路部门审核销号。

3. 市（州）公路部门每月 7 日前，将本地《公路通行费票据核销月报表》（参见《湖北省公路通行费票据核销月报表》）汇总签署意见后，报省公路局。同时结清本月全部票款。

湖北省公路车辆通行费票据核销月报表

编制单位： 年 月 单位：元

票据种类		上期结存			本期领用			本期缴销			期末结存		
定额票		起止号	张数	金额	起止号	张数	金额	起止号	张数	金额	起止号	张数	金额
月票专用数据													
微机专用票													
合 计													

单位主管： 会计： 稽核： 制表人： 填表人： 填报时间：

（八）收费票证核算规范

收费票证为有价证券，对其印制、发行、使用应建立车辆通行费票据专用账簿，做好票据的领入、发放、核销及库存情况的核算工作。通行费票据核算分别设置“票据领入”、“票据发出”、“票据核销”和“库存票据”四个核算科目，按复式记账的原则进行账务处理，并按月（或季、年）装订成册，归档管理（包括所有票证资料）。

1. 票据领入的核算

（1）本科目核算各级收费管理部门和收费站从上级领入的票据。领取时，凭“公路通行费票据领用单”，借记“库存票据”科目，贷记“票据领入”科目。年终决算时，将“票据核销”科目的余额冲转本科目、借记本科目、贷记“票据核销”科目。

（2）缺页、漏页、重号、废页等废票证退回时，用红字冲减法作会计分录。

2. “票据发出”的核算

（1）本科目核算各级收费管理部门和收费站发出票据的数额。各级票证管理单位发出票证时，借记“票据发出”科目，贷记“库存票据”科目。

（2）因缺页、漏页、重号、废页等作废票证退回时，用红字冲减法作会计分录。

3. “票据核销”的核算

本科目核算票据逐级核销情况。各级票证管理单位核销票据时，以各级编报的收入报表或通行费票证核销现金缴款单为核算依据；借记“票据核销”，贷记“票据发出”科目。年终决算时，将余额借记“票据领入”科目，贷记本科目。

4. “库存票据”的核销

本科目核算各级收费管理部门和收费站票据收、发、存情况。从上级领入票据时，借记本科目，贷记“票据领入”科目；发出时，借记“票据发出”科目、贷记本科目。

5. 票据账记账凭证

各级票管人员应根据有关表、单填制记账凭证，其格式参见《湖北省车辆通行费票据》：

湖北省车辆通行费票据

记 账 凭 证

年　　月　　日　　　　　　　　　　　　　　　　　凭证号：

摘　要	一级科目	二级科目	明细科目	借　　方		贷　　方	
				张	金 额	张	金 额

单位主管：　　　　合计：　　　　稽核：　　　　填制：

6. 票据账簿格式

（1）多栏式账页：

车辆通行费票据账（一）

科目：　　　　　　　　　　　　　　　　　　第　　页

年		凭证号	摘要	小计金额						
月	日				张数	金额	张数	金额	张数	金额

此账页设14栏（28小栏），分别反映14种票据的张（本）数和金额，供“票据领入”、“票据核销”科目使用。

车辆通行费票据账（二）

科目：　　　　　　　　　　　　　　　　　　第　　页

年		凭证号	摘要	小计金额					
月	日			发	销	存	发	销	存

此账页设10栏（30小栏），可反映10个单位或个人发出的票据的发、销、存的金额，供“票据发出”科目使用，按单位或个人设明细。也可供收费员记载本人领的各种票据的领、销、存的张数使用。

（2）二栏式账页

车辆通行费票据账（三）

票据名称：　　　　　　　　　　　　　　　　第　　页

年		凭证号	摘要	领入			发出			结存			
月	日			起号	止号	份数	起号	止号	份数	起号	止号	份数	金额

此账页供“票据库存”科目使用。反映各级领、发、存票据的起止号和份数，期末要结出余额。

四　月（期）票管理

（一）月（期）票的范围及标准①

月（期）票的范围与标准如表 11－2 所示。

表 11－2　月票的范围与标准

月（期）票的范围	办理月票的对象为本县（市、区，以下同）境内从事城乡、乡乡短途客车、摩托车、公交车、货车运输且每天 2 次以上往返某一收费站的应费车辆。
	办理期票的对象为本省境内从事跨市（州）或县（市）固定线路的长途客车、货车且定期经过某几个收费站的应费车辆。
月（期）票的标准	月票标准＝2 次×25 天×车型收费标准。其中，国家级和省级贫困县内的收费站，其月票标准按 2 次×20 天×车型收费标准执行。
	期票标准＝每天通过次数×30 天×车型收费标准×一次性申购月数×优惠系数。优惠系数为：年票 90%，半年票 95%，季票 98%。 连续经过几个收费站的，其收费额累计收取。
	城市行政区域内固定线路的公交车如何实行月票，按与当地政府协调商的意见办理。
	各收费站月票和期票的具体费额由市、州、直管市交通部门提出意见，报同级物价局会同财政局审定，重要问题报同级政府审定，并报省物价局、财政厅、交通厅备案。

（二）月（期）票的报批程序

月（期）票的报批程序如图 11－1 所示。

车主申请办理月（期）票 IC 卡，应在每月 20 日前直接向收费站提出书面申请，填写月（期）票 IC 卡申请表，交验身份证、行车证等相关证件（含复印件），提交车主所在地村组（街区）或单位证明，经审核批准后，于当月 25—31 日办理下月的月（期）票 IC 卡。

各市（州）公路管理局（处）负责本地区月（期）票 IC 卡的管理及审批。各收费站根据月（期）票 IC 卡使用情况，每月向市（州）公路管理局

① 《湖北省收费还贷公路车辆通行费月票管理办法》。

（处）申领，并将办理情况按票证管理要求逐级上报。

通行一个收费站的月（期）票IC卡，由各收费站负责发售；通行同一市（州）两个以上收费站的月（期）票IC卡，由所在市（州）公路管理局（处）负责发售，并报省局备案；跨市（州）的月（期）票IC卡由省公路局负责发售。

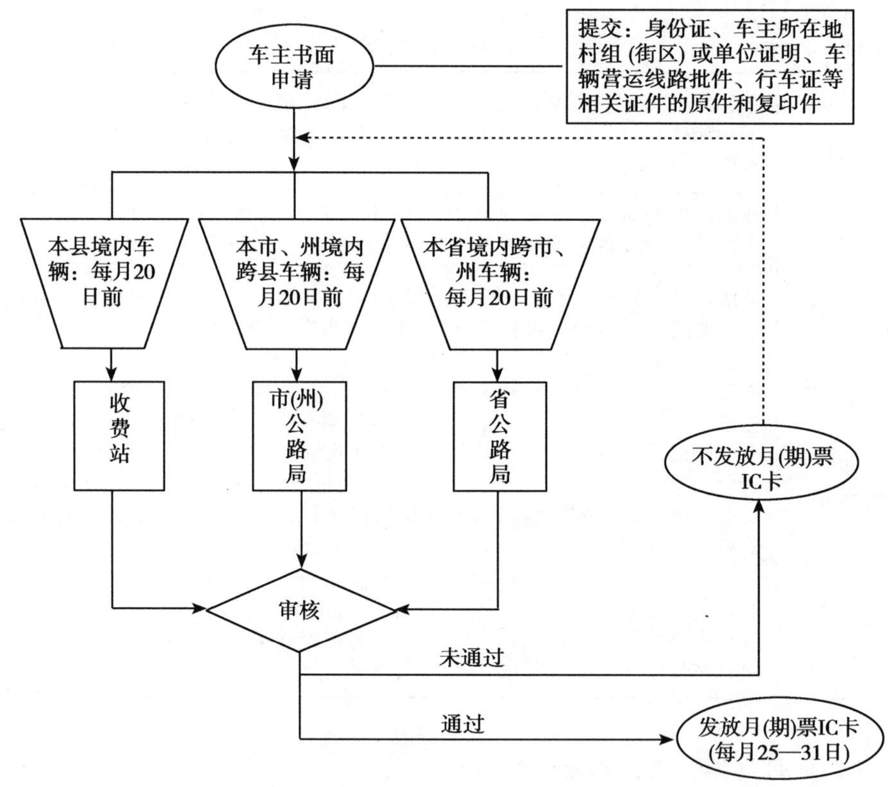

图11－1　月（期）票的报批程序

（三）月（期）票IC卡管理①

月（期）票IC卡是指在办理公路车辆通行费月（期）票时交由车主持有的非接触式集成电路卡。月（期）票IC卡管理遵循如下规范：

（1）公路车辆通行费月（期）票IC卡实行月票卡、季票卡、半年票卡和年票卡四种。不得发售跨年度使用的月（期）票IC卡。

① 《湖北省收费还贷公路车辆通行费月（期）票IC卡使用管理暂行规定》。

（2）月（期）票IC卡及软件模块由省公路局组织供应商开发。月（期）票IC卡登记项目分为视读登记项目和机读登记项目，视读登记项目为月票申请表内容，机读登记项目包括行车证、车牌号、车型、车身颜色和有效期等。

（3）收费站应指定专人负责月（期）票IC卡的保管以及信息的录入，并对使用情况详细登记。月（期）票IC卡的使用必须严格管理，不得随意更改月（期）票IC卡机读登记项目，一经发现，将追究有关责任人的责任。

（4）办理公路车辆通行费月（期）票IC卡时必须按财务管理办法，统一使用省财政厅印制的公路通行费月票收据，并按规定内容填写齐全。

（5）持月（期）票IC卡车主续购下月（季、半年、年）的月（期）票IC卡，收费站可按原办理标准直接收款写卡。运输车队的月票车辆，可实行单双月IC卡。

（6）月（期）票IC卡实行一车一卡，不得转借其他车辆使用，否则，一经发现将取消月（期）票IC卡资格，并按次票标准收费；持月（期）票IC卡的车辆，通行收费站时，车主必须停车出示月（期）票IC卡验证，服从管理，不得冲岗。对不服从管理的车辆，收费站可以拒绝其办理下期的月（期）票IC卡。

（7）车主使用无效月（期）票IC卡过站时，收费征管人员有权收缴。收缴对象为：

①使用已挂失的月（期）票IC卡；

②非本系统或本站发放使用的月（期）票IC卡；

③伪造的月（期）票IC卡。

（8）对于借用月（期）票IC卡或验证显示信息与车辆实际情况不符的，收费征管人员可以没收其月（期）票IC卡，并查明原因，令其补缴通行费；对伪造月（期）票IC卡信息的将按有关法规查处。

（9）车主发生月（期）票IC卡遗失时，应及时携带申办时使用的有效证件到发卡站（点）办理挂失，经查验确认后，可补办新卡，如发现继续使用原卡一律收缴并作废。

若月（期）票IC卡使用人不慎遗失或损坏月（期）票IC卡，可申请补办，并向月（期）票IC卡管理系统指定的供应商购买新IC卡交由收费站写卡。

（10）月（期）票IC卡应妥善保管，确保有效使用。月（期）票IC卡应远离高压、强电磁场或低温高热等环境，避免与酸碱等腐蚀性物质接触，避免雨淋或水浸，不得弯曲、折断、烘烤、打孔等。因持卡人保管不当自行负责。

（11）为保证录入信息的正确性，收费站应组织人员采取定期或不定期的方式核对电脑 IC 卡跨月报表与月票台账。

第十二章　监控管理与社会监督

一　监控管理的作用及方式

（一）监控管理的作用

监控管理是对收费站的车道、收费广场、收费亭的收费情况和对收费车道通过的车辆类型、收费员的操作过程以及收费过程中的突发事件和特殊事件进行观察和记录，实施有效的监督。监控管理是加强收费公路车辆通行费管理，防范私放人情车及经济违纪等现象的一种重要监管手段。它通过对收费过程及相关情况进行数据、图像、声音等信息的采集、处理和控制，提高收费系统的可靠性、安全性和征费率，防止收费过程中不文明行为和收费贪污现象的发生，提高收费工作效率，减少车辆在收费广场的延误。

目前，我国收费监控管理一般采用三级管理模式，即：监控中心（管理局或处）、监控分中心（管理处或所）、站级监控室。随着社会车辆和内部员工对收费系统缺陷的了解和掌握，如何充分利用现有的技术力量，搞好监控管理，预防作弊行为发生，已成为各级收费管理机构及各级收费管理人员关注的话题。监控管理的目的是实现监控人员在监控室实时观察和系统自动记录收费亭收费员工作情况、车辆通过收费车道以及收费广场等实况，给个别有不文明行为和作弊行为的人造成心理威慑，以防止漏费与制止作弊，并通过实时记录的资料进行各种形式的稽查，为收费违纪违法行为处理提供确凿的证据。同时，监控人员能通过对讲系统对收费工作进行适当的调度，收费人员也可通过对讲系统及时与监控人员进行业务对话，使收费过程中的一些突发事件能及时妥善地得以处理，既能避免与车主发生摩擦，又不违背收费原则，可提高收费文明服务质量。收费监视图像还可用于车牌照自动识别，实行不停车收费。

概括而言，监控管理具有以下三个方面的作用：

1. 收集信息

监控人员借助于系统的功能，及时记录传达上级收费管理的新政策、新信息，收集记录现场操作的各种特情操作，检查设备工作状态，报告各种实时信息。

2. 指导操作

监控人员可以通过监控系统提供的视频和对讲设施随时掌握现场收费情况，指导收费人员正确处理现场的各种特殊情况，减少和避免误操作发生，在车道发生堵车或故障等突发情况时，迅速指挥收费人员进行处理，确保道口畅通。

3. 监督管理

对收费现场的收费人员的工作行为、文明用语等情况，监控人员能够进行全方位、全天候的监督和管理，防范违纪和作弊行为发生，还可以对系统记录资料进行对比分析，查找管理漏洞，为稽查提供有力的依据。

（二）监控管理的方式

收费站应建立和完善三级监察体系，提高监控人员的思想素质和业务水平，充分发挥监控在收费工作中的监督与管理职能。建立一级监控、二级审查、三级核查的制度，设立专职审查人员，对监控录像进行复审，发现异常情况应及时登记并向站领导报告，并保留原始录像。重大事件录像须长期保存，销毁录像资料必须报上级主管部门批准。

监控管理可从形式上分为数据监控、图像监控和声音监控。

1. 数据监控

它是指利用车辆检测器、车型自动分类器、键盘、读卡机等收费现场终端设备输入的数据信息，对收费过程进行控制，进行收费数据合理性判断、记录和统计工作，以发现各种异常情况（如车辆冲卡、使用非法卡、人工判断车型有误等），并进行相关的处理工作（如冲卡车辆拍照、报警，特种车辆录像等）。它是最为有效、使用最为广泛的一种收费监控方式。

2. 图像监控

它是指在收费广场、收费车道和收费亭等处设置摄像头，监控员在监控室通过监视器实现对通行收费车道的车辆，收费人员的操作过程，以及收费找零情况等进行有效的监督，并能人工或自动启动录像设备记录冲卡车辆和其他异常情况。

3. 声音监控

它是指采用有线（或无线）对讲系统进行语音监控，监控员在监控室能监听到收费现场收费员和车主的对话，监控员和收费员能通过对讲系统来发现和处理一些异常情况。

监控管理还可从内容上分为收费亭监视、收费车道监视、收费广场监视、金库监视、监控室监视。

1. 收费亭监视。收费亭监视的目的是防止收费员故意漏收、作弊以及不文明服务等行为发生。因此，收费亭摄像机的视角要求覆盖亭内操作台票据部分及收费员，同时可通过收费窗口看到收费车道内车辆的局部（车头及驾驶员）情况，并且要求摄像机能清晰地分辨出票据和票款的颜色。

2. 收费车道监视。收费车道监视是防止驾驶员冲卡逃费以及收费员利用减、免费车辆和车型类别进行贪污等情况而设置的。因此，收费车道摄像机的视角要求清楚覆盖收费车辆的轮廓、车牌照、颜色及驾驶员头像。对于不停车收费系统，车道监视系统应能准确确定行驶车辆所处位置，清楚抓拍车头或车尾车牌照。

为便于监控室监控员判别收费员是否有不正当行为以及事后清查工作，监视图像上应叠加该车车型、收费情况（费额以及付款方式，如现金、月票、免费、冲卡等）、收费员号、时间、收费车道号等信息。

3. 收费广场监视。收费广场监视的目的是使监控员能随时观察整个收费广场的进出车辆运行情况、收费车道排队情况、车辆冲卡和驾驶员闹事等情况，以便监控员能指挥和控制收费广场的交通流运行，及时开启或关闭部分收费车道，记录异常情况的全过程。因此，收费广场摄像机既能用于整体观察收费广场，又能对某些异常情况进行细致监视，还能自动跟踪和拍摄冲卡车辆。

4. 金库监视。金库监视的目的是为预防盗抢事件发生而设置的。

5. 监控室监视。监控室监视的目的主要是为监视监控员的工作情况，实现多级监视，以防止监控室监控员不认真工作或与收费员勾结进行集体贪污而设置的。这种监视对以现金付款、人工判车型的开放式收费系统是必须的。收费站站长或收费分中心或总中心管理员通过分控机可以直接观察到收费广场、收费车道、收费亭、收费监控室和金库等重要地点的工作状况。

二　岗位职责

（一）监控室班长职责

1. 认真贯彻执行上级有关公路通行费征收政策、规定和办法，带领全体监控人员保质保量完成工作任务，确保收费工作顺利进行。

2. 负责监控室的全面管理和监控人员的政治思想教育工作，善于发现问题和解决问题，坚持“公平、公正”的为人处世原则，维护监控人员的正当权益。

3. 加强监控室的管理，搞好内部团结；教育全体人员认真履行监控管理职能，定期对监控人员的业务技能进行考核，带领全体监控人员努力提高工作效率和工作质量。

4. 负责将监控过程中发现的违规违纪行为及时向收费站领导反映情况，并取得处理结果的反馈资料。

5. 做好违纪资料的存盘刻录及各类台账资料的整理与保管工作，为领导当好参谋。

6. 负责监控微机设备的维修、保养和管理；确保设备完好率100%。

7. 检查督促监控员认真做好各项记录，查看与收费工作相关的各类报表、台账和记录，发现问题及时向有关人员指出并纠正。

8. 带领监控人员做好室内的清洁卫生工作，做到窗明几净，地面清洁，操作台、仪器表面无灰尘。

9. 未经批准，严禁无关人员进入监控室。

10. 负责完成领导交办的其他工作任务。

（二）监控室监控员职责

1. 坚持原则，忠于职守，熟练掌握各项法律、法规、政策和规章制度，具备较高的文化素质和良好的思想作风，严密监控，大胆管理，不徇私情，自觉抵制歪风邪气。

2. 认真学习有关政策和相关规章制度，不断增强工作责任心和业务水平以及处理问题的能力。

3. 负责收费广场和重要部位的监视、控制和保卫工作，负责售票与管理的监督控制和调度责任。

4. 负责监督售票管理工作，及时纠正违反售票规定和管理制度的现象，维护正常工作秩序，防止贪污、舞弊行为和其他违法违纪行为发生。

5. 在工作中对冲岗逃费、各种免费车辆、突发事件以及有可疑迹象的人和车辆要重点录像、录音和跟踪抓拍，如实记录和反映情况并提出处理建议，保存好原始资料。

6. 确保监控设备的有效性。维护监控工作的严肃性，对监控资料保密。

7. 负责监控设备的保养、维护，保障设备的正常运行，及时发现和排除故障。

（三）审带员岗位职责

1. 严格遵守各项规章制度，认真做好本职工作，完成各项工作任务。

2. 坚持查看监控每班的工作记录，复核记录的重点内容，对记录的违规违纪情况进行综合分析，及时上报站领导研究和决策。

3. 对录像资料，分时段、分工作要求进行重点审查，并做好审查记录。

4. 录像资料中发现违规违纪行为，应及时进行登记上报，做到公平公正。

5. 审查内容应严格保密，严禁任何形式的泄密。

6. 对所审录像资料不得私自翻录。

7. 完成领导交办的其他工作任务。

三　工作规范

（一）监控管理程序及制度规范

1. 监控工作要求

（1）监控工作程序：进入工作岗位→办理交接手续→检查设备运转情况→按规范做好监控记录→遇特殊情况及时上报并进行记录→整理记录办理交接手续。

监控人员作业流程

工作流程	工作内容及要求
准备	①按规定着装，佩戴工作证上岗 ②检查是否携带与当班无关的物品，私人物品放置个人工作柜
接班	①提前 10 分钟到监控室 ②检查室内环境卫生和设备运行情况 ③检查和询问上一班未处理完的事件，并在监控交接班表上签名确认
上班	①检查上岗班组的列队点评情况 ②记录人员到岗人数、着装及岗位定岗情况 ③检查、记录和保持前端收费设备运转及车道畅通情况 ④监督和记录售票人员登陆微机的工号、班次及票据起始号 ⑤监督和记录收费人员执行收费政策及收费操作情况，以及收费人员的违规违纪行为 ⑥及时录制和报告重大和突发事件的过程，并合理指挥和调度人员岗位
交班	①提前 15 分钟检查监控设备和打扫卫生 ②向接班人员交代当班期间发生的重大事件和未处理完的事件 ③填写监控交接班记录并签名确认

（2）监控人员应熟练掌握通行费征管的法律、法规和政策。监控人员经培训合格后方能上岗，并由上级管理部门一年一考核，不合格者调离监控岗位。

2. 审片制度

（1）收费站建立一级监控、二级审查、三级核查的制度，设立专职的审查人员，对监控录像进行复核，发现异常情况应及时登记并保留原始录像资料。重大事件录像须长期保存，销毁录像资料必须报市（州）公路主管部门批准。

（2）收费站监控录像二级审带一般与监控分开，抽审率必须达到30%以上，三级监控审带抽查率核查覆盖面必须达5%以上。站长必须对发现的问题及时研究，并严肃处理。

（3）审带人每天要按规定的审片时间、审片内容和范围进行全方位审片，原则上每天不少于7个小时。重点审查文明唱收、一车一杆、绿色降档情况，坚持分类记录，分类刻盘。

（4）在审片过程中，发现一般问题，要单独整理和记录后，把结果提供给审片负责人；重大问题、突发事件要及时报告审片负责人或分管负责人。

（5）对售票过程中出现的长、短款及违规违纪行为进行有针对性的审查，分析其出现差错的原因及频率，便于领导宏观管理。

（6）根据审带记录，审片负责人定期将审查情况进行汇总，并及时上报主管领导。

3. 监控人员须严格遵守的规定

（1）认真学习相关法律、法规、政策规定，精通收费业务，遵守纪律，严格保密，作风正派，坚持原则，不徇私情。

（2）严禁泄露监视情况。对监控过程中发现的问题，应认真做好记录并向部门负责人和分管站长汇报。

（3）监控设备必须保持连续工作状态，因特殊情况停止工作，应立即向站领导汇报通知稽查人员跟班。正常监控条件下，每15分钟不少于一次收费情况记录，保证监控记录的连续性。

（4）监控录像资料保存周期必须达到15个工作日，重要资料长期保存，未经站长允许不得向被监视对象和外单位提供录像资料和私自销毁证据。

（5）当班监控人员工作过程中要坚持音频、视频监视，认真做好记录。记录要字迹工整、清晰，语言通顺、表达准确完整。记录内容要详细写明当事人、时间、地点、事件起因、事件经过和处理结果以及处理的依据。

（6）监控人员对收费人员工作过程中提出的问题要准确及时用普通话

予以回答，对收费人员工作失误造成的问题，要及时发现、提醒和纠正，并做好监控记录。

（7）收费站要加强录像资料的审查，并做好记录。

（8）不得利用监控通信设施聊天，不得在工作时间做与工作无关的事情（如看书、织毛衣、化妆等）以及影响工作的事。

（9）监控人员应保持工作场所的环境卫生，当班监控人员不得无故离岗，有事确需暂时离岗的，须经监控负责人同意，并由监控负责人顶岗。

4. 监控人员须严格禁止的行为

（1）对监控过程中发现的问题隐瞒不报，擅自销毁录像资料，伙同被监控对象发生经济违纪行为。

（2）接受监控对象财物，透露监视情况，给违纪行为创造条件。

（3）稽查过程发现收费人员存在经济违纪或违规行为，当班监控人员没有记录、无法提供录像资料、未提出处理建议。

（4）利用监控设备玩游戏等。

（5）借工作之便，以权谋私，故意捏造事实，影响正常收费工作秩序。

（6）监控记录不真实，内容不全，影响对违纪行为的处理。

（7）通过稽查或二级审查发现问题，当班监控人员未记录和反映。

（8）当班期间睡岗或擅自离岗。

（9）违规操作设备，人为破坏监控设备。

（10）有其他渎职行为和严重错误。

（二）监控管理中处理相关问题的规范

1. 受理服务热线的规范

（1）征询电话。每个监控人员的头脑中应形成一份本段收费公路“简介”，如收费公路路网结构、收费站之间的距离、沿线风景区与收费公路连接的公路网结构等。

（2）求助电话。接到求助电话时，监控人员应首先弄清事件发生的方向、位置、事件影响的车道数、车辆的类型、是否装有货物及重量、车主联系方式等，然后根据了解的信息准确地传达到路政支队及交警，并在报警电话本上做好记录。根据事态的情况通知其他相关单位，如120急救、消防队、清洁队，事情处理完毕后要及时收集现场反馈信息，并记录在案备查。

（3）收费业务电话。监控人员需熟悉相关的收费政策、收费业务及收费操作流程，指导收费站业务，及时准确地处置收费问题。同时，监控人员要具备基本的工作技巧，对收费政策模糊的问题要灵活处理。如关于国际集装箱车辆、鲜活车辆判别等，监控人员应灵活掌握政策，根据当时事态发展情况进行处理。

（4）坚持使用文明用语和普通话，对各类来电要做到热心、耐心，无法答复的事项做好解释工作，并及时向相关领导报告。

（5）对投诉类的来电，监控员应详细记录事情发生的原因和关键要素，及时向当事人反馈处理意见，做到跟踪督办，有始有终。

（6）监控员对与投诉电话有关的录像和图片资料应做好备份，以方便调查核实。

2. 录像监控处理的规范

（1）监控员应将录像监视设置为全天不间断正常录像状态。

（2）当录像资料不全或其他故障影响录像质量时，监控员应在监控登记表上详细做好记录，任何人员不得擅自删除录像资料。

（3）监控员应通过实时图像监视、监听或调看录像的方式对收费员当班期间的工作行为、岗亭风纪、文明用语、物品摆放、环境卫生、现场操作、边道门窗等进行检查，发现问题应及时纠正或核查，并做好记录，情节严重的应报站领导按有关规定严肃处理。对问题发现不及时、不记录、不处置的，除追究当事人责任外，还应追究监控员和分管领导的责任。

（4）为保证图像质量，夜间收费广场的照明设施必须开启，不得关灯作业。当班人员不得无故离开岗位躲避摄像监控。

（5）严禁收费员随意进入监控室，监控员不得提前将收费金额等收费资料告知当班收费员。

（6）对有逃费嫌疑的车辆和违规违纪的人员，监控员应将抓拍图片和录像资料单独保存或打印存档。如系统没有抓拍图片，应通过调看录像、运用手动抓拍功能保存图片。

（7）对可能引发投诉的特情处理（如冲岗等），各级监控员应及时调整广场摄像镜头进行录像。引发投诉的，应将录像单独备份保存一个季度，未引发投诉的保存一个月。

（8）收费车道出现排队堵车时应及时开启备用道口，因故出现单车道堵车 10 辆以上的，监控员应在监控登记本上详细做记录，注明原因。

（9）监控员应随时通过监视计算机掌握车道设备运行情况，任何人不得随意关闭车道机电源。

（10）车道封闭施工时，监控员报站领导同意后，可关闭该车道收费系统，为此应保证该车道在广场录像镜头监控范围之内。施工停止后应及时恢复车道系统并上报监控分中心。

3. 紧急事件处理的规范

（1）处理车辆失控破坏收费站设施并伤及工作人员问题的规范。遇车辆失控破坏收费站设施并伤及工作人员时，监控人员应立即向收费站了解事故发生经过、人员伤亡情况，将了解的情况传达到交警，同时，通知其他相关单位，如120急救等。事件处理完毕后，监控人员应及时收集现场反馈信息，并记录在案备查。

（2）处理因收费纠纷引发围攻收费站、打击报复收费员问题的规范。若发生因收费纠纷引发围攻收费站、打击报复收费员时，监控人员应及时向收费站了解事情经过，完整保存现场录像，以便公安机关调查取证。根据了解的情况通知交警及收费站所属地区公安机关到场，及时收集现场反馈信息，并记录在案备查。

（3）处理收费站系统突发性瘫痪问题的规范。若收费站发生收费系统突发性瘫痪，应急系统也无法使用的情况，监控人员应立即上报值班领导，通知启用手工售票。通知维护人员迅速到达现场处理。

（4）处理收费站遇歹徒抢劫问题的规范。监控人员接报收费站遇歹徒抢劫，应立即了解人员伤亡情况，财产损失金额，并将录像完好保存，以便公安机关调查取证。

4. 投诉处理的规范

（1）投诉收费员未找或少找零钱。①了解投诉人姓名、过收费站的时间、车牌号码、核定吨位、收费站打印票据内容、收费员未找或少找零钱的金额以及投诉人的要求。②立即与当事收费员联系。如在班上，则立即要求班长、机动或会计人员帮助清点钱款；如不在班上，则联系会计人员了解其下班后交付的钱款情况。③调看录像。④将调查结果向站领导汇报。⑤将调查结果向投诉人回复。⑥做好详细的台账记录。

如经核查的确该收费员长款，且长款金额与驾驶员损失的钱款金额相符，录像中也得到了证实，则一方面要给予赔礼道歉，另一方面要联系投诉人退还多收的钱款；如收费员核查下来钱款准确，且录像也证实收费员无差错，则礼貌地做好答复工作，并提醒驾驶员今后钱款一定要当面数清。对驾驶员及其他人员对我们工作中存在的不足予以指出致以真挚的谢意，并希望他们今后能一如既往地对我们的工作予以支持。

（2）投诉打印票据有问题。①了解投诉人的姓名、车牌号码、过收费站的大概时间、打印票据上的信息内容、事情的经过、过收费站所交的金额以及投诉人的要求、联系电话等。②联系财务，根据票号查找当事收费员。③根据驾驶员提供的有关信息，直接运用计算机或录像进行核对。④将调查结果回复驾驶员，调换票据，并就此事给予赔礼道歉。⑤查看不规范票据的情况，联系当事人，了解当时的原因，并向站领导汇报有关情况。⑥做好详细的台账记录。

由于目前车情繁杂，改装车较多，收费公路各站对部分车的判型标准不一样，因此驾驶员难免对车型的判别有疑义，收费站目前对不规范车型的判型标准主要是以行驶证和养路费缴讫单为依据。经查实确因收费员工作失误造成，应给予驾驶员赔礼道歉，并退还多收的钱款。如确实无依据证明收费员误判，则如实回复驾驶员，并做好解释工作。事后抓拍该类车型，以便集中讨论确定其类别。

（3）投诉服务质量问题。①了解投诉人的姓名、过收费站的时间、事情的经过和联系电话。②向当事人了解具体情况。③汇报站领导。④回复投诉人。⑤做好有关台账记录。

目前造成此类情况主要有以下几种：①驾驶员对收费公路的一些情况不熟悉，部分收费员在解释中也有不到位之处，特别是涉及须交钱款较多的（计重收费车辆），驾驶员觉得交这么多钱太委屈，情绪激动，容易造成双方的口舌之争。②驾驶员对封桥、封路不满，将怨气发泄到收费员身上。③部分收费员对驾驶员故意错报吨位情绪有点激动，扣下行驶证。④因车道前面某些特情车的处理造成后面部分车停滞时间较长，使驾驶员不满意。⑤收费广场随意停车，在劝说下双方有摩擦。⑥因其他收费站工作人员的失误、不到位而将怨气发泄在本站收费员的身上。⑦部分收费员平时说话不注意，无意中使用了服务忌语而使驾驶员对收费站的工作不满意。⑧部分收费员平时文明服务用语不规范。⑨部分驾驶员因对收费公路收费情况不熟悉，由于来回所交钱款不相同，从而对公路收费产生疑义。⑩驾驶员走错路、收费员有时指点不够详细，而使部分驾驶员掉头逆行时被交警拦住。

（4）其他原因引发的投诉。①了解投诉人的姓名、车牌号码、过收费站的时间、打印票据内容、事情经过、投诉内容、联系电话等。②联系当事人，了解当时事情的经过。③核查投诉的内容情况。④向站领导汇报。⑤回复投诉人。⑥做好有关台账记录。

此类现象主要是指一些乱收费、乱罚款、多收费之事。如遇此现象的投诉，要坚决严查到底，对确实存在的此类现象要做好赔礼道歉及退款工作，同时内部进行严肃处理。如确实为驾驶员撞坏设备而属路产赔偿，则另当别论，但仍需耐心解释。部分驾驶员因对收费标准不熟悉而有所疑问，则要耐心地做好解释工作。

5. 特情核查处理的规范

（1）遇紧急情况或暂时需按免费放行以疏通车道时，必须经过站领导同意并向上级主管部门报告。

（2）监控员对车道上报的特情及系统自动上传的报警信息必须逐条核实并在《监控室工作日志》上做好记录（时间、车号、工号、事由、处理结果等），严禁使用涂改液、撕页或打补丁粘贴的方式遮盖原始记录。

（3）监控员应对图像稽查机记录的特情操作车辆图片及管理计算机统计的特情操作数据及时进行核实，保证当班所有特情操作核查率达100%。

（4）监控员对冲岗、优惠、减免等特情每日进行汇总后形成报表，经站票管员审核后于次日上报站领导。

（5）处理违章冲岗车辆必须遵守以下规定：

①建立冲岗车档案，保存冲岗车信息；

②根据冲岗信息，经过甄别汇总后建立冲岗车黑名单下发，便于开展收费稽查；

③车辆冲过挡杆当时返回或通过现场拦截补票的，监控员应手动抓拍司机在窗口补票的图片备份；

④事后查处冲岗逃费车辆的，要求车主写明事情经过和保证书，收集并保存好相关资料（冲岗车图片、车辆行驶证复印件、司机本人写的文字材料等），事后将事情经过、处理结果上报上级主管部门。

四　社会监督

（一）社会监督的重要作用

《收费公路管理条例》第27条规定："收费公路经营管理者应当在收费站的显著位置，设置载有收费站名称、审批机关、收费单位、收费标准、收费起止年限和监督电话等内容的公告牌，接受社会监督。"第46条规定："省、自治区、直辖市人民政府应当将本行政区域内收费公路及收费站名称、收费单位、收费标准、收费期限等信息向社会公布，接受社会监督。"可见，公路收费管理必须接受社会监督。实际上，与其他监督形式相比，社会监督是"无处不在的眼睛"。其主要特点是：（1）覆盖面大；（2）影响大；（3）有预警作用，可以在一定程度上防患于未然；（4）不可能搞暗箱操作，必须公之于众。

社会监督对于收费管理的重要作用一般可以概括为如下两个方面：

1. 纠错性作用。社会监督有助于及时发现、纠正违反收费规定和管理制度的现象，维护正常工作秩序，防止贪污、舞弊行为和其他违法违纪行为发生。

2. 建设性作用。社会监督可以促使收费单位改善收费管理，规范收费人员作业行为，坚持依法收费，提高服务质量，健全内部控制制度，实行科学管理，提升窗口形象等。

（二）社会监督的主要途径

社会监督的途径多种多样，主要有缴费方监督、新闻媒介监督、公众监督以及社会监督员监督。

1. 缴费方监督

对收费方的监督最有效的途径来自缴费方。缴费方是公路收费活动的最直接的服务对象，是直接见证者，最了解实情，最有发言权。缴费方可以对收费人员的收费行为、服务质量等进行评价，并通过适当的方式反映到公路收费管理部门及其他相关部门，从而发挥有效的监督作用。

2. 新闻媒介监督

是指通过电台、电视台、报刊、杂志等媒体对收费工作进行评价。现代社会是信息化的社会，媒体监督已经成为公路收费管理有效的监督形式。对一些高水平、优质量的收费服务人员的先进事迹通过电视台、电台、报刊等途径予以广泛宣传，不仅可以激励收费人员，更能改善缴费义务人与收费部门的关系，促进和谐收费文化的建设。对一些服务态度不好，收费不规范的行为在媒体上进行曝光，也能对收费部门以及收费人员起到监督的作用，督促他们纠正错误和改善管理。

3. 公众监督

是指通过设立举报（投诉）电话、信箱（包括网上监督信箱），设立监督台，公开收费标准、审批机关、主管部门、收费用途等，从而使收费人员及其行为接受公众的监督。收费人员及其行为接受监督是现代公路收费管理的一个基本原则，公众有权知晓公路收费的标准及其主要用途。通过设立举报投诉电话、信箱等机制可以帮助上级机关查处乱收费现象，使公路收费规范化、程序化和透明化。

4. 社会监督员监督

是指收费站根据自觉接受社会监督和实现对社会承诺的要求，聘请社会监督员，定期举行行风座谈会等。社会监督员监督形式最大的特点就是倡导开放收费、阳光收费的理念，变过去被动的接受监督为主动的邀请社会公众监督。通过聘请社会监督员定期开展形式多样的参观、座谈、评议等活动，可以有效监督公路收费行为，加强收费部门与公众的联系，促进公路收费质量的全面提升。

第十三章　资产管理

一　资产管理的作用与内容

（一）资产管理的作用

这里的“资产”是指收费还贷公路及其收费站占有或者使用的能以货币计量的经济资源。它是履行收费还贷职责，实现公路通行费征收与管理的物质技术基础。

资产管理是指对收费站站区内所有的收费及附属设施、管理所用物品在添（购）置、领取、使用、保管、维修保养、清理检查等环节的管理活动。

各级公路部门及收费站必须加强对财产物资的采购、收发、保管、调拨、维修和使用的管理，并建立财产物资的内部管理制度，每年至少对财产物资清查盘点一次，保证账实相符。

加强公路收费系统各种资产的管理，对于保证公路通行费征收工作的正常进行，提高管理绩效，促进公路事业发展和技术进步具有重要的意义。资产管理在收费工作中的作用主要体现在以下几个方面：

1. 资产管理是公路收费的物质技术前提

通过有效的资产管理，对收费设施、计算机通信系统、监控设备、配套设施等存在的问题及时予以处理，排除故障干扰，进行有效的维护与保养，才能保证公路收费的正常运行。

2. 资产管理影响着收费系统的装备水平和技术状态

收费站的收费、监控、通信三大设备系统是整个收费运行的技术基础，其现代化、自动化程度高，属于精密化设备，且系统运行具有很大的关联性和连续性。对于这些收费站最为重要的资产，其管理水平的高低，将直接影响着收费系统的装备水平和技术状态。采用现代管理方法和手段对资产进行合理使用、科学维护与修理、不断加以改造和更新，有利于提高公路收费设备的科技含量。

3. 资产管理是促进经济社会效益提升的重要保证

物质资产从某种意义上讲，是收费工作的有形载体。因而，搞好资产管理，不断改善收费设备的技术状态，提高各种装备的利用效率，降低设备维修费用，提高资产管理人员和维护人员的专业素质，对实现收费管理目标和提高经济效益有着十分重要的意义。同时，资产管理的水平高低也直接关系到收费过程的顺利与否，关系到司乘人员能否顺利通行，也为公路交通的和谐畅通提供物质保障。

（二）收费站资产的分类

根据资产的用途和管理性质，收费站的资产主要分为以下几类：

1. 固定资产——使用年限超过一年的房屋、建筑物以及与生产管理有关的设备、器具、工具或单价在2000元以上并且使用年限在两年以上的物品。主要包括：

（1）收费设施——收费亭、自动栏杆、路障机、计重收费设施、IC卡读写器、电脑显示器、空调设备等。

（2）通信设施——电话程控交换机、通信电缆、播音扩音器材等。

（3）监控设施——监控电视屏幕、录放像机、监控电脑、数据处理系统、电源设备、监控镜头等。

（4）房屋——站区管理综合用房、设备用房、匝道辅助用房等。

（5）建筑物——收费棚、地下通道、收费道口（包括安全岛）、照明灯具、收费区域绿化带等。

（6）安全设施——收费区域护栏、护网、金库防盗系统、防撞设备、防雷击设施等。

（7）交通工具——办公用交通车、公务用车等。

（8）其他设备——办公用照相机、复印机、电脑、传真机、电动伸缩门、对讲机（单频、双频）等。

2. 低值易耗品——单位价值较小、不能作为固定资产的各种用具物品。包括收费员工作箱、自卫器材、灭火器材、黄沙箱、防撞柱、办公椅、桌、柜、一般维修工具、饮水机、电话机、缴款钱包等。

3. 其他物品——日常办公用品、生活用品、车主欠费抵押品等。

（三）资产管理的内容

1. 收费车道设备的使用与维护

车道设备根据系统不同而不同，通常可分为三大部分：

（1）计算机系统。车道计算机系统包括：车道控制机、收费员终端、车辆计数器、电动栏杆、票据打印机、费额显示器、发卡机、读写卡机、车辆分类设备等。车道控制机是该系统的核心设备，其余均为外设，受控于车道机。由于进、入口车道的功能不同，设备组成也不同。

①入口车道设备。包括车道控制机、收费员终端、车辆计数器、通信信号灯、发卡机及其他附属设备。

②出口车道设备。包括车道控制机、收费员终端、车辆计数器、费额显示器、票据打印机、电动栏杆、读写卡机及其他附属设备。

（2）闭路电视系统。包括车道摄像机、亭内摄像机、广场摄像机及安装在控制室内的控制设备。

（3）内部对讲系统。包括车道对讲分机及收费站控制室内的主机。

收费车道的主要设备使用与维护方法如下：

（1）车道控制机

①设备组成。车道控制机安装在收费亭内，由于现场工作环境恶劣，必须采用工业级计算机。车道控制机除配备 CPU、内存、硬盘外，还要配备各种接口，其中包括与主机通信的接口（或网卡）、控制外设的数字 I/O 接口（包括通行信号灯、电动栏杆、车辆检测器、费额显示器等）、键盘、显示接口、打印机接口等。总之，要考虑字长、视频、内存、硬盘、接口、MTBF（MCBF）、MTTR 等指标；软件须考虑扩充性、兼容性、可操作性、数据传输的实时性、速率、误码率。

②主要功能

a 收集车道信息，并上传收费站计算机；

b 控制车道的执行设备；

c 通过外接的收费员终端，以人机对话的方式完成收费全过程；

d 将各种违章报警信号实时传送到收费控制室；

e 具有设备状态自检功能；

f 可保存 48 小时信息，可降级使用，且不丢失数据。

（2）收费员终端

①设备组成。收费员终端由显示器和专用键盘组成。

a 收费显示器：收费显示器安装在收费员操作台上。由于收费亭空间的限制，该显示器一般为 14″彩显或 9″、10″单显。

b 键盘：收费员操作键盘是一独立的、可拆卸的专用键盘，它通过标准接口与车道控制机连接。键盘由车型键、功能键、数字键和若干键组成，功能键包括上班、下班、确认、已付、公务、紧急、无券、违章、车道打开、车道关闭等键。键盘上应有键盘罩，以防止水、灰尘等杂物进入键盘，键盘罩不应影响键盘的操作性能。键盘应根据功能分区，以利于操作。

②主要功能。收费员终端是人机对话的窗口，显示器用于显示收费员输入的信息及所需的信息，提示收费员下一步的操作。显示器可分为三个显示区域：

a 状态显示区（可采用字母、图形方式）。包括日期、时间、车道号、收费员号、车道状态、栏杆状态、设备状态等。

b 业务处理显示区。包括车型、收费处理情况（缴费、公务、紧急、无券等）。

c 帮助显示区。给收费员操作予以提示。

（3）电动栏杆。电动栏杆由电机、减速机、传动部件、控制板、金属箱体、栏杆等组成。电动栏杆安装在出口车道收费亭后部，与车辆检测器配合使用。全自动收费系统中，司机缴费后，栏杆自动抬起；半自动收费系统中，电动栏杆受控于车道控制机。通常收费员按放行键时，栏杆抬起，车辆驶过检测器，栏杆自动落下。

栏杆被车辆碰撞时易于损坏，栏杆的传动机构应具有杆落下时受阻停转的功能。电动栏杆的起落速度直接影响车道的通行能力，通常不多于 2 秒。栏杆的使用寿命不少于 200 万次。电源、功率、润滑油的使用应符合标准。

（4）路障机。路障机由电机、传动部件、感应器、控制挡板与收费员终端购成。在收费过程中，司机缴费后由收费员用鼠标控制将挡板放下，车辆通过后，挡板感应后自动升起，也可由收费员手动控制，防止车辆跟随过近造成事故。在使用过程中，严禁车辆反向压板通行。

（5）票据打印机

①通行费票据。出口车道配备票据打印机，以打印票据取代事先印刷好的票据。印刷票据对于开放式或均一式收费较适用，由于人工撕票易产生漏洞，因此在中国公车多于私车，需要报销凭证的情况下，对于较长距离的封闭式收费系统，宜采用打印通行费收据的方式。对于开放式或均一式收费站也应推广使用打印票据（若发电设备出现故障，长时间停电，无法使用票据打印机，需报经站长同意，在有效监控的前提下，可以发售印刷票据）。

②票据上记录的信息。通行费收据上有两种信息：预印刷信息和现场打印信息，预印刷的信息包括业主的名称、高速公路名称、收据监制单位名称、收据顺序号；现场打印的信息包括日期、时间、收费员工号、收费站编号、车型、收款额等。

③主要技术要求

a 票据打印机可选用通用打印机，也可选用票据打印机。由于票据为事先印刷好成卷或类似打印纸折叠状，因此选用票据打印机时，必须有装纸盒。

b 配自动切纸装置。

c 打印头寿命大于 3 亿字符。

d 发出一张票据的时间不多于 1 秒。

（6）费额显示器。费额显示器安装在出口车道，给司机提供应缴费额信息。当采用预付卡时，还应将卡上余款信息告知司机。

①费额显示器的种类

a 自立式：自立式费额显示器由立柱和显分组成，安装在收费亭后部 1.5—2.5 米范围，安装高度 1.5—1.7 米，应与车道有一夹角，以利司机观看。

b 附着式：附着式费额显示器安装在收费亭侧壁。或做成楔型，安装在收费亭外侧；或做成平板式，悬挂在收费亭侧玻璃上。

②显示器

a 费额显示器的可变信息由 7 段数码显示组成，固定信息（如车型、金额等汉字）可蚀刻在画板上。

b 费额显示器由车道控制机控制，车辆驶离检测器检测域后，应处于黑屏状态。

c 显示器应全天候工作，具有防尘、防雨、防晒性能，不论天气状况如何，其可视距离应大于 5 米。

（7）车辆检测器。车辆检测器埋设在每个车道出口处的路面中，用于统计出、入口车道的交通量，控制出口车道的自动栏杆落下。车辆检测器可检测两轮以上各种车辆，当拖挂车通过时判为一辆车；当两辆车快速、慢速或相距很近（间距不小于 1 米）通过检测器时，应判为两辆车。金属物体在两车道之间的收费岛上移动时，不能影响检测器的性能和精度，检测器计数误差不大于 10^{-3}。检测器由环形线圈和电子部分组成，电子部分除处理检测信息外，应有与车道机的接口，将车辆信息送给车道机。检测器灵敏度可调，并有复位按钮。

（8）通话设备。收费站内部通话设备，由主机和分机组成，主机安装在收费站控制室，分机安装在收费亭及站长室。该设备为控制室值班员与收费员提供直接的语音通路，通常采用有线传输系统。通话主机面板上应有带指示灯的每个分机的通话按钮、扬声器的音量控制旋钮、“群呼”按钮和工作状态指示灯；分机由扬声器、麦克风和呼叫按钮组成。

通话设备有三种工作方式：

①主机向所有分机（或部分分机）群呼（或组呼）。当控制室值班员按一下“群呼”按钮，即可向所有分机广播通话。

②主机与任一分机单独通话。值班员按下某一分机的通话按钮，即可与其通话。

③分机呼叫主机。收费员按下分机的呼叫按钮，主机有音响提示，该车道通话按钮上的指示灯闪动，值班员按下该通话按钮，即可通话。主机可存储通话结束前到来的呼叫。

（9）附属设备

①车道通行信号灯。车道通行信号灯安装在收费车道的出口端，由立柱和红、绿灯组成。

车道通行信号灯受控于车道控制机。收费员发卡或收费后，按确认（或已付）键，信号灯为绿，车辆通过检测，信号灯为红。

②天棚信号灯。天棚信号灯安装在车道顶部的天棚上，在迎车流方向，安装红、绿灯组；在背车流方向，安装单红灯。

天棚信号灯直径为300毫米，可由红、绿两色组成，或由“×”、“↓”符号组成，发光器件可选用灯泡型（220V或低压白炽灯），或选用发光二极管型。发光二极管红色可满足视距的要求，绿色的效果稍差。国内大部分收费站采用灯泡型，也有的收费站采用的是发光二极管型，如首都机场天竺收费站。

③雾灯。雾灯安装在每一车道的岛头部分。在大雾或能见度低的条件下，开启雾灯，用于指示车道的位置。雾灯由收费亭内的开关控制。

雾灯应是黄色、高亮度的，以保证在大雾及能见度低的条件下，引导司机行驶。

④收费亭紧急报警装置。收费亭紧急报警装置由安装在亭内的脚踏式报警开关和安装在收费站某一合适位置上的全天候报警警笛组成。脚踏开关的位置不易被人发现，收费员在进行正常操作时也不易触动它，但在紧急情况下，能在别人不注意时，被收费员触动而产生报警信号。

⑤黄色闪光报警装置。黄色闪光报警装置可安装在通行信号灯立柱顶部或收费亭顶部，紧急报警装置被接通时，同时接通黄色闪光报警装置。

（10）计重收费设施。交通部统计数据表明，当货车超载达到1倍时，其对公路的破坏力相当于正常载重的16倍，当超载2倍时，其破坏力相当于正常载重的80倍。2005年10月交通部下文统一全国收费公路计重收费，明确提出对载重货汽车按重量征收车辆通行费，从而使称重系统成为计重收费的必备的设备、设施。

目前国内公路称重设备的动态公路车辆自动衡器的国家标准为2004年6月实施的JJG907—2003《动态汽车衡的车辆总重计量检定规程》。

①动态汽车衡计量性能要求

a 准确度等级：动态汽车衡可划分为六个准确度等级：0.2、0.5、1、2、5、10。目前国内能够制造且普遍选用的为5级汽车衡。

b 最大允许误差：5级汽车衡首次检定车辆总重的最大允许误差为±2.5%；使用中检验其最大允差扩大一倍，即±5%。

②称重系统构成。系统由秤台结构、红外光幕分车器、轮轴识别器、WS900-AUTO信号处理器四部分组成。

a 秤台结构，由称重台面和称重框架组成，装有高强度剪切梁式传感器及承压座，以保证测量精度。

b 红光线光幕分车器，由发射管、接收管以及光幕箱和专用线连接组成。检测两车间距不能小于0.1米，两光幕间隔小于或等于12米。对过往车辆从离地0.4至1.2或1.5米，以每秒巡检500次的速度连续进行编码扫描；平等扫描可发现直径大于5厘米的物体。

c 轮轴识别器，位于前方车道左半侧，普通车道安装10个检测单元，超宽车道13个检测单元。检测单元之间的距离及受压的检测单元数量是判定单、双胎的依据。识别器的另一个功能是检测车辆轴型。

d WS900-AUTO信号处理器将来自传感器的轴重信号、识别器的轴型、胎型信号、光幕分车器的车辆间隔信号进行综合处理后，传输给计算机系统，并具有倒车识别和处理功能。

③称重系统的日常维护

a 红外光幕分车器是依据红外线来检测车与车之间的缝隙，以达到分车的目的。因此，红外线正常发射与接收是日常维护的重点。光幕箱表面玻璃应保持干净透光，每周必须用软布擦拭一次，不能因维护量大而取消玻璃，以防溅起物损坏光幕管。雾、雪天气，应启动加热玻璃开关，通过玻璃加热以防止表面出现雾或冰层。

b 倒车检测器俗称“猫眼”，其表面有凸透镜，极易被车轮碾起的污物遮挡，故须每日用软布擦拭，否则易发生数据不传输的现象。

c 秤体：秤重台面与框架之间有5毫米的间隙，须防止泥沙杂物的进入，要保持秤台及车道的清洁。冬季要防止结冰冻住称台。秤台经车辆长期碾压，可能造成秤台的水平破坏，框架上的限位丝杠球面可能与秤台限位面出现间隙，从间隙处进入秤台基坑内的渣土、杂物太多时，会出现明显的称重或称轻的现象，此时应进行清理，并请专业人员进行检验和校正。

2. 收费计算机系统的使用与维护

（1）系统组成。收费站计算机系统由计算机、打印机、网卡、通信设备、UPS电源保护装置等组成。

（2）系统设备的指标

①收费站计算机应采用工业级计算机。为保证系统可靠运行，应采用双机冗余。计算机的主要指标是：CPU、主板、内存、光驱、硬盘及各种接口板，计算机要配鼠标、标准键盘和高分辨率彩色显示器。由于计算机技术发展很快，所以设备选型时，应根据当时的发展情况，选择性价比较高的型号，同时要注意系统的扩展性、可维护性及备品备件、易耗品的供应保障。

②打印机可采用点阵、喷墨和激光打印机。

③通信设备

a根据站与车道的网络型式选用相应的网卡；

b收费站分中心数据传输，通常通过高速网络交换机；

c收费站配备集线器（HUB）。根据传输线路、用户数量选用HUB的型号。

④UPS

收费站及收费车道均属一级负荷，为保证其可靠工作必须配备在线式UPS，后备时间不少于30分钟。UPS的配备因供电方式不同而异。

a分散式供电。在每个收费车道配备1台在线式UPS，功率通常为lkw。在控制室配备1台在线式UPS，给室内设备供电。

b集中式供电。在每个控制室配备1台大容量的设备，包括收费站计算机、车道控制机、车辆检测器、收费员终端、费额显示器、发卡、读写卡设备、票据打印机、内部通话设备和部分闭路电视设备。VDM视频分配器有两个输入口，一个与摄像机相连，用于视频输入；一个与车道机相连，接收键入的信息，输出为叠加数据的视频信号，直接送到监视器或视频切换器。VDM可以是多通道，则安装在控制室，有多路视频输入和输出端，数据输入端与收费计算机相连，信息是由车道机—站计算机—VDM进行传输的。

经VDM在视频图像上叠加的字符有车道、车型、收费金额、票证号、收费员工号、车辆计重吨位等，固定汉字及车道号是不变的，其他是随收费员的输入而变化的。叠加的字符在不同背景下应清晰可见，不产生抖动。

（3）报警切换器。收费系统使用的切换器要求有报警切换功能。报警信号取自车道控制机，当车道内有紧急、公务、免费等不缴费车辆通过时，收费员处理违章车辆，报警切换器均应将该车道的亭内及车道摄像机的视频信号切换到输出端，送入亭内摄像机主监视器和车道摄像机监视器及录像机。

报警切换器具有手动切换、报警切换、轮循输出的功能，轮循时间可调。当多路报警信号同时到来时，可根据事先选定的时间间隔，依先后次序切换输出，该时间独立可调。报警信号的复位可手动和自动实现。

（4）视频控制器。视频控制器可遥控广场摄像机的焦距、光圈、云台、雨刷及电源开关。控制器备有与计算机的接口。

（5）画面分割器。画面分割器可将一个、两个甚至多个摄像机的视频图像同时显示在一台监视器上，可清楚地观察每一个摄像机的动态连续图像及静止画面。

（6）监视器。通常每个亭内摄像机配备一台监视器，组成电视墙，安装在独立的机框上。另配一台监视器，安装在控制台上。车道摄像机配一台监视器用于监视报警车道的信号，该监视器安装在控制台上，当车道摄像数量较多，需录像的车辆同时出现的概率较大时，可增加监视器的数量。

（7）录像机。各个站（点）的录像机可录制多车道信息，也可重点录制某一车道的信息。车道录像机对报警车道的图像进行录像，应选用 24 小时自动录像机。

（8）传输线路。摄像机的视频信号可采用电缆或光缆传输。距离在 1 公里以内，选用电缆传输较经济实用；距离较长时，电缆信号衰减大，且易受外界干扰而影响图像的质量，因此宜采用光缆传输。

当传输线路采用光缆时，在光缆的两端必须增加光、电转换设备。

闭路电视监视系统的选型、设备配置（如监视器的数量、尺寸、摄像机是彩色还是黑白、是否选用矩阵切换器、是否配广场摄像机等），应根据每条路每个站的具体情况、功能要求、资金投入等决定。

3. 监控系统的使用与维护

（1）由于收费监控系统的设备通常整年不间断运行，因此，做好系统设备的日常维护是保证系统正常运行的重要措施。设备的日常维护包括以下工作：

①保持控制中心良好的工作环境。收费、监控设备特别是计算机系统均

为电子设备，设备的防尘、防磁、防霉、防水、防静电、恒温就成了系统日常维护的首要工作，清洁、卫生的环境是系统日常维护的重要内容。

②定期保养设备。外购设备的定型产品按照设备制造厂家规定的时间、方式进行保养，如计算机、电视摄像机、红外线车辆分型设备、读写卡机等；专用研制设备和其他外购设备根据使用经验进行保养，如红外线车辆分型设备、道路模拟屏要经常打扫机架落灰，检查接插部件是否牢靠等。

③定期检查、测试设备的运行状况。这项工作是防患于未然的重要措施，平时要经常检查，防微杜渐，发现隐患立即消除。如经常检查摄像机云台是否按要求动作，读写磁头状况是否准确，发现细小偏差就要研究原因，把故障消除在萌芽状态。

④技术资料、系统设计图和施工图管理保存完好，当发生故障时便于查询。值得注意的是，当系统在调试期间或在实际运行时某些部分有所改动，应及时在图纸中注明。

⑤建立设备档案。要分门别类建立设备档案，随时知道有哪些设备在线运行；哪些设备有备份，有多少；哪些设备正在修复或报损。

⑥做好设备维修记录。每次维修设备要做好维修记录，详细记载所出现问题的外在表现、技术人员的分析判断以及最后的维修处理结果，这样既解决了问题，还为今后解决相同或相似的问题提供了依据。根据设备维修记录，还能逐步摸清哪些设备或元件比较容易损坏，这对故障的预防和系统的改进都有益处。

⑦做好外场设备的保护。由于外场设备本身所处的环境比较恶劣，再加上容易受到人为的破坏，因此，必须经常上路检查，并尽可能设置一些必要的保护措施。如电视摄像机镜头温差变化可能引起水汽遮挡，要做好密封。

（2）系统的故障维修方法。对于大的故障，不主张自己维修，可与设计单位和设备生产厂家及时联系（保修范围内的按有关合同规定执行），管理部门的技术人员，应该积极参与维修工作，利用这些机会向别人学习，对一般性设备故障和时间比较紧迫的故障应该及时修复。

（3）系统的人员管理。这里所说的人员管理不是人事管理，而是对系统工作人员的管理。它包括技术人员和操作人员的业务管理以及与之相关的各项规章制度。收费、监控系统运行的好坏，不仅与系统设备有关，同时，与系统工作人员的素质也有很大的关系，因此，培养一支过硬的技术队伍就成了系统管理工作中的当务之急。

①设置专门机构，配备专人负责收费、监控系统的维护与管理。要充分

发挥系统的作用，就必须组建专门的维修管理部门，用一批懂机电、计算机、自动化的专业技术人员来充实管理人员的队伍，并配备专门的技术人员来负责收费、监控系统的管理与维护。

②管理部门要尽早介入系统。收费、监控系统涉及的技术面很广，一般技术人员具备的专业知识往往不能满足系统管理的需要，这就要求管理部门的技术人员尽早介入系统，特别要注意利用设备的安装调试和系统试行期间进行学习。

③建立健全岗位责任制，严明各项规章制度。健全的制度是事业成功的基本保证，必须建立相应完善的制度和规定，用以规范系统技术人员和操作人员的工作行为。

④技术人员要钻研业务，多看多练多动手，必要时，可以把他们送往相关的大专院校、科研部门以及设备生产厂家进行培训，以提高人员业务技术水平。

⑤培训操作人员，逐步培养他们发现问题和解决问题的能力。对操作人员不能完全同技术人员一样要求，但这不意味着操作人员不参与业务工作，要对操作人员进行上岗前培训，使他们懂得收费、监控系统的基本理论知识和基本操作技能，并培养他们发现问题和判断、解决简单问题的能力。

二　资产管理的工作规范

（一）资产购置及使用规范

1. 资产购置的计划管理

（1）因收费管理的需要增添设备、设施等固定资产，收费站必须于年初编制设备购置方案，添置设施要按年分月计划，经职能部门汇总报分管领导审核、主管领导批准后，由职能部门统一办理。

（2）临时应急所需物品，按上述审批程序办理追补计划和相关手续。

2. 资产的购置、领用管理

（1）固定资产的购（添）置：按照先急后缓、保证一线需要的原则，在批准的计划范围内由职能部门组织采购。实施采购时，通过比价比优选定供应商，对金额较大或数量较多的资产购置，应签订购销合同，并实行银行结算方式，控制价格，保证质量。职能部门组织由站内相关人员参加验收后，办理交接手续。

（2）低值易耗品及其他物品的添置：由上级职能部门按计划统一购置、

统一保管、统一发放，收费站在批准的计划或定额范围内由经办人填写领料申请单，办理领用手续，职能部门发放人员及时登记物品收发台账。对此类物品的考核管理可按不同类别分别实行使用年限法、定额包干法、申报审批法等管理方式，控制不合理的费用开支，防止浪费。

3. 资产的使用管理

（1）固定资产的使用管理。设备、设施等资产使用人员必须严格按有关规定程序操作，收费站应定期组织相关人员进行业务培训和业务交流，努力提高操作技能和操作水平；严禁私自修改电脑程序，严禁外来软件进入收费、监控电脑系统；房屋、建筑物不得任意改变其结构。

（2）低值易耗品及其他物品的使用。贯彻“谁使用、谁保管、谁维护”的原则，按有关规定正确使用、保管，未达到规定使用年限或超过定额标准而确需添置或领用的，一方面要追究当事人的经济责任，另一方面要按前述规定办理相关手续。

（3）资产的调拨。收费站各项资产有着特定的用途，任何人不得任意改变其用途，原则上现有资产不得调出本部门或利用现有资产对外搞其他盈利性活动，如确因工作需要进行资产的调拨，应由收费部门或相关部门提出申请，上级职能部门签署审核意见，分管领导批准后方可进行，并办理交接手续，登记资产调拨台账。

（二）资产日常维护规范

1. 资产的日常维护、保养

收费站区设备设施等资产的日常维护、保养工作由收费站各职能部门或专业人员负责完成，使用人员或职能部门应加强日常巡查和定期检查维护保养工作，并做好台账记录，发现问题及时调整修复，重大或疑难问题及时报上级职能部门解决。

2. 资产的修理

资产修理的目的是要通过多种途径，采取多种措施，确保收费设备、设施始终处于完好状态，达到提高设备、设施的完好率，满足收费工作的正常需要。主要包括日常零星修理和计划修理。

（1）日常零星修理或应急修理。设备、设施等的零星修理或应急修理，由使用部门提出申请报上级，职能部门组织维修人员实施修复。如需购置材料配件的，由上级职能部门根据实际情况提出材料采购申请，按规定报批后，方可办理材料的采购、验收入库、领用手续；如本单位维修人员无修理能力需请外来人员协助修理的，职能部门应及时联系解决，并就外协单位、外协费用等上报有关领导审批同意后，方可实施。由于应急修理项目的时间性要求较高，职能部门应及时安排维修人员到位施工，并监督维修质量达到规定的要求。因修理时间、质量问题影响正常收费工作，将追究相关人员的责任，情节严重的，要给予行政处罚。

（2）计划修理。由上级职能部门于每年年初编制按年分月修理计划，报分管领导审核，主管领导或办公会议批准。计划落实时，职能部门应提出实施方案，在与收费站主管领导取得一致意见后，方可组织实施。

（三）资产保管规范

（1）资产的登记。上级管理部门设置“固定资产明细分类账”、“固定资产登记卡”、“低值易耗品登记簿”、“办公及管理用品登记台账”；收费站设置“固定资产备查簿”、“低值易耗品备查簿”、“办公及管理用品领发台账”、“抵押品登记台账”；对固定资产、低值易耗品实行统一编号，统一登记；购置费用由职能部门登记后，财务部门方可办理报销手续；物品领发必须双方签字认可，并登记相关台账；收费部门应明确专人负责资产的登记工作，定期与有关部门、人员核对，做到账、卡、物相符。

（2）资产的保管。按照“谁使用、谁保管”的原则，个人专用物品由使用人负责保管；共用设施、物品保管由收费部门行政管理人员、保卫人员负责；库存物品的保管由专（兼）职保卫人员负责；通行费欠款抵押品由收费部门指定专人负责。保管人员应做好防火、防盗、防潮、防破坏、防丢失、防腐蚀工作，不得擅自挪用。

（3）资产的盘点。保管人员应定期进行账物核对，确保账、物相符。年终组织一次有相关部门和人员参加的盘点清查，对财产物资盘盈、盘亏，应当查明原因及时上报，经上一级公路主管部门批准后调账。属于正常范围内的盘盈、盘亏、毁损物品按财务制度的有关规定报经批准后，进行账务处理；属于非正常情况的，要追究相关人员的责任。

（四）资产更新与改造规范

资产的改造是把科学技术的新成果，应用于现有设备，以提高设备的现代化水平。资产更新，是采用比较经济和比较完整的设备，使收费建立在先进的物质技术基础之上的行为。通过资产改造与更新，加大收费工作的科技含量，提高收费工作效率。在资产改造与更新中，要充分考虑到设备的三种寿命：

1. 设备的物质寿命，是指设备设施的使用自然磨损决定的寿命。

2. 设备的经济寿命。设备在物质寿命的后期，要依靠高额的维护费用来维持设备的运行，继续使用下去显得不经济，为此有必要确定设备的经济使用年限，通常以年平均使用费用最低的使用年限，作为设备的经济使用年限。这种以使用费用决定的设备使用寿命，叫作设备的经济寿命。

3. 设备的技术寿命，指设备从开始使用，到因设备技术落后被淘汰所经历的时间。

设备改造是消除设备的无形磨损、延长设备技术寿命的手段。设备更新是消除设备有形磨损和无形磨损的一个重要手段。设备的改造和更新，应当进行技术经济论证。

如在选择新设备时，运用各种经济评价方法，对比各种方案，从中选择最优方案。当以生产效率和功能相同的新设备替换旧设备时，可以根据设备的经济寿命来确定设备的更新期。

（五）资产报废处置规范

1. 资产的报废

固定资产因超过规定使用年限或技术改造的需要而报废，由上级职能部门提出申请，分管领导审核，主管领导批准后，按有关规定办理。低值易耗品及其他物品报废，由使用部门提出申请，职能部门审核，分管领导批准后，按有关规定处理。属于人为破坏或工作失误导致损坏的，由职能部门提出处理意见，报上级领导审批同意后，追究当事人和相关人员的责任。（参见图 13－1）

2. 废旧物品的处理

资产报废后的废旧物资及过期无人认领的抵押品应上缴上级职能部门，由职能部门提出处理方案，报经上级领导批准后方可实施，款项全额上缴财务部门。

（六）收费站停止收费后的资产处置规范

由于收费站有国家规定的收费时限，当收费期限达到，终止收费时，应对其资产进行处置。还贷性通行费收费站一切财产属国有资产，由公路部门管理。收费站停止收费时，全部财产由市级公路部门负责清点查收，并报省级公路部门核备，严禁自行转移、变卖和私分。

经营性收费站则按投资方的协议划分资产并进行分割。

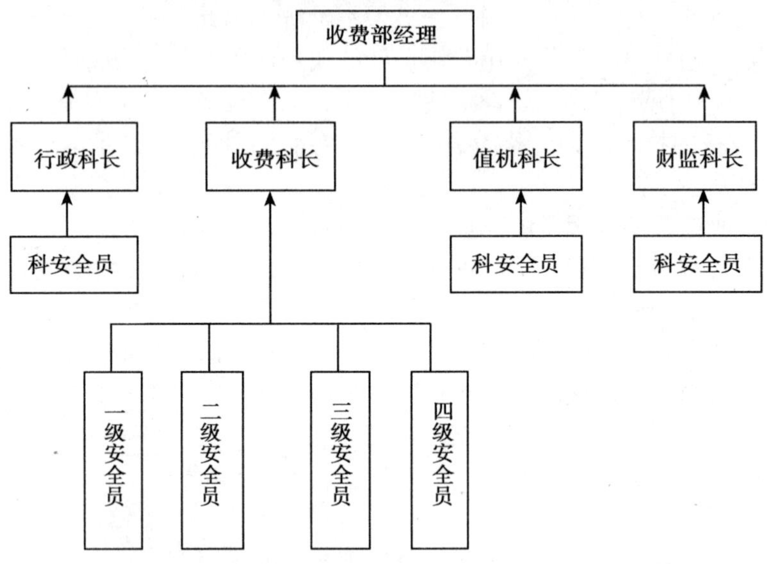

注：“↑”向上级逐级负责

图 13－1　资产报废处置层级责任制

第十四章　站务管理

收费站站务管理是收费站管理实务的基础，它起着后勤保障的作用。其基本管理方法有责任目标管理和全面质量管理两种，主要内容包括组织管理、后勤管理、档案管理和民主管理四个方面。在具体操作中，站务管理在站长的统领下进行，并对其负责，收费站办公室则发挥着载体作用。站务管理的内在逻辑和内容框架见图 14－1。

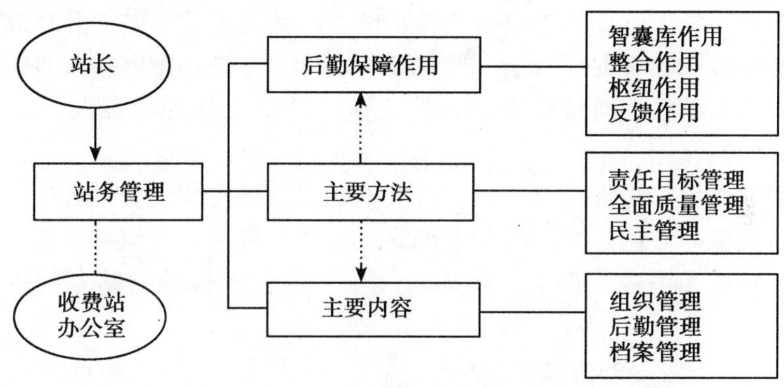

图 14－1　站务管理的内容框架

一　站务管理的作用与方法

（一）站务管理的作用

1. 辅助决策和参谋咨询的智囊库作用

所谓辅助决策作用，就是根据收费站站长的指示和意图，对有关问题进行深入调查研究，然后形成工作总结和调查报告，以便站长对有关问题作出正确的判断并进行科学决策。参谋咨询作用就是通过站务，广泛地收集信息，根据工作起草文稿，筹备组织会议，安排有关活动，协助站长处理文件、信函以及其他事务，充分发挥智囊库的作用。

2. 统筹、协调的整合作用

当一项工作或活动需要几个部门共同参与时，收费站站务管理就可以根据各部门不同的职能进行统筹安排，保证各环节相互衔接。而当有关部门之间对有些问题认识不一致或意见相左时，通过收费站站务管理可以及时进行协调，使各项工作得以顺利进行。通过统筹与协调，促使收费站的各项工作有条不紊、走向一体化，充分发挥整合作用。

3. 承上启下、内联外协的枢纽作用

站务管理日常所做的工作主要是传达上级有关部门的文件和精神，上报站务管理有关文件，汇报收费站各方面的情况；保持与社会各方面的联系以及及时通报有关情况等工作，发挥承上启下、内联外协的枢纽沟通作用。

4. 检查、督促的反馈作用

收费站的各项工作布置以后或站长的指示传达之后，站务管理就要对落实情况进行检查和督促。对于一些重要的工作，站长还须将检查督促的有关情况报告上级部门，通过检查、督促工作，对站务管理的漏洞提出整改意见，发挥反馈作用。

这四项作用归结为一点，站务管理的功能就是发挥收费站各项工作顺利开展的后勤保障作用。其功能的发挥穿插于站务管理中的组织管理、后勤管理、档案管理和民主管理的具体内容之中，依赖于科学的站务管理方法的运用。

（二）站务管理的方法

目前，我国收费站站务管理的方法在操作层面上主要是运用责任目标管理、全面质量管理和民主管理的方法。

1. 责任目标管理

湖北省各收费站率先实行了目标管理，并卓有成效。其基本做法是：

一是为促进各项工作程序化、科学化、规范化，建立竞争机制和约束机制，使各部门做到目标明确，责任清楚，奖惩分明。

二是每年年初，按市公路局（处）的目标管理要求，结合自身职能任务，制定各站相应的目标管理制度，责任目标的制定、分解和检查、奖惩做到实事求是，客观公正，确保目标责任制的有效实施。实施对象为各站收费稽查室、办公室、财票室、监控室等部门。各部门负责人对站长负责，并组织本部门目标责任的实施。

三是目标确定后，各部门不得随意更改，由站领导同各部门负责人分别签订目标责任书，部门负责人变动时，由继任者承担责任。

四是按照平时检查、半年自查和年终考核的原则，对目标责任制执行情况进行检查和考核，各部门对目标责任进行经常性的自查，并在 7 月份和 12 月份对各自当年目标责任制完成情况进行总结，将结果书面报告站领导。

检查和考核的内容有：文明创建情况；安全生产情况；党风廉政建设情况；社会治安综合治理情况；计划生育情况；领导班子、干部职工理论学习、教育情况；各项管理制度建立及执行情况；各项目标任务执行及完成情况。

五是对目标责任完成情况进行考核奖惩。对完成任务目标的单位进行奖励，未完成任务目标的单位，或在责任范围内发生特大安全事故或严重违纪违规事件的，均一票否决，取消考核资格，取消部门负责人各类评选资格，并给予经济处罚。

2. 全面质量管理

质量是收费管理工作和规范服务的生命，工作质量和服务质量受收费管理活动各种因素的影响，是收费站站务管理工作的综合反映。要保证和提高工作质量，必须对影响质量的各种因素进行全面而系统的管理。

收费站全面质量管理必须做到“三全”，即：（1）内容与方法的全面性。不仅要着眼于收费窗口服务质量，而且要注重在整个收费站路段中形成服务链的工作质量，注重采用多种方法和技术，包括科学的组织管理工作、各种先进的收费技术、数理统计方法、舆论宣传、社会监督等；（2）全过程控制。即对运输市场调查，收费路段路况的完好率，各种收费设施的健全完整，安全畅通，文明规范标准为客户服务等全过程都进行质量管理；（3）全员性。即收费站全体人员包括站领导、管理人员、普通工作人员等都参加质量管理，并对服务质量各负其责。

在具体推行的过程中，可以从以下几个步骤来实施：

通过培训教育使企业员工牢固树立“质量第一”和“顾客第一”的思想，营造良好的站区文化氛围。

制定收费站人、事、物及环境的各种标准，这样才能在收费管理运作过程中衡量资源的有效性和高效性。

推动全员参与，对全过程进行质量控制与管理，以人为本，充分调动各级人员的积极性。只有全体员工的充分参与，才能真正实现对收费全过程进行质量控制与管理。

做好质量评检工作，按照质量规范和标准，进行日常的监控、稽查、检查、统计、分析等，是确保质量标准得以贯彻执行的重要方法和手段。

建立质量责任制，并要求所有员工自上而下地严格执行，从站长开始，逐步向下实施，否则，全面质量管理则难以长期推行。

湖北省在收费站全面质量管理方面制定了《标准化收费站考评细则》，从各个层面和管理环节中制定了详细质量管理标准和要求，具体内容和考评方法参见本书第十六章标准化建设内容图 16－1。

湖北省标准化收费站全面质量管理分三个层面进行质量控制、督查和考评：

（1）站（所）督查检评：由各收费站（所）在日常站务管理中按标准化收费站规定的标准和要求进行质量控制管理，并在每年年终按照考评表进行自评打分，将分值汇总后报收费站所在市（州）公路管理部门评比。

（2）市（州）督查评检：公路管理部门根据各收费站的自评自检及日常稽查情况进行综合评议，以书面形式向省公路局推荐标准化收费站检评意见。

（3）省局督查考评：省公路局根据各市（州）推荐的标准化收费站考评意见，组织市（州）人员进行交叉检查评分（采取听、看、查、问相结合的方法），考评分值在 80 分以上方可评定为标准化收费站，并在标准化收费站达标基础上进行分类考评：分值在 85 分以上评定为三级收费站；90 分以上评定为二级收费站；95 分以上评定为一级收费站；100 分评定为示范收费站。

从管理成效来看，实行标准化收费站管理后，全省各收费站的工作质量和服务质量有了明显提高，全面质量管理意识不断增强，现在全省 99.9% 的收费站都达到三级以上的标准。其中有 25 个收费站达到省级示范收费站的标准。

责任目标管理和全面质量管理给我们提供了收费站站务管理方法上的两种行之有效的路径，在具体的站务管理中，应结合所属收费站的实际情况，有侧重地选择运用和灵活穿插地综合运用，以便达到站务管理的理想效果。

3. 民主管理

（1）站务民主管理的要求。收费站站务民主管理规范基本内容包括：收费站重大事项必须实行民主决策，做到公正、公平、公开；收费站对涉及员工集体利益、决定有关劳动报酬、工作时间、休息休假、劳动安全卫生、保险福利、职工培训、劳动纪律以及劳动定额管理等规章制度或者重大事项时，应当经员工代表大会或者全体员工讨论决定；收费站要建立有效机制，鼓励谏言献策，并积极采纳合理化建议；收费站应采取多种形式广泛听取社会不同意见，接受社会监督。

（2）站务民主议事的制度。收费站站务民主议事制度的表现形式有民主讨论事项、民主讨论人员和民主讨论流程（见表14－1）。

表14－1　某收费站民主议事制度

为了认真贯彻执行企事业单位民主管理的规定，对本收费站的重大事项实行民主决策，保证决策的顺利实施，根据有关精神制定如下民主议事制度： 1. 民主讨论的重大事项是指：制定年度工作计划、管理制度、改革方案、提拔任免干部、决定职工集体利益、人员调入（出）本站（上级安排的除外）、一次达万元的非例行开支以及超出领导个人职权范围应提交民主讨论的事项。 2. 上级对讨论重大事项有规定的，按有关规定执行。制定管理制度、改革方案、决定职工集体利益等重大事项，应提交职代会或者职工大会讨论；其他重大事项根据情况，召开中层干部会或领导班子会讨论，应向上级请示的，按程序向处党委、处费办、区交通局请示。 3. 参加讨论重大事项的人员，要认真了解有关情况，本着对国家、集体和职工负责的精神，积极发表自己的意见，应到会人数达到三分之二以上方可进行表决，表决实行少数服从多数的原则。 4. 重大事项在提交讨论之前，主管部门对提交讨论的事项必须进行深入的调查（包括咨询），形成内容翔实的书面材料，经领导审阅后安排讨论。要向与会者详细介绍有关情况，如实做好会议记录存档备查。 5. 讨论事项未能通过的，根据需要再调查、再研究或者扩大会议讨论，不可急于求成。讨论通过的事项，按决定予以公布，与会者不得擅自散布讨论情况，严格遵守保密制度，违纪者要严肃批评，造成不良后果的，要按有关规定予以处理。 6. 决定的重大事项，负责实施的部门要按要求抓好实施，不得随意变更，实施中注意做好相关工作和调查，以便不断完善方案，保证决定的顺利实施。

（3）站务公开的形式及事项。收费站站务公开的形式呈现多样化的趋势。目前的主要形式有职工代表大会、职工代表团（组）长联席会、建立民主管理小组、建立站务公示栏。其一，职工代表大会是站务公开的基本形式和主要载体，须依法建立和健全职工代表大会制度。凡是法律规定属于职工代表大会职权范围的问题，都必须向职工代表大会报告，由职工代表大会审议、通过或决定。民主评议领导干部、报告业务招待费使用情况、通过集体合同草案等重要问题，必须坚持在职工代表大会上进行。职工代表大会民主评议领导干部每年进行一次，评议结果要以适当方式公开。其二，职工代表团（组）长联席会。由职工代表团（组）长与职工代表大会专门委员会

（小组）负责人组成，在职工代表大会闭会期间协商解决属于职工职权范围内的一些重要问题。其三，建立民主管理小组。根据职工群众反映的热点问题和容易滋生腐败现象的环节，在职代会下面建立若干民主管理小组，对所管理和建设的全过程进行监控和公开。其四，建立站务公示栏。公示栏是实行站务公开的有效形式，在职工活动频繁、便于大多数职工群众观看的地段设置固定、防风雨、防损坏的公示栏，公布站务公示的内容。此外，简报、专栏等宣传媒体也可作为站务公开辅助形式，尽力维护职工群众的知情权。

收费站站务公开涉及站务管理各个环节和各个领域的事项，相关情况参见表14－2。

表14－2　　某收费站站务公开的主要事项

为了推进本收费站廉政建设和民主建设，健全监督机制，深化站务改革，树立良好的站务形象，特规定以下站务公开事项： 1. 单位改革、固定资产评估等重大事项。 2. 人事机构变更、人员工资调整及分配方案。 3. 通行费征收年度目标，完成进度情况，财务决算。 4. 单位基建工程的计划、发包、承包及执行情况和物资采购供应及配套、协作定点情况。 5. 职工基本养老保险及其他社会保障基金缴费情况。 6. 业务招待费的使用情况。 7. 领导干部差旅费开支（含出国出境）情况。 8. 行政、办公等费用开支情况。 9. 专业职称评聘和评优、评先的条件、操作程序及办理结果。 10. 集体合同、劳动合同的签订和履行情况。 11. 支部成员重大事项报告制度、收入申报制度、礼品登记制度的落实情况。 12. 所党支部民主生活会对群众意见的整改情况。 13. 对所党支部、支部成员、中层干部民主测评的情况。 14. 所部工作管理办法、制度、规定的建立、修改、执行情况。

二　站务管理的主要内容

（一）组织管理

收费站组织管理是站务管理的一项基本内容，它是指在站长的统领下，充分发挥收费站办公室及其工作人员的作用，使收费站的各项日常工作有条不紊地开展。它的基本内容包括办公室职责、会议制度、图表规范和来客招待规定等方面。

1. 收费站办公室的主要职责

在收费站站长的领导下，组织协调理顺各部门之间的关系，负责站务行政和后勤、设备设施、安全和保卫的综合管理等具体工作事宜；负责文秘、宣传以及上级要求的各类报表、材料的定时报送工作；负责站区安全生产工作，负责各种消防器材的管理、保养和指导使用工作；站领导不在时，临时负责收费站全面工作；遇到重大问题及时向站领导汇报；完成收费站领导交办的其他工作。

2. 会议制度

会议制度是收费站组织管理的一个环节，其主要表现形式有站办公会议、工作周会和月度班务会（见表 14－3）。

表 14－3　　站务管理的会议制度

会议制度的形式	时间	参加对象	主要内容
办公会议	每月月末	收费站负责人、管理人员、票据员、班长。由收费站负责人主持。	①学习、传达上级有关政策、规定、要求及有关指示精神； ②结合本站实际工作，提出有针对性的贯彻实施意见； ③各班组汇报工作； ④总结当月工作，布置下月工作
工作周会	每周一上午	收费站负责人、管理人员、票据员、班长。由收费站负责人主持。	①学习、传达上级有关政策、规定、要求及有关指示精神； ②通报工作，交流情况，对上周工作进行检查评估； ③对有关工作进行专题研究； ④对本周工作进行安排、分工，提出具体要求
月度班务会	站办公会议之后	全班人员。由班长主持。	①学习、传达上级有关政策、规定、要求及有关指示精神； ②结合本班实际工作，提出有针对性的贯彻实施意见； ③总结当月工作，安排下月工作； ④对业务操作、文明服务进行研究； ⑤对本班各方面情况进行讲评

上述三种会议形式是站务会议制度的基本形式，各站还可以因地制宜地进行创新。如召开定期党员民主生活会和干部生活会，积极开展批评和自我

批评，及时纠正工作中的不正之风。又如展开班前班后会，时间可以在班前15分钟和班后半小时进行。参加对象可以是全班人员，由班长主持。基本内容：通报有关情况，班前会布置工作，提出本班次工作要求，班后会对本班次进行讲评。

总之，会议制度是推进站务组织管理的一种基本手段，每次会议必须把握好会议时间，明确会议内容，切不可流于形式，形成“文山会海”，助长形式主义和官僚主义作风。

3. 图表规范

按要求统一设置标准的“五图”、“十表”。“五图”即收支曲线图、收费线路图、人员结构图、劳动竞赛图、星级评定图；“十表”即监控室工作记录、冲岗逃费记录表、错票登记表、废票回收登记表、稽查车辆登记表、收费班交接班日志、监控审查记录表、违规违纪报告单、违规违纪处罚单、月票审批表。各种图表应在每月26日由责任人准确地填制完整。

4. 来客招待规定

收费站的来客招待由办公室负责；因公来客招待就餐时，一律由办公室通知按标准安排在食堂就餐；因特殊原因不方便在食堂招待来客时，由办公室报请站长批准同意方可在餐馆安排就餐，并由办公室统一结账，经经手人、办公室主任、分管副站长核实后，报站长审批报销。食堂来客招待标准一般由办公室根据来客人数灵活掌握，陪同来客进餐一般由有关站长或与来客有直接工作联系的人员负责。

（二）后勤管理

收费站的后勤管理是站务管理的一个基本内容，是发挥后勤保障作用的最直接的表现。它主要包括食堂管理、车辆管理和宿舍管理三个方面的内容。

1. 食堂管理

食堂管理的基本内容包括食堂工作人员管理、食堂卫生管理、服务质量管理和账目管理四个方面的内容。食堂工作人员必须持《健康证》上岗，服从统一管理；食堂必须保证卫生、整洁，各种厨具、餐具、食品符合卫生防疫标准；食堂服务中的饭菜色、香、味好，品种多样化，并保障饮用水及热水供应；食堂账目管理的基本要求是实行账目公开。在收费站食堂管理中，制定行之有效的规定、明确炊事员职责和细化餐具消毒流程是三个关键的因素。

我们可以根据食堂工作人员基本要求、服务标准和服务卫生条件三个维度来制定一种良性互动的食堂基本规定（见图14－2）。

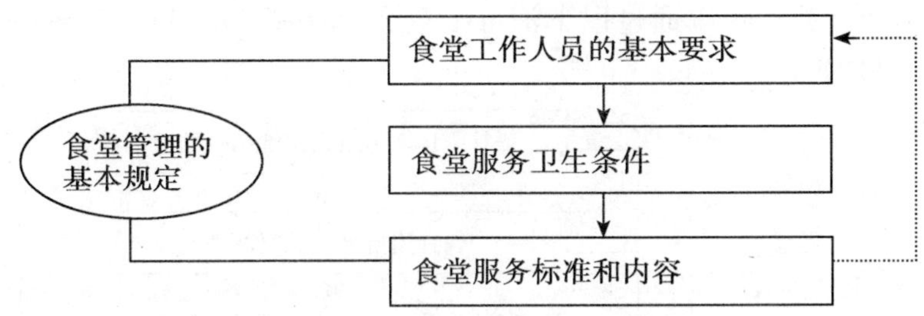

图 14－2　食堂管理规定的动态模型

根据上图，我们可以制定食堂工作人员的如下基本要求：食堂工作人员应当定期检查身体，凭卫生部门颁发的“健康证”上岗，避免流行性疾病的传染；应当热情服务，尽量满足本所工作人员的要求，能吃到适合口味的饭菜；在劳动过程中必须严格遵守安全操作规程，违反操作规程造成一切不良后果的自行负责；食堂设备及日常用具需添置的由所部一次性配齐，以后需添置的自行负责；必须爱护公共财物，如有损坏或丢失，按原价赔偿。

食堂卫生条件包括以下内容：应保持餐具、桌面、墙面以及食堂内外清洁，包括大、小客厅卫生；不得购买有毒、腐烂食物，严格按食堂消毒程序消毒；严防食物中毒、火灾等事故发生。

食堂服务标准和内容可以包括：职工餐尽量调节职工口味。早餐主食必须保证每天一个花样，一个新鲜蔬菜、一个咸菜；中餐、晚餐必须保证有两个荤菜、一个素菜、一个汤，不得偷工减料，以劣充优。客餐在保质保量、美味可口的情况下按办公室进餐通知单标准执行，不以营利为目的，按成本收取费用，账目做到日清月结，每月定期将账目公开。

炊事员职责是收费站食堂管理的关键因素之一。炊事员职责一般包括以下几个方面的内容：炊事员要热爱本职工作，吃苦耐劳，认真负责，严格执行食堂管理制度；开餐前做好各项准备工作，做到按时准点开餐，为收费所工作人员提供可靠的后勤保障；确保食堂所需物品准备充足，水、电、煤、气节约使用，注意节能降耗，粗菜细作，丰富餐饮品种，变更菜肴花样，热心为就餐人员服务，确保饭菜可口；勤抹洗，勤清扫，搞好餐厅和操作间环境卫生，注重食物卫生和安全卫生，炊具、餐具必须严格按程序消毒；严禁购买并向就餐人员提供过期变质食品，严防食物中毒事故发生，确保职工身体健康；炊事员要时刻注意个人卫生，并且定期到卫生部门进行体检，持体检合格证和卫生许可证方能上岗。

职工食堂餐具消毒则是食堂管理的又一个关键因素。它是食堂卫生管理的重中之重。我们可以通过以下消毒工艺流程（图 14－3），逐步操作达到彻底消毒目的。

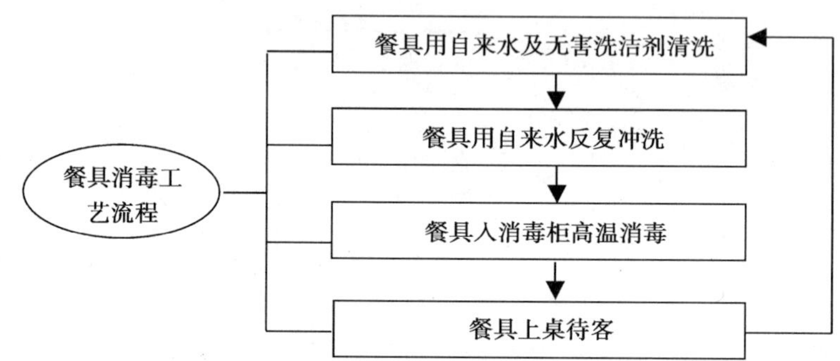

图 14－3 餐具消毒工艺流程

2. 车辆管理

这里的“车辆”是指收费站自用的车辆。车辆管理的基本内容包括司机的配备与职责、车辆的维护和使用两个方面的内容。其基本要求是司机必须自觉遵守交通规则，做到安全行车，同时保持车况完好，不准车辆外借。我们可以根据车辆管理的内容和基本要求细化为以下车辆管理制度（见表 14－4）。

表 14－4 某收费站车辆管理制度细化情况

1. 本站工作车由办公室统一管理、调度。 2. 所领导或本所其他人员因工用车由办公室酌情派遣。 3. 工作车用油由办公室负责购买和掌握使用，及时将使用情况做好记录，经用油司机签字后，每月报财务入账，购进与领用要做到账实相符。 4. 工作车的保险由办公室报所长批准后，及时投保或续保。 5. 交通车必须确保职工正常上下班，因司机擅离职守，对工作不负责任而造成误班的，对司机一次罚款 50 元。 6. 工作车司机未经办公室同意，不得擅自出车，更不许转借他人驾驶，否则一次罚款 300 元。 7. 工作车出现故障或确须保养时，由办公室出具维修通知单到指定维修点维修、保养，车辆要换大件（一个部件超过 200 元）须以旧换新，旧件交办公室集中存放。维修费用由办公室凭维修通知单审核后，报分管副所长、所长审签。 8. 修车期间，司机必须到修车现场督促修车工作，随时向办公室报告修车情况。司机不得在修理厂抹牌赌博或从事与修车无关的事情，否则一次罚款 50 元。 9. 司机月出车补助按上级文件执行，全年安全行车奖励按上级文件执行，其他福利按有关规定执行。

续表

10. 工作车发生事故，司机应承担一定经济责任，即按交警部门划分的全部责任、主要责任、同等责任、次要责任，其经济损失除去投保索赔后的剩余部分，司机按 60%、40%、20%、10% 的比例分别承担经济责任。
11. 司机未经同意擅自出车或将工作车转借他人驾驶而发生事故时，其经济损失除去投保索赔后的剩余部分全部由司机承担，并予以解聘。触犯刑法的，由司法部门依法处理。
12. 司机发生事故后，不论主次责任，均应扣发当年安全奖、季度任务奖、误餐补助等非工资部分的补助。
13. 车辆发生事故后，司机要主动接受交警部门和本单位的处理，如不服从，辱骂报复单位领导的，将责令待岗，停发工资及一切福利。

3. 宿舍管理

收费站宿舍管理的基本内容包括宿舍的物品装饰、卫生要求、作息制度、安全用电和留宿客人等方面。其基本要求是宿舍内物品统一配置，整齐摆放。保持宿舍清洁卫生，不得乱抛杂物；未经批准，不得留宿外人；节约用水、用电；不准在宿舍酗酒、吵架、打架、赌博；严格遵守作息时间。笔者将宿舍管理的内容和基本要求细化为以下宿舍管理制度和卫生制度（见表 14-5、表 14-6）：

表 14-5　某收费站宿舍管理制度

1. 爱护公物，节约水电，保持良好的环境卫生。发现设施损坏应及时报修。
2. 每日打扫宿舍，按半军事化要求整理内务：
（1）床上除床单、军被、帽子外，不得放置其他物品；床单干净整洁、铺放平整，被子叠折有棱角，放置床头中央；帽子紧挨军被，放置军被前方中央。
（2）不准在墙上乱钉钉子和张贴饰品。
（3）宿舍内无杂物、无积灰、无积水、无蛛网，窗明几净、整洁卫生。
3. 车辆严禁在楼道内停放，必须集中停在指定位置。
4. 宿舍区应保持安静，不得大声喧哗，不得从事激烈的体育运动。
5. 男女交往，文明得体，举止言谈，礼貌大方。
6. 严禁私自留宿他人和带闲人入内，确需留宿需经领导批准。
7. 严禁赌博、酗酒、打架等行为。
8. 不准乱接电源和使用电炉、油炉，不准存放危险物品。
9. 未经他人同意，不得动用他人物品。
10. 提高警惕，增强安全防范意识，保管好自身的物品，对进入宿舍区的陌生人礼貌询问，无关人员应劝其离开。
11. 爱护公共财物，保管、维护好宿舍内公共设施，发现问题及时上报。

表 14－6　　某收费站宿舍区卫生制度

收费站宿舍区包括宿舍楼及周边场地。为确保环境的绿化、美化、净化，收费站应成立环境卫生工作领导小组，小组组长由收费站负责人担任，副组长由管理员担任，各班班长为成员，负责领导收费站的环境卫生工作。环境卫生管理的日常工作由管理员具体负责，同时对环境卫生进行分块责任包干，明确标准，定期进行考核。其卫生工作主要由各自宿舍内的人员负责，既要做好室内的卫生工作，也须做好公共部分的卫生工作。 宿舍内卫生工作的要求及标准如下： 1. 严禁乱扔烟蒂、垃圾及存放杂物，地面保持整洁光亮。 2. 面盆、鞋子统一放置床柜里。 3. 窗户、空调、衣柜、办公桌必须做到清洁无尘。 4. 军被按要求方方正正叠好，枕头应紧靠被子摆齐。 5. 床上除被褥、枕头外严禁摆放其他物品。 6. 枕套、床单、军被应统一使用单位发放的，且保持整洁。 7. 桌面保持清洁，无杂物。 8. 墙上严禁乱贴乱挂。 9. 桌上茶缸及日常用品必须摆放整齐。

（三）档案管理

收费站的档案管理包括档案室职责范围、档案人员职责、档案保密制度、档案资料借阅制度、档案保管制度和档案利用制度六项基本内容。

1. 档案室职责范围

负责所有的文书档案、基建档案、声像档案和会计档案工作。集中统一管理所机关各种门类、不同载体的档案，积极提供利用，为收费站各项工作服务；负责对站所属内设机构的档案工作进行指导服务和监督检查；制定贯彻《档案法》以及相关管理制度的实施办法；负责站机关内设档案工作人员的培训工作；办理收费系统档案工作岗联络各项事务，总结交流档案工作经验，组织学习推广档案管理现代化的新技术等。

2. 档案人员职责

认真贯彻执行《档案法》、《保密法》和有关档案工作规章制度；负责本站应归档文件材料的收集、整理等文书立卷工作和案卷的接收移交工作；保管机关各种门类和载体的档案，并编制检索工具，汇编档案资料，提供档案利用；整理室藏档案，科学分类排列，系统编目编号，使之达到规范标准，并做好档案的鉴定、统计工作；搞好库房管理，落实“七防”措施，保护档案安全，并定期核对清点档案，保持账物相符；对所属机构形成的各种文件材料的收集、整理和归档工作进行监督和指导；办理领导交办的其他有关档案业务工作。

3. 档案保密制度

经常对机关工作人员进行档案保密教育，明确档案保密范围，严守保密纪律，执行《保密手册》；非因工作不得随意谈论档案内容，不准在私人交往和通信中泄露属于国家秘密的档案、资料；不得擅自提供、翻印、复制、抄录、携带、销毁属于国家秘密的档案、资料，并严禁将档案、资料携带、传递、寄运至境外；凡属保密档案，不得利用公开的报刊、书籍、展览、广播、录像等进行宣传；严格控制秘密档案查阅范围，并按照保密规定，对归档后多余的文件材料及时销毁；定期检查档案保密情况，发现问题及时上报，不隐瞒失泄事故；加强库房管理，非本室工作人员严禁入内。

4. 档案资料借阅制度

行政业务等文书档案，机关工作人员因工作需要均可借阅，所阅档案一般不得借出，只能在档案室内查阅。党组织、干部管理、监察、审计、会计等档案，只限于有关部门借阅。其他部门确因工作需要借阅时，必须经有关领导同意后方可借阅。外单位借阅档案或资料，必须持有单位介绍信，经办公室主任签字后方可借阅。查阅、摘抄或确需复印，只限于介绍信内有关内容，摘抄内容须经档案室核对、盖章。借阅档案必须严格履行登记手续，在“借阅档案登记簿”上进行登记，并当面点交清楚，归还时应点收注销，对因工作需要借阅的一般文书档案期限不超过七天，借用人应主动如期归还。须延期时应办理续借手续。逾期不还，档案员必须及时追回，并向有关领导报告。借用档案的人员对所借阅的档案应负安全、保密之责。不得涂改、圈画、损坏档案，不得拆卷、抽走文件，不得转借他人。

5. 档案保管制度

本机关形成的各种门类和载体的档案，由档案室集中统一管理，做到专室、专柜、专（兼）职人员负责保管；档案室有防盗设施、防光窗帘、防火器材，档案柜内放有防虫、防霉药品，以便档案得到安全保护；根据气候条件，适时开窗通风或密闭门窗防潮，以保持室内一定的温湿度；档案室内严禁吸烟、存放易燃易爆物品及招鼠之物，保持室内清洁；平时出入库房的档案，应及时清点与登记，并定时检查室藏档案，经常检查电灯、电器线路有无破损；下班前注意关灯、锁柜、关门窗；档案人员变动工作时，必须办理交接手续，严格核实交接的档案。

6. 档案利用制度

档案室保存的各种门类和载体的档案均属利用范围，主要为领导决策和机关各项工作服务；本机关工作人员查阅档案，均限于本人工作范围所形成的档案材料，查阅超出本人工作范围的须经有关负责人同意；查阅党、政会议记录、纪检案卷和其他保密档案时，须经主管领导批准；外单位查阅档案时，必须持有介绍信，经同意后方可查阅介绍信中指定的内容；查阅档案时，严禁涂改、勾画、抽页、拆毁、剪裁、增删档案，对摘抄的档案不得私人保管或转借传阅，更不能翻印、公布、倒卖；查阅档案必须履行登记、注销和检查手续，当面点清，如发现差错，及时追查责任，并采取补救措施。

第十五章　稽查管理

通行费稽查工作是指各级通行费管理部门依据法律法规及相关政策规定，为保证通行费管理规范，杜绝贪污行为所进行的监督管理工作。建立省、市（州）、县（市、区）站三级稽查网络，加大收费行为及基础管理的稽查力度。市（州）对所属收费站的稽查每月不得少于1次，县（市、区）不得少于2次。收费站要加强日常稽查工作，对稽查出的问题按“三不放过”原则处理。

稽查管理分为收费行为规范稽查管理、内业稽查管理和专项（综合）稽查管理。其中，行为规范和内业稽查管理由各级稽查人员采用多种形式定期或不定期进行，是收费站稽查人员的日常工作。而专项（综合）稽查由省、市（州）管理部门根据征管工作需要适时组织进行。

通行费稽查工作依照“统一管理、分级负责、分类稽查、职责独立”的原则实施。对于省、自治区、直辖市范围内的通行费稽查工作，由省、自治区、直辖市所辖公路部门依照有关规定统一实施，按“三级管理”要求建立相应的责任人制度并明确各级稽查人员岗位职责，对收费工作岗位进行分类稽查。

一　稽查管理的职能及方式

（一）稽查管理的职能

在车辆通行费征收稽查管理中，开展经常性的、有效的稽查活动，对于宣传国家征费政策，查处偷漏通行费行为，保证征费法律、法规的贯彻执行，严肃征费和财务纪律，加强征稽管理，维护征费秩序等都具有十分重要的作用。总体而言，稽查具有以下四种互相联系、互相促进、不可分割的职能。

1. 宣传教育职能

征费宣传是稽查工作的重要内容。它通过各种途径和形式向社会和在收费公路上通行的车辆的车主，宣传通行费征收的政策法规和管理制度，使公路征费政策深入人心，从而增强缴费人员的缴费意识和缴费的自觉性。所以，开展稽查活动的过程，也是宣传国家收费政策和法规的过程。稽查中，征稽人员在处理缴费人偷、漏、逃、抗费时，必须做大量的宣传工作，并针对检查出来的问题向缴费人解释公路规费征收的有关政策及规定，使征缴双方沟通思想，统一认识，提高缴费人遵纪守法、按章缴费的自觉性。此外，还可以通过树立、宣传缴费先进典型，批评抗费行为，处罚违规者，使广大缴费人员明辨事理，消除抵触情绪，自觉主动缴费，起到扶正祛邪的效果。

2. 维护职能

稽查监督管理的性质决定了它在稽查活动中的影响力和强制性。通过稽查的威慑力，不仅可以追回因偷漏而流失的费款，更重要的是通过这种威慑力所产生的反馈作用，能教育缴费人不要抱有侥幸心理，自觉主动缴费，预防违规现象发生。通过处理拖欠、漏逃、抗缴等违规行为，按章给予相应的处罚，保证国家规费政策贯彻执行，维护正常征费秩序，确保通行费征收“应征不漏，应免不征”。同时，稽查工作还可以预防征稽人员发生违纪违章行为，一旦发生可以及时查处，体现内部稽查活动中的制约性和控制性。

3. 促进职能

稽查的促进职能是指稽查人员在履行职责时，对本单位的内部监督、廉政建设、通行费征收管理等工作具有促进作用。在实际工作中，它是通过外部稽查的征费宣传、管理咨询、征费检查和行政处罚，对内部稽查中费源的归集与流失的程序控制、制度控制和信息反馈，提示征收管理过程中需要肯定和发扬的方面，暴露存在的弊端和薄弱环节，寻求提高征收管理质量和效益的途径，达到预期的管理效果。特别是对擅自减免通行费、私放人情车、营私舞弊、中饱私囊的现象，可以在开展稽查活动时，通过对缴费人所持的缴费凭证进行检查，从中了解和掌握一些情况，及时发现问题并加以纠正。同时，稽查过程中所反映出来的错征和偷漏费的问题，也可以找出其存在的原因，采取有效措施，进一步强化征管质量，严格管理，促进征稽人员不断提高征稽管理水平。

4. 信息反馈职能

信息是指有价值和新内容的知识或消息。通行费征收的信息，既来源于征费业务运作活动，也来源于稽查监督的发现。对于征稽部门来说，征收管理形式是以动态管理为主的。它的管理方法实际上是从信息出发，进行获取信息、筛选信息到利用信息的活动过程，从而实施控制，达到管理的目的。稽查活动的范围和对象，决定了它掌握信息、扩大信息和利用信息的优势。稽查业务获取的信息是从微观入手，通过掌握可靠的费源信息，如运力运量信息、规费征收政策信息、部门协调信息、偷费漏费信息、管理状况信息、收费员行为信息等，经综合分析后，把这些信息反馈给领导，为进行宏观调控和科学决策提供依据。

（二）稽查管理的方式

稽查管理工作的方式主要有以下几种：

1. 现场稽查

收费站稽查室每月对每个收费班至少进行 4 次现场抽查（其中至少含一次夜班）。收费业务主管部门每季度至少组织 1 次现场抽查。

2. 实时稽查

收费站监控室监控员负责对收费广场、车道、票亭上传的图像、数据、图片进行监控，尤其要加大对特殊情况的核实力度，并做好相关记录备查。

3. 二级审带稽查

收费站监控录像二级审带关，负责对前一班次车道工作情况进行审核，二级审带复查率必须达到 30% 以上，包括对车道发生的所有特殊情况和图像资料、现场收费情况、数据信息和监控员的监控情况进行复查，以防漏报、漏查、漏记。遇特殊情况不能按时进行的，应在两天内补审，并注明具体时间，保存好录像资料备查。

4. 三级抽检稽查

收费站长或分管副站长负责对本单位收费工作管理情况每日进行审核。日审时间为每日 8：30 至 9：30，内容为前一天所有特情操作、报表、数据、岗亭风纪及收费业务管理等，遇特殊情况不能按时进行的，应在两天内进行补审，并注明具体时间，保存好录像资料备查。市（州）监控中心票管员和监控员对各收费站上报的每日特情信息依据相关报表、图片、图像进行核查，并对收费站日审情况进行检查。

5. 月度稽查

各收费站每月至少组织一次收费业务检查，对票管员和监控员负责的卡、票、账、表、图片等情况进行全面检查。

6. 季度稽查

市（州）收费业务主管部门每季度对各收费站至少组织 1 次收费业务检查。

7. 上门稽查

各收费站负责收集本单位违章车辆的违章记录资料，并负责组织本单位员工和驻地路政、交警、交通部门、派出所上门对车属单位（司机）进行调查和教育，严肃收费政策。对情况复杂、处理困难的违章司机，收费站可报告上级业务部门负责组织开展上门稽查。

8. 暗访稽查

市（州）收费业务主管部门及各收费站根据掌握的情况，组织内部员工或委托社会人员、车辆对收费管理情况进行保密性检查，了解收费管理的真实情况，达到收集证据、震慑违纪的目的。

9. 专项稽查

在一定时段，针对某一特定的内容或对象，组织专门性的稽查活动。

10. 随机稽查

收费站稽查人员可以随时对收费业务操作规范、文明服务情况等进行稽查。市（州）和收费站聘请过往司乘人员担任行风监督员，定期（如每半年一次）收集各方的意见和建议，不断改进管理水平和服务质量。

11. 上路稽查

上路稽查是外部稽查的主要形式，其具体要求为：①上路稽查应事先确定稽查的时间、地点和任务，并做好人员安排。上路稽查一般是分组进行，每组3—4人（单人不得上路稽查），确定一名组长，全面负责稽查工作并处理稽查过程中的问题。小组成员应分工明确，一名拦车员、一名检查员、一名记录员。上路前要对稽查车辆进行检查并检查所带稽查用具是否齐全、有效。②上路稽查人员按规定着制服，夜间着反光标志背心，左臂佩戴“公路稽查”袖标，胸前佩戴“公路稽查”胸卡，并随身携带执法证件。③稽查地点一般应设在距收费岗亭前后50—100米处，以不影响公路出口行车和公路车辆通行为宜。④拦车时，要持立正姿势，面对来车，在距受检车辆50米以外给司机以手势，左臂向前伸出，五指并拢，手掌向前，右手持停车牌（灯），举过头顶，发出停车信号，当车速减缓时，左手摆动示意靠边停车，不要搞临时紧急拦车，以防意外事故发生。⑤检查车户时应向司机行“举手礼”，使用文明用语，提出检查要求，请司机出具票据接受检查，并尽量缩短车辆在公路上的停滞时间。

为了提升稽查管理工作的效果，在稽查方式的采用上应当实现以下几个结合：

（1）定期稽查与不定期稽查相结合。各收费站、班组应建立定期稽查制度。上级收费管理部门则一般采取不定期抽查的方式，发现问题及时处理。

（2）互查与自查相结合。各收费班长应在班内开展经常性的自查与互查，不断提高收费人员的政治和业务素质，收费管理部门在此基础上组织稽查，做好收费管理工作。

（3）专业稽查与兼职稽查相结合。除了上级主管部门进行专门的业务稽查以外，也可组织其他部门参与稽查，由此，不仅加大稽查力度，也使其他人员对稽查工作有进一步的了解和理解，从而协助收费工作的开展。

（4）录像稽查与现场稽查相结合。进行稽查时既要利用已有的录像资料，也要进行实地的现场稽查。

二　稽查管理人员的岗位职责

稽查管理人员的岗位职责及要求主要有：

1. 应具备相关法律知识，熟练掌握和运用相关的政策法规和工作规章制度，思想作风过硬，依法行政，执法从严，违法必究，秉公办事，廉洁奉公。

2. 结合本地实际，制订落实稽查管理具体措施和办法。

3. 受理举报和其他监督管理单位或部门转来的事项。

4. 做好稽查记录，落实信息报告制度。

5. 依法处理违规违纪行为和对外稽查冲岗逃费车辆。

三　稽查管理工作规范

（一）稽查程序规范

1. 对内稽查程序

（1）敬礼，表明身份并出示相关证件；

（2）说明情况，争取稽查对象的配合与支持；

（3）对照操作程序及岗位要求进行检查；

（4）将检查结果告知稽查对象，当场予以纠正和制止，并听取稽查对象的解释；

（5）填写《稽查通知单》（一式两份），稽查人员和稽查对象分别签名。

2. 对外稽查程序

（1）敬礼，出示《交通行政执法证》；

（2）如有必要，除《车辆行驶证》外，请司机还出示《车辆购置附加费缴讫证》等其他证件，以便分析和确定；

（3）看是否存在违章事实，如果有，当场对司机指出，告知处罚理由和依据，听取当事人陈述和申辩。根据违章事实及情节轻重给予相应的行政处罚；

（4）处理完毕后，告知当事人权利，整理卷宗；

（5）对外稽查实行两人办案制度，严格按照行政处罚的相关规定执行。

（二）稽查内容规范

1. 对内稽查的主要内容

（1）对内稽查的主要内容包括收费行为、通行费票款、操作规范、着装规范、文明服务、站容站貌、环境卫生等。具体内容如下：

①通行费收入、备用金、打印票据、IC 卡的收取使用情况。

②仪表仪容和行为举止：着装、手套是否整洁，制式领带、胸卡是否佩戴齐全；指甲、头发是否涂染，上岗是否佩戴首饰；鞋袜是否有严重汗臭，上班前是否喝含有酒精的饮料；坐姿是否端正，是否有前俯后仰、摇腿跷脚、跷二郎腿或半坐、趴在工作台上的现象；走路是否吹口哨、吃零食；是否喜欢用手指向别人。

③文明服务：文明用语是否标准；是否唱收唱付；是否使用规范的迎来送往手势；对无礼的司机是否能保持良好的自制能力；是否面无表情、语气生硬，是否始终微笑面对顾客。

④规范化操作：是否带私款、香烟、零食、手机、报纸、书刊等禁带物品上岗；弃票、废票是否及时盖章、写明原因、签好姓名、工号、时间、向监控室报告；是否实行一车一杆，月票车是否刷卡、验证放行；是否违规使用定额票据，免费车和绿色通道降档车是否通过验证，并通报监控室，缴款单是否按规定和要求填写。

⑤劳动纪律：是否迟到、早退；是否履行了请假手续。

⑥工作纪律：临时离岗是否报告班长和监控室；是否擅自切换信号灯或关闭车道；是否用对讲机聊天或故意不接电话；是否睡岗或闲聊；是否有污损值班簿或在簿上乱写乱画的现象；是否破坏公物或发现损坏、遗失、故障后不及时上报；发现重大问题是否及时上报。

⑦安全工作：收费亭内是否反锁；是否将非本站人员带入亭内；是否有损坏警铃装置行为；是否有损坏灭火器的行为。

⑧环境卫生：桌面是否有积灰；抽屉是否有垃圾；饮水机、空调器是否有污渍；橡胶地毯是否铺设整齐干净。

（2）对内稽查的内容还可以分为通行费款稽查、通行票稽查、人员稽查、劳动纪律稽查、监控稽查等（参见表 15－1）。

表 15－1　对内稽查的主要内容

稽查项目	稽查内容
通行费款稽查	①通行费是否有长、短款现象 ②是否按规定进行清点、缴款 ③是否有其他违纪违规行为
通行票稽查	①是否收取通行费不给票或少给票 ②是否收标准定额通行费，而不给标准定额通行费票 ③是否售弃票、废票、旧票、异票 ④是否及时处理弃票、废票、旧票、异票 ⑤是否有其他违纪违规行为
人员稽查	①是否携带私款及其他无关物品上岗 ②是否伙同贪污通行费票款 ③是否转移挪用通行费票款 ④是否有其他违纪行为
劳动纪律稽查	①是否按规定着装 ②是否有串岗、离岗、嬉戏打闹现象 ③是否有上班睡觉现象 ④是否有迟到、早退、旷工、私自换班现象 ⑤是否有不文明礼貌服务现象或故意刁难司机的行为 ⑥是否保持了收费亭内外干净、整洁 ⑦是否有不配合稽查的言行 ⑧是否按规定使用栏杆 ⑨是否做看报纸、吃零食等与收费无关的事 ⑩是否有收费人员搭乘便车现象 ⑪收费员是否使用文明用语 ⑫是否有其他违章行为 ⑬是否严格遵守有关电脑收费中的各项规章制度
监控稽查	①劳动纪律 ②各项记录情况 ③卫生情况 ④值勤形象 ⑤设备保养 ⑥审查收费现场监控录像带

资料来源：参见钱俊君《车辆通行费收费员》，湖南科学技术出版社 2003 年版，第 58—59 页。

2. 对外稽查的主要内容

外查冲岗逃费车辆、特权车、伪造或转借月（期）票车辆、超限 30% 的月票车辆、假军车、营运性军车、非执行任务的警车。

（1）防范和打击冲岗、换卡、截留 IC 卡、假冒医院救护车、伪造施工通行证等逃费违章现象。

（2）严格按照《载货类汽车质量参数调整更正表》、《汽车征费标准计量手册》核定的内容对采用各种手段虚报吨（座）位的车辆照章收费。

（3）认真检查、核对免费车辆证件，严格做到“应免不收、应收不漏”；同时密切联系当地军检部门，争取支持，联合打击假军车逃费现象。

（三）稽查行为规范

1. 收费人员行为规范

收费站工作人员应廉洁自律，自觉遵守国家法律、法规和相关的规章制度，严禁发生下列行为：

（1）私自印制使用通行费票证；

（2）通行费收入不入通行费收入专户；

（3）挪用、坐支通行费；

（4）利用工作之便私自或合伙出售、截留、保存、传递回笼票；

（5）擅自提高或降低收费标准收取通行费；

（6）收费不给票或少给票；

（7）私自放行收费车辆；

（8）收费过程出现长、短款；

（9）收费员上岗携带现金及工作所需以外的易引起作弊嫌疑的私人物品（如提包、书刊等）；

（10）收费站工作人员上岗时串岗、睡岗、脱岗、着装不整、无故迟到、未按规定使用普通话文明用语，在工作时间干私事等（如织毛衣、化妆等）；

（11）打击报复举报、投诉人员。

2. 稽查人员行为规范

（1）执行稽查任务必须有两个以上稽查人员参加，必须坚持原则、秉公执法、保守秘密，严禁知情不查、不报、不究。

（2）着装整齐、佩证上岗，使用文明用语，下岗脱装，因任务需要可持证稽查。

（3）如实认真地填写稽查记录，保证车道畅通，维护站亭设施安全。

（4）依据收费站内部管理制度和岗位规范开展稽查并进行处理。

（5）罚款必须手续齐全，使用财政统一印制的专用发票，罚金必须如数及时交存财务。

（6）严禁稽查人员饮酒上岗、携带现金上岗，严禁在站亭及其前后 200

米范围内拦乘过往车辆。

（7）严禁稽查人员要求、同意或默许收费站工作人员及稽查人员放“人情车”。

（8）严禁参与、合谋下列行为：收钱不给或少给票；使用自制票、回笼票。

（9）其他行为规范。

（四）稽查结果处理规范

1. 违纪处罚分类

违纪处罚根据违纪行为的性质和情节分为行政处罚和经济处罚，触犯刑法的移交司法机关处理。行政处罚分为警告、记过（警告期间只发最低工资并取消半年奖金，记过期间只发最低工资并取消全年奖金）和解除当事人与收费站之间劳动关系三种。经济处罚即对违纪行为当事人处以一定数量的经济罚款。

2. 稽查违纪处罚细则（参见表15－2）

表15－2　通行费征管稽查违纪处罚标准

序号	违纪内容	处罚标准	备注
1	售票员必须使用微机售票。只有在停电或系统、设备发生故障确实无法进行微机售票时，上报监控和稽查人员，经批准后方能出售手工票。手工票必须加盖收费站名、工号章和日期章，手工票出售过程中监控人员应跟班做好记录	违纪行为一经查实，对当事人处以20—50元罚款。当班监控人员未履行职责的负连带责任，参照当事人一并处罚	
2	售票员接班前，应认真核对票据和清点备用金。交接班时，接班人员应清点收费设施和物品是否完好，有无损失；交班人员必须确认电脑显示器上所显示的姓名、工号、班次同接班人员相符，并进入正常收费状态；双方确认无误并做好交接班记录，交班人员方可离开		
3	月票车辆必须刷卡通行	未按规定刷卡或验证的，一经查实即视为“人情车”，对当事人予以待岗处理，3次以上（含3次）的，解除当事人与收费站之间的劳动合同关系	
4	“绿色通道”车辆必须验证后方可享受优惠政策		
5	免费车辆必须验证后放行，有疑问的按规定报监控室		

续表

序号	违纪内容	处罚标准	备注
6	按车型收费车辆的车辆类型无法确认时，可要求驾驶员出示行车证或对照《公路汽车征收标准计量手册》核定车辆征费标准。按计重收费的车辆，由于计重设备显示载重吨位与车辆实际载重吨位误差较大时，可按其出示的有效证明的载重吨位实行计重收费；计重设备判别车辆车轴数量及超限标准错误时，应按实际车轴数量及超限标准对其进行收费；计重收费设备发生故障时，必须报告监控室和站领导，经同意后方可按照车型标准进行收费。无特殊情况，不得允许车辆复称	未按相关程序处理的，一经查实，处以50元罚款，3次以上（含3次）的，予以当事人待岗处理，当班监控人员未履行职责的负连带责任，参照当事人一并处罚	
7	收费系统出现故障造成卡票、打印票证不规范（如白票、破损票）等，而收费显示器上已记录了该票的金额，应立即停止收费，关闭车道，并向监控室报告原因，由监控室记录票证号和原因，安排维护人员进行维修。废票不得出售，应加盖作废章，交由监控室会同财务部门处理		
8	售票过程中出现司机交钱不要票时，应按车辆所缴票款金额打印出相应票证，加盖作废章后投入废票箱，同时报告监控室确认记载，完成上述废票处理过程后方可继续收费	未按相关程序处理的，一经查实，处以50元罚款，3次以上（含3次）的，予以当事人待岗处理，当班监控人员未履行职责的负连带责任，参照当事人一并处理	
9	售票员在微机售票中因操作和车型判断失误出现错票（包括冲岗车辆、计重数据误差、收费标准不符等），须上报监控室，讲明原因，经同意后，由监控人员记录票证号、金额、时间和原因，不得自行处理		
10	当班售票员不得无故离岗，确须离岗的，须经当班班长同意，在保证正常通行的情况下，由班长或班长指定人员顶岗，顶岗人员应当面点清票款，离岗时间超过30分钟，顶岗人员必须使用本人的工号收费	违反该规定的，一经查实，对当事人处以50元罚款。当班监控人员未履行职责的负连带责任，参照当事人一并处罚	

续表

序号	违纪内容	处罚标准	备注
11	售票员私自印制和使用假通行费票据	违纪行为一经查实，一律解除当事人与收费站之间的劳动合同关系并追回相应的经济损失，构成犯罪的移交司法机关追究其刑事责任	
12	售票员出售、截留、保存、传递回笼票或弃票	违纪行为一经查实,一律解除当事人与收费站之间的劳动合同关系。当班监控人员未履行职责的负连带责任,参照当事人一并处罚	
13	售票员擅自提高或降低收费标准	违纪行为一经查实，按违纪金额的5倍予以处罚	
14	售票员收钱不给票或少给票的	违纪行为一经查实,一律解除当事人与收费站之间的劳动合同关系。当班监控人员未履行职责的负连带责任,参照当事人一并处罚	
15	售票员私自放“人情车”		
16	售票员收费过程出现长、短款	微机售票长、短款金额在当班售票总金额千分之五(含千分之五)以下,手工售票长、短款金额在当班售票总额千分之一(含千分之一)以下的,视为工作失误处罚,实行“长款上缴、短款自补”,超过上述标准处以3—5倍经济处罚。手工售票长、短款金额一次超过当班售票金额千分之一并超过20元的(含20元),一经查实,第一次予以当事人待岗处理。一年内3次(含3次)以上的,解除当事人与收费站之间的劳动合同关系。收费人员在交款过程中出现长短款,隐瞒不报的,一经查实,予以当事人待岗处理,3次(含3次)以上的即解除当事人劳动合同	

续表

<table>
<tr><th>序号</th><th>违纪内容</th><th>处罚标准</th><th>备注</th></tr>
<tr><td>17</td><td>售票员上岗时睡岗、脱岗、串岗，无故迟到、早退，酒后上岗、在工作时间干私事（如织毛衣、化妆等）</td><td rowspan="3">第一次处以20元罚款，第二次处以50元罚款，当月累计3次（含3次）以上的予以待岗处理。当班监控人员未履行职责的负连带责任，参照当事人一并处罚</td><td rowspan="3"></td></tr>
<tr><td>18</td><td>售票员上岗时吸烟、玩游戏、着装不规范、不按规定使用普通话文明用语</td></tr>
<tr><td>19</td><td>不坚持一车一杆</td></tr>
<tr><td>20</td><td>售票员上岗携带私人现金和工作所需以外的易引起作弊嫌疑的私人物品（如提包、书刊等）</td><td>当事人必须无条件接受稽查，携带私人现金上岗的，视同长、短款；携带工作所需以外易引起作弊嫌疑的私人物品（如提包、书刊等），处以50元的罚款。值班站长、当班班长负连带责任，参照当事人一并处罚</td><td></td></tr>
<tr><td>21</td><td>收费员违规操作收费车道控制系统程序，人为破坏微机售票系统</td><td>违纪行为一经查实，即解除当事人与收费站之间的劳动合同关系。当班监控员未履行职责的负连带责任，参照当事人一并处罚</td><td></td></tr>
<tr><td>22</td><td>收费员有其他渎职行为和严重错误</td><td>违纪行为一经查实，标准化收费站考评不合格，站长取消年度奖金，并追回相关经济损失，构成犯罪的移交司法机关追究其刑事责任</td><td></td></tr>
<tr><td>23</td><td>监控员对监控过程中发现的问题隐瞒不报，擅自销毁录像资料或监控人员伙同被监控对象发生经济违纪</td><td rowspan="3">违纪行为一经查实，解除当事人与收费站之间的劳动合同关系</td><td rowspan="3"></td></tr>
<tr><td>24</td><td>监控员接受监控对象财务，透露监视情况，给违纪行为创造条件</td></tr>
<tr><td>25</td><td>稽查过程发现收费人员存在经济违纪或违规行为，当班监控人员没有记录和无法提供录像资料</td></tr>
</table>

续表

序号	违纪内容	处罚标准	备注
26	监控员利用监控设备玩游戏等现象	违纪行为一经查实，给予当事人待岗一个月处理	
27	监控员借工作之便，以权谋私，故意捏造事实，影响正常收费秩序	违纪行为一经查实，解除当事人与收费站之间的劳动合同关系	
28	监控员监控记录不真实，内容不全，影响对违纪行为处理	违纪行为一经查实，给予当事人待岗一个月处理	
29	通过稽查或二级审查发现问题，当班监控人员未作记录和反映		
30	监控员当班期间睡岗或擅自离岗		
31	监控员违规操作设备，人为破坏监控设备	违纪行为一经查实，标准化收费站考评不合格，站长取消年度奖金，并追回相关经济损失，构成犯罪的移交司法机关追究其刑事责任	
32	监控员有其他渎职行为和严重错误		
33	票管员代领、代发、代签	第1次处以50元罚款，第2次处以100元罚款，一年内3次以上给予当事人待岗处理	
34	票管员账实不符		
35	票管员票据保管不善造成损失		
36	票管员核算和上报不及时		
37	票管员不按规定程序办理月票，擅自扩大月票范围，降低月票办理标准	违纪行为一经查实，解除当事人与收费站之间的劳动合同关系	
38	票管员不按规定回收或处理废、弃票		
39	票管员有其他渎职行为和严重错误		
40	财务人员白条抵库	违纪行为一经查实，一律解除当事人与收费站之间的劳动合同关系并追回相应的经济损失，构成犯罪的移交司法机关追究其刑事责任	
41	财务人员资金外借		
42	财务人员设立小金库		
43	财务人员公款私存		
44	财务人员利用账户替其他单位和个人套取现金		
45	财务人员挪用或坐支通行费收入		
46	财务人员伪造、毁灭、隐匿会计凭证、会计账本		
47	财务人员利用职务之便，非法占有收费站财务		

续表

序号	违纪内容	处罚标准	备注
48	财务人员核算和上报报表不及时、不真实	第1次处50元罚款，第2次处100元罚款，第3次及以上给予当事人待岗处理	
49	财务人员不及时上缴通行费收入		
50	财务人员有其他渎职行为和严重错误	违纪行为一经查实，一律解除当事人与收费站之间的劳动合同关系并追回相应的经济损失，构成犯罪的移交司法机关追究其刑事责任	
51	收费设施设备无管理制度、责任人，无固定资产台账或账实不符	违纪行为一经查实，标准化收费站考评予以降档，站长取消年度奖金	
52	财务人员擅自处置收费站资产，造成资产流失	违纪行为一经查实，标准化收费站考评予以不合格，站长取消年度奖金，并追回相关经济损失，构成犯罪的移交司法机关追究其刑事责任	
53	收费站不按基本建设程序组织实施	违纪行为一经查实，标准化收费站考评予以降档，站长取消年度奖金	
54	收费站因管理不善造成收费设备未达到使用期限		
55	收费站擅自扩大建设规模		
56	稽查员擅自更改、销毁稽查记录，隐瞒违纪事实真相	违纪行为一经查实，解除当事人与收费站之间的劳动合同关系	
57	稽查员利用职务之便牟取个人私利		
58	稽查员伙同他人谋取不正当利益		
59	稽查员饮酒上岗等不当行为造成不良影响		
60	稽查员违反稽查处罚程序	违纪行为一经查实，第1次予以待岗处理，第2次给予警告，3次（含3次）以上即解除当事人与收费站之间的劳动合同关系	
61	稽查员携带现金上岗		

续表

序号	违纪内容	处罚标准	备注
62	稽查员要求、同意或默许收费站工作人员及稽查人员放“人情车”	违纪行为一经查实，解除当事人与收费站之间的劳动合同关系	
63	稽查员有其他渎职行为和严重错误	违纪行为一经查实，标准化收费站考评予以不合格，站长取消年度奖金，并追回相关经济损失，构成犯罪的移交司法机关追究其刑事责任	

资料来源：根据湖北省公路局《湖北省收费还贷公路通行费征管规范（2008）》资料整理。

3. 处理程序

对违纪行为的处罚，由稽查部门依规核实，按规定程序处理，稽查人员必须秉公执法，不徇私情，严格按程序办理。稽查员上岗必须持省公路局统一配发的执法证。稽查过程和对违纪人员的处罚必须由两人以上同时办理。

（1）对违纪人员的处罚须按以下程序办理：

①发现违纪行为并取证（包括人证和物证）。

②以书面形式告知当事人的违纪行为。

③做好询问笔录和调查经过。

④提出书面违纪处罚意见，并提出处罚依据。对当事人的行政处罚意见必须报收费站所属上级管理部门审批，并报市（州）公路管理部门备案；对当事人的经济处罚由站办公会研究决定。

⑤对当事人下达违纪处罚决定书。

（2）对外稽查须按以下程序办理：

①发现违法违规行为的对象。

②出示交通行政执法证件。

③对违法违规事实进行确认，说明处罚理由和依据，告知陈述、申辩权。

④填写交通行政当场处罚决定书，当场交付当事人并执行。

（3）对违纪人员的处罚结案一般不超过20天，特殊情况可延期，最长不得超过30天。

（4）违纪当事人可在接到违纪处罚决定书之日起 15 日内向上级有关部门或劳动仲裁机关提请申诉。

（5）稽查员在执法和案件查处过程中有利用工作之便徇私枉法、隐瞒事实等违纪行为，一经查实，一律解除当事人与收费站之间的劳动合同关系。

（6）对举报、揭发违纪行为有功的单位和个人，一经查实，视情况一次性给予 100—1000 元的奖励。

第十六章　收费文明建设

一　收费工作标准化建设[①]

（一）收费工作标准化建设的管理科学依据

标准化是组织现代化生产的重要手段，是科学管理的重要组成部分。现代公路收费管理是一项完整和规范的工作流程。收费人员在收费的各个环节都有其严格的操作程序和制度，无论哪个环节没有达到要求都会影响公路收费的连续性，给车辆的通行带来不便。因此，在公路收费管理过程中借鉴并引入标准化管理模式，对提高征费效率、改善收费服务质量、提升收费人员的职业道德等都具有重要的作用。

标准化管理模式在现代管理科学中主要包括技术标准和工作标准。

1. 技术标准

技术标准是工程（产品）在性能、寿命、可靠性、安全性、经济性等质量特性方面应当达到的标准，是对质量、规格及检验方法所作的技术规定，也是进行生产、检验和评定工程（产品）质量的技术依据。

2. 工作标准

工作标准是为了实现工程（产品）的高质量和提高生产经营的经济效果，要求企业内部各部门以致每一个职工，保证自身的工作质量达到规定的标准，这是企业进行施工管理、技术管理、质量管理工作的依据。

标准化是将管理全过程的各个方面，包括技术要求、操作过程以及运营管理方法，都纳入规范，形成制度，根据这个标准来组织、指挥全体员工的行动。

建设标准化就必须推行全面质量管理。全面质量管理的基本方法可以概括为：一个过程、四个阶段、八个步骤。

（1）一个过程。所谓一个过程，就是指全面抓好公路收费过程中各方面的质量管理工作，如收费、计重、监控、服务等方面的一系列质量管理

---

① 《湖北省收费还贷公路标准化收费站考评试行办法（2008 修订稿）》。

工作。

（2）质量管理的四个阶段。全面质量管理是科学的管理，必须有一个工作程序和方法。

美国戴明（W. E. Deming）创造的PDCA循环法，是解决质量管理问题的一种科学的有效方法。它包括计划（plan）、实施（do）、检查（check）、处理（action）四个阶段，不断循环。第一个阶段就是计划，包括确定方针与目标、活动计划和实施管理要点等；第二个阶段就是实施，即按计划的要求去做；第三个阶段就是检查，即计划实施后要进行检查，看看实施效果，哪些做对了，哪些做错了，再进一步找出问题；第四个阶段就是处理，把成功的经验加以肯定，形成标准（也要总结失败的教训，避免重犯），以后的工作须按标准进行。没有解决的问题应反映到下期的计划之中。这种关系如图16－1所示。

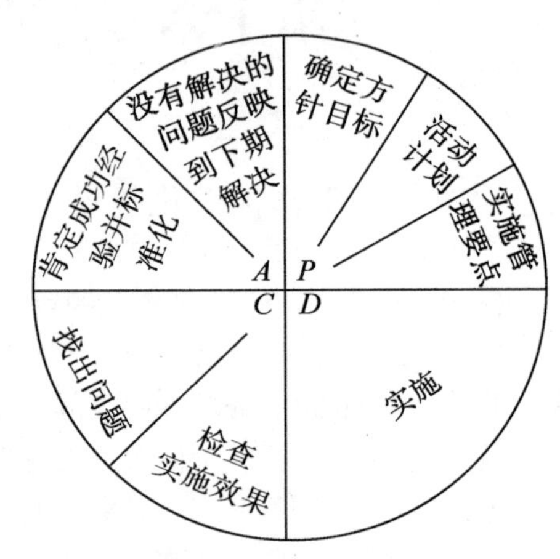

图16－1　PDCA循环

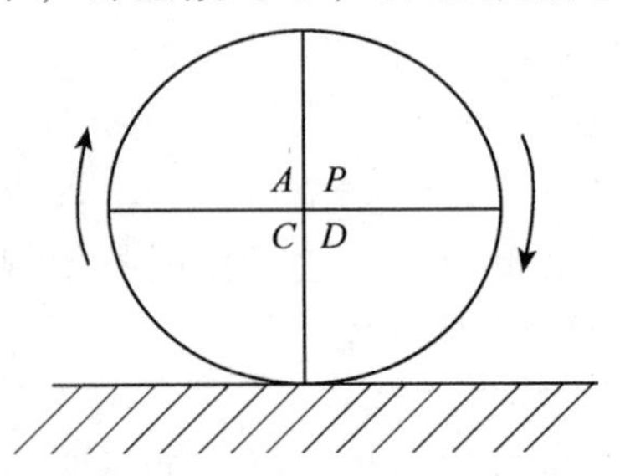

图16－2　PDCA循环运动

在运用PDCA循环法时，应注意以下几个问题：

①一定要按顺序形成一个循环，让它不断地运转，如图16－2所示。

②整个工程是一个大循环，而各级、各部门管理又都有各自的PDCA循环，依次又有小的PDCA循环，直至每个人。通过大环套小环，大小环一起转，一层一层解决问题，见图16－3。

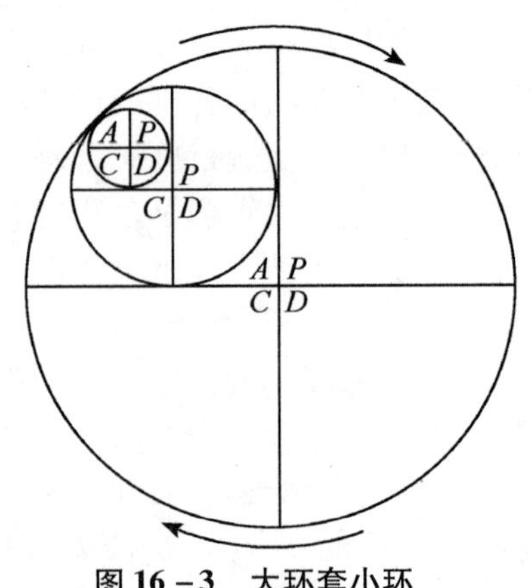

图16－3　大环套小环

③四个阶段要周而复始地进行，而经历每一次PDCA循环，都要及时总结，提出新的内容与目标，再进入第二次

循环。即循环一次，改善一次，提高一步，如同爬楼梯一样，见图 16－4。

④在计划阶段必须明确以下几个方面的问题：

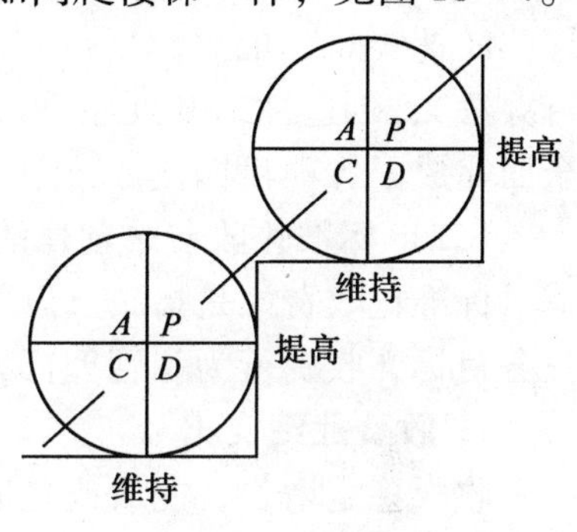

图 16－4　爬楼梯

a 必要性（why）——为什么要计划。

b 目的（what）——计划要达到什么目的。

c 地点（where）——计划要落实到哪些部门。

d 期限（when）——计划什么时候完成。

e 承担者（who）——计划具体由谁来执行。

f 方法（how）——如何执行计划。

⑤循环的关键是 A（处理）阶段。“处理”就是总结经验，肯定成绩，纠正错误。即对成绩要加以“标准化”、“制度化”，并及时纠正错误，避免错误的再次发生。

（3）解决和改进质量问题的八个步骤。为了解决和改进质量问题，通常把 PDCA 循环进一步具体化为八个步骤：

a 分析现状，找出存在的质量问题。

b 分析产生质量问题的各种原因或影响因素。

c 找出影响质量的主要因素。

d 针对影响质量的主要因素，制定措施，提出行动计划，并预计效果。

e 执行措施或计划。

f 检查采取措施后的效果，并找出问题。

g 总结经验，制定相应的标准或制度。

h 提出尚未解决的问题。

以上 a—d 四个步骤属于“计划”阶段，e 是“实施”阶段；f 是“检查”阶段；g、h 两个步骤属于“处理”阶段。这八个步骤中，须要利用大量的数据和资料才能作出科学的分析和判断，对症下药，真正解决问题。

实践证明，基于全面质量管理的标准化建设是细化管理流程、规范管理行为、提升管理水平、保证管理质量、强化管理效能的有效途径。有鉴于此，湖北省公路局根据管理科学的基本原理，依照国务院《收费公路管理条例》，结合湖北省收费公路实际，本着“巩固提高、完善配套、精细管理、注重实效”的思路，制定《湖北省收费还贷公路标准化收费站考评试行办法》，创造性地开展系列性标准化建设活动，促使收费管理上等升级，全面完成了各项目标任务，为湖北公路的可持续发展作出了突出贡献。

（二）标准化收费站创建的主要标准

标准化收费站是指站点设置、建设、管理符合有关规定，全面完成各项任务目标，收费行为和管理行为规范的公路收费站点。其具体标准为：

1. 收费业绩突出

收入稳定增长，完成或超额完成年度征收任务；严格执行“应征不漏、应免不征”的收费政策，次票标准到位率100%，月票标准到位率80%以上，上解率达到100%。

2. 站（点）设置规范

站点设置符合《收费公路管理条例》的规定，即站点建设符合《湖北省收费还贷公路站（点）建设暂行规定》的要求。站区征地面积一般不超过5亩；站房新建标准不超过三层，建筑面积不超过1200平方米；站棚、收费亭、车道、安全岛的设计执行全省统一标准，电子监控、微机售票的配备也必须符合省局要求；收费公路经常处于良好的技术状态。

3. 收费行为和管理行为规范

按照“提速创优年”精神和要求，认真贯彻落实《湖北省收费还贷公路通行费征管规范》，扎实有效地搞好优质服务，创造优良秩序、优美环境，实现工作程序化、服务规范化、管理科学化、行动军事化。

（三）标准化收费站创建的内容与步骤

1. 考评对象

湖北省境内所有收费还贷公路收费站（点）均为考评对象。每年考评一次，实行平时检查和考评相结合。

（1）收费站存在和发生下列情况之一的，取消当年标准化收费站考评资格：

①发生重大安全责任事故；

②正常状况下，不能完成确保目标任务；

③挪用、坐支通行费和自制通行费专用票据等；

④发生严重违规行为未处理的；

⑤领导班子严重违法和违纪的。

（2）收费站出现下列情况，在考评过程中予以加分：

①正常情况下，超额完成省局下达的年度通行费征收任务，视超收额度加1—2分；

②文明创建工作扎实有效，获地级市以上荣誉称号加1分；获省部级荣誉称号加2分；获国家级荣誉称号加3分。同一类型荣誉称号只取最高分；

③受省厅、省局通报表彰的收费站加2分。

2. 考评内容

考评内容按公路通行费“征收、管理、服务”的总体思路，标准化收费站考评内容分八个部分，考评基本分100分（考评标准及评分细则详见表16－1）。

（1）收费业绩：包括收费任务完成情况，通行费标准执行情况，实征率等。此项基本分50分；

（2）优质服务：包括文明用语、对外承诺和接受社会监督等。此项基本分7分；

（3）优良秩序：包括争取各级政府支持，创造良好收费秩序，改善外部收费环境。此项基本分3分；

（4）优美环境：包括收费站区和生活区的设施建设符合要求、完好，达到亮、洁、绿、美。此项基本分4分；

（5）工作程序化：包括通行费组织管理、民主管理、通行费征收等符合“征管规范”的程序和要求。此项基本分8分；

（6）服务规范化：包括各项服务制度建立，征费人员的行为规范和对通行费征管政策的熟练掌握程度。此项基本分5分；

（7）管理科学化：包括收费站组织建设、政务建设、廉政建设、职工教育培训、收费站改革等更趋科学化。此项基本分18分；

（8）行动军事化：统一收费站人员在单位工作期间的行为和要求。此项基本分5分。

3. 考评步骤

（1）自评阶段：由各收费站结合各自实际，按考评表要求进行自评打分，将分值汇总后报收费站所在市（州）公路管理部门评比。时间：次年1月5日。

（2）推评阶段：市（州）公路管理部门根据收费站的自评及日常工作情况进行综合评议，以书面报告形式向省公路局推荐标准化收费站考评站（点）意见。时间：次年1月20日。

（3）考评阶段：省公路局根据各市（州）推荐的标准化收费站考评站（点），组织市（州）人员进行交叉检查评分（采取听、看、查相结合的方法）。时间：次年3月底前。

（4）考核兑现：考评分值在85分以上，方可评为标准化收费站，省局次年按上年月平均工资安排奖金；否则，按欠分比例扣减人员支出和管理经费，并取消所有奖金。

（5）分级考评：在标准化收费站达标基础上进行分级考评，分值在85分以上可以授为三级收费站，90分以上可以授为二级收费站，95分以上授为一级收费站，100分以上授为湖北省示范收费站。每增加一个级次，收费站的奖金可以相应增加一个档次。

（四）创建标准化收费站的组织领导

标准化收费站的创建是一项复杂的系统工程，工作量大，涉及面广，它不仅要求各项基础管理达标升级，而且对收好费、用好费和管理好费提出了更高的要求，是公路收费站（点）抓好“三个文明”建设和争创“三个一流”的具体体现。为此，各市（州）公路部门紧紧依靠当地交通主管部门，切实加强对创建工作的领导，成立创建标准化收费站领导小组，各单位主要领导亲自抓，分管领导具体抓，组织专班专门抓，确保收费站达标升级，确保完成收费任务。

（五）标准化建设的两个典型

1. 武汉市木兰站——“5C管理模式”打造出高水准、精细化、优服务的标准化收费站

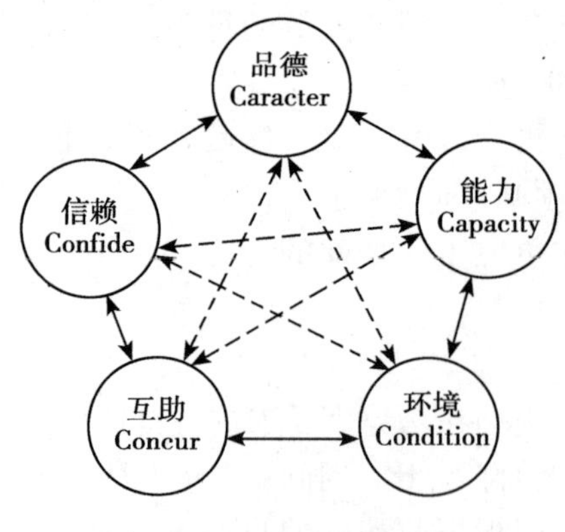

图16－5 标准化建设——5C管理模式

武汉市木兰收费站在标准化建设中，不断探索与总结新理论、新方法，以“严谨、热情、诚恳”的工作作风，创造性地将绩效工资与四星三岗评定挂钩，严格按照标准化收费站考评细则规定进行管理，塑造了优质文明的窗口形象，赢得了上级有关部门和司乘人员的好评，他们这支收费队伍先后被评为“省示范收费站”、“省级青年文明号”、“省创建文明行业先进单位”、“武汉五一劳动奖状”、“市级文明单位”等。木兰站在标准化建设方面总结出旨在着力打造高水准、精细化、优服务的标准化收费站的“5C管理模式”（参见图16－5）：

德字当先。品德（Caracter）对于公路收费人员来说是首要的素质。收费人员时时刻刻都与金钱打交道，树立高尚的情操，抵制贪污，崇尚借鉴，在不断学习过程中使自身修养得到提高。

表 16－1　　湖北省收费还贷公路标准化收费站考评细则（1/6）

检查项目	项目编号	总评分	单项分	自查得分	实际得分	检查内容	评分标准和说明
		100	100				
收费业绩	1.1	50	20			任务完成情况	完成征收任务，此项得满分。超额完成任务，按超额比例分档加分，凡超目标任务 5% 以下的加 1 分，超 5%—10% 的加 3 分，超 10% 以上的加 5 分；未完成任务的按比例扣分
	1.2		17			收入增长情况	收入增长的此项得满分，按增长比例分档加分，最高不超过 15 分。凡增长 5% 以上的加 3 分，增长 10% 以上的加 5 分，增长 15% 以上的加 10 分，增长 20% 以上的加 15 分。收入下降的不得分，并按下降比例扣分。下降比例幅度 5% 以内扣 5 分，下降 10% 以内扣 10 分，下降 10% 以上的扣 15 分
	1.3		8			应征不漏，通行费次票标准到位率 100%；月票到位率 80%	次票未按标准执行的，每车次扣 2 分；月票标准达不到要求的，每车次扣 1 分，80% 以下的，每低 1% 再加扣 2 分
	1.4		5			通行费收入上解率达 100%	在规定时间内，通行费上解率每差 1% 扣 1 分，此项可以为负分

续表

检查项目	项目编号	总评分	单项分	自查得分	实际得分	检查内容	评分标准和说明
		100	100				
优质服务	2.1	7	1			建立和完善各项服务制度	查阅资料、记录，未建立的此项不得分；不完善的，缺一项扣0.5分，此项可为负分
	2.2		1			坚持普通话文明用语，唱收唱付，微笑服务	查看现场，发现一人次扣0.5分，此项可以为负分
	2.3		1			推行“首问责任制、限时办结制”等服务制度	查看资料，未实行的此项不得分
	2.4		1			坚持服务承诺制，免费提供茶水、简易修理工具、简单外用药、道路指引，配备灭火器	每差一项扣0.2分，扣完为止
	2.5		1			积极主动为司乘人员排忧解难，提供必要的帮助	综合考评。良好得1分，一般得0.6分，不好不得分
	2.6		1			坚持“五公开一监督”	未公开的此项不得分，每差一项扣0.2分
	2.7		1			坚持来信来访热情周到，耐心解答咨询，投诉来访回复率达100%	回复率达不到100%的不得分，并倒扣2分，此项可以为负分

表（16－2）　湖北省收费还贷公路标准化收费站考评细则（2/6）

检查项目	项目编号	总评分	单项分	自查得分	实际得分	检查内容	评分标准和说明
		100	100				
优良秩序	3.1	7	0.5			主动接受社会监督，无“三乱”行为	没有监督措施和效果的，此项不得分
	3.2		0.5			收费区域道路通畅，各种信号装置、照明设备运转正常，无车辆通行安全隐患，无随意关闭车道和人为造成的车辆堵塞现象	查看现场和录像资料，因随意关闭车道和人为造成的车辆堵塞现象的每次扣1分，此项可以为负分
	3.3		0.5			收费区域内无闲杂人员逗留或从事与收费工作岗位职责无关的活动，无治安隐患，符合《征管规范》“四防”标准，综合治理工作达标	查看现场发现一人次扣0.2分；查看相关资料，存在安全隐患和综合治理不达标的此项不得分，本项可以为负分
	3.4		0.5			建立和落实“突发事件预案”	未建立的，此项不得分，发生突发事件未及时处理的，另扣1分，此项可以为负分
	3.5		0.5			加强宣传协调，聘请社会义务监督员	宣传效果好得满分，未聘请监督员，社会反映强烈的扣1分
	3.6		0.5			各级政府部门重视和关心通行征管工作，为收费站创造良好的收费秩序，及时解决征管矛盾	领导重视，及时解决征费矛盾得满分。因自身原因协调不得力，发生冲突、上访等案件，每次扣1分。本项可以为负分

续表

检查项目	项目编号	总评分	单项分	自查得分	实际得分	检查内容	评分标准和说明
		100	100				
优美环境	4.1 4.2	4	1			收费设施建设符合《湖北省收费还贷公路站（点）建设管理规定》，收费站棚、收费亭、安全岛、开闭系统、IC卡等设施完好无破损；收费、监控系统、照明等安全设备处良好状态；标志、标牌齐全醒目符合规范	本项中每少一项扣0.2分；设施有破损而未及时修复的，发现一次扣1分；超建设规模的扣2分。此项可以为负分
	4.3		1			楼院内、室内外物品摆放整齐。玻璃窗明亮，地面平整干净，无痰迹和污垢	达不到要求的，每项扣0.5分；环境脏乱差的，扣5分，此项可以为负分
	4.4		1			收费、办公、生活区域绿化、美化、亮化，规划布局合理	综合考评。良好得1分，一般得0.5分，不好不得分
			1			各种办公设施、生活设施齐备	综合考评。同上

表（16－3）　湖北省收费还贷公路标准化收费站考评细则（3/6）

检查项目	项目编号	总评分	单项分	自查得分	实际得分	检查内容	评分标准和说明
		100	100				
工作程序化	5.1	8	1			组织管理符合要求	查看有关资料，对照省局“征管规范”达不到要求的此项不得分
	5.2		1			通行费征收程序符合要求	查看有关资料和现场，达不到“征管规范”要求的每车次扣0.1分，此项可以为负分
	5.3		1			月票办理程序符合要求	同上
	5.4		1			交接班程序符合要求	同上
	5.5		1			设施使用、维护、保养符合要求	查看有关资料，对照省局“征管规范”达不到要求的此项不得分
	5.6		1			民主管规范符合要求	查看有关资料和会议记录，听取职工意见，达不到要求的此项不得分
	5.7		1			例会规范符合要求	同上
	5.8		1			后勤管理和保障规范符合要求	同上
服务规范化	6.1	5	1			按照省局“征管规范”统一规范着装，挂牌上岗，仪容、仪表符合规范要求	达不到要求，每人次扣0.1分，本项可以为负分
	6.2		1			稽查外勤人员坚守岗位，举止行为符合规范	达不到要求的每次扣0.1分，本项可以为负分
	6.3		1			熟记征费政策和标准，判断车型准确迅速，正常情况下单车售票时间不超过10秒	查看现场，达不到要求，每人次扣0.2分
	6.4		1			熟练掌握相关政策法规、规章制度	现场提问（征管规范内容），达不到要求，每人次扣0.2分，可以为负分
	6.5		1			通行费月票办理公开透明	未实行的，此项不得分

表（16－4） 湖北省收费还贷公路标准化收费站考评细则（4/6）

检查项目	项目编号	总评分	单项分	自查得分	实际得分	检查内容	评分标准和说明
		100	100				
管理科学化	7.1	8	1			建立目标管理体系，落实了经济责任制，并制定了细化、量化的考核标准	查看资料，执行好的得满分，一般得0.5分，差的不得分，一项未做到的视其情况倒扣3—5分
	7.2		1			建立和落实各项管理制度，提高制度执行率。各收费站要根据“征管规范”及相关的政策法规，制定相关的实施细则	查看资料，根据“征管规范”的制度建设规范，每缺一项扣0.2分；有制度细则未落实的，每人次扣0.2分。本项可以为负分
	7.3		1			党、工、团组织健全，职责分工明确	机构健全、班子团结此项得满分。查看资料，每差一项的扣0.2分。收入千万元以上的站配备了女站长的加2分
	7.4		1			思想政治工作实行量化管理，杜绝以罚代教，支部战斗堡垒作用发挥好，具有凝聚力、向心力、号召力	综合评分，执行好的得满分，一般得0.5分，差的不得分
	7.5		1			精神文明建设有规划、有目标、有创建措施。积极带领全站干部职工开展“三岗一星”、“四比一看”等创建活动	查看相关资料，无建设规划、目标、创建措施的此项不得分，未开展“三岗一星”、“四比一看”创建活动的或开展不力的扣1—2分。本项可以为负分
	7.6		1			收费站班组建设内容丰富，有声有色	综合考评。不断创新班组建设理念和管理模式，成效明显，视情况加3—5分
	7.7		1			重视职工业余文化生活，有计划和安排。建立“两室”（阅览室、活动室）文化活动教育阵地	有计划、有安排得满分。无年计划和安排扣0.5分。无活动场所的扣0.5分

续表

检查项目	项目编号	总评分	单项分	自查得分	实际得分	检查内容	评分标准和说明
		100	100				
管理科学化	7.8	8	1			岗位设置合理，职责明确，实行竞聘上岗	查看资料，未实行竞聘上岗此项不得分
	7.9		1			工作年有计划、有安排、有检查、有总结、有考核、有兑现	查看资料，每缺一项扣0.5分
	7.10		1			大力开展站区文化建设、人文文化建设和服务品牌建设	查看资料，综合打分

表（16－5）　湖北省收费还贷公路标准化收费站考评细则（5/6）

检查项目	项目编号	总评分	单项分	自查得分	实际得分	检查内容	评分标准和说明
		100	100				
管理科学化	7.11	8	1			广泛征求群众意见，重要工作集体研究。按照“公平、公正、公开”的原则，建立站务公开制度，做到目标任务公开、干部职工收入公开、考核考评结果公开、奖励公开	综合考评，每差一项扣0.2分
	7.12		1			开展岗位培训，职工素质明显提高	综合评分，执行好的得满分，一般得0.5分，差的不得分
	7.13		1			各种报表数据准确、真实，内容全面，上报及时	查看资料，按月计算未达到要求的每项扣0.5分。本项可以为负分
	7.14		1			稽查措施得力，经常开展稽查，并按规定进行处理	不按规定进行稽查，少一次扣1分。监控记录不全，达不到要求，视情况扣1—5分。本项可以为负分

续表

检查项目	项目编号	总评分	单项分	自查得分	实际得分	检查内容	评分标准和说明
		100	100				
管理科学化	7.15	8	1			严格执行收支两条线，财务、票据管理规范	综合考评，执行好的得满分，差的根据情况扣3—5分，可为负分
	7.16		1			档案管理符合规范要求	查看资料，有一项未做到的不给分
	7.17		1			劳动用工全部实行社会化，合同率100%	查看资料，未达到的此项不得分
	7.18		1			收入与征费业绩、工作成效挂钩，做到奖勤罚懒、奖优罚劣	查看资料和工资分配情况，未实行的此项不得分

表（16－6）　湖北省收费还贷公路标准化收费站考评细则（6/6）

检查项目	项目编号	总评分	单项分	自查得分	实际得分	检查内容	评分标准和说明
		100	100				
行动军事化	8.1	8	1			统一并严格收费员的起床、用餐、工作、学习、就寝等作息时间	综合考评，达不到要求的每人扣1分，本项可以为负分
	8.2		1			严格遵守各项劳动纪律，做到有令必行，有禁必止	查看资料和结合日常稽查情况，达不到要求的每人次扣1分。本项可以为负分
	8.3		1			生活和办公物品摆放整齐有序，按照规定开展军训活动	未达到规定要求的扣2分。本项可以为负分
	8.4		1			坚持列队上下岗，严格实行班前讲评、班后汇报	达不到要求的每次扣0.2分。本项可以为负分
	8.5		1			队伍团结、紧张、严肃、活泼，遵章守纪，清正廉洁	综合评分，执行好的得满分，一般得0.5分，差的不得分

诚信为本。信赖（Confide）是指收费站每一个股室成员之间要相互信赖，相互扶持，才能用强大的股室凝聚力感召每一位同志。

互助为乐。互助（Concur）要求收费员工之间互相帮助，做到“当一个幸福的人更幸福时你只会淡然一笑；当一个人处于绝望时，你会伸出你的双手，哪怕一只火柴也可能点燃整个世界”。

适应环境。环境（Condition）是收费站工作人员值得关注的重要资源。和谐的收费环境给员工带来的不只是身体的舒适，更多的是工作中的放松，一种为他人服务的快感。所以，要尽一切力量清洁我们的办公环境，改善收费服务质量，对外营造和谐的氛围，对内创造舒适的沟通平台。

提升能力。能力（Capacity）的提升是关键。提升每一位股室成员的业务能力，通过严格的标准化操作训练和考评，按照现代质量管理“PDCA”模式的流程化管理活动，开展各种劳动竞赛，让每一位股室成员真正从思想上自觉认识提升自身素质、提高劳动效率的必要性。

2. 宜城市郛家冲站——用“精、细、柔、严”四字撑起一片天，创建巾帼示范班

湖北省宜城市郛家冲收费站是1996年7月经湖北省人民政府批准成立的，收费年限截止到2015年。现有干部职工40人，其中男职工16人，女职工24人。年龄在35岁以下青年人数占90%，党员17人，团员18人，大专以上文化25人，中专文化5人。是一支年轻化、知识化的公路通行费收费队伍。

该站在开展标准化建设中主要以深化人事制度改革为动力，将严格规范的制度建设与增强热情周到的服务有机结合，发挥巾帼示范班的带头作用，以“精、细、柔、严”的四字理念不断提高服务质量，成为湖北省标准化示范站。在宜城市郛家冲收费站，活跃着一支年轻的公路通行费收费队伍，她们就是女班长杨明荣带领的“巾帼示范班”。该班共有四名同志，平均年龄不足30岁。她们坚持“以柔克刚，巾帼不让须眉”的班组文化，用最美的语言获得了司机的理解，用真诚的服务融化了司机心头的坚冰，用拳拳的爱心赢得了司机的尊重。她们创造性提出了“精、细、柔、严”工作法：

“精”，对工作精益求精。在这个班里，人人都是业务骨干，个个都是快捷巧手，但她们依然没有放松自己的学习。她们在班内开展看谁学得好的比赛活动，形成了一种人人争学《征管规范》，个个争做“刚毅式”员工的良好氛围。

“细”，注重工作细节。一是卫生整洁，她们利用工作的间隙，将站台打扫得干干净净，不留死角。二是爱岗敬业，在三尺售票岗亭，她们坚持对所有车辆做到“来有迎声，问有答声，走有送声”。三是发挥示范作用，以自己的模范行动、人格魅力，不断展示巾帼风采。

“柔”，创新工作方法。有一次，一开车的小伙子硬说没钱，摆出一副要钱没有要命一条的架势。班长杨明荣笑着说：“兄弟！你说没钱是你太谦虚，谦虚使人进步，看来你还要发大财哟！”司机仍说没钱，等发财后再交钱，杨明荣仍然微笑着说：“自从共产党推翻了三座大山，没有人过饥寒交迫的日子，何况你还开着这么漂亮的车子？”说得车里的人都笑了，其结果不言而喻。

“严”，严格收费标准。该班坚持“应征不漏、应免不征”的收费政策，做到应收尽收。她们一是火眼金睛，识别假军车。有一次，一辆军牌车辆从2号道路过，但司机拿不出军官证、调拨单等相关证件，当班的杨明荣要求该车按规定缴费，司机只好购票。二是工作认真，查处挪用IC卡。有一天，鄂H14269货车持鄂F71020货车的IC卡，被售票员段秀玲当场识破。三是执行政策，毫不含糊。一次，钟祥交通部门的小车从此路过，出示相关证件要求免费放行。杨明荣主动向其解释，现在正在治理特权车、人情车，你们的车也在清理范畴。一席话，说得那位领导主动购买了通行费。

二　收费工作班组建设

（一）班组建设的重要作用

班组是公路收费的组织细胞，收费站的工作千头万绪，其众多管理工作实际上是一个系统工程，都离不开班组这个最小细胞的运动与更新。因此，收费站推进管理现代化，加快文明行业创建，实现工作目标，班组作为最基层组织，处于十分重要的地位。

在实际工作中，收费班组的重要地位主要体现在以下几个方面：

1. 班组是实现现代化管理的主体

班组建设搞不好，收费站管理好不了。班组是按章收费的最基本单元，也是收费站最基本的劳动集体。班组管理是收费站最基本的管理，收费站的各项管理包括近年来引入的现代化管理方式，首先要在班组活动中具体表现出来，班组既是被管理的对象，又是管理的主体，收费站管理的成功与否，班组是晴雨表。职工在收费站中的主人翁地位在班组管理中被充分反映出来，当班组管理与他们的自身利益紧密联系起来的时候，班组每个成员的主动性和创造性就能充分发挥出来，关心班组的收费、稽查管理和计划执行情况等，不断推动班组管理的改革和完善，从而促进收费站整体管理水平的提高。所以，加强班组建设是强化收费站管理的一项最基本的工作。

2. 班组是创建文明收费站的前沿阵地

针对收费行业目前存在的一些问题，改善社会和公路收费行业的关系，通过班组建设让社会更加了解通行费征管行业，加强沟通和交流，使收费行业稳固发展。近年来创建文明收费站的活动不断深入，班组既是收费站物质文明建设的场所，又是精神文明建设的阵地。一线收费人员直接与车主打交道，是收费站对外形象最直接的体现者。收费站要教育职工在市场经济条件下树立远大理想，发扬社会主义职业道德风尚，加强纪律性，自觉抵制不正之风，不断提高业务素质和执法水平，这一切都必须从班组抓起。班组的文明收费和文明服务搞好了，收费站的精神文明建设就落到了实处，创建文明收费站就有了基本保证。

3. 班组是制度建设的基础

管理的不断深入，对收费站的制度建设提出了新的要求。为了不断强化管理，规范执法行为，根据《创建文明收费站标准》及通行费“四有”的管理要求，抓好制度建设是当务之急。制度是职工必须遵循的行为准则，也是对班组各个岗位、各项工作进行考核的标准和奖惩的依据。制度的制定在上层，但能否全面贯彻执行则要看班组。收费站所制定出台的各种规章制度、经济责任制、考核办法等大都是以班组为对象的。由此可见，班组是制度建设的落脚点。

4. 班组是提高队伍素质的关键

建立一支“四有”职工队伍，全面提高队伍素质，是收费站的一项重要工作，需要上级主管部门的高度重视和收费站领导的积极努力。但职工身处班组这个集体中，耳濡目染，受班组工作环境、管理水平的影响最直接，提高职工队伍素质的很多工作都要落实到班组。这就要求班组在加强管理、全面完成任务的同时，要充分发挥职工的聪明才智，努力提高班组成员的政治思想素质、业务素质和执法水平。只有班组成员的个体素质提高了，才能促进职工队伍整体素质的提高，从而推动收费站各项工作的顺利开展。结合各个班组自身的特点，通过制订计划、组织开展各项活动，提高每个班员的团队意识和创新能力，加强班员间的沟通交流，帮助班员树立热爱集体、热爱工作的正确价值观，不断改善工作精神面貌，以适应社会对收费人员越来越高的职业要求。

总之，班组是收费站的“细胞”，是收费站一切工作的落脚点。只有使班组这个“细胞”具备强大的生命力，才能使收费站这个“肌体”充满勃勃生机。因此，加强班组建设是收费站发展的战略要求，也是完成收费计划和实现现代化管理的重要保证。

（二）班组建设的基本要求

1. 加强管理基础工作，搞好班组的管理制度建设

当前，主要抓好三个环节。一是进一步健全和完善班组规章制度。职责、制度是实践经验的结果，是班组管理的需要。为了使班组成为一个定向发展的统一体，让班组工作走向正规，就必须有完整的制度和目标。为此，要从教育入手，使大家明白，光有责任心还不够，还要有责任制。然后在大家理解的基础上，制定出人人都必须遵守的各项职责、制度并逐步形成责任落实、职权明确、考核严格、奖惩分明的局面，以此来充分调动职工的积极性和创造性。二是切实抓好班组管理基础工作。基础工作是班组管理的一个重要内容。班组的各种统计资料、原始记录、票证、凭证、日报表、工作台账、设备设施台账等要进一步标准化、规范化。各种台账要及时登记，妥善保管。要对台账进行定期、不定期检查、抽查。三是班组工作要签订年度工作责任状，落实个人岗位工作责任书，用以规范班组管理和职工行为。通过对班组的考核，使班组职工能在各自的岗位上，自警自勉，努力工作。

2. 加强思想政治工作，搞好班组的精神文明建设

班组是文明创建活动的前沿阵地，班组在两个文明建设中担负着重要任务，开展民主评议行风和文明创建工作以及提高文明服务水平是收费站管理的重要内容。搞好班组的精神文明建设，一是要加强思想政治工作，教育职工树立良好的职业道德。要使每个职工认识到，自己的一言一行关系到湖北公路系统乃至全省交通的对外形象，从而把远大的理想与热爱湖北交通事业、热爱本职工作结合起来，努力做到忠于职守、文明执法、全心全意为人民服务，为交通事业贡献力量。二是教育职工学法、知法、守法。加强法制观念和法律教育是搞好各项管理的保证，也是当前精神文明建设的重要内容。要教育大家遵守劳动纪律、工作纪律，做到文明服务、按章办事。三是要组织和鼓励职工岗位成才、自学成才，为职工的文化学习和业务技术培养提供良好的环境和条件，促进职工自身的政治素质、文化素质、业务素质的不断提高。四是要开展好社会主义劳动竞赛，在职工中形成一种比、学、赶、帮、超的生动局面。五是要广泛开展生动活泼、丰富多彩的文体活动，锻炼职工体魄，陶冶职工情操，铸造职工精神。通过班组建设的思想政治工作，褒拼搏精神，扬文明旋律，树班组正气。

3. 注重培养典型，大力推广先进经验

班组建设要注重典型的培养和宣传，用典型来教育人、鼓舞人、激励人，达到以点带块、以块促面、全面提高的目的。要抓好班组的工作总结，重视推广典型经验。要通过建功立业活动，评先选优、树立典型，充分发挥先进典型的示范作用，努力营造学习技术、钻研业务的良好氛围。

4. 加强对班组建设工作的领导，全面提高班长素质

提高班组管理和建设水平，关键问题是班长的素质问题。因此，要把好班长的选拔任用关，要把职工中责任心强、有较强政策水平和一定的组织管理能力、作风正派的人选拔到班长岗位上来。班长不仅要组织大家认真完成各项生产任务，而且要科学地搞好班组管理；不仅要依据政策处理好日常工作中的各种问题，而且要有开拓创新精神，坚持两个文明一起抓，带领全班职工认真完成各项工作任务。班长在工作中要做到抓政治、抓思想、抓业务、抓技术、抓学习、抓管理、做表率、讲奉献。各级领导要为班组长的工作创造条件。一是权力上明确，增强班长的威信和号召力。在班组内部，应明确规定班长有工作调配安排权、奖金考核分配权、人员组合挑选权、评先推荐权。二是工作上支持，做到放心、留心、关心、热心。放心就是布置下去的工作，要放心大胆地让班长去干；留心就是站领导要留心周围群众对班长工作的反映，注意抓好典型；关心就是班长在工作中遇到其职权范围内无法解决的问题，要帮助及时解决，对班长在工作中出现的差错，站领导要勇于分担责任；热心就是各级领导要为班长的工作服务，为班长开展工作创造一个有利的环境。三是生活上关心，要真心实意帮助班长解决一些生活上的后顾之忧，让班长感受到组织上的关心。四是要不断提高班长的理论和业务水平，为他们学技术、学业务创造条件，要有计划地安排班长进行轮训和岗位培训。

湖北省各收费站通过班组建设，在不断规范收费行为、创新管理行为、提高职工文化素质等各个方面都取得了明显成效。

第一，通行费收入显著提高。通过两年多的班组建设，湖北省各市（州）、各收费站在征管手段上进行了不断创新，围绕每年的工作重点和创建主题，在各区域路网日趋发达、高速联通的形势下，积极采取争费源、堵漏洞等措施，不断加强对通行费的堵漏增收；另外各地根据班组建设要求，建立和完善了内部管理监督机制，加强日常稽查管理，组织工会、纪委监察等部门采取联合监督检查的形式对内管理，规范收费人员的行为，严惩包车、人情车等违纪行为。

第二，民主管理意识明显提高。通过班组的建设不断拓宽职工与职工之间、上级与下级之间的沟通渠道，提高职工在工作中发现问题、研究问题、解决问题的能力，收费站职工的民主意识明显增强。为了提供站（点）职工与领导之间的平等交流、沟通的平台，一些市（州）运用网络资源创建了即时聊天群，职工对工作、对领导有什么意见和建议可以通过网上聊天的方式进行交流，领导干部则以平等、真诚的态度接受职工的进言；有的收费站建立了领导信箱，职工的想法可以通过信件的方式反映到站方，领导结合实际情况合理采纳职工的意见。通过这样的形式，职工“参政议政”的积极性提高了，主人翁意识增强了，干群之间的距离也拉近了。

第三，职工工作热情、工作效率明显提高。近年来湖北省公路局通过开展“四比一看”劳动竞赛、普通话演讲比赛、公路通行费知识问答等活动调动职工的工作积极性；各市（州）、收费站也通过定期开展丰富多彩的技能比拼、才艺展示、技能评比、文娱活动等凝聚人心。收费职工的工作热情和积极性明显提高，自我价值得到充分展现，将原本枯燥的工作变为快乐的工作，并将这份快乐的工作热情转化为真诚的服务，奉献给社会和广大司乘人员。

第四，职工素质明显提高。针对班组建设的主题，各市（州）公路主管部门尝试转变培训模式，在针对收费行业开展培训时，从以往的单一军训、法律法规培训，逐步扩展新的内容。通过分层分类培训，让不同工作类型的人员参加不同内容的培训班。将行业素质培训与服务理念培训相结合，改听报告式的培训方式为互动型、参与型的培训方式。将“探索班组建设”讲座、文明礼仪培训与拓展训练相结合，寓教于乐，为收费职工理清班组建设的思路，让其意识到优质服务的重要性，同时学习如何调整心态，以饱满的情绪投身工作，充分体现了人本理念。另外，一些收费站的班组根据工作实际，还开展了多种有意义的班组活动，如“感受农村”、“送温暖、献爱心”等，从而增强职工的社会责任感。

第五，收费氛围更趋和谐。收费站在管理上更趋人情化，再不是一味的命令式的管理方式。通过对职工的一份生日礼物、一句温馨祝福、一点友情提示，使职工以站为家，职工与职工之间的感情更加交融；通过领导与职工的交心和职工参与站务管理，上、下级沟通更趋融洽。职工精神面貌发生了新的变化，服务意识得到了进一步增强，各类收费中的矛盾少了、投诉少了，收费环境明显改善，收费站与社会更加和谐。

（三）班组建设的两个典型

1. 人性化管理模式塑造“木兰”品牌

加强班组建设是武汉市木兰收费站增强自身素质，树立良好形象的重要手段。各班组以“体现一个管理理念，塑造一个班组形象”为主题，举办特色创建活动，逐步形成了各自的风格。木兰收费站班组建设的经验归结为倾力打造“人性化管理模式”（参见图16－6），充分彰显以员工为本的管理理念，营造温馨和谐工作生活氛围，无形之中增强了员工的凝聚力和向心力。

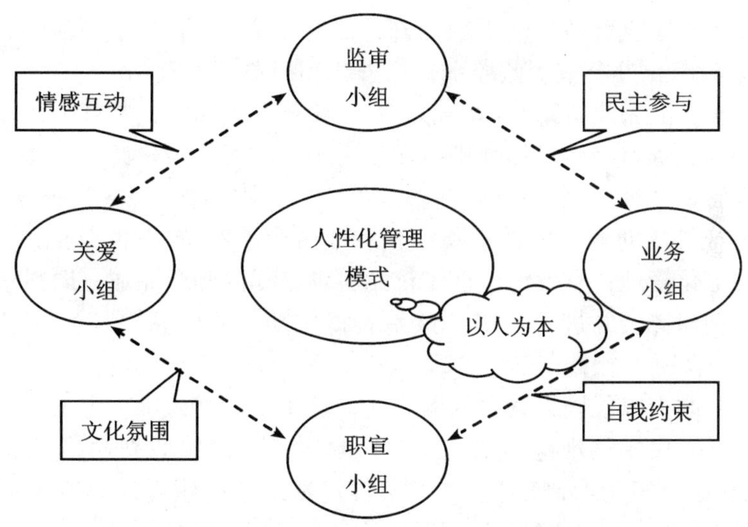

图16－6　班组建设—人性化管理模式

收费一班，以“温馨班组”为创建主题，提出了“一班是我家，我们都爱她；工作并美丽着，劳动并快乐着”的口号，在全站形成了一个温馨的小家。

收费二班，以“四讲班组”为创建主题，在工作中讲业绩、讲学习、讲团结、讲奉献，打造了一支爱岗敬业、特色鲜明的班组队伍。

收费三班，以“三心班组”为创建主题，班组成员坚持用自己的“热心、细心和爱心”为司乘人员提供温馨服务。

收费四班，以“圆心班组”为创建主题，坚持“以提高业务技能，抓好收费工作”为圆心；以“加强思想教育，提高团队精神”为半径；形成了“展示文明形象，打造服务品牌”的圆形。

收费五班，以“闪电班组”为创建主题，“服务便捷，精准高效”成为他们的鲜明特色，形成了一支快速反应、能打硬仗的收费班组。

通过人性化管理和班组特色创建活动，木兰收费站变过去从上到下的管理模式为自下而上的管理模式，为全站职工提供了一个实现自身价值的平台，激发了职工们参与管理、监督管理的热情，各项工作不断取得新成效。

2. 启动“4321”新机制，树立典型、展现亮点，舒家站班组建设结硕果

十堰市舒家收费站位于十堰西部，成立于2004年7月。现有工作人员49名，内设综合办公室、监控室、稽查队和征费四个班。

近年来，舒家收费站全体干部、职工紧密联系实际，紧紧围绕以收费工作为中心的征管思路，以加强班组建设为平台，以队伍建设为保障，以优质服务为宗旨，通过“文明班组评比”、“四星三岗二佳一淘汰”评比、“三优四化”考核等活动的开展，不断加强和改进收费征管工作，强化服务职能和队伍规范化管理，有效地保证了该站各项工作的圆满完成，取得了收费征管、文明创建齐头并进的佳绩。该站获得成功的法宝是在班组建设上突出“规、活、学”三个字。

“规”：改变以往以人管人的旧模式，注重从制度入手，力求站务管理工作更加科学、民主、规范。结合实际，制定了《舒家收费站班规、班约》、《舒家收费站班组学习制度》、《舒家收费站班组创建规划》等制度。将职责、任务、管理、服务等量化、细化到每个班组、每个职工，逐步建立以制度建站、以制度管人的良好工作模式，大大激发了职工的主观能动性。针对通行费征收工作的实际，不断强化管理措施，不断探索新的管理办法，在十堰市首创开展了“4321”（即：管理之星、奉献之星、服务之星、技能之星、党员示范岗、青年示范岗、技能示范岗、最佳收费班组、最佳收费员、末位淘汰）评选活动，评选出的先进职工每月佩戴流动胸牌，提高了服务水平，树立了典型，促进了该站的人文文化建设、站区文化建设和服务品牌建设。

“活”：一个班组，一个特色，是该站班组建设中的一个亮点。通过建立特色班组，使各个班相互促进，相互竞争，达到全面提升职工业务技能、综合素质的目的，也使得舒家收费站的整体实力得到了加强。征费一班雷锋班，提出“全心全意为司乘人员服务”的口号。征费二班规范班，由班内业务骨干进行授课，通过以点带面，以点促面向新型收费班组发展。征费三班刚毅班，将刚毅精神融入收费工作中去。征费四班创作班，该班成员大部分都有写作的爱好，班组成员踊跃投稿，宣传收费政策和发生在身边的好人好事。该站2006年在各级报章上刊登稿件63篇，电视专题报道6条，2007年3月被城区公路局评为2006年度宣传报道先进集体。各班优化管理理念，通过开展和创建特色班组，使该站内部迸发出生机与活力，班与班之间“比、学、赶、帮、超”的风气也日益浓厚，不仅形成了站内的特色文化，更有力地推动了该站各项工作的扎实开展。

“学”：为了进一步提高优质服务水平，增强员工的服务意识，该站在十堰市系统内，率先开展了“创建学习型班组，争做知识型员工”活动，并开办了职工学校，由站领导和业务骨干讲课，要求各班组每月不得少于8次班务会（政策法规学习会、经验交流会、问题分析会、工作总结会），每位职工每月一篇心得体会，班务活动要有详细的文字记录。同时将各班开班务会的场景用DV记录下来刻成光盘，方便相互之间学习交流。这些行之有效的活动，提高了职工的政策水平和业务技能，在全站形成了全员学习、全程学习、团队学习和工作学习化、学习工作化的氛围和机制。

三　收费劳动竞赛

（一）收费劳动竞赛的目的意义

劳动竞赛是湖北省公路局为了进一步贯彻落实好全省公路水路交通工作会议精神，深入开展“迎讲树”活动和稽查服务万里行活动，外学陈刚毅精神，内学祝正盛和十佳收费标兵的先进事迹，创新管理模式，提高全体征管员工的整体素质，提升收费窗口的服务水平，规范收费行为和管理行为，推动收费站文明创建活动再上新台阶，根据湖北省交通厅的部署和安排，结合公路收费实际，在全省公路收费站开展了“四比一看”即比管理、比服务、比技能、比奉献、看业绩的劳动竞赛。劳动竞赛活动以“三个代表”重要思想为指导，全面学习和深入贯彻全省公路、水路交通工作会议和全省公路工作会议精神，以“服务创新年”为主线，以稽查服务万里行活动为载体，紧紧围绕“三优四化”目标，进一步规范收费行为和管理行为，以陈刚毅、祝正盛和十佳收费标兵为榜样，加强学习，提高素质、规范服务，在员工中营造学业务、学理论、学科技、讲文明、讲礼仪、讲奉献的“比、学、赶、帮、超”的竞争氛围，激励员工创新经验，实现工作业绩新突破。

（二）收费劳动竞赛的主要内容

1. 比管理

（1）征费管理：是否严格执行《征管规范》、落实《标准化收费站考评标准》、完成规定的各项工作任务。

（2）现场管理：收费区域现场管理、班员的管理是否规范有序。

（3）学习管理：学习计划、学习记录、学习检查等是否扎实有效。

（4）内勤管理：内务检查记录是否齐全、宿舍环境卫生是否整洁、用具摆放是否规范、叠被是否标准。

（5）安全管理：安全检查及记录是否齐全、是否有安全隐患及安全责任事故等。

2. 比服务

（1）文明用语、微笑服务情况：唱收唱付是否达100%、微笑服务是否到位、普通话是否标准、唱收唱付声音是否清晰、洪亮。

（2）便民服务：为司乘人员提供咨询服务的情况、排忧解难、好人好事上报、收到锦旗、感谢信多少面、多少封。

（3）仪容仪表：服务礼仪是否到位、是否佩证上岗、挂牌服务。

（4）质量投诉：优质服务是否零投诉。

3. 比技能

（1）征费质量：征费是否无差错。

（2）收费操作：收费操作是否规范、是否无误操作、是否不超出操作时间。

（3）报表填写：按规定填写报表、报表内容准确无误、票证使用是否正确。

（4）专项整治情况：责任心是否强、违章车辆处理、收缴假行驶证成绩是否突出、是否熟练掌握收费业务知识及有关收费政策法规。

4. 比奉献

（1）是否自觉遵守各项规章制度。

（2）是否完成任务。

（3）是否踊跃参与收费站的各项活动、积极为收费站管理献计献策。

（4）是否及时宣传好人好事、积极投稿。

5. 看业绩

（1）通过开展活动，看是否提高了管理水平、服务质量、业务技能，是否完成了各项任务目标。

（2）是否达到“服务零投诉、安全零隐患、上岗零违纪、操作零失误”的工作目标。

（三）收费劳动竞赛的考评办法

1. 各收费站成立竞赛活动领导小组和考核小组，研究制定实施细则，负责本站的考核实施。

2. 竞赛活动分管理、服务、技能、奉献四项进行考核，满分各为100分，按评比细则进行考核评分。

3. 考核项目中的内勤管理、团队精神、普通话、微笑服务由各站考核小组成员分别打分，去掉最高分与最低分，最后得分取平均分数。内勤管理每星期评比一次，每月汇总，其他三项内容每月评比一次。

4. 合理化建议采纳的实行累计加分。

5. 班长工作日志记录内容：（1）每天点评内容为：班组安全工作、本班次应注意的事项以及各类通知和当班时发生的特殊事件；（2）其他记录内容：班务学习（计划、时间、结果），每星期、每月的安全点评以及班员的日常工作情况。

6. 每月根据单项考核成绩分别评出各站的管理之星、规范之星、服务之星、收费能手；评选综合考核成绩排名第一的收费员和收费班为文明收费标兵和文明收费班组。

7. 竞赛活动采取问、查、看相结合的方式进行考核，考核结果于次月5日前在各收费站公示栏上进行公示。

8. 每月的管理之星、规范之星、服务之星、收费能手、文明收费标兵的奖励由各收费站确定，并作为收费站模范员工及先进班组评比的依据。

湖北省公路局收费劳动竞赛考评表列举如下：

（a）收费员业务技能考核评分表

班别：征费______班　　　　　　　年　　月

项目 \ 考核评定 \ 姓名							考核标准
征费额	月金额						月征费额名列第一的加 2 分；征费 10 万元无差错的加 3 分，依此类推每增加 5 万元加 2 分
	累　计						
	加　分						
长、短款（10 分）							发生的，每次扣 5 分，扣完为止
报表填写（10 分）							不及时的，每次扣 2 分；不准确的，每次扣 5 分；不全面的，每次扣 2 分，扣完为止
假币识别（10 分）							收到假币的每次扣 5 分，扣完为止
收费操作（20 分）							发生操作错误的，每次扣 10 分，扣完为止
操作时间（10 分）							超出时间的，每次扣 5 分，扣完为止
通行费解缴（20 分）							出现漏缴的每次扣 10 分，遗失票款的扣 20 分，扣完为止
票证使用（5 分）							发出空白票每张扣 2 分，错误销票的每张扣 3 分；票证出现乱码的扣 3 分，扣完为止
业务操作能力（10 分）							独立完成能力较好的 10 分，一般的 8 分，较差的 6 分
业务测试（5 分）							不合格的扣 5 分；前三名的分别加 3、2、1 分
违章车辆处理							每查处一辆加 1 分
假证识别							每没收一本加 0.5 分
总分							

（b）"收费能手"考核总评表

年　　月

项目/评分/姓名	征费额	长、短款	报表填写	假币识别	收费操作	操作时间	通行费缴解	票证使用	业务测试	违章车辆处理	假证识别	业务操作能力	总分

（c）收费员文明服务情况登记表

班别：征费______班　　　　年　　月

姓名/考核评定/项目					考核标准
唱收唱付（25分）					每漏唱一次扣1分，扣完20分为止；其中声音清晰洪亮占5分（较好的5分，一般的3分，较差的1分）
微笑服务（15分）					好的15分，较好的10分，一般的8分，较差的5分
普通话（20分）					标准的20分，较标准的18分，一般的15分，较差的10分
咨询服务（10分）					不能提供咨询服务的每次扣5分，扣完为止
佩证上岗（10分）					未佩证上岗的每次扣5分，未及时更换服务牌的每次扣3分，扣完为止
排忧解难					为司乘人员排忧解难的每次加3分，收到表扬信、锦旗的加5分
质量投诉（20分）					发生质量投诉查实的每次扣20分
总分					

(d)"服务之星"考核总评表

年　月

项目 评分 姓名	唱收唱付	微笑服务	普通话	咨询服务	佩证上岗	排忧解难	质量投诉	总分

(e) 收费员工作纪律情况登记表

班别：征费　　班　　　　年　　月

姓名 项目 评分 考核						考核标准
遵章守纪（25分）						违反任何一条取消评比资格
劳动纪律（15分）						发生违反劳动纪律的，每次扣5分，扣完为止；调班的扣2分；请事假的扣3分；病假的扣1分
征费纪律（20分）						发生违反征费纪律的，每次扣5分，扣完为止

续表

考核项目 \ 姓名 评分						考核标准
安全纪律（20分）						发生违反安全纪律的，每次扣10分，扣完为止
服从管理（10分）						不参加收费站各项活动的，每次扣2分；获奖的分别加5、3、1分；不服从班长、收费站安排的扣5分；未完成收费站布置的工作扣2分
团队精神（5分）						团队精神很强的加5分，较好的加4分，一般的加3分，较差的加1分
内勤卫生（5分）						叠被标准的加5分，较好的加3分，一般加1分
宣传报道						投稿的加1分，初采用的加2分
合理化建议						提出建议的加1分，被采纳的加1分
总分						

（f）"规范之星"考核总评表

年　　月

姓名 \ 评分 \ 项目	遵章守纪	劳动纪律	征费纪律	安全纪律	服从管理	团队精神	内勤卫生	宣传报道	合理化建议	总分

（g）征费班长工作情况登记

年　　月

项目＼姓名＼考核评分						考核标准
管理力度（20分）						未按时完成收费站布置的各项工作每次扣10分；班员发生违反百分制考核标准的每次扣1分
内部管理（10分）						做好班长工作日志，按规定内容进行点评，未进行点评的（无记录），每次扣0.5分，扣完为止
现场管理（15分）						发生现场管理考核扣分的，每次扣5分；不能独立完成现场特殊情况处理的每次扣2分
班务学习（10分）						无当月学习计划的，扣5分；无学习记录的扣3分；未对学习情况进行检查的扣2分
内勤管理（10分）						无安排寝室值班人员的，每次扣2分；宿舍（床铺）卫生不整洁的，每次扣2分；未按规定摆放物品每次扣1分；班组叠被平均分低于3分的，扣1分
上传下达（10分）						未及时准确地做好上传下达工作的，每次扣5分
安全管理（15分）						每星期无安全点评的，每次扣5分；发生安全事故的，扣15分，并取消评比资格
征费额（10分）						月征费额未达到所分配的月征费指标的，扣2分
假证识别						班员每收缴一本加0.1分
违章车辆处理						每处理一辆违章车辆加1分
绿色通道情况						每查处一辆违规车加0.5分
合理化建议						提出的加1分，采纳的加1分
宣传报道						投稿的加1分，采用的加2分
总分						

（h）“管理之星”考核总评表

年　　月

项目＼评分＼姓名					
管理力度（20分）					
内部管理（10分）					
现场管理（15分）					
班务学习（10分）					
内勤管理（10分）					
上传下达（10分）					
安全管理（15分）					
征费额（10分）					
假证识别					
违章车辆处理					
绿色通道情况					
合理化建议					
总分					

（i）“管理之星”考核总评表

年　　月

项目 评分 姓名	业务技能	文明服务	工作纪律	其他	总分

（j）“文明班组”考核总评表

年　　月

班级 评分 项目	征费一班	征费二班	征费三班	征费四班	……
业务技能					
文明服务					
工作纪律					
班组管理					
其　他					
总　分					

四　收费文化建设

（一）收费文化建设的重要功能

公路收费文化建设是指收费主体围绕公路收费管理活动的诸环节，通过加强收费人员的理想信念、价值目标、行为规范等建设，促进形成独具特色的文化氛围，以实现增强团队凝聚力、提升收费效率与服务质量的目的。收费文化建设在公路收费管理中具有十分重要的功能。

1. 发挥收费文化建设的内聚功能，增强班组的凝聚力

文化建设可以培育收费班组成员的归属感和认同感，建立起成员与收费站之间的相互依赖关系，使个人的行为、思想、感情、信念、习惯与整个收费站的建设有机统一起来，形成相对稳固的文化氛围，凝聚成一种无形的“合力”。

2. 通过收费文化建设，改造员工的价值观，起到自我改造的作用

文化拥有再造功能，它可以改变人原有的旧的思想观念和习惯，从而建立一种新的价值观。在收费管理中注重文化建设不仅可以增强团队凝聚力，还可以不断改造员工的思想，使他们树立全心全意为司乘人员服务的意识，充分调动其从事公路通行费征收管理工作的积极性与能动性。

3. 在共同价值目标的引导下，员工不断自我调控

文化最核心的功能是形成团队的共同价值目标，在这个目标的指引下，全体员工为之奋斗。从这个意义上讲，收费人员通过文化的熏陶、整体价值的驱动会不断地调适自身的心理，形成无形的约束作用，使个人利益与收费站的整体利益以及整个国家的利益紧密结合在一起。

4. 收费文化潜移默化的感染员工，使之自我完善和提升

收费文化可以通过潜移默化的形式感染和辐射员工，使员工自身素质得以提升。在收费管理中，每一位收费员在班组中受到其文化的感染，会逐步认识自己的能力水平，通过向组织内外模范人物的学习，形成不断完善和提升自身素质的效果。

（二）收费文化建设的两个典型

1. 树立和谐收费文化，展示窗口服务形象——蔡甸区唐河收费站文化建设扫描

武汉市蔡甸区唐河收费站收费二班组建于2006年元月，现有职工7名，其中党员1名。该班组弘扬唐河人不甘落后的精神，积极开展班组文化建设，使各项工作名列前茅。先后被武汉市公路管理处授予武汉市公路系统双文明建设“先进集体”和“班组建设优秀班组”，班长徐风风和班员高霞也分别获得本站“管理之星”和“服务之星”称号。他们把“征管服务稽查万里行活动”和“一学四比一看”活动等融入班组文化建设之中，使之注入新的内涵，着力唱响“三个服务”主旋律，树立起了争创和谐收费文化、展示窗口服务形象的一面旗帜。该班在文化创建中积累了大量的经验。

（1）与时俱进，更新班组文化建设的理念。收费班是通行费征管最基层的征稽团队，国家政策执行的到不到位，服务质量的好不好，窗口形象树立的牢不牢都取决于每一个班组和每一个班员，陈旧的管理与被管理的模式使得在工作中执行政策难到位、规范难落实、开展活动难组织。唐河站按照武汉市公路管理处开展的“创和谐收费”的活动要求，认真分析队伍建设、内业建设、精神文明建设和物质文明建设等方面存在的问题，及时在全站开展“新时期通行费征管如何发展”、“争创一流我们怎么办”、“我为收费站献计献策”等活动。通过深刻的反思，班员充分认识到为收费而收费的管理方式已不能适应通行费征管发展要求。面对各级政府和社会对收费窗口的新要求，他们认为：人性化、民主化的管理模式和方法，凸显收费特色；要通过先进的收费行业文化使征稽人员形成共同的敬岗观念和荣辱价值观念，培养“忠诚、爱岗、敬业、守纪”的职业道德规范。通过加强班组文化建设，在严格的管理中充分体现团队精神和以人为本、民主管理的理念，使收费班在民主管理的过程中，自己确立进取目标，自己分析原因，自己对照检查，自己总结评估；班长与站组织之间在共同目标愿景的作用下，以开放求实的心态互相学习、互相帮助、互相协作，不断进行创新，从而增强收费班的凝聚力、向心力、亲和力和战斗力。这一管理理念与管理模式已在该收费团队中得到充分的展示。

（2）明确团队目标，重视与员工进行心灵沟通。该收费班结合省、市、站对通行费征管工作的要求，在班组建设上制定了新的目标。一是团队目标：以“三个服务”为引领，以“征管服务稽查万里行”为契机，以“做文明市民、创礼仪公路”为内涵，创岗亭服务礼仪班、收费征管效益班、“一学四比一看”先进班、内业管理示范班和文化活动红旗班。二是班员目标：积极进取，自我超越，明荣知耻，奉献岗位，努力提高思想、道德、能力、精神、心理和思维等素质，把自己培养成为适应收费征管发展需要的人才。为了使班团队目标和班员个人目标得到实现，他们坚持每月制订工作计划，每月组织两次民主生活会和班组学习，每个工作循环召开收费征管形势分析，开辟“文化乐园”、“思想空间”、“我最关心的一件事”、“工作评估”、“结对帮后”、“安全警示”等丰富多彩的板块，为该站的班组文化建设注入了新的内容。同时，他们着力加强收费征管现场的规范建设，把仪容礼仪统一、语言礼仪统一和现场工作礼仪统一的规范要求印成小册子。每个班员必须熟读熟记，并在上岗前必须提问一次，使礼仪文明在每个班员中刻骨铭心。他们班里有这样一件事被站里给予了通报表扬，并获得站授予的“委屈奖”。2007 年 4 月 5 日白班 10 点左右，一辆载重大货车进入 3 号道，当班售票员是夏道林同志。老夏人到中年，满头白发，而且有高血压病，车主看着老夏没有将栏车器放下，出口大骂，并扬言已办了月票。夏道林同志耐心解释：“同志，你的载货已超出 30%，按照计重收费规定，超出的 30% 部分应计重收费，请按计重显示金额缴费 40 元，谢谢你的配合。”车主听完解释后嚣张气焰更浓，外勤人员怎么再三劝说就是不缴费，冲着老夏恶语不断，整整 20 分钟，老夏坚持微笑着不断解释，最后还是警察将车主带走才算平息。事后班员问他为啥不回嘴，他摇摇头说：“算了，不和他一般见识，班组礼仪创建形象重要。”是的，这样的事何止一次两次，但都因班员的再三忍耐、亲切和蔼的话语而化解。近年来，该班工作实现了服务零投诉，安全零隐患，上岗零违纪，操作零失误的工作要求。

（3）突出政治思想教育，结合“八荣八耻”丰富创建内涵。唐河收费站坚持将政治理论学习融入班组日常学习之中。吴家山收费站及其他各收费站在班组文化建设中，结合“八荣八耻”，根据实际情况建立一套适合班组建设和运行的规章制度，如例会制度、学习制度等。并把创建责任目标完成情况作为年终考核的主要依据。班组评比，一天一点评、一星期一小评、一月综合评，评出岗位明星，每月上墙，实行奖励机制，呈现出良好局面。各收费站还通过定期开展丰富多彩的技能比拼、才艺展示、职能评比、文娱活动等凝聚人心。“百万收入无差错”、书法、漫画、编织、文学创作才艺比赛等，给收费站职工提供了生动而丰富的展示平台。

2. 丰富文化活动，创建特色班组——邬家冲站文化建设如火如荼

宜城市邬家冲收费站狠抓文化建设，为实现跻身全省 90 个特色班组之列、95% 以上的员工、家庭创建成为“文明员工”、“文明家庭”的团队目标，根据各班特点创建了一个“党员示范班”、一个“青年示范班”、一个“刚毅班”、一个“巾帼班”。做到班班都有不同的文化特色，人人都积极参与到文化建设中来，形成了特色鲜明、内容丰富、热情高涨的良好局面。

（1）组织员工进行文明礼仪教育培训，提高员工收费服务水平。邬家冲收费站以不断提高收费服务为中心，创新思路，定期邀请礼仪指导专家给广大收费员做礼仪技能讲座，一方面丰富了员工业余文化生活，掌握礼仪知识和技能，另一方面也增强了员工不断改善服务，提高自身素质的动力，受到员工的欢迎。

（2）积极参加交通系统组织的“学刚毅精神、创文明新风、建和谐交通”演讲比赛，在比赛中激活团队凝聚力。演讲比赛是丰富员工业余文化生活，提高其语言表达能力，展示新时期收费员工综合素质的有效形式。该站积极准备并在交通系统组织的“学刚毅精神、创文明新风、建和谐交通”演讲比赛中取得优异的成绩，极大地激发了全体员工热爱集体、热爱工作的热诚。

（3）鼓励员工参加各类文化娱乐活动，促进员工全面发展。文化的重要作用在于熏陶人和教育人。邬家冲收费站员工利用业余时间参加宜城市时装模特大赛，在全市人民面前展示公路收费职工的靓丽风采。通过参加模特比赛活动，不仅学习了文化、传播了文明，还有力地宣传了收费战线的新风尚，使广大群众真正理解和支持公路收费工作。邬家冲收费站积极开展收费人员的军事训练活动，磨炼员工意志，锻炼员工体魄。经常组织各种体育健身活动，如羽毛球比赛、篮球比赛等。在工作之余主动帮助周边群众和单位打扫卫生、除草保洁等，受到当地群众的好评。

五　收费廉政建设

（一）收费廉政建设的方法途径

廉政建设是关于廉政的理念、知识、规范和与之相适应的生活方式、社会评价等各方面建设的总和，是廉洁从政行为在观念和文化以及行为规范上的约束。廉政建设的内涵大体可分为两个方面：一是培育廉洁的职业文化，即要求各行各业的从业人员恪尽职守，爱岗敬业，克己奉公，遵纪守法。二是建立严格规范的组织制度。从收费站的角度来说，收费员从事收费工作，每天与钱打交道，这就要求员工必须具备良好的个人素质和高尚的职业道德。人们常说：“常在河边走，哪有不湿鞋?”那么，如何通过有效开展廉政建设让员工“天天河边走，就是不湿鞋”呢？以下是公路收费廉政建设的方法途径：

1. 加强廉政文化教育，使之树立正确的团队观、价值观

（1）加强廉政文化宣传，营造廉洁的人文环境。任何事物都处在一定的环境之中，环境对人的心理因素有着很大的影响作用。因此，收费站须要通过不同的方式，加强廉政文化宣传，营造一种廉洁的人文环境，让各位员工在健康向上的环境中工作、生活，在不知不觉中接受教育，改造员工的人生观和价值观。收费站可以利用现有的设施，如在宣传栏张贴廉政宣传画，在员工学习园地张贴一些员工的廉政文化学习的心得体会，也可以通过各收费站的触摸屏网络，了解其他收费站的廉政文化建设情况，还可以通过站区的广播播放一些党员干部的廉政故事，在员工之间形成不虚荣、不攀比的好风气，以一种良好的心态对待工作、对待同事，在站区形成廉洁、纯朴的人文环境。

（2）管理人员以身作则，加强员工自律。榜样的力量是无穷的，加强收费站廉政文化教育，就必须加强站部管理人员的领导和示范作用，管理人员必须以身作则，从自身做起，从小事做起，严格要求自己，做好表率，成为单位廉洁奉公的一面旗帜，通过潜移默化的作用影响身边的其他员工，帮助解决员工思想上的疙瘩，引导员工以积极的心态投入工作，让员工产生自律意识，正确面对并解决好工作中存在的问题，而不是一味地让员工接受监督，这不仅能在员工中形成一个良好的工作氛围，更能够在构建一个富有凝聚力的团队中发挥积极的作用。

（3）加强员工学习，提升员工修养。针对收费站员工年纪较轻，思想活跃，求知欲强，接受能力强的特点，收费站（部）要经常组织员工参加各种学历教育和业务技能培训，不断提高员工的文化素质和业务素养，同时针对年轻人思想不成熟，容易受不良思想诱惑的特性，要不断加强员工的政治理论学习，加强胡锦涛总书记提出的以“八荣八耻”为主要内容的社会主义荣辱观的教育，提高员工的思想道德素质，抵制各种不良风气的侵蚀。

（4）加强廉政文化教育的可操作性和实效性，加大实践力度。廉政文化建设最终的目的是其实效性，因此，收费站在进行廉政文化教育时，要注意结合本站实际情况，采用丰富多样的形式，寓教于乐，目前大多数收费站都远离市区，收费员须住站，他们的业余生活非常单调，如果在进行廉政文化教育时，能够少一些单调、条文的说教，多一些生动、活泼的廉政主题活动，在实践中丰富其内容，深刻其内涵，这样就会事半功倍，效果会好得多。

2. 加强规范操作，完善收费系统，做好事前预防工作

（1）目前，有不少因政策性扶持而给予免费放行的车辆。对于这部分车，做到应征不漏、应免不征，要在正确理解文件内容的基础上，加大免费通行证明的稽查力度，规范收费员免费放行程序，避免收费员放人情车。

（2）现阶段新问世的客车车型较多，给收费判型带来一定的难度，有时同一车型也会出现不同座位数，分属不同的收费车型，造成出口收费变档增多，通过录像很难查验其变档的正确性。因此，要规范变档操作程序，变档前须仔细查验车辆行驶证，并请示监控人员，经同意后方可进行变档操作。

（3）现在大部分收费站已实现计重收费，在技术上，收费员可以不通过监控室，而在车道直接更改某些计重数据，从而变更车辆通行费金额，而监控人员很难发现。因此，收费站必须强调规范操作，防止收费员操作的随意性，遇到车辆胎型或轴型不对时，必须上报监控人员，经批准后方可进行数据更改，收费站在加强员工规范操作的同时，要不断完善电脑收费系统，对于一些数据更改的操作最好通过一定的授权，限制收费员的操作权限，从而堵住漏洞，防止通行费的流失。

3. 完善监督机制，细化管理网络

收费站人员如果发生贪污事件，首先是心态不好，其次就是存在侥幸心理，因此，收费站廉政建设，在进行廉政教育、规范操作、完善电脑收费系统的基础上还必须完善监督机制，细化管理网络，其中包括外部监督和内部监督。

（1）收费站要自觉接受外部群众监督。过往的司乘人员是最有效的监督者，在以往发生的收费人员贪污通行费事件中，有很大一部分就是通过司乘人员的反映而发现的，因此，公路管理者要增加顾客投诉的渠道，如电话、电子邮件、短信等，方便顾客投诉、反映情况，要鼓励司乘人员及时反映存在的问题。同时，公路管理者还可以通过外聘行风监督员，进行明察暗访。应自觉接受外部新闻媒体的监督，及时发现工作中存在的问题，分析其发生的原因，纠正错误，提高工作质量。

（2）进一步完善收费站内部监督机制。从硬件上来说，目前收费站具有较全面的视频监控系统，可以查看收费亭内、亭外、车道、广场、点钞室、金库等的录像，监控室也有较为完备的数据监督系统，可以对收费金额进行控制，因此，收费站更重要的是完善、规范一些内部监督的制度，如换零钞时必须有收费班长或其他人员在场，以防止收费员通过换零侵吞通行费长款（因为收费站规定通行费发生长款必须上缴，并作为该收费员的一次业务差错，因此有些收费员会想方设法不让通行费出现长款），如强调点钞必须在点钞室进行，这样能够对收费员清点通行费进行有效的控制。

4. 建立公开透明的沟通平台，促进收费站信息交流

收费站可以通过站务公示栏、宣传栏、触摸屏等公开站情站务，并根据收费站四班三运转或三班二运转的上班模式，通过站务会、班组的班前会、班后会传达上级的精神、方针，讨论解决员工工作、生活中的问题，还可以通过员工信箱、一对一的谈心，来了解员工的思想动态，甚至还可以通过一些非正式的沟通渠道来了解员工的想法，然后通过正式、公开的方式给予相应的解释或解决，以促进收费站内部以及收费站与收费站之间的信息交流。

5. 切实落实责任追究制度，建立奖惩激励机制

收费人员一旦发生贪污事件，就必须追究其责任，落实相关惩处政策，让员工知道“侵吞通行费是根高压线，千万不能碰”、“莫伸手，伸手必被捉”，不能让相关的制度流于形式；同时，对举报他人贪污的人员也要给予一定的物质或精神上的奖励，在员工绩效或年终评定时给予相应的鼓励。

（二）收费廉政建设相关规则列举

1. 邬家冲收费站关于加强机关效能建设、进一步优化经济发展环境工作的实施细则

第一章　总　则

为切实转变机关和干部作风，提高工作效能，优化经济发展环境，推动宜城交通收费事业健康快速发展，根据《中国共产党纪律处分条例》、《行政监察法》及省、市有关规定，结合《湖北省收费还贷公路征管规范》，特制定本实施细则。

第二章　具体内容和要求

1. 机关干部要牢固树立服务意识、效率意识，坚持依法行政，不得滥用职权，徇私舞弊。机关工作人员应忠于职守，严于律己，勤政廉政，不得吃拿卡要，以权谋私。

2. 机关工作人员应遵守机关组织纪律，对上级机关和领导的决定、命令应坚决执行，尽快办理，不以任何借口拖延不办；有不同意见的，可以明确提出，上级机关和领导没采纳的，按上级机关和领导的决定、命令执行。

3. 机关工作人员应严格遵守工作纪律，上班时间不无故迟到、早退、擅离职守，不得在工作时间进行上网聊天、炒股、玩电脑游戏、打牌、串岗闲聊等与本职工作无关的事项。

机关应在本单位显著位置设立工作人员去向公示牌，有事外出，必须事先报告分管领导，机关工作人员因种种原因无法履行职责时，要向主管领导汇报正在办理的事项，办好交接手续，主管领导要及时指定人员代行其职责。

机关工作人员参加会议时，应该按照会议组织者的要求准时参加会议，未经会议组织者批准不得提前退场。

4. 机关应建立健全岗位责任制、服务承诺制，规范机关行为。机关工作人员在工作中应做到细致周到、文明热情。机关工作人员对来文、来电、来函，按规定签收、登记、审核，提出拟办意见，及时报送领导批办；对管理服务对象要热情、文明，不故意刁难；对重大突发事件、灾情险情、安全生产责任事故等重要情况应按规定及时报告。

5. 各机关必须按照政务公开的要求，将本单位职责范围、办事依据、办事纪律、办事程序、办事要求、办事时限、收费标准、承办科室等事项通过政府网站和本单位显著位置予以公开；制作书面办事指南，免费提供给管理服务对象；职责涉及两个以上科室的，要制定并公示办事程序流程图。

机关工作人员办公桌上应统一放置有本人照片及姓名、职务的公示牌。

6. 机关必须严格执行办事时限制度。

（1）上级机关和上级领导交办事项等应在规定时间内办结。上级机关和上级领导的交办事件一般应在 15 天内办结；有明确办理时限的，要按规定时限办结；紧急的交办件，必须及时办理。如特殊原因一时无法办结的，必须及时向上级机关和有关领导说明情况并请求延期办理。

（2）接到群众来信来访，一般应在 5 日内予以答复。

7. 严格执行首问责任制。管理服务对象到机关办事时，首问责任人（科室）应负责受理并全程代理机关内部事项的办理。首位接受询问的机关其他工作人员，应向管理服务对象告知经办科室。经办科室无人时，应告知经办科室的联系电话，并做到耐心、热情。

8. 机关对同一事项的办事程序须经过多个环节办理的，应建立“集中办事厅”，把本单位管理服务项目集中起来，推行“一个窗口”受理、“一站式”服务，最大限度地为群众提供便捷服务。

第三章　责任追究

9. 机关及其工作人员不履行或不正确履行职责，以致影响机关效能、贻误工作、损害管理服务对象合法权益、危害经济发展环境的，依照本实施细则追究其效能责任；构成违纪违法的，移交纪检监察或司法机关按有关规定追究其纪律、法律责任。

10. 效能责任的追究方式：书面检查、通报批评、诫勉教育、调整岗位、延长试用期、降职、免职。

11. 机关工作人员违反本规定，有下列情形之一的，责令书面检查或给予通报批评：

（1）无故不坚守岗位、擅离职守，工作时间无故迟到、早退的；在工作时间上网聊天、炒股、玩电脑游戏、打牌等做与工作无关的事项的；

（2）不按要求参加会议或不经会议组织者批准提前退场的；

（3）对来文、来电、来函，未按规定签收、登记、审核，不按规定时限报送领导批办的；

（4）办公桌上不放置公示牌或工作时间不按规定佩戴胸牌，经指出拒不改正的；

（5）拒绝管理服务对象查询与自身利益相关事项的办理进度和结果的；

（6）不认真落实首问责任制或首位接受询问的工作人员不向管理服务对象告知经办科室、联系电话的；

（7）违反机关限时办结制度，不按规定程序或未在规定时限内办理的；

（8）违反机关内部管理规定，贻误机关内部事务管理工作造成不良影响和后果的。

第四章　组织领导

12. 加强机关效能建设和优化经济发展环境，要坚持由站党、政一把手统一领导，分管监察的副站长负责组织协调，其他支部委员各负其责，广大机关干部支持参与的领导机制和工作机制。

13. 各科室、收费班组主要负责人对本机关效能建设负有组织领导职责，切实把机关效能建设和优化经济发展环境工作的各项要求落到实处。

第五章　附　则

14. 本细则自 2007 年 4 月 15 日起施行。

2. 邬家冲收费站严禁党员干部参与赌博的规定

第一条 为严肃工作纪律，切实加强干部作风建设，进一步树立党员干部为民、务实、清廉的良好形象，根据《中国共产党纪律处分条例》、《公务员法》等法律法规，特制定本规定。

第二条 党员干部不得有下列行为：

（一）工作日午间饮酒；

（二）因饮酒影响正常履行公务职责；

（三）酗酒闹事；

（四）着制服在公共场所饮酒；

（五）参与任何形式的赌博活动。

第三条 凡违反上述规定之一的，一律给予警告处分；情节较重的，给予行政记过或者行政记大过处分；情节严重的，一经查实，一律解除当事人与收费站之间的劳动合同关系。

第四条 实行有奖举报制度，对举报属实的，给予第一举报人适当经济奖励。

第五条 适宜给予党纪处分的，依照《中国共产党纪律处分条例》规定处理。

第六条 本规定自2007年4月1日起施行。

附录一 湖北省收费公路管理工作总结与思考[①]

（一）收费员最需要理解和关心

宜昌市公路管理局

亲历收费现场，体验收费员的工作，才感受到作为一名收费员的辛苦与委屈，其实我们的收费员最需要理解和关心。

1. 高强度的工作需要理解

一个标准的收费程序应该做到放杆、收钱（卡）、找零（验卡）、确认（裁票）、抬杆及唱收唱付、迎送手势等步骤，不过短短十多秒，看起来似乎很简单、很容易，但把一件普通的事重复做上千次，连续做上 8 小时就不容易了，其工作强度可想而知。收费员每天下班后都感到口干舌燥、胳膊酸痛，同时由于工作性质的特殊性（只有左胳膊始终伸出窗外接钱、接卡、打手势），收费员的左胳膊普遍有风湿症状，一遇阴冷天气就酸疼不止。

2. 恶劣的工作环境需要理解

收费员面对的不仅仅是高强度的工作，而且还有恶劣的工作环境：噪声、尾气、灰尘。我市的收费站大多处于林区、矿区和交通枢纽干线，南来北往的车辆经过时产生的灰尘、废气聚集不散。由于收费工作的特殊性，不可能做到封闭式办公，收费员不得不长期生活在受污染的空气环境中，尾气、灰尘中携带的大量有害物质被工作人员吸入体内，而且车辆产生的噪声也对收费员的身心健康造成一定的损坏。经检测，我市姜家湾收费站的噪声强度最高可达 120 分贝，远远超过国家限定的 85 分贝标准。

3. 委屈压抑的心理需要理解

高强度的工作和恶劣的工作环境，我们的收费员都能够克服，但令人难以容忍的是少数不良司机和车主的寻衅滋事、辱骂、恐吓甚至殴打，使收费

---

① 资料由湖北省交通厅公路管理局提供。

站的工作人员的心里充满了委屈和压抑。收费站的一名班长介绍说："在收费站工作的人，不论是一线的收费员，还是收费站的领导，每个人都受到过少数不良司机或车主的辱骂、恐吓，有的同志还被殴打过，只要我们上班，每天都会有辱骂、恐吓的情况出现，甚至下班后在街上都会有人辱骂、恐吓我们，大家都感到没有安全感，有点人心惶惶的感觉。"据不完全统计，我市收费人员在当班的8个小时里受到辱骂、恐吓的平均次数有10次之多，频率高于每小时1次，至今年10月，我市共发生堵塞通道3700次，29名收费员遭殴打受伤，由此可见收费一线的工作人员要承受多大的心理压力。

对于收费员所受到的不公平遭遇，我们呼吁：收费员同样需要尊重和关心。我们建议从以下几个方面来开展工作：

（1）创造和谐有序的工作环境。一是要加大收费政策的宣传力度，改进现场宣传解释的方式方法，让驾驶员明白行驶公路是他们的权利，依法缴费是他们的义务，"贷款修路、收费还贷"都是为了经济社会发展的共同目标。同时要与新闻媒体加强合作，让更多的人了解收费工作，理解收费工作，多宣传报道收费战线的先进事迹和模范人物，树立起收费站良好的文明窗口形象。二是要加强与党委、政府的沟通，要多请示，多汇报，多争取领导在政策和其他方面给予支持，为收费工作创造一个良好氛围。三是要加强警民共建工作，争取强有力的执法支持，对干扰收费秩序、破坏社会稳定局面、滋事闹事以及殴打、辱骂收费工作人员的不法分子坚决给予打击和处理。四是搞好与周边群众的关系，对群众多做宣传解释工作，提供方便、快捷、畅通的服务，用真情和法律宣传来感化、教育他们。

（2）建设优美舒适的生活环境。一是加强站（院）绿化、美化建设，创造优美怡人的生活环境。二是办好职工食堂，让收费员吃得好、吃得科学健康。三是丰富职工业余文化生活，放松收费员压抑的心情。四是爱护职工身心健康，定期为职工进行身体检查，防病防疫，及时治疗。五是关心收费员的家庭生活，建立帮贫扶困工作机制，为收费员解决后顾之忧。

（二）创新征管理念　提升收费工作质量

宜昌市公路管理局

从2004年开始，我局每年的收费总额完成情况分别为：2004年86438137.84元，2005年94414740.68元，2006年111286553.51元，2007年达到1.3亿元。以2004年收费额为基数，2005年增长了9.23%，2006年增长了28.75%，2007年增长了50.40%，四年间我市收费额不仅实现了逐年快速递增，实现了收入上的新突破，同时还本付息能力提高，站设施建设发展，文明窗口建设加强。这些成绩源自于省级主管部门重视，地方政府支持，公路部门严格管理，收费队伍坚守岗位，以及社会的理解与支持。但成绩的背后，各收费单位又或隐或现、或多或少地存在着一些问题，如重指标轻管理、重外业轻内业、重设施建设轻队伍建设、重站内管理轻环境改善等。

针对这些问题，2004年以来，我局不断调整工作思路，创新征管理念，优化收费手段，争取社会支持，把收费征管事业提升到了一个新的高度。

1. 将收费征管工作上升到当前公路事业发展最重要的筹融资平台的认识高度

"九五"、"十五"期间，我市充分利用"贷款修路、收费还贷"政策，主动争取省（市）交通公路主管部门和地方党委政府支持，大力争取社会广泛理解，发挥公路收费这一重要筹融资平台，承载起偿还公路建设历史债务和筹资的双重使命，为我市前后三年公路网建设和新农村建设作出了巨大贡献。

2. 创新收费五大征管理念，提升收费工作质量

（1）树立"依法治费"理念。1998年《公路法》、1999年省政府《湖北省收费公路管理暂行办法》、2000年省物价局、省财政厅、省交通厅《关于调整全省收费还贷公路车辆通行费收费标准的通知》、2004年省政府《关于全省公路收费站（点）核定情况的通知》、2004年国务院《收费公路管理条例》等法律法规、文件进一步确立了公路通行费征收的法律资格和地位。在此背景下公路通行收费、付费双方是一种依法收费、依法缴费的关系，将收、付行为上升到依法、守法的高度。从另一方面而言，不按规定缴费是一种违法行为，不按规定收费也是一种违法行为，费源的流失实际上是国有资产的流失，违法行为是应受法律制裁的。今年的收费与五年前相比，"刚性更刚、约束更强"，不可变通性更强。而且对于堵道等扰乱收费秩序的行为，公安部门依照《治安管理处罚条例》和相关交通法规进行处罚的力度也进一步加大。几年来，我市公安机关依法处罚扰乱收费程序的行为累计达到上百人次，其中拘留五十多人次，移送司法机关审判的五人次，起到了为收费工作保驾护航的作用。

（2）树立"规范理费"理念。长期以来，收费任务、目标合同一直是收费征管工作的重点，其弊端是一些收费单位偏重于完成指标任务，忽视全面、规范的管理，特别是在年度计划提前完成时，往往疏于管理，给次年收费管理、环境造成不利影响。近年来，我局不以任务指标论英雄，针对性地倡导“实征率标准”和“规范管理标准”，以《湖北省收费还贷公路通行费征管规范》、《湖北省收费公路文明礼仪》为标准，促进收费工作平衡、全面发展。为保证规范管理、文明服务达标到位，市局、县段、站层层开展稽查，定期整改，奖罚分明、执行严格。为进一步提高规范管理意识，我局出台了《宜昌市普通公路收费站月百分制考评奖惩办法》，与各站每月经费挂钩，提取一定比率的奖惩基金。

（3）树立“科技强费”理念。一是充分利用现有技术设备、软件系统，加强电脑售票、24 小时监控管理。二是挖掘现有硬件、软件系统中尚未开发的功能，强化监管。开发已有软件中被忽视或未利用的功能，可以从根本上掌握一线最重要的数据。清理特权车、人情车中最困难的工作之一就是无从了解实征率、逃费率到底是多少，从目前统计来看，只能以“多、较多、很多”或“少、较少、很少”来表达。其实我们现有的设备和软件系统中已存在解决的条件。计重收费系统中有“一车一感应”的功能，摄像系统有“一车一照”的功能。经过分析，我们认为在进、出车道和中道中增加一组感应线圈和车辆识别器，利用边道现有的电脑和摄像系统；另在中道增加一台电脑，在系统中增加数据采集卡和图像采集卡，即可达到所有过站车辆“一车一照、自动统计”的功能。稽查时只需将此统计数据（可分不同时段处理）与售票统计数据对比，其差数就是逃费车、特权车、人情车的数据，此数据的准确性还要依靠对售票费“免费车”放行情况与“一车一照”图像的对照稽查。此项技术改造成本低，作用大。三是积极做好远程监控的前期筹备工作。四是加大收费系统办公自动化建设步伐。

（4）树立“人才兴费”理念。一是严把人员学历关。近四年来，我局严格把握收费招收标准，在站长人选的标准上也逐步按省局规定的要求确定。到目前为止，全市公路收费队伍中大中专学历人员比四年前增加了450%，站领导中大专以上学历的比四年前增加了 125%。二是严把人员素质关。为了改善收费队伍的知识结构，培养具有各种才艺的人才队伍，过去四年中，全市十个收费站共举办业务培训班 68 期 2100 人次，举办知识竞赛、演讲等活动 54 次 2300 人次，组织员工外出考察学习 25 次 500 余人次，组织站之间的交流学习 28 次 500 多人次。三是严把人员上岗关。按照省局改革要求，我市各收费站广泛开展了收费员竞争上岗活动，并在部分岗推行站长竞争上岗。四年中，淘汰不合格收费员 50 余人，选拔优秀青年 3 人担任站领导工作。

（5）树立“环境促费”理念。一是争取舆论支持。四年中，我市收费系统在市以上媒体刊发各类收费宣传稿件200余篇，在交通公路行业内部刊物发稿500余篇，广泛宣传了政策，树立了形象，争取了社会理解支持。二是争取各级党委、政府的重视支持。通过积极主动的汇报，整个收费工作得到了市、县、乡镇三级党委政府的重视，出台了支持政策，尤其在整顿本籍车辆和特权车缴费问题上收效明显。三是争取部门配合，公安、物价、纠风、新闻、媒体等部门为公路收费主动服务，保驾护航，优化了收费秩序。四是争取行业内支持。通过与路政部门、客运管理部门的合作，能够有效增加费源，维护正常收费秩序。五是以创建活动增添收费活力，改善内部征管环境。我局通过广泛开展争创“文明单位”、“职工之家”、“员工示范岗”、“巾帼文明示范岗”、“青年文明示范岗”、“星级评定”和“比管理、比服务、比技能、比奉献、看业绩”等活动，营造了学业务、学理论的“比、学、赶、帮、超”的竞争氛围，激发了员工创新意识，涌现了一批模范人物，实现了工作业绩新突破。

（三）多措并举治逃费　优化收费环境促和谐

当阳二桥收费站

“贷款修路、收费还贷”是国家鼓励多渠道筹集公路建设资金、缓解交通基础设施投入不足、推动公路交通快速发展，尽快消除经济增长中交通瓶颈制约而专门出台的一项行业优惠政策。近年来，当阳二桥收费站严格执行收费政策，为全市公路交通建设筹融资作出了重大贡献。但随之也带来了收费站管理的问题。由于受社会不良风气的影响，部分司机为了个人利益，绕道逃费、跟车逃费、假军车逃费等，严重影响了收费秩序。而此类现象查处难度非常大，主要存在以下几方面问题：

（1）人力不足。在查扣冲岗逃费车辆上需要投入大量的人力，而现在就我站而言，收费站人力严重不足，每个收费班包括监控人员才7人，现场收费人员包括收费班长才6人。由于二桥收费站处于城乡交界，是交通枢纽地段，除去两名售票员，只有三名验票员（有的班只有两名验票员）负责协调解释，维护正常的收费秩序，查堵车辆缺乏人力。

（2）权限不够。个别司机“移花接木”，将车身油漆换成军车颜色，然后制作一个假军牌挂上以逃避车辆养路费、运输管理费等各项费用，有的甚至还使用假证件。由于收费站无权查扣这类假军车、假证件，常为此类事件发生争执。

（3）蒙混过关。有些司机玩“狸猫换太子”的游戏，转借或挪用他人月票 IC 卡。对于这类情况，只能依靠收费员强烈的责任心，高度的敏锐性和洞察力，稍不留心就会被蒙混过关。

（4）暴力抗费。收费站是一个事端多发的地方，寻衅滋事、人身伤害事件时有发生。今年我站收费员在履行职责中受到威胁、恐吓达 300 多次，人身伤害达 2 人次。

针对我站车辆通行费征收环境的现状，为确保“收费还贷”顺利实施，遏制冲岗逃费行为，创造和谐的征收环境，我站采取一系列措施，开展了“遏制冲岗逃费，优化收费环境”整治活动，按照“保障畅通，确保稳定，加强监管，顺利推进”的原则，将“稽查万里行”活动贯穿其中，以维护公平、和谐、安全、畅通的收费环境。

一是堵漏增收。当阳二桥收费站地处进城区路口，周围又与几个乡镇相连，而且还有丰富的煤矿和磷矿资源，绕道逃费现象尤为突出，导致我站收费额逐渐下降。针对此类问题，我站召开专题会进行研究，摆问题、找差距、议措施，寻找切实可行的办法，努力探索精细化、人性化和同频化管理之路，堵逃班随之应运而生。

我站从 2007 年 3 月份开始加大稽查力度，在人员紧张的情况下抽调专人专职负责外部堵口工作，组建了一支堵逃班，在百宝寨路绕道路口严防死守，与路政稽查大队联手实行 24 小时轮岗堵口。面对一些伺机逃费和存在侥幸心理的司乘人员，我站增加了堵逃频率，不定期堵逃，从而严厉打击了逃费绕道车辆。对不听劝告、拒不服从管理的钉子户，联合公安、交警等部门进行强行管制。收费站与执法部门的紧密合作，对心存侥幸、企图绕道的车主起到了一定的震慑作用，确保了收费站区域道路畅通、收费秩序稳定。

二是耐心宣传。古人云：“诚招天下商，信积成年财。”为求得社会上的理解支持，特别是本地车、特权车、人情车的理解，我站主动上车进户宣讲法规，讲清政策，说明道理。同时，坚持为过往司乘人员提供优质服务，对收费站附近村组、企业的车辆实行上门服务，为其办理月票；还根据有关规定，在政策允许范围内对运送农副产品车辆开设了绿色通道，达到了收费还贷服务公路建设与促进地方经济发展双赢的良好效果，也有效遏制了冲岗逃费及暴力抗费案件的发生。

三是炼就“火眼”。对于假冒军警车的车辆，我站则采取一看二查的办法（看车辆是否是真军警车、所驾车辆牌照；查司机出示的军车及相关证件），我站今年以来共查处假军车10多次，严厉打击了不法分子的嚣张气焰，维护了收费秩序和收费政策的严肃性。

同时，根据省（市）公路局《关于实行月票（含期票）IC卡管理制度》文件要求，当阳二桥收费站通过广泛宣传，做到了政策入心，赢得了各界的理解及配合，促进了IC卡管理制度的顺利实施。工作中坚持执行一车一杆，持卡车辆必须验卡通行，验卡的同时必须与所持卡车牌号核对。如发现转借或挪用他人月票IC卡，则当场予以没收，并按章收缴通行费。为了提高收费员的积极性，我站出台了关于发现一起挪用或转借他人IC卡的行为，则给予该班班组50元作为奖励的政策。目前，我站已发现6起转借、挪用IC卡的行为，特别是售票员席英华，一人就查出了3次借用他人IC卡的行为，对那些投机取巧的司机起到了一定的威慑作用。

总而言之，要治理冲岗逃费行为，不仅要从“硬件”入手，还要从“软件”入手。收费站对外要与共建单位开展军、警、民共创、共建、共树（即“创文明新风、建和谐交通、树良好形象”）活动，合力创建“和谐收费站”。对内要加强职工素质的培训，倡导文明、优质服务，加强司乘人员的沟通，共同撑起文明和谐的天空。

（四）浅谈从源头遏制冲岗逃费车辆的对策

鄂州市公路管理处

“贷款修路”是为人民造福，抓好“收费还贷”要靠社会各界的支持。近年来，冲岗逃费现象日益突出，如何遏制冲岗逃费现象，是摆在我们全体收费人员面前的一个重要课题，笔者就如何遏制冲岗逃费行为，结合我们鄂州的实际，谈一点粗浅的认识，与同行们共同探讨。

针对冲岗逃费行为，鄂州进行了多次行之有效的尝试。主要内容如下：

对策之一：“看好自家的门，管好自己的人”

首先我们从建章立制来抓服务，我们按照《湖北省收费还贷公路通行费征管规范》，建立了《目标管理制度》、《安全管理制度》、《劳动人事用工管理制度》等19项管理制度，真正做到制度落实、奖罚分明，激励了职工遵章守纪、敬业爱岗的工作热情，增强了职工的自觉性。通过与收费站签订目标管理责任书，增强了职工的责任感。同时用严格的规章管理制度，规范收费人员的各项工作，使其做到对过往司乘人员“来有迎声、问有应声、去有送声”，从而营造了良好的收费环境。大力倡导“十个一点”，推行“四声”待人，提供“五个一”服务，热情为过往司乘人员排忧解难，在岗亭设置了交通指南、天气预报、医药箱、开水桶、针线包、灭火器、修理箱等便民工具。健全监督制度，杜绝了人情车、特权车，去年以来樊口、凉亭两站通行费收费额创历史新高。

对策之二：依靠各方力量严惩地霸

凉亭站建站之初，收费环境差，当地部分司机自恃“脚踏三尺硬地”，过站总不想缴费，收费矛盾非常突出。还有当地的一些流氓地痞、恶势力，其行为也严重影响正常的收费秩序。例如，2007 年 7 月 6 日上午 9 时，凉亭收费站因一辆挂鄂 AL4173 号牌的本地货车拒不缴纳通行费而停在收费车道内，使同向而行的其他车辆无法正常通行，堵道长达 2 个多小时，被堵车辆绵延 3 公里。事后车主又纠集人员到收费站，对收费人员进行威胁、恐吓和殴打。按省征管规范要求，单车售票时间为 10 秒钟，而他们一堵就是半个多小时，最长达 4 个多小时，致使后面的车辆无法正常通行。由于车流量大，经公安局、派出所协商疏通后，后面的车辆就跟着冲岗，造成费源大量流失。我们一方面与派出所取得联系，对大多数不遵纪守法的人员进行引导教育，极少数严重违法肇事人员依法进行拘留；另一方面到当地乡镇上门进行协调，争取地方政府的支持，共同营造良好的环境和建立良好的收费秩序，实现由收费站一家管变为共同管理的良好局面。

对策之三：重拳打击冲岗逃费车辆

由于现行政策对公安执法限制性大，很多情况都得不到果断处理，一些不法分子就更加肆无忌惮，不但给我们的机械造成破坏，同时也对收费人员的人身安全构成了严重的威胁。例如，2007 年 4 月 6 日，车牌为鄂 G17561 的富康轿车在途经樊口收费站不购票强行冲岗，被拦截，司机下车直冲到中间岗亭售票处辱骂并威胁当班工作人员。收费站分管前勤的刘安家副站长迅速上前做解释工作，司机不听，怒气冲冲地将 5 元钱丢入花坛中，并扬言“要搞刘安家的人”，将车开出 50 米后从后车厢拿出一把一尺多长的砍刀返回追砍刘安家，刘安家用手拦了一刀，腰上挨了两刀，顿时鲜血淋淋！我们一面组织人员做好受伤人员的善后工作，一面与派出所取得联系，通过派出所民警积极有效地开展工作，逃费伤人司机投案自首，最终被行政拘留，并处以一定的经济处罚，从而重拳打击了暴力抗费的不法之徒，保证了正常的收费秩序，维护了良好的收费环境。

综上所述，我们不仅要坚持不懈地抓好各项工作的落实，在发展中解决问题，而且我们还要进一步改善收费环境，争取各级领导的重视和支持。总之，“收费还贷，取之于车，用之于路，造福于民”。我们要搞好收费这一项工作，要靠全社会各界共同努力，调动一切积极因素。社会和谐人人有责，和谐社会人人共享。

（五）对普通公路实施计重收费有关问题的思考

松滋市公路管理局

为彻底治理车辆超限超载现象，2006 年 4 月 1 日零时起我市按照全省统一部署，对载货类汽车实施计重收费。运行两年多来，效果明显，但也出现了一些新情况和新问题，笔者借此机会就有关问题作一些粗浅的探讨。

1. 计重收费的优点

计重收费是按货车的载重量来确定车型，按车辆的轴承总质量吨位作为计价标准收取通行费的一种收费方式，是目前比较符合中国国情、科学合理的收费方式，也是在以往收费过程和问卷调查中，司机和收费人员强烈要求的收费方式。实行计重收费，体现了“少载少缴、多载多缴、空车受惠、超限受罚”的原则。

2. 计重收费出现的新问题

实行计重收费，是一种新的收费管理模式，无疑将会面临着一些新的问题，这些问题给收费工作带来许多难度，甚至会产生负面影响，导致通行费的流失。

（1）因计重设备出现的问题影响收费与通行。随着全国高速公路陆续实行计重收费，生产制造计重收费设备的厂家也越来越多。由于设备供应商的不同，计重收费设备的标定误差不一致给收费工作带来一定的困难。今年以来，新江口、街河市收费站就发生了几起因称重不一致引发的矛盾，不配合缴费，加之部分货车驾驶员本来就有一定的抵触情绪，导致车辆在车道上滞留时间过长，既耽误通行时间，又增大了收费人员的工作量。

（2）收费价格引起的矛盾。由于实行计重收费前货车采取分车型收费，计算通行费较为方便，司机便于验算，因此引发的矛盾多在车型判别分类上，此类问题即使发生错误纠正也较为方便。但是，货车计重收费费率的改变再加上超限加重收费标准，往往导致司机根本无法检验计算，收费只能以计算机计算为准，从而在实际收费过程中并不能保证货车司机对它的绝对信任。计重收费过程中如有一些异常现象的出现，往往会给部分司机带来困惑，产生不满情绪和不良影响，由此会表现出许多不良行为和做法，给计重收费工作增加了困难。

（3）突发事件增多。有些货车司机发现夜间收费人员相对较少，便强行冲卡、蓄意逃费，导致时不时发生突发事件。此类事件尽管很少，但却造成了恶劣的影响，对收费管理工作的危害也是十分严重的。

（4）出现逃费新动向。①物理逃费。货车司机利用物理原理特别是利用夜晚光线不好的情况下，有组织地采取各种方式减轻称重，达到少缴通行费的目的。②故意造成路堵，浑水摸鱼逃费。前车缴费时说收费不合理，与收费员发生争执，换道后又跑到另外的车道上堵着，致使所有的出口全部陷入了瘫痪，导致收费工作无法正常开展。③故意造成设备故障。安装的称重设备处于试运行的阶段可能会不太稳定，出现故障的概率会较高，造成数据不准，给计重收费带来麻烦和问题。个别素质不高的货车司机便利用称重设备发生故障来逃缴通行费。④冒充军警车。

3. 可采取的对策和措施

为了确保计重收费的正常进行，要对可能出现的问题制订合理的方案、合适的对策加以解决，全力以赴地推行计重收费管理工作。

（1）加强设备管理，定期检测标定计重设备。计重收费计量检测设备的准确性是非常重要的。因此要实施计重收费，必须要选择合格的计重设备，同时要完成好相关设备的对接等工作。首先要统一各收费站计重设备，保证设备的准确性，提高精确度，加强对机器故障的排除管理工作，减少设备故障，加强维护人员的业务培训和交流，提高维护人员和收费员对设备故障的处理能力，确保计重设备管理能落到实处，为计重收费工作创造良好的条件。

（2）制订和完善预案，妥善处理好突发事件。实行“计重收费”涉及收费方式的重大变革，需要制订合理的货车“计重收费”应急预案。在货车的费率上简化计算方法使司机拿到票就能算出收多少钱，给货车司机一个收费的知情权，同时也有利于验算设备上的问题。同时，要与地方公安部门加强联系，有效地预防突发事件。

（3）增加收费道口，做好宣传工作。为避免引起堵车、排队、发生纠纷等异常情况，应增加收费道口的设置，做好宣传工作。收费管理部门要合理运用各种形式广泛宣传计重收费的目的和意义，让广大司乘人员明白实行计重收费的目的是要整治给公路造成严重损坏的超重超限车辆，规范运输市场、促使运价回归。对于同一类型的货车而言，空载的收费标准比满载的收费标准要低，走上正轨的货运市场更能充分体现公平合理的收费原则。

在计重收费实施过程中要先与政府各相关部门取得联系、达成共识，搞好协调配合，只有得到了媒体和绝大多数司乘人员的认可和支持，才不会引发纠纷和矛盾。其中的任何一个细小的环节出现漏洞，都可能使收费工作无法顺利运行。

(4) 加大稽查力度，打击逃费行为。加大对逃缴行为的打击力度，对恶意闯卡车辆、长期逃费车辆要认真做好记录，保留好证据，清楚掌握其活动时间和规律，为依法对其进行查处做好准备，争取各方的支持，积极与路政、公安部门配合，保证收费秩序的正常开展。

(5) 全线统一实行计重收费。要保证计重收费的长期稳定运行，必须全方位、全线统一实行计重收费，让计重收费能在所有公路范围内推行。

实行计重收费，能彻底根治超限超载现象，但这是一种收费模式的重大改变，必须不断制定和完善相关工作措施才能保证计重收费的正常运行，最大限度地保护路桥的安全，服务于经济发展。

（六）细化管理抓规范　强化服务树新风

长阳县公路管理段高家堰收费站

高家堰收费站位于沪聂线 k1307 + 900m 处，肩负着古老背至周府口、周府口至八字岭两条主干线全长约 137 公里的收费还贷任务，是西进川渝的重要通道，特别是近几年来，借助国家大型工程宜万铁路、沪蓉西高速及天然气管道工程的建设施工，给我站的收费业绩提供了一定的增长环境。我们在工作中不断细化管理措施，规范收费行为，严格做到“学规范、用规范、守规范”，开创了收费管理工作的新局面。

1. 紧扣重点、创一流规范管理

规范收费行为和管理行为是收费工作的重点，为严格管理、规范运作，我们紧扣规范重点，不断研究新情况，采取新措施，创新管理模式。

(1) 以人性管理强规范。从关心员工工作、生活入手，主动改善职工工作、生活环境，主动帮助职工解决困难，嘘寒问暖，从点滴小事中感化广大职工。例如节假日食堂及时加餐，职工生病住院站工会小组进行探望慰问，及时安抚职工心理，对有特殊困难的职工家庭，站领导积极向县段申报爱心基金工程，并在站内发扬“一方有难，八方支援”的团结互助精神，帮助他们渡过困难，从而使广大职工对单位产生向心力和凝聚力，自觉遵守规章制度，服从管理。

（2）以精细管理促规范。精细管理要求明确职责、分级负责，收费站及时和各班签订目标责任书，用目标责任书来约束规范职工行为和服务意识。年初，我站根据市局下达的目标任务，站领导组织召开各班班长集体研究，为确保完成任务，一是根据以往收费的实际情况，将任务分解到每个月，然后落实到每个收费班，并把收费任务与兑现奖惩、评先表彰挂起钩来；二是严格按照目标责任制，每月召开一次站务会，进行工作小结，各班班长相互交流分析，对收费过程中存在的问题及时沟通并及时改进，增强团体协作、共同上进的氛围；三是用征管规范约束全体征管人员，上至站长，下至收费员，保证在工作时言行规范、着装一致，严禁迟到、早退现象，无论是一线工作人员还是后勤人员发生违规违纪现象，都要按章处罚，绝不姑息迁就。通过这些措施极大地提高了征管人员的工作积极性。

2. 以人为本、以服务为本抓创建

通过加强学习及先进事迹感召，使广大党员干部和青年团员的先锋模范作用得以充分发挥，党员队伍的凝聚力、向心力和号召力进一步增强，职工的个人素质进一步提高，纷纷从我做起，从身边的小事做起，从日常工作的细微处做起。

由于318国道高家堰集镇路段水泥路面损坏严重，2007年9月进行路面改善，道路实行半封闭施工，车辆单向放行，我站及时在进、出车道上悬挂温馨的提示标牌，及时告知广大司乘人员。由于单向放行，车辆经常受阻，在通行时，车道完全是超负荷运转，工作人员的辛苦程度、劳动强度都相对较大，但各班工作人员都能主动、及时、安全、快捷地开启备用通道，放行客车、轿车，分流车辆。有时在车道受阻后，司机带着情绪对收费人员大声吼叫，说些不中听的言语，但是我们收费人员都能时刻摆正自己的位置，都能做到以微笑、柔和的语言来面对，特别是在进餐时间，收费人员到餐厅端上饭菜就回到岗位上，及时疏导交通，确保车辆快捷有序通行。

在工作中，收费站工作人员保持了高度的责任感，认真履行了“委屈服务”的职责，做到了打不还手、骂不还口尽职尽责地履行了文明服务、礼貌服务、以诚相待的服务行规。2007年10月31日晚上22点01分，1号车道上一辆大货车故意在称上走“S”型线路，导致该车数据没有传上电脑，当班收费人员耐心解释要求司机重新过磅，但是司机不但不重新过磅，反而下车推拉收费人员，由于当天是下雨天，安全岛上的瓷砖较滑，司机自己摔了一跤，却诬陷是收费人员打伤他，事后经派出所调解及监控录像、录音证实，完全是司机的过激行为导致。

3. 以实际行动树文明服务新风

2007 年 7 月 31 日，高家堰收费站的工作人员用实际行动演绎了一曲谱写当代和谐、文明、热情助困的赞歌。

当天下午 5 时 40 分，站工作人员发现一位肩挑棉被、走路跛行的中年男子带着满脸疲惫徘徊在收费亭岗外，站工作人员赶紧走过去询问，该男子原来在某处煤矿做工，在工作时把脚崴伤了，自己所带的钱已用尽，无法回家。站工作人员边安慰他边从食堂端来饭菜。傍晚 7 点左右，站三班收费人员主动凑钱将他送上一辆从武汉返回利川的卧铺车。

每天经过收费站的车成千上万，收费站员工除了以优质的服务热情微笑面对司乘人员外，还做到了想车主所想，急车主所急，提供细致的服务，真正做到了以微笑、文明、柔和的言语展示 318 国道窗口文明服务新风。

（七）加强设备管理与维护　确保良好收费秩序

恩施土家族苗族自治州公路管理局

近年来，随着公路通行费征管工作水平的不断提升，收费站面貌日新月异，各种高、精设备广泛应用，收费工作对设备的依赖度正日益提高，设备是否良性运转正成为征管工作的后顾之忧。因此，加强设备管理与维护，提高设备的使用率和完好率，降低设备维修成本，成为收费站管理工作中亟待加强的重中之重。恩施土家族、苗族自治州针对日常工作中常出现的各种设备故障，经过反复的研究和不断摸索，总结出了一套行之有效的措施和方法，对全州各收费站的设备管理与维护工作进行了全面的部署和加强，设备使用周期明显变长，收费成本大大降低，收费秩序呈良性健康发展态势。其具体做法是：

1. 加强设备管理与维护工作的组织领导

为使收费站设备管理与维护工作有领导、有组织、有计划、有成效地开展起来，州公路局领导高度重视，一方面组织召开《加强设备管理与维护》的专题会议，研究部署具体实施细则；另一方面为了保证工作不流于形式，全州落实专班，由分管收费领导亲自督办，收费科长具体负责，各收费站确定一名副站长分管，并挑选出一名业务技能强，工作细心的人员专门负责担任收费站的设备管理及维护专职设备管理员，形成既有领导监督指导，又有专人具体负责，层层抓落实的管理网络。州公路局局长逢季度形势分析会必过问设备管理及维护工作方面的开展和落实情况；分管收费工作的李志循副局长一个月内行程2000余公里，两次往返各站现场指导、检查设备管理及维护工作情况。

2. 强化设备管理人员的业务学习与培训

为适应现代化设备管理日益发展的要求，交流和提高设备管理及维护人员判别、处理突发性故障的水平，由州局统一安排，召集相关人员组织开办设备管理及维修培训班，每年至少不低于1次。“恩施州公路通行费首期设备管理及维修培训班”于2006年8月在利川市朝东岩收费站开班。聘请了相关业务单位的专家、专业技术人员为全州8个公路通行费收费站分管设备的副站长及设备管理人员等30余人进行了培训。培训采取理论教学与现场演示相结合，辅以听、看、议、做等方式，收到了良好的效果。同时，为提升维护人员理论水平，收费站为职工阅览室补充了大量相关专业书籍，供员工阅览、学习。学习中确保做到“三有”，即次次有考勤纪录，人人有学习笔记，时时有心得体会。

3. 加强设备的科学化管理

收费设备的维护与管理需要科学、具体、可行的管理措施。组织站级领导班子根据自身实际，在原有制度之上研究、建立健全了设备管理与维护规章制度，即台账制、信息网络制、巡查制、奖惩制。

——台账制，即实行“户籍制”管理，建立详细的设备“户口簿”。将设备管理和维护、维修记录，说明书资料，使用、维护与定期保养记录，报修与报废等手续，利用数码相机拍照并统一编号归档，形成一套系统的完整的“户口”资料，既方便查阅，又防止了固定资产的流失。

——信息网络制，建立设备信息网络交流平台，利用现代网络资源优势，收集设备厂家的各种联系方式，创建“恩施州设备管理维护QQ群”，在生产厂家维修人员不能及时到位的情况下，通过信息网络联系，解决、排除设备隐患和故障。

——巡查制，各站分管设备的领导及设备管理人员定期对设备信息指标进行巡查，及时、准确掌握设备的工作情况，判断、处理可能出现的各种故障，填写翔实的维修保养日志，做到天天有巡查，月月有保养。野三河收费站以往常出现设备被电流烧坏现象，刚开始以为是雷击导致（因该站地处雷击区），后委托专业部门安装了避雷设施，但情况却并没好转。野三河收费站站长廖光荣与该站设备维护人员例行巡查时发现，设备被烧原来并非完全是雷击惹的祸，问题主要出在供电电源上。收费站设备增多，用电量猛增，但电源却长期与当地居民混用，导致电源输出电压不稳（不足220V），造成设备被烧，后改用专线，问题得到了解决，仅此一项，每年为收费站节约费用上万元。

——奖惩制，采取奖、罚相结合的方式严格规范设备管理人员的行为。对设备管理好，设备故障出现频率低的管理人员给予奖励；对因自身对设备维护不善，造成影响正常工作秩序的管理人员进行处罚。

（八）做好“两清”工作的经验总结

枝江市公路管理段

2007年以来，枝江市公路管理段按照“政府统一领导、部门依法监管、单位全面负责、群众积极参与”的总体要求，抓住实行月票IC卡管理制度的机遇，大力开展清理整顿违规减免特权车、人情车的活动，不断规范通行费征管秩序，全面杜绝了“特权车”、“人情车”违规减免通行费现象，实现了收费额稳步上升。工作中我们体会到：

1. 领导重视，是做好“两清”工作的关键

开展清理整顿违规减免特权车、人情车车辆通行费工作，是一项复杂的系统工程，政策性强，涉及面广，必须争取领导的重视和支持。按照《关于集中清理违规减免特权车、人情车车辆通行费的实施方案》和省、市公路局《关于实行月票IC卡管理制度》等有关文件精神，枝江市委、市政府主要领导在听取公路段的专题汇报后，高度重视，成立了由分管交通的副市长任组长，政府办公室、市交通局、市公安局以及纪检、宣传部门负责人为成员的清理整顿工作领导小组，同时以市政府办公室名义下发了《关于开展违规减免特权车、人情车车辆通行费清理工作的通知》（枝府办发［2007］第29号），市委书记黄金龙在全市乡科级干部会上对清理整顿工作作出了指示，要求各乡镇、各局、各部门的主要负责人从政治的高度、从全局的高度、从有利于事业发展的高度，正确认识、理解、支持清理整顿违规减免特权车、人情车车辆通行费的工作；市长刘建新先后主持召开三次领导小组协调会，对清理整顿工作中出现的问题进行研究、及时解决，并作出“只要在枝江境内，不论是什么部门、什么单位、什么人都不允许存在特权车、人情车”的承诺；市交通局局长谢良华、公路段段长王家春更是将清理整顿工作作为今年收费工作的重中之重，精心安排，周密部署，特别是在收费现场出现抗缴、闹事、堵塞交通问题时，不管白天黑夜、晴天雨天、节日假日，都能及时赶到现场妥善处理。领导的重视，为清理整顿工作提供了强有力的组织保证。

2. 加大宣传，是做好“两清”工作的前提

为了确保 IC 卡管理制度的如期实行，保障清理整顿工作的顺利开展，枝江交通公路部门采取印发宣传资料、召开专题会议、宣传讲解政策、电视媒体公告等形式，不断加大宣传工作力度，提高司乘人员及社会各界对清理整顿违规减免特权车、人情车车辆通行费工作的认识，共印发宣传资料 2 万份，悬挂布标 12 条，张贴标语 30 余张。枝江金钟寺、董市各收费站均制作了站牌、横幅和标语，安排专人负责发放宣传资料，解答司乘人员的提问和咨询。枝江电视台每晚在黄金时间循环播放“通告”和滚动字幕，争取社会各界广泛的理解和支持。针对一些车主、单位等待观望的态度，枝江市公路段除上门把法规和政策送到各车主手中外，还实行“办卡上门”和“送卡上门”；对部门已办理完毕的 IC 卡及时送到车主手中，对过站车辆做到“一车一杆”、“一车一卡”，有效地保证了 IC 卡管理制度的顺利实施。同时组织专班人员到全市 90 多个单位和职能部门送达文件和宣传政策，各单位对交通部门细致的工作和诚意给予了高度评价，对交通部门实行清理整顿工作给予理解和配合，政府各部门主动到收费站办理 IC 卡 180 多张。通过政府部门的示范带头作用，有力地促进了“特权车”、“人情车”清理整顿工作的顺利开展。

3. 多方配合，是做好“两清”工作的保障

搞好部门配合是进一步做好规范通行费征收管理工作的有力保证。加强了与公安、交警部门密切配合，在“五一”黄金周期间，为全力支持清理整顿工作，公安、交警部门取消休假，市公路局副局长亲自到现场，对人员进行排班，确保有 2—3 名警察在各站驻点，值班警察与收费员一起实行 24 小时倒班，有效的遏制了恶意逃费、挑衅闹事现象，公路段班子成员机关工作人员和路政执法人员采取轮流排班，确保 24 小时轮流在收费现场。同时加强与电视、报纸等新闻媒体的联动，借助舆论宣传工具，对专项整顿活动进行督导。

4. 坚持原则，是做好“两清”工作的核心

作为实行 IC 卡制度和开展清理整顿活动的主体单位，枝江市交通局首先从内部开展自查自纠，在本系统内杜绝“特权车”、“人情车”违规减免通行费现象。交通系统内运管所、征稽所、公路段及收费站等的 38 台公用行管车、“中国公路”执法车辆全部办理了 IC 卡，过站时做到主动出示，自觉验卡。交通局党组书记、局长谢良华要求全市交通系统所有职工摒弃行业特权思想，不得拒缴通行费，对影响收费工作和交通队伍形象的绝不姑息迁就，坚决严肃处理。实行这一举措后，社会各界对交通、公路部门带头缴费的举动表示赞赏，对交通、公路部门营造公路和谐的收费环境所作努力给予了肯定。与此同时，加强了对收费站内部的专项稽查，加强了内业管理、劳动纪律、综合治理、安全生产、文明服务等方面的规范管理，进一步提高了服务质量。

5. 建立长效机制，是做好“两清”工作的落脚点

推行月票IC卡制度和开展“特权车”、“人情车”清理整顿活动由于涉及面广、政策性强、情况复杂，在取得阶段性成果的基础上，为防止出现“反弹”，交通局、公路段采取得力措施，努力建立长效工作机制。一是继续寻求公安、交警部门的支持配合，对扰乱收费秩序的“钉子户”给予震慑，促进收费工作规范开展。二是继续完善收费站《集中清理整顿行动应急预案》，提高对各类突发事件的应对处置能力。三是增加现场收费人员，增设中间道收费设备，解决可能出现的现场车辆拥堵现象。四是实行段领导轮流值班制度、路政执法大队24小时跟班制度，及时解决工作中发生的问题。五是加大对收费站的专项稽查和督导工作，狠抓各项措施的落实，形成工作长效机制。

（九）“四个重视”促进通行费征收工作健康发展

利川市公路段

利川市公路通行费征收工作在州和市人民政府的高度重视和支持下，认真执行国家“货款修路，收费还贷”的政策，成绩斐然，连年超额完成收费任务，自1999年通行费征收由地方移交公路部门实行行业统一管理以来，共征收通行费近1.1亿元，每年平均以34.1%的速度递增，促进了公路建设事业持续、健康、和谐发展。

1. 重视建立健全通行费征管工作的组织机构

历年来，各级政府对利川市的通行费征管工作都极为重视，特别是归口管理后，更是把此项工作纳入政府工作的重要议事日程，从“公路建设是发展，公路收费也是发展，收费是公路建设发展的前提，是促进经济发展的加速器，也是环境改善的前提”的认识高度，不断强化领导组织措施，狠抓落实。1999年州人民政府专门下发了第33号文件，在相关县市公路段内部成立了通行费收费科，加强了组织领导，明确了职责，实施了规范管理，并相继出台了通行费税费（营业税、水利基金、调控资金及其他费用）属地不得重复缴纳的优惠政策。对推进收费站的文明建设，积极开展“文明窗口”的创建活动，提供了有力的保证。

2. 重视维护车辆通行费征收秩序

实行“货款修路，收费还贷”是加速公路建设，改善道路交通条件，促进城乡经济发展的重要举措。为认真贯彻落实《湖北省规范收费公路通行费收费秩序暂行规定》，维护收费公路投资者、经营者、使用者的合法权益，利川市人民政府于2003 年专门下发了“利政发［2003］第22 号”文件，明确了行驶我市境内收费公路的机动车辆应缴纳车辆通行费，依法界定了免征通行费对象，明确规定公安、交警部门要协助维护好收费秩序，对造成交通堵塞的，按省政府第193 号令有关条款进行处罚，对冲关逃费扰乱收费秩序的，予以严厉打击。做到依法收费，文明服务，同时要求各媒体单位加大对通行费征收有关法律、法规的宣传。利川市四大公务用车部门带头实行了月票制，正是他们的身体力行，模范执行规定，市直各部门、社会营运车辆纷纷按政府要求，全都实行过站缴费，有力地维护了收费秩序的正常运行，确保了通行费的实征率。

3. 重视维护收费工作有关法律法规的严肃性

《公路法》和《收费公路管理条例》出台后，市政府极为重视，不断加大宣传力度，在全社会广造舆论声势，市人大、市政府分管领导分别发表电视讲话，要求各级部门和广大人民群众要自觉遵守通行费征收法律、法规，严格依法缴纳通行费。

（1）积极组织开展清理违规减免车辆通行费工作。为认真贯彻国务院领导同志的批示精神，按照交通部《关于集中清理违规减免特权车、人情车车辆通行费的实施方案》（交公路发［2006］第691 号）和监察部、国务院纠正行业不正之风办公室、交通部《关于进一步开展清理违规减免车辆通行费工作的通知》（监发［2007］第3 号）的部署，利川市人民政府重视加强宣传，实施正面引导，巩固成果，建立长效管理机制。为了统一思想，提高认识，加强领导，责任落实，市里成立了相应的领导小组负责清理整顿工作，市人大副主任张康明就清理整顿特权车、人情车专项活动作了动员部署，并制订了具体的实施方案，依法界定了享受收费公路车辆通行费减免范围，严格落实工作责任制、严格责任追究，对有令不行、有禁不止，擅自扩大车辆通行费减免范围，或者玩忽职守的，不仅要追究直接责任人的责任，还要按照党风廉政建设责任制的规定，严肃追究有关领导的责任，对依法不应享受收费公路车辆通行费减免政策，拒不纠正的“特权车”、“人情车”，要通过新闻媒体予以曝光，把清理工作与民主评议行风活动结合起来。同时依靠社会各界加强监督，对重点地区、重点路段进行明察暗访，深入开展调查研究，坚持标本兼治，建立起政府统一领导，监察、纠风、交通部门各负其责，广大人民群众积极参与的长效管理机制，从而有效防止了违规减免车辆通行费现象发生。

（2）积极支持全省对载货类汽车实行计重收费。为进一步治理、整顿和规范道路运输秩序，加强对超限超载运输车辆的管理，保护公路桥梁，2006 年，全省通行费行业实行了载货类汽车计重收费，收费公路通行费收费方式得到了进一步调整和完善。市政府还组织专班，抽出专人到我市 3 个收费站指导启动计重收费，这使得计重收费实施顺利、效果明显。

（3）积极组织打击假冒军警车现象。对载货类汽车实行计重收费后，社会运营车辆假冒军警车现象增多，市政府组织、领导协调驻地军警部门联合行动，严厉打击假冒军警车，自去年实施计重收费以来，共查处假冒军警车 1025 台次，挽回通行费损失 162200 元，拘留假军人 2 人次，有力地维护了合法营运车辆的正当权益。

在征费过程中，按照公平合理原则、轻车少收、重车多收和大型车辆优惠原则、简单易行原则、不增加社会负担原则，市政府积极组织实施，及时召开政府协调会并形成会议纪要，要求各部门提高认识，加强领导，及时研究，协调和解决出现的问题。一是要求报刊、广播、电视、网络等媒体进行广泛宣传，争取全社会理解支持。二是要求交通、财政、物价、公安、质量技术监督等部门在政府领导下，加强协调，相互配合，严格执法，要按照“保障畅通，确保稳定，加强监管”的原则，制定实施计重收费应急预案。三是要求各相关单位要投入必要的人力、物力，加大现场稽查力度和处罚力度，对扰乱收费秩序者予以打击，实施计重收费后，依法处罚肇事者 94 人次，拘留 4 人次，切实维护了正常的交通秩序和收费秩序。

（4）重视精神文明建设，促进规范化管理

收费工作是公路的“窗口”形象，也是改善环境的前提，没有公路快速发展，就不可能有较好的投资环境。对此，市政府要求收费管理工作要认真实践“三个代表”重要思想，坚持以人为本，树立科学发展观，坚持三个文明建设一起抓，注重提高规范意识，创新意识，再学习意识和服务意识，切实加强队伍建设，以班组管理模式促进收费工作。目前，利川市三个收费站的所有班组都进行了命名，通过班组建设模式，提高了征管人员的服务水平，增强了凝聚力和向心力，使收费工作更趋于规范和科学。近几年来，通过加强精神文明建设，三个收费站面貌焕然一新。朝东岩站、后坝站被评为全省“示范站”，马蜂坳站被评为全省“标准化站”，多人多次被各级部门评为“先进工作者”，马蜂坳站的何定伟还被评为全省“十佳收费标兵”。

正是由于政府的重视和支持，利川市的收费工作才会出现好的收费环境和收费秩序，“应免不征，应征不漏”的收费政策，才得以不折不扣的贯彻，管理规范、服务水平才得以不断提高，为全省的交通基础建设集聚了财源，对推动社会经济又好又快发展发挥了巨大作用。

（十）改革也出生产力

——咸宁横沟桥收费站人事制度改革侧记

咸宁横沟桥收费站

1. 改革的缘由与做法

公路作为重要的公共基础设施对国家的发展、国民经济的增长一直以来都起着不可替代的作用。自 1984 年 12 月，国务院第 54 次常务会议上提出了“用银行贷款修建公路，通过收取通行费偿还贷款”这一重大决策后，20 多年来，全国的公路建设事业均取得前所未有的发展，公路交通面貌发生了深刻变化，社会效益和经济效益凸显，其中收费公路一直担当着融资平台的角色。随着时代的发展，公路网的加密、贯通，原来普通收费公路在公路运输上占有的主导地位渐渐被高速公路削弱，普通收费公路“收不抵息”、“人多钱少养路难”的矛盾日益突出。加之管理机制的老化，一些收费单位机构设置臃肿、人浮于事、工作效率低下，社会反响强烈，严重制约了公路事业的健康发展。为了改善这一不利局面，在党中央确定的各项人事制度法规的引导下，一些地区的公路部门大胆探索，改革创新，实行减员增效，取得了良好的成效，我省咸宁市横沟桥收费站就是其中的典范。

咸宁市横沟桥收费站 1993 年建站，1994 年 1 月 1 日正式收费；1997 年 11 月 23 日实行经营权转让，由湖北省共和路桥有限公司经营管理；1999 年 11 月经营者转为香港中旅集团武汉沿海物业有限公司；2004 年 11 月 13 日回购由咸宁市公路管理局管理。同年初湖北省交通厅下发《湖北省收费还贷公路收费站改革实施方案》（以下简称《方案》），为各市（州）开展收费站改革，完善机制、减员增效提供了政策依据。《方案》要求要把深化改革作为增强还贷能力，适应公路建设筹资需要的根本动力，一是在劳动用工上完善现有收费站职工的劳动管理制度，全面实行“合同管理制”；二是在工资分配上按照责任大小和贡献不同分别确定各类人员的工资分配基数，依据收费实绩进行分配，全面实行“绩效分配制”；三是在人事制度上按照公开、公正、公平的原则，竞争上岗，优胜劣汰，全面实行“竞争上岗”。其中也对收费站人员控制标准作了明确规定。横沟桥收费站属于年收入在1000万至1500万4车道收费站，人员控制数为53人。而当时回购后的横沟桥收费站拥有正式员工89人，临时工4人，人员超标率达43%，人事制度改革迫在眉睫。

2. 改革的开展与实施

咸宁市公路处和横沟桥收费站领导班子在改革思想上达成共识后，便在省公路局的大力支持下，开始了这项耗时八个月的艰巨改革工作，改革过程中凭借有条不紊的工作思路和对五项原则的严格控制和把握，最终获得了圆满成功。

（1）宣传教育、转变观念，形成强大的舆论导向。实行人事制度改革，不可避免地会伤及一部分人的利益，他们也必然对改革产生抵触情绪甚至反对，改革能否成功首要的问题在于如何处理好职工和收费站之间的关系，力求平稳。因此，参与改革的市处和收费站领导班子成员确定了从职工思想工作着手，开展宣传教育的思路。通过召开职工大会和逐一谈心相结合的方式，给职工摆情况，讲道理，让大家明白。横沟桥收费站改革前实有职工93人，而省局给站（点）定编53人，经费只按53人拨付。如果不进行改革分流，大家都挤在这条小船上，可能都吃不饱饭。大家连饭都吃不饱，还谈何发展，更谈不上稳定了。针对一些顽固的职工，改革领导班子对其进行逐个谈心，结合职工的实际情况，为其想办法、出点子，鼓励他要么参与竞争留岗，要么主动选择分流，自谋生存和寻求其他途径的发展。情况说清了，道理摆透了，大家对改革也就逐步理解和相对支持了。

（2）深入调查、汲取意见，制订切实可行的改革方案。由于收费站人事制度改革政策性强、涉及面广，如果没有大多数职工的理解与支持，改革就不可能取得成功。为了兼顾各方利益，确保方案的合理性和可操作性，改革领导小组采取走出去、请进来的办法，到改革搞得比较好的收费站进行“取经”，借鉴他们改革的成功经验，再结合本站的实际，在充分听取群众意见的基础上，经过上下多次反复修改最终形成了横沟收费站的改革实施方案。方案从初稿到定稿，前后共经历了五个多月的时间，五易其稿才最终上报审批通过。市处主要领导还两次到收费站召开职工代表座谈会，听取职工意见，对职工代表提出的意见，只要是合理又不违反国家政策，一般都予以采纳和吸收，维护了职工正当合法权益的最大化。对一些按照改革精神上不允许的意见，我们尽量解释和说清楚。开诚布公之后，大家的见解达成一致，工作开展自然顺利了。

（3）严密组织、公平竞争，确保改革面前人人平等。改革方案出台后，改革专班组织职工全员买断工龄，实行身份置换，所有员工的人事档案交由市人才交流中心托管。随后组织竞争上岗，采取文化课考试和组织考核相结合的原则，以两项综合得分成绩由高到低顺序录用。为了保证考试的公正性，2005 年 10 月 15 日，由咸宁市公路处出面组织，请省城有关院校出题，并选派监考人员到考场进行监考，改革领导小组成员都不参与监考和阅卷，考试后当场阅卷，当场公布分数。最后通过公平竞争，择优录用了 49 人。不管是走还是留下的人员没有一个对此提出异议。重新竞争上岗的 49 名职工，在前期买断工龄解除了过去存在的固定劳动工作关系后，重新签订新的劳动合同，合同一年一签，真正成为名副其实的“社会人”。上岗后，全站 13 个管理岗位也全部通过竞争方式产生，职工根据个人情况报考相关岗位、参加文化考试、群众测评和登台演讲，完全凭借个人素质和能力走上管理岗位。中层干部确定后，职工也自主选择了岗位，在收入分配中也进行了绩效工资的重新调整和实施。

（4）拓宽思路、人性操作，确保改革顺利进行。改革的重点在于转变人们固有的思想观念，但仅凭说服教育和硬性规定还不够，需要通过创新改革思路和有情操作等方法让职工真正从思想上有所转变，为此改革领导小组制定出台相应的政策：支持部分职工主动先“下海”去探探路。对这部分职工每月只发基本工资，待改革正式开始后再按改革的规定享受同等待遇。政策出台后，先后有 10 多名职工办理了下岗手续，经过半年多的求职和拼搏，有几位职工闯出了一番天地，尝到了自谋职业的好处和甜头，主动要求解除劳动合同买断工龄。这些人的成功表现，使一些职工对下岗的恐惧感减弱了。对于夫妻双方都在本站工作的双职工，“方案”规定可由收费站择优留用一人并免试录用上岗，未留用的一人作自愿买断工龄办理，这样就确保了双职工夫妻不会同时下岗。另外收费站还安排所有下岗职工进行一次全面身体健康检查，育龄妇女还作一次妇科检查，每人还增发一套西服工作装留作纪念，并且还协调他们今后的养老保险和医疗保险缴纳的衔接工作，使职工感受到改革并不是在甩包袱，领导还是在真正关心和爱护着他们。

（5）严肃纪律、争取支持，确保改革过程平稳有序。针对改革中可能出现的问题，改革领导小组出台了改革期间的纪律要求。规定在改革期间凡扰乱改革秩序，聚众闹事，阻挠收费，损坏公物等行为的人员以及违反财经纪律的人员，一律开除公职，并且针对可能发生的六种紧急事态制定出了详细的应急预案，各种预案都有专人负责，并有周密的补救措施。由于收费站改革涉及面广，单靠自身的力量是难以到位的，必须依靠上级领导和部门的强力支持，市交通局为此又专门成立了协调团队，由分管收费副局长任组长，财务、法规、人事科长为成员。在改革最关键的10月15、16、17日这三天，毛晓烈副处长率改革小组成员在横沟收费站改革一线指导工作，在遭到部分下岗职工围攻，无理取闹的情况下，与收费站领导一起相互配合，沉着应对，并在市局马达局长、陈振炳副局长、李华平处长的精心协调和指挥下，经过了长达36个小时的耐心说服教育和斗智斗勇、比耐力，最终化解了矛盾。由于领导重视，措施得力，组织严密，工作耐心细致，在改革过程中横沟桥收费站做到了：工作一分钟未乱；收费一分钟未断；收费一分钱未少；收费设施、设备一件未受到损害，也没有一人到市公路处、交通局和市政府上访，真正实现了改革的平稳运行。

这次改革，一切政策的出台，一切方案的调整，一切人员的变动和录用，全部都是公开透明，不搞组织照顾和暗箱操作。根据改革方案，所有干部职工一律参加收费站的人事制度改革，任何人都不搞特殊化。这样一来，顶住了说情的、谢绝了送礼的、镇住了哭闹的，最终取得了圆满成功。

3. 改革取得的成效

一是职工的精神面貌焕然一新。彻底抛弃了过去那种固定工、铁饭碗的思想观念，使职工有了新的压力和竞争意识，工作态度、工作责任心得到加强；二是人员精简、机构压缩后，办事效率大大提高；三是收费现场规范化管理有了明显进步，文明收费，礼貌服务有了新的起色；四是通行费收入明显增长，改革前月均收入97.3万元，改革后月均收入突破100万元，月均增长2.9%，较同期增长了12.6%。

（十一）创新工作举措　加大征管力度
推动全市通行费征管工作又好又快发展

武汉市公路管理处

2007年1—5月，在省公路局的正确领导和大力支持下，武汉市公路通行费征管工作以深入开展“征管服务稽查万里行活动”为主线，坚持创新服务、规范管理，集中清理整顿特权车、人情车，不断深化班组建设，有力推动了通行费征管服务水平的提高，为促进年度收费目标又好又快地完成奠定了坚实基础。总结前段时间的“征管服务稽查万里行活动”开展情况，我们的主要做法是：

1. 创新理念，明确征管服务活动思路

将“征管服务稽查万里行活动”切实抓好抓实，是武汉公路收费当前及今后的工作重点之一。为此，围绕“三个服务”的总体要求，我处首先确立了五项创新着力点，以此作为通行费征管服务稽查活动的工作思路。具体为：

一是创新服务理念，由过去的单一管理型向管理与服务并重转变；

二是创新服务目标，倡导构建“人人都是武汉交通形象”；

三是创新服务规范，突出“四统一”，即收费员着装统一、发型统一、收费言语统一、迎来送往手势统一；

四是创新服务内涵，在落实“绿色通道”政策方面，既严格执行省内省外无差别政策，还进一步将政策宣传单印制并送到农户手中，帮助农民掌握优惠政策；

五是创新服务外延，针对收费公路沿线交叉口较多、大量车辆绕行的情况，通过争取各地方政府及公安交管等部门的支持与配合，在收费公路沿线交叉口设立引导岗亭疏引车辆。

2. 组织发动，营造征管服务活动良好氛围

2007 年年初，根据省厅、省局相关文件精神，我处结合武汉公路收费工作实际，及时组织了征管服务稽查活动工作领导小组，由处长任组长，各收费站长为成员，明确了活动中各自的工作责任。领导小组迅速制订了《武汉市公路通行费稽查万里行活动实施方案》，确立了活动目标、稽查内容及活动步骤等，将整个活动细化为宣传发动、组织实施、总结提高三个阶段，以此确保稽查活动有序进行。

为切实做好征管服务稽查活动前期准备工作，2 月 28 日，我处组织全市七个普通还贷性收费站站长召开学习讨论会，全面学习了省厅、省局关于“服务创新”、“人情车、特权车清理整顿”及“稽查万里行”等相关精神，在内部统一思想，提高认识，并细化了工作部署。

随后，全市各收费站全面展开宣传发动工作。郑店站制作了“致江夏区本地车司机朋友的一封公开信”，先后向过往司乘人员发放6000 余份，并加强了对江夏区本地车辆次票、月票、年票的管理；木兰站利用地处旅游线路上的优势，与本地旅游部门协调沟通，在木兰风景区周边开展设点宣传、标语宣传，引导车主文明过站，严格实行一车一卡一杆制；金台站站长作为新洲区人大代表，主动在各种会议上将省厅、省局相关文件进行分发、宣传，努力争取地方政府、人大的支持；吴家山站将相关政策文件装订成册，主动走访东西湖区营运大户和各大农场，征费环境进一步融洽。

截至目前，全市累计设立各类宣传点20余处，并借助报刊、网络等向公众宣传“服务创新年”、“稽查万里行”活动和“集中清理特权车、人情车”政策，既为征管稽查活动创造了条件，更进一步促进了和谐收费环境的营造，效果明显。

3. 多管齐下，打造征管服务活动优秀品牌

“征管服务稽查万里行活动”重在执行。1—5月，我处紧紧围绕落实做文章，不断加大征管稽查工作力度，取得了较好效果。

（1）集中力量，全面清理整顿特权车、人情车。我处在征管服务稽查活动中，以“清理整顿特权车、人情车”为突破口，全面开展稽查活动，稳步有序的推动清理整顿工作。

一是以身作则，从我做起。我处对处机关19台公务车辆和8个直属单位近60台公务车辆统一办理通行费年票IC卡，带头缴费。同时，严格要求广大收费人员以身作则，并设置举报箱，鼓励职工互相监督，杜绝搭白车等行为。

二是更新手段，规范管理。3月底前各收费站组织对所有购买通行费年、月票的车辆更换IC卡，4月1日正式实行过站刷卡制，严格执行一车一杆一卡，规范了一线收费工作管理。

三是联合稽查，重点攻关。针对地方车冲岗逃费普遍的现象，我处以本次集中清理整顿为契机；在4月份抽调各站稽查骨干开展为期半月的全市联合稽查，重点在郑店站、吴家山站进行专项整治。深入一线对地方车主采取政策解释、现场说法等方式，成效显著。郑店站通行费实征率由原来的75%提升至90%以上，通行费次票收入有所增长，地方月票收入较整治前增长了22%；吴家山站4月份征收通行费645.45万元，地方月票较上月同期增长了14.7%。通过清理整顿，各级领导对通行费征管工作更加重视了，收费站的收费秩序好了，司乘人员的投诉率下降了，一车一卡一杆的通行习惯逐步养成，地方车辆的实征率明显上升，公平公正的收费环境逐步形成。

（2）加强督查，确保通行费征管工作规范有序。我处始终将规范管理作为我处通行费征管的一项中心工作常抓不懈。

一是强调日常，规范行为。我处对广大收费人员的日常工作行为从严要求，在《武汉市公路通行费稽查万里行活动实施方案》中，明确提出了“四规范、四统一”的要求，对收费人员服装、手势、发型、语言进行了统一规范，并聘请礼仪老师向收费人员传授窗口服务礼仪知识。职工普通话使用率和微笑服务意识不断提高，进一步为“人人都是武汉交通形象”的全年创建主题打下了基础。

二是纠查结合，查摆问题。自2月起，各收费站结合“稽查万里行活动”内容深入开展自查自纠，市处修订完善了《武汉市收费还贷公路稽查违规通知单》，对各站进行不定期稽查108人次，采取“一查、二看、三听”方式，查出相关问题11项，并相应召开工作会3次，在全市收费系统进行通报警示。

三是责任挂钩，规范管理。在“征管服务稽查万里行活动”中，因工作失职而造成标准收费站或示范收费站摘牌降档的，我处将会同收费站人事干部主管部门调整收费站主要负责人或领导班子，并取消该站当年所有站（点）建设项目，从责任角度引导各站规范管理。

（3）深化创新，推动班组建设纵深发展。自2006年武汉市开展班组建设以来，始终围绕“构建三个和谐”的核心理念，即建立社会与收费所之间的和谐体系；创建收费站职工与职工之间的和谐氛围；构建上级与下级之间交流的和谐平台。全市7个收费站31个收费班组遵循“三突出、三结合”的原则，全市各班组各自制订年度工作目标、工作思路以及学习、安全计划等，每周召开形势分析会；全年各站共书写学习心得2000余篇，座谈100余次，有效地提高了职工的思想境界和文化素质；在全市范围内开展了一场以“争保费源”为中心的堵漏增收大比赛，各班组利用休息时间主动到收费公路交叉口实地调查，分析车流情况，并制定相应策略，由此全年共挽回通行费损失近3000万元；班组建设中突出对职工人文关怀，如生日祝福、困难时期的援助等，让每个员工都深深体会到收费站大家庭的温暖。全市7个收费站面貌变化显著。今年，结合全省“服务创新年”及“征管服务稽查万里行活动”要求，班组建设进一步强调收费服务的“人性化”和内部管理的“民主化”。

一是在收费服务创新上，多项具有“人性化”色彩的便民服务相继出台：木兰站与当地旅游景区联合推出便捷通行卡，郑店站制作细致精确的线路引导图，方便司乘人员，金台、阳逻站将国家关于“绿色通道”的优惠政策，以传单方式深入田间地头进行宣传，进一步争取了广大司乘人员和群众的理解与支持。

二是在内部管理上，领导干部积极深入一线，唐河、郑店站采取站长、书记挂班制，管理干部与收费职工共同参与创建，对职工意见有答复、合理化建议有落实。各站还配设了寄语本、沟通信箱等，方便职工与职工、职工与领导之间的沟通，进一步增强了凝聚力。

三是在考评机制上，创新考评方式，增强竞争意识。市处拟定了《武汉市普通公路收费站班组建设考评办法（试行）》，组织一线收费班长建立班组建设考评小组，对全市 7 个收费站的班组建设进行综合考评，奖优罚劣，进一步强化了班组建设的竞赛和激励机制。

（十二）精心组织　加强协调　扎实开展服务稽查万里行活动

咸宁市公路管理局

2007 年 2 月以来，我们根据交通部［2006］第 691 号、省政府鄂政办发［2007］第 29 号文件的精神和省公路局对清理和整治特权车人情车工作的统一部署，针对我市本地车标准到位率相对较低、特权车治理不彻底、站务管理不够全面等三个突出问题，对全市 6 个公路收费站实施大规模的稽查活动，并在 2007 年 2 月 13 日的全市收费工作会议上，对开展“征管服务稽查万里行活动”作了具体布置。2007 年 2 月 27 日，市公路局成立了以局长李华平为组长，收费办和示范站稽查队共 7 人的服务稽查万里行活动领导小组，制订并下发了服务稽查万里行活动实施方案。各收费站根据市公路局要求，做到“八个一”，即：一个实施方案、一个工作专班、一条宣传横幅、一个宣传橱窗、一个布置会、一份自查报告、一份整改报告、一份验收申请。

我们从 2007 年 3 月 7 日开始，市公路局督办组自带棉被、毛巾、牙刷、水桶等生活用具与收费员工同吃、同住、同收费，全面启动了服务稽查万里行活动。到 2007 年 4 月 20 日，本次活动的宣传发动、调查摸底、重点整治等工作告一段落。

我们采取记录、查看、核实、整改的办法，分成 3 个班，每班 2 人实行 24 小时不间断跟班记录。主要开展了三项工作：

一是清理逃费车辆。记录不缴费车辆的车牌号和过站时间，摸清车辆数量和对象；记录缴费车辆的车牌号和收费标准，摸清车辆实征率。对特权车和逃费车辆较多及实征率不到位的收费站，下达整改通知书，提出整改意见，限定在2007年5月1日前把特权车全部纳入月票IC卡管理，对应费车辆提高实征率。

二是核实月票标准。全面清理月票车辆数量，通过记录车辆牌号来核实月票台账及月票车辆的标准到位率。

三是完善内业管理。规范“五图十二表”的填写和上墙，继续开展“四比一看”劳动竞赛和班组文化建设活动。公示评比结果，创新建设理念，完善服务设施，坚持例会制度，健全激励和约束机制。

通过开展服务稽查万里行活动，出现了五大变化：

一是堵漏增收非常明显。全市6个收费站首次在同一时间，对本地拖拉机、边三轮等“死角”征费，首次对地方党政公务车、救护车、交通稽查车、运政执法车、路政执法车等特权车进行了稽查，通行费收入较以往平均每天增收6000元。2007年年初到2007年5月20日止，全市通行费实现裁票收入2488.7万元，同比增加669万元，增长36.78%。

二是政府车辆带头缴费。长期以来，特权车和人情车的存在，不仅直接冲击《公路法》、国务院《收费公路管理条例》的严肃性，而且容易滋长攀比之风，造成车主心理失衡，成为构建和谐社会的不稳定因素之一，成为社会矛盾的“焦点”。对此，咸宁市党委政府领导高度重视，充分认识其危害性。市“四大家”领导从自身做起，带头购买通行费月票。市领导的示范作用，使我市各县市区领导都主动要求购买月票IC卡，收费秩序明显好转。

三是冲岗逃费得到有效遏制。针对个别收费站本地车征费环境差的情况，活动初期我们做了三个方面的工作。一是通过向当地政府汇报和宣传整治特权车及人情车的有关精神，及时召开当地政府、公安部门、驻地村组和部分车主座谈会，讲清特权车和人情车的危害，讲明整治特权车和人情车的决心。同时通过走访核实收费站驻地村组和政府及相关部门车辆情况，采取了一些优惠政策，将长期失控车辆纳入了规范管理。二是采取“治理重点，以点带面”，对活动期间可能遇到的突发情况制定应急预案，重点打击经常性冲岗闹事的“霸王车”，对恶意冲、堵收费站的车辆，做好录像记录，交由公安部门查处。活动期间行政拘留3名“霸王车”车主，震慑了一些不法人员。三是通过新闻媒体和咸宁日报，对冲岗逃费车辆、“特权车”予以曝光。到拘留所采访行政拘留人员，让其反思冲岗逃费的危害，并在咸宁电视新闻连续播放，警示了一些不法车主。

四是规范化管理进一步加强。各收费站对照“三优四化”要求，按照服务稽查万里行活动的工作布置，连续召开站长办公会，中层管理人员会，干部职工会和人大、政协代表及车主座谈会。“找差距、促提高”各征管人员对照规范要求，自己给自己找不足，请社会人士帮助自己找问题，请同事帮忙找差距，进行内业清理整顿，完善各项服务措施。对个别违规违纪的收费人员，我们坚持“三不放过”的原则进行查处。先后对1名副站长和2名班长予以撤职，处罚了4名收费和管理人员。为配合开展服务稽查万里行活动，我们于2007年4月13日举行了全市公路通行费征管规范（文明礼仪）知识竞赛，在全市公路通行费征管人员中掀起了“学规范守礼仪，争当岗位标兵，争做收费明星”的热潮。

五是文明服务意识得到提高。稽查的前提是做好服务，为配合活动的开展，使过往司机满意缴费、主动缴费，我们加大完善便民惠民服务的措施，向收费站附近的困难群众捐款捐物，做好事、办实事；大力倡导委屈服务，耐心向过往司机做好解释工作，把矛盾消化在萌芽状态，营造和谐的收费环境。在活动期间，针对当前收费工作中存在的一些突出问题，为增强收费员工素质，提高文明服务水平，提升收费“窗口”形象，市公路局制订并下发了在全市公路通行费收费站开展作风教育整顿活动的实施方案，从2007年5月1日开始，用3个月的时间，分三个阶段进行了工作作风整顿。教育收费员工讲学习，提高认识；讲原则，化解矛盾；讲大局，理顺关系；讲服务，强化措施；讲纪律，廉洁高效。

经过此次活动，全市6个收费站收费秩序井然，收费员工精神面貌焕然一新，特权车和人情车得到了有效治理。我们的体会是：

1. 领导重视是关键。治理特权车和人情车得到咸宁市党委、政府高度重视，咸宁市委常委、秘书长龙良文在赤壁市检查工作通过凤凰山收费站时，语重心长地对同行的部门领导说：“通行费征收工作很不容易，你们不能搞特权，要带头缴费。”咸宁市委常委、常务副市长佘家驹主抓通山核电站项目前期工作，在经费有限的情况下，要求市县核电办按章购买通行费月票。在各县市区，地方党政领导把通行费征收与公路建设摆在同等位置来抓。咸安区委书记袁善谋，区委常委、公安局长来华雄不仅过站带头缴费，而且亲自到收费站慰问，勉励广大收费员工，“我们只有多收费，才能筹措到更多公路建设资金，才能争取到更多建设项目”。嘉鱼县委常委、公安局长陈朝裕、公安局政委徐郭全在全县公安干警作风整顿会上要求，公安部门不仅要全力支持收费工作，为收费保驾护航，而且要以身作则，按规定过站缴费。通山县委副书记、县长熊征宇家在咸宁，每月往返温泉多次，每次过站主动缴费。他在通山县委常委会和政府工作会上要求各单位领导要把支持通行费征收与争取公路建设项目摆在同等重要位置来抓。

在交通部门，市交通局长马达、公路局长李华平等领导正人先正己，从抓本系统特权车、人情车整治人手，自己做到过站缴费，同时要求本单位、本系统的公务车、运政车、交通稽查车、路政执法车带头缴费。特别是李华平局长在公路局干部职工大会上宣布，今后我们局里的小车在通过收费站时要一律缴费，谁不缴费谁下车。

2. 宣传舆论是保证。通过报纸刊登专栏、通过电视台滚动播放宣传字幕、在收费广场悬挂宣传标语等多种形式，广泛宣传国家规定车辆通行费减免范围和清理特权车、人情车文件精神，确保政策家喻户晓，全方位营造集中整顿收费秩序的舆论氛围。同时，各收费站及时主动向当地政府及相关部门做好汇报与沟通，争取各级党委、政府的重视支持，重要企事业单位和村组采取上门走访的方式，全面清理特权车辆，向他们宣传收费公路政策，及时传达整顿工作信息，获得社会各方更多的理解和支持，保证了整治工作的顺利进行。

3. 协调配合是手段。一是积极向市政府领导作专题汇报，出台相应的政策文件支持。咸宁市分管交通的副市长胡立山批示“市交通局牵头，组织监察（纠风办）、公安（交警）等部门，按照鄂政办发［2007］第29号文件要求和工作重点，在全市范围内集中开展一次清理整顿工作”，为活动的顺利开展提供强有力的政策保证。二是市公路局成立了督办专班，监督指导活动的开展，各地公路部门和收费站也相应成立了领导小组和工作专班，为活动的顺利开展提供了组织保障。三是依靠新闻媒体的监督，请咸宁日报和电视台记者随机采访“钉子户”，曝光“特权户”，形成了领导重视、上下协作、各负其责、齐抓共管的工作机制。

（十三）创新改革之路　促进收费发展

宜城市郛家冲收费站

创建于1996年7月的郛家冲收费站，多年来，坚持“国家利益高于一切”的崇高理念，始终如一走改革与创新的发展之路，不断探索收费征管新机制，打造了一支“团结正气、艰苦创业、求真自强、改革创新”的战斗集体，营造了一个充满和谐与生机的发展氛围，赢得了社会各界的广泛赞誉。他们先后荣获了全国“青年文明号”、“三八红旗集体”、省级“文明单位”等荣誉称号。

但是，随着2004年6月襄荆高速公路的开通及近年来乡村路网建设的加快，邬家冲收费站的发展面临着极大的挑战，收费收入呈逐年急剧下滑趋势，过往车辆不足过去的1/3，每天的收费从6万多元锐减到不足万元，2005年收入跌落至490万元，只抵过去的1/4。同时，全站人员严重超编，最多达到148人，创全省同类收费站人数之最。大量人员闲置，工资不能到位，干群关系紧张，给邬家冲收费站带来了前所未有的困难和压力，发展跌入谷底。面对困难，他们痛定思痛，从改革三项制度、狠抓规范管理、立足科技创新入手，大打翻身仗，2006年完成通行费征收任务860.5万元，占计划的114.73%，同比增长65.73%，三个文明建设取得了显著成绩，一跃成为全省标准化示范站。

1. 探索改革之路

为了求生存，谋发展，邬家冲收费站进行了艰苦地探索和改革。根据《湖北省收费还贷公路收费站改革实施方案》文件精神，结合该站人员严重超编的实际，他们抓住人事制度改革这个关键，大刀阔斧地精简机构和人员，铲除了人员机构臃肿这个“恶瘤”，收费站步入了良性发展的轨道。

一是加强组织领导，确立方案。为了保证这次改革成功，成立了以宜城市交通局党委书记为组长的改革领导小组，市交通局党委会专题研究、讨论人事制度改革方案，并组织全系统二级单位主要负责人进行讨论修改。市交通局在向宜城市市委书记曾玉平作专题汇报后，取得了市委领导的高度重视和支持。市委书记还亲自主持相关负责人会议，共同审核人事改革方案，确立了改革的指导思想，基本原则，组织领导，实施办法，考试考核办法及改革的相关纪律等。

二是认真组织实施，成功分流富余人员。全站原有职工148人，改革期间共需分流人员108人。分流人数之多、力度之大、前所未有！人员分流主要是采取内退一批、调出一批、买断一批、择优录取一批的方法进行。分流期间，站内对自愿参加竞争上岗的80人进行竞岗考试，由市纪委、市交通局、市人事局及武警宜城支队等单位组成专班进行监督。竞岗按照文化考试和组织考核相结合的形式，择优上岗、末位淘汰，最终择优录取了39人，达到了省局控制42人以内的改革要求。对考试落岗的108人，严格按用工人事程序办理了离站手续。2006年1月，部分离站人员的养老保险金缴纳标准发生了变化，因为这个原因，部分同志的思想波动较大。站党支部得知这一情况后，及时向市委、市政府汇报，在副市长孙纯科的关心和安排下，市人事、劳动、社保和交通局等单位召开联席会议，事情最终得以顺利解决。

三是全面实行人员聘用合同制。一是全面进行身份置换。实行聘用上岗制，签订聘用合同，聘用期为1年。二是对站内原设机构一律撤销，按省公路局的有关规定重新设立内设行管机构；所有中层管理干部一律实行竞聘上岗。

四是认真执行工资制度改革。2006年，邬家冲收费站在襄樊市各收费站率先执行襄樊市公路管理处新的工资分配方案，打破档案工资，实行绩效工资制度。每月工资与收费任务挂钩，根据当月完成任务情况由财务人员负责核算超（欠）收系数，一月进行一次奖惩兑现。此举充分调动了职工的工作积极性，提高了工作热情。

2. 规范管理创业之路

为严格管理，规范运作，邬家冲收费站紧扣《征管规范》，不断研究新情况，采取新措施，创新管理模式，开辟了二次创业之路。

（1）以人性化管理引导职工自觉遵守规范。从关心员工工作、生活入手，主动改善职工生活、工作环境，主动帮助解决职工困难。站领导视职工为家人，凡职工过生日，送上一盒生日蛋糕，职工生病住院的，站领导都亲自慰问。用点点滴滴的小事感化广大职工，激发员工的工作激情，自觉遵守规章制度，服从管理。

（2）以模范行动带动职工学规范、用规范。一是自己动手，美化站台。全站人员利用业余时间，打扫站台卫生，给安全岛刷漆，清理边沟，摆放马墩，共同扮靓收费站场。二是提倡节约，反对浪费。从节约一张纸、一度电、一吨水做起，争创节约型机关。三是依靠内力，激发活力。通过压担子，树典型，逐步形成了学规范、用规范的良好氛围。

（3）以精细管理促进规范。为实现管理的精细化，明确职责，真正做到统一管理，分级负责；把财务和票证工作当作重中之重，经常对财务和票证进行核对和检查，实行财务公开，日清月结，对票证的领发和结存进行细致的监督。同时推行以监控室为中心的管理模式，监控室对前勤工作人员进行现场监控考核，站长对后勤人员进行每日考核，职工代表对站长工作业绩每月进行一次考核，真正做到人人被监督、人人搞管理、人人守规范。

3. 科技创新强站之路

一是加强知识培训，严格实行计重收费。2006年4月，全省实行计重收费后，收费政策和标准有了新的调整。面对新形势，他们审时度势，乘势而上，提前安排收费业务知识培训，在职工之间相互交流心得和体会，为计重收费奠定了良好的基础。2006 年，全站完成收费任务 860.5 万元，与上年同期相比上升 65.73%。2007 年 1—4 月，该站通行费征收任务共计完成 278.01 万元，与上年同期相比增加 47.13%。

二是坚持使用月票 IC 卡，提高收费人员的形象和社会地位。他们根据襄樊市公路管理处实施月票 IC 卡的统一部署，积极组织，精心安排，采取得力措施，使月票 IC 卡的使用和管理迈入规范化轨道。月票 IC 卡系统使用后，收费站每月增加收入近 20 万元，车辆实征率达到 98% 以上，规范了收费秩序，有效治理了特权车、人情车。使用月票 IC 卡凸显以下三方面优势：缴费透明化；服务创新化；管理科学化。现在利用现代化的月票 IC 卡系统，不仅减少了售票员的记忆强度，而且大大提高了工作效率，树立了收费人员良好的形象。

岁月如歌，道路无边，争先创优更无止境，该站决心在上级主管部门的正确领导下，全面贯彻落实科学发展观的要求，切实转变工作作风，加强机关效能建设，真正做到务实、清廉、自强，以只争朝夕、再创佳绩的精神，与时俱进，开拓创新，不断推动公路收费事业又好又快地发展。

（十四）加强协调创环境　强化管理促增收

恩施土家族苗族自治州公路管理局

恩施州现有野三河、南里渡、朝东岩、马蜂坳、后坝、杨泗坝、板寮、巴东长江大桥 8 个收费站，职工 312 人，收费公路总里程达 1163 公里。近年来，恩施州车辆通行费征收工作在省局的指导下，在州交通局的领导下，在各级地方党委、政府的大力支持下，以创建标准化收费站、深入开展“三岗四星”、“四比一看”、班组建设等活动为契机，以抓计重收费工作为重心，强化管理，狠抓落实，取得了不菲的成绩。2006 年全年共完成通行费收入 5568 万元，占年计划的 103.12%，比上年同期增收 619 万元。2007 年 1—5 月完成通行费收入 3227 万元，占年计划的 55.63%，提前一个月完成半年确保目标。野三河收费站连续两次被省交通厅授予“示范窗口”和恩施州委、州政府授予“文明单位”称号；南里渡收费站荣膺全省交通系统“青年文明号”称号；巴东长江大桥收费站分别被省交通厅、省公路局授予“全省交通文明示范窗口”、“全省公路系统先进集体”称号；杨泗坝收费站获州级“文明单位”称号。全州其他各站也均获有各种表彰及荣誉称号。我们的主要做法是：

1. 加强协调与沟通，创造和谐收费环境

一是加强与地方政府、相关职能部门的沟通与协调，创造和谐的外部环境。积极主动、经常性地与地方政府、公安、军分区、武警部队等部门进行沟通与协调，提供良好的收费外部环境，为我们有效打击冲岗逃费、整治假军车等现象提供了强有力的保障。来凤菜园子站迁址宣恩板寮，当地群众甚至很多部门领导都不太理解。面对重重困难，县委县政府多次组织公安、交通、相关乡镇等部门召开协调会，并由分管副县长牵头，从各部门中抽派专人协助迁站和维护开征期间收费秩序，为菜园子站顺利迁站收费提供了强有力的保障。在咸丰杨泗坝收费站，当地交警大队克服警力的不足，每星期必抽出两天时间，指派一名干警亲自到收费岗亭全天候值勤，维护收费秩序。巴东长江大桥收费站因与官渡口镇政府、派出所紧密协调配合，使大桥站收费秩序井井有条。利川市人大领导，咸丰、宣恩县分管县长都多次到现场实地解决通行费征收过程中出现的困难和问题。

二是关心职工生活，着力解决职工后顾之忧，创造和谐内部环境。我州大多收费站都处于远离城市的高寒、偏远地带，职工 2/3 的时间都是在远离家人的收费站里度过。我们从改善职工工作、生活条件入手，对各站职工阅览室、娱乐室、职工食堂、职工床铺等进行了改造，职工工作、生活环境焕然一新。全州 8 个收费站都开办了职工食堂，职工上班期间全部在食堂就餐，并且保证每餐六菜一汤。为降低职工生活费标准，我们一方面从节余的管理经费上予以补助，另一方面鼓励、要求有条件的站自种菜地。这样既提高了职工伙食标准，降低了生活费用，又激发了职工劳动的热情。为改善站里的条件，我们为高寒地区收费站增添了空调，购置了烤火炉；为有条件的收费站的职工寝室安装上有线电视，配备了电视，使职工感受到如同在家的温暖。条件的改善，稳定了职工情绪，提升了职工工作热情，为形成和谐的站区环境提供了保障。

2. 强化手段，多管齐下，确保目标完成

（1）开好季度收费形势分析会。从 2005 年开始，我们始终坚持每季度召开一次收费形势分析会。通过看、听、议、说等形式，及时了解各站通行费征管动态，找出各站存在的问题，大家一起分析、研究，帮助找出解决的办法。针对工作中出现的新情况、新问题、好的作法，进行公开讨论和点评，同时研究、调整、部署工作措施。

季度形势分析会我们采取以现场会的形式，选择收费任务完成情况好，内外业工作管理有特点、特色的收费站每季度召开一次收费形式分析会。2006 年第一季度形势分析会主要落实了各站目标任务，签订了目标责任状；第二季度形势分析会研究、总结了计重收费实施过程中的经验以及针对出现的问题和困难提出解决的办法、对各站设备管理进行专项部署；第三季度会议学习了巴东长江大桥收费站在“四比一看”、班组建设及内业管理上好的作法。每次会议都得到了州公路局党委的高度重视，主要领导及分管领导均亲自参加，并率先垂范，用普通话发言。

（2）抓好稽查工作，控制费源流失。州公路局收费科克服各站分布面广、交通不便等不利因素，经常采取不定期、大范围的专项稽查，从内业管理、劳动纪律、综合治理、安全生产及文明服务等方面入手，对全州收费站进行检查和指导，促进收费站强化管理和提高服务质量。2006 年全州共进行了 8 次大型综合性稽查，20 余次专项和不定期稽查，共督促和查处、通报违规违纪行为 43 人次。每次稽查都进行了通报，通报送到交通局、公路段，引起了各级领导高度重视。咸丰县交通局长邹世东针对通报上的情况，与公路段领导深夜到收费站进行突击稽查。

通过稽查与通报，各站收费行为、服务质量、职工的素质和责任意识得到了显著加强，人情车、违规违纪现象得到根本遏止。

（3）严格执行计重收费政策，收费收入实现增长。计重收费工作政策性强，涉及面广，矛盾突出，为积极稳妥地推动计重收费工作在我州顺利展开，在州委州政府、州交通主管部门高度重视下，我们通过电视、报纸等相关媒体以及加强和相关职能部门的协调沟通等方面入手，采取一系列行之有效的措施，严格执行计重收费政策，既保证了计重收费工作的平稳实施，又确保了收入来源的稳定。

3. 加强设备的管理与维护，提高设备的使用率和完好率，保证良好的收费秩序

2006 年我们把加强设备的管理和维护工作作为工作重点狠抓落实。一是建立、充实设备管理及维护队伍，各站由一名业务技能强、工作细心的人员专门负责收费站的设备管理及维护。二是对各站分管设备的副站长及专人进行了集中培训。三是根据培训内容，各站结合自身实际，研究、建立健全了设备管理与维护规章制度，即台账制、信息网络制、巡查制、奖惩制。

——台账制，即建立设备管理和维护、维修档案，保证书、说明书资料，使用、维护与定期保养记录，报修与报废等手续的完整齐全。

——信息网络制，即收集设备厂家的各种联系方式，建立设备信息网络，在生产厂家维修人员不能及时到位的情况下，通过信息网络联系，解决、排除设备隐患和故障。

——巡查制，各站分管设备的领导及设备管理人员定期对设备信息指标进行巡查登记，及时、准确掌握设备的工作情况，判断、处理可能出现的各种故障，做到天天有巡查，月月有保养。

——奖惩制，采取奖、罚相结合的方式严格规范设备管理人员的行为。对设备管理好，设备故障出现频率低的管理人员给予奖励；对因自身对设备维护不善，造成影响正常工作秩序的管理人员进行处罚。

4. 开展特色活动，提升服务水平

一是半军事化管理提升队伍整体素质。野三河收费站连续两年利用国庆长假，对全站职工进行军事化训练，并结合训练项目，组织职工开展军训比武，收到良好的效果。我们为此还专门安排经费，购置了军被，过去寝室杂乱无序、五颜六色，现在变成了统一的军绿，寝室摆设整齐划一。职工列队上下岗，无论是天晴下雨还是酷暑严冬，从不间断。

二是推进班组建设，夯实收费工作前沿阵地。班组是收费站最基本的工作单位，是一切工作的落脚点。一是注重班组长的选拔和任用。我们通过站内公开竞聘、民主推选、站委会考核等方式，挑选组织能力强，具有较强工作责任心的人员担当班组长，充分发挥了“领头雁”的作用。二是加强班组活动室建设。每站为各班组安排一间房间，作为班组学习、开会及活动的场所。各班组结合自身情况精心制作了各具特色的“班务活动栏”，将学习、工作、生活的各个层面及时在活动栏上一一反映出来，既延伸了班组建设的文化内涵，又创新了形式。三是对各班组实行严格的目标管理。通过对目标管理进行定期考核，将考核结果及时在站务公示栏上进行公开、公示，接受职工监督，评比结果最终作为年终评选先进班组的重要依据。四是强化各项载体，增强队伍凝聚力。以班组为单位，精心组织开展棋类比赛、球类比赛、篝火晚会等文体活动，增进彼此间的友谊，激发高涨的工作热情。巴东长江大桥收费站休假的职工纷纷放弃与家人团聚的机会，自发地融入到活动之中，尽情娱乐。

三是学习“刚毅精神”，开展“四比一看”、“三岗四星”活动，形成“比、学、赶、帮、超”良好氛围。结合学习刚毅精神活动的开展，在各收费站相继开展了“四比一看”、“三岗四星”劳动竞赛活动。各收费站制定出具体实施细则，由一名副站长负责竞赛活动。按照民主管理原则，每站按月将各种考核评比结果在公示栏上予以公示、公开，按照考核结果进行奖励兑现。

四是组织“流动红旗收费站”评比，提升服务水平，增强队伍集体荣誉感。为鼓励收费站在收费任务、内业管理、文明创建、优质服务上有突出表现，2006年我们开展了“流动红旗收费站”评比活动，制定了活动实施《细则》，每季度评比一次，实行百分制考核，对获得流动红旗的站颁发红旗和给予奖励。全州8个收费站争前抢先，你追我赶，形成了良好的竞争氛围。

（十五）四大创新实现四个提高
全面开创收费工作新局面

郧县汉江大桥收费站

2007年以来，我站在上级主管部门及县委、县政府的正确领导下，以深入开展“通行费征管服务稽查万里行活动”为契机，以“三优四化”为目标，紧紧围绕“通行费征管”这个中心，使各项工作扎实有效推进，取得了三个明显成效：一是2007年1月至4月完成通行费收入达1030.76万元，比上年同期增长50.7%，完成年计划45.8%。二是我站于2007年2月被省公路局授予全省公路系统“刚毅式集体”，在全省标准化收费站考评中被评为“示范收费站”，被市公路管理局授予全市公路通行费征管工作“先进集体”。三是通行费征管工作进一步规范，员工素质进一步提高，树立了良好的窗口形象，征管环境进一步改善。现将具体工作汇报如下：

1. 管理模式创新，科学化管理水平进一步提高

按照“目标上靠，重心下移”的原则，我站积极探索通行费工作发展规律，努力构建一种科学的、长效的管理机制。

（1）改革班组考评，完善激励机制。2007年3月，本着“管理精细化”的目标，结合“四三二一”月考评活动，从“收费业绩、现场管理、文明服务、遵章守纪、班务管理”等五部分进一步细化了各班组月考评细则，并且将班组月考评百分制打分同各班的效益工资挂钩，按考评分数，同比发放各班的效益工资，从而进一步改革完善了激励机制，增强了各班组的团队精神和竞争意识。

（2）严格干部测评，优化干部储备。按照“能者上、平者让、庸者下”的市场用人机制，我站每季度都要对班长以上的干部在“思想品德、管理能力、业务绩能”等十项内容进行民主测评，测评之后根据测评分数酌情对干部进行调整。在此基础上，为了加强各征费班管理力度，我站还建立了科学的干部储备机制，在各征费班推选一名德才兼备的见习班长，这一新的举措，加强了班组管理力量，优化了干部储备机制，建立了干部队伍的整体素质。

（3）深化班组建设，激发细胞活力。在2006年“振超班组”、“巾帼班组”、“刚毅班组”、“雷锋班组”、“温馨班组”、“和谐班组”的基础上，我站从今年3月起开展了“创新班组”月评比活动，对每月班组创建活动开展有创新、有特色、有实效的班组，授予“创新班组”称号，并给予全班200—500元的物质奖励，作为班组创建活动基金。通过“创新班组”评比活动的开展，使各班组员工的个性特色得到显现与张扬，激发了班组的细胞活力，调动了员工的工作激情和创新精神。

2. 沟通协调创新，收费环境进一步优化

收费工作的本身就决定了收费站与征费对象之间的“收缴”矛盾，所以社会环境对收费征管工作有着极大的影响和作用，在今年治理“人情车、特权车”和进一步规范月票IC管理工作中，我站突出重点，不断调整工作思路和方式，创新沟通协调方法，争取地方政府支持，赢得了过往司乘和业务大户的理解，凝聚各方力量为收费工作保驾护航，创造良好的收费环境，并把这种无形的社会资源，变成了有形的收费效益，形成了公平、和谐、有序的通行费征收秩序。

（1）收费现场耐心解释，积极营造治理氛围。我站治理“人情车、特权车”活动之初，有许多司机不理解，甚至对收费人员大发雷霆，出言辱骂。对此，我们通过电视专题片、宣传横幅、温馨小卡片、宣传单、网络、报纸等各种媒体，积极宣传收费政策、积极主动为群众排忧解难，我们的收费员甚至有时自己掏钱帮那些确实身上带钱不够的司机垫付通行费。正是我站收费人员的广泛宣传和周到的服务，使我站的收费工作得到了社会的理解，保障了我站治理“人情车、特权车”活动的顺利进行。

（2）认真分析收费大局，争取地方政府支持。在治理“人情车、特权车”活动实施之前，我站就向地方政府积极汇报，分析收费工作与公路建设的大局，从而引起了政府的高度重视，争取到政府的支持和各部门的配合，仅在今年的治理“人情车、特权车”活动中，郧县政府就针对治理人情车、特权车先后出台了《关于规范郧阳汉江公路大桥交通秩序的通告》、《县公安局、交通局关于郧阳汉江公路大桥交通秩序专项治理方案》，以及郧政办发［2007］第44号《县人民政府办公室关于开展违规减免特权车、人情车车辆通行费清理工作的通知》。自专项治理活动以来，我站先后通过公安交警拘留肇事当事人5人次，查处假军车12辆，由于有政府的大力支持，部门的积极配合，有效扼制了各种扰乱收费秩序的行为，营造了良好的收费环境，严格做到了“应征不漏，应免不征”。

（3）办理月票服务上门，争取业务大户支持。市场靠竞争，客户是上帝。面对广大客运车主和企业，我站转变工作思路，改以前的司乘人员到收费站办理，为现在的主动上门服务，并对客户提出的问题和要求，耐心的给予真诚的解释和帮助，以换得对方的理解和支持。郧县九通亨运公司是我站月票收入的业务大户，面对客运市场的疲软，公司客运南站的广大中巴司机纷纷要求降低月票标准，否则将集体到收费站堵道，面对这一要求，我站领导主动上门与公司负责人和车主代表交心谈心，耐心解释收费政策和月票管理规定，从而赢得了客运司机的理解与支持。

郧县金龙水泥厂拥有70多辆专业运输矿石的车队，由于企业事务繁忙，车队司机每日工作没有规律，每月按时办理月票有一定的困难，对此我站每月定期上门办理月票，并且为他们特定了机动办理服务，每月底前由票管员和他们预约，进行分次分批办理服务。在我们的耐心解释和优质服务下，使这些业务大户对收费工作给予了充分的肯定和支持，自觉遵守我站的月票IC卡管理规定，使月票IC卡管理进一步规范化。

3. 教育培训创新，员工整体素质进一步提高

要想建立科学化的管理模式，实现收费站的长足发展，就必须建设一支高素质的征管队伍。对此，我站坚持以教育为基础，以培训为途径，以开展丰富多彩的创建活动为载体，不断提高员工整体素质。

（1）走出去，学习先进管理经验。2007年3月6—10日，我站挑选部分业务骨干，在市公路局的支持和帮助下，开展了赴山东、河南外出参观学习活动，主要参观学习了山东泰肥一级路收费站、河南安阳北流寺收费站。通过对两站的收费现场、硬件设施配置、内业资料等方面进行全面的参观，认真学习，虚心请教，受益匪浅。并在外出学习中开展了“四个一”活动：一是每人每天写一篇日记；二是每天晚上开一次分析总结会；三是学完之后每人写一篇心得体会；四是回站之后开一次学习报告会，向全站员工交流学习心得。通过此次外出学习，使员工们看到了别人许多的亮点，找到了自身的不足，带回了先进的管理经验，为我站的长足发展与品牌创建工作注入了新的生机和活力。

（2）请进来，开展员工礼仪培训。2007 年 4 月 28—29 日，我站开展了文明礼仪培训活动。我们聘请了专业老师结合收费工作实际，从“坐、立、行、走、微笑、仪容”等细节之处进一步规范员工的言行举止。通过生动活泼的课堂示范和小品演示，让员工认识到文明礼仪在收费工作中的重要性，树立“服务无小事，追求无止境”的服务新理念。并在培训中规范了收费工作中的手势礼仪，指导员工进行了反复的练习，培训之后，我站把此次礼仪培训的内容及时应用到实际工作中，并纳入每日的工作考核，从而使员工“在培训中提高，在工作中实践，在实践中形成自觉习惯”，我站良好的文明礼仪让过往司乘人员感受到一种舒适、温馨的行车环境，受到社会的一致好评。

（3）强业务，开展“收费无差错”竞赛。为了提高员工业务水平，我站丰富创建载体，经常性的开展各种竞赛活动，为职工提供一个业务竞技的平台，展现自我的机会。在 2007 年“稽查万里行”活动中，我站自 2007 年 4 月 26 日起，在全站开站了“售票员百日收费无差错”和“征费班本月收费无差错”业务竞赛。此次竞赛活动的开展进一步提高了收费员的工作责任心、责任感。每位售票员在工作期间注意力高度集中，认真做好收钱、找零工作，加强了对车型和吨位判断的练习。值勤员和售票员在工作中积极沟通，配合默契。自竞赛活动开展以来，长、短款差错率有了明显下降，员工业务技能快速提高，班组团队精神得到了进一步加强。

4. 收费服务创新，文明窗口形象进一步提升

公路通行收费站的公益性和服务性，决定了我站的创建工作必须根据公路收费的行业特色，贴近司乘，贴近服务贴近员工，提升服务水平，树立文明窗口形象。

（1）实实在在便民惠民，提高文明服务质量。一是深入开展了“优质服务递真情，文明驿站送温馨”活动，按照“仪表端庄形象好、业务精通技能好、表情自然微笑好、态度和蔼服务好、语言亲切表达好”的“五好”员工风采，全体员工以此为镜，严格要求。如今在收费亭，工具箱、药品箱一应俱全，冬有热开水、夏有绿豆汤、免费为司乘人员取暖散热。二是严格执行绿色通道政策，对整车运输鲜活农产品车辆，实行“提醒服务”。主动告知车主“绿色通道”政策，并保证绿色通道车辆随到随走，快捷通行。我站实实在在的便民惠民服务，赢得了广大车主的称赞。

（2）切切实实排忧解难，彰显收费员工温暖爱心。2007 年 3 月 14 日，由站工会发出倡议，我站全体员工为收费站附近一位家庭贫困又遭遇车祸的全阳阳同学，开展了一次爱心捐助活动。全体员工为了让全阳阳能够及时得到治疗，渡过难关，及时地伸出了援助之手，奉献出了一份爱心。在捐助活动中，全站员工共踊跃捐款2330元，站工会也捐款2000元。通过此次爱心捐助活动，让社会感受到了我们收费人员的爱心，让员工们感受到了集体的力量，增强了团队精神，树立了收费人员的良好形象。

（3）认认真真行风评议，采纳建议严格整改。服务好不好，司乘人员说了算。为了及时发现问题，改正不足，更好地为广大司乘人员服务，我站从经常过往的司机、收费站附近的村民和上级领导中聘请了行风监督员，通过定期召开“行风评议座谈会”和“车主座谈会”，以及发放《文明服务调查问卷》等活动形式，及时发现在收费服务工作中存在的不足，虚心听取合理化的建议，掌握司乘人员的服务要求，不断提高我站的服务水平。

（十六）规范管理促服务　转变作风树形象

仙桃市公路管理局

2007年以来，仙桃市公路局在开展“服务创新年”和“公路通行费征管服务稽查万里行”活动中，严格对照《湖北省收费还贷公路通行费征管规范》，逐字逐句查问题，逐条逐款抓整改，逐项逐项抓落实，在全站上下形成了良好的讲《规范》、用《规范》氛围，有效的推动了收费站优质服务和规范管理水平的提高，促进了收费任务又好又快地完成。

1. 整顿思想抓规范

省局标准化收费站考评结果公示后，仙桃市公路局认真对照《规范》及《标准化收费站考评细则》，结合干部职工中存在的思想问题和工作中的难点，认真开展自查自纠，严格按照省局征管服务稽查万里行活动的统一部署，将四、五两月定为“转变作风、规范行为整顿月”，明确提出，要从严规范管理行为和收费行为，做到遇事讲《规范》，处事讲《规范》，言行符合《规范》，整体工作听命于《规范》。

（1）全员学《规范》。仙桃市公路局将这次整顿作为对《规范》的一次再学习、再落实，精心制订了学习实施方案，局领导带头学，各站将《规范》学习作为支部例会的开幕式，同时每天组织一次以上的例会，重点学习《规范》。为帮助干部职工学习，2007年4月18日至25日，新里仁口站举办了一次征管规范培训班，邀请了有关专家授课，站领导人人上讲台谈学征管规范的体会，收到了较好的效果。

（2）全程查问题。在学习培训基础上对照《规范》，大力开展了“八查八看”活动，即查着装，看仪容仪表正不正；查收费，看执行收费政策严不严；查现场，看文明服务、唱收唱付好不好；查记录，看监控稽查力不力；查站亭，看环境洁不洁；查违纪，看制度落实明不明；查例会，看学习态度实不实；查思想，看行管后勤作风清不清。各科室、征费班按照《规范》要求，努力查摆工作中存在的不足，以及管理环节的漏洞，个人用批评与自我批评的方式，查摆了存在于工作中的问题，各站累计查摆落实《规范》不力的问题有四大类 20 余处。

（3）全力抓整改。根据查摆的问题，市局重点督办各收费站抓好了四个方面的整改，一是收费行为规范整改、二是稽查监控整改、三是行管后勤行为规范整改、四是内业整理行为规范整改。明确了整改的内容、措施及相关责任人，所辖两个站在内业方面通过整改，严格按省局要求，建立了目标管理制度、例会制度等 25 个工作制度，高标准完善“五图”上墙和“十二”表。

2. 优质服务抓落实

按照市局提出的“征文明费、建示范站”创建理念和“五零”工作目标，即管理零漏洞、服务零距离、收费零差错、安全零事故、卫生零死角。各站将优质服务贯穿于工作的始终，将优质服务渗透到各项工作的各个环节，将优质服务的触角延伸到每个角落，努力做到了“四个一点”。

（1）文明服务的习惯再牢点。针对少数收费员工文明用语、唱收唱付时说时不说，白班说夜班不说，对小车说不对大车说等现象，市局要求收费班上岗列队前，必须由班长带队预习一次文明用语，以此养成良好的用语习惯，同时加大对文明用语的监控、稽查力度，仅 4 月就处理不按规定唱收唱付班组 1 个、收费员 8 人，违规人员通过学习班形式，进行了停岗学习。

（2）文明服务的标准再高点。在用语方面，下大力气狠抓了收费员的夹生普通话和冷硬语调的普通话唱收唱付。在仪容方面，狠抓了女同志的发型、发色和机关工作人员的规范化着装等。在服务标准上做到“八个一样”：一是忙时与闲时一个样；二是白班与夜班一个样；三是检查与不检查一个样；四是节假日与平时一个样；五是服务货车与小车一个样；六是本籍车与外籍车收费一个样；七是行管与征费班的规范管理一个样；八是干部与员工服务意识一个样。

（3）文明服务的内容再新点。市局从提高干部职工综合素质入手，提升站区文化建设，广泛征集干部职工格言警句，并优录上墙，强化征费员工的三种意识，即竞争、奉献、责任意识，使文明服务的内容无限扩展。市局举行了一次“征文明费、建示范站”为主题的普通话演讲比赛，产生了较大反响。

（4）文明服务的距离再近点。新里仁口收费站变被动为主动，在改善收费环境和拉近服务距离上狠下工夫，一方面经常上门征询对收费工作的意见，另一方面将车属单位和司乘人员请到站里，以恳谈会的形式，交流思想、消除误会、寻求理解。此外，全体收费人员以发自内心深处的真情微笑，博得司乘人员的支持。今年以来，省道仙洪线路况恶化，施工堵车现象十分严重，但新里仁口收费站的优质服务消融了司乘人员的怨气，至今为止，未发生一起群体性堵岗、一起打架斗殴行为，在社会上形成了较好的亲民、亲车、亲人形象。

3. 建立机制抓长效

落实《规范》，重在机制、贵在坚持。仙桃市公路局在整顿、整改的基础上，从建立规范管理的长效机制着手，不打折扣，原原本本地抓《规范》的落实。

一是明确责任。对照《规范》逐一明确每项工作、每个细节的管理和工作责任，使干部职工在责任面前有压力，面对压力有动力。

二是完善制度。结合贯彻落实《规范》，新里仁口收费站制定了《行为规范五十条》，分四大类对干部职工言行予以约束，同时根据新时期新要求，修订完善各类管理制度。潮愿收费站根据监控室工作不力的现状，制订了《岗亭须向监控室报告的有关制度》，既约束了收费行为，又约束了监控行为，如制订了《图表填制制度》，既明确了图表填制的责任人，又提高了图表填制的水平。在这次整顿中，就制定下发了配套管理制度 8 个。

三是严管重处。再好的制度，不落实也是空话，在《规范》面前人人平等，在制度面前人人受约束，为保持制度的严肃性，在整顿月期间，有 2 名站长因着装不规范受到了通报批评、有 2 名班长撤职、有 9 名同志停岗学习，严管重处既整肃了不良行为，又提高了干部职工的规范工作行为水平。

（十七）强化管理　开拓创新　打造“木兰”品牌

武汉市木兰收费站

2007 年，我站在上级和有关方面的大力支持下，以“湖北交通服务创新年”为指引，以收费工作为中心，以“三优四化”为目标，严格贯彻执行“公路通行费稽查万里行”活动，依法规范收费行为和管理行为。2007年以来，全站干部职工齐心协力，团结拼搏，各项工作取得了可喜成绩，2007年1—5月中旬（5月16日）共完成了通行费收入1116万元，占年计划的41.3%，同比增长45%。我们的主要做法有：

1. 强化征管、确保收费

首先我站在堵漏增收，保费源、争费源上狠下工夫。一是与黄陂交警及相关部门密切联系，有力地打击了假军车和套牌车。我们主要依据监控记录和财务室车辆月票办理登记表，组织稽查队人员对有疑点的车辆进行严格稽查，发现一辆查处一辆，据统计2007年以来共查处了假军车8辆（办理月票除外），转借IC卡车辆12辆，挽回经济损失30余万元。二是严把月票办理关。我站严格按鄂价费［2003］第93号文件规定的月票办理程序执行，严把源头审核关，不得擅自扩大办理范围和降低月票收费标准。三是与黄陂区委、区政府及罗汉街办事处紧密联系，赢得支持，有效地保证了2条绕经收费站（点）的简易公路继续封闭。今年我们进一步与站门口的祝店中学加强了协调，建立相互信任、相互支持的长效合作机制，防止了费源流失。四是认真执行计重收费政策。我们与黄陂区公安部门密切联系，对拒缴计重通行费并恶意堵道的车主进行了严厉打击，并通过与车主代表恳谈的方式逐步化解矛盾，达成共识，赢得支持，还与车主签订了杜绝超载的承诺书，确保计重收费政策在我站顺利实施。五是在黄陂区公安分局的大力支持下，交巡警队员24小时在收费岗亭值勤，开展了创建平安大道活动，在收费站（点）设立了交通安全检查服务站和道路交通安全纠章点，在收费站办公生活区设立了疲劳驾驶员强制休息点，对通过我站的外地载货类汽车采取力争警察不罚款等优惠政策，从而有效地避免了交通事故的发生，确保了整个黄土公路安全畅通，也促进了收费收入增长。六是对非本辖区警车进行征费。依据《湖北省收费还贷公路管理条例》的规定，脱离本辖区内的警车通过收费站时应缴纳车辆通行费。但警车收费这一新规定令许多外地司机都无法接受，以至于时常发生矛盾和纠纷，甚至堵塞车道，对此，在收费工作中我们做到认真核对证件，耐心细致地做好宣传解释工作并加强和当地警方的密切联系，取得当地警方的支持，从而使该规定在我站得以顺利有效地实施。

其次，加大了监控力度，实行了三级监控审核制。为充分发挥监控职能作用，增强监控人员的工作责任心，进一步完善监控管理监督机制，确保监控员对每一名职工的工作情况，现场管理和文明服务实行24小时全程监控，我站对每天的监控录像实行了三级审核制。即：一级为监控室专职审查员初审，二级为监审小组组长进行复审，三级为站领导终审。此举，对增强监控人员的工作责任心起到了有效的促进作用，使收费管理工作更加规范化，最大限度地避免了违纪现象发生。2007 年我站通过三级监控审核制，共查处了职工各类违纪事件 16 起，为我站全面贯彻落实“公路通行费稽查万里行”活动，突出收费人员“四规范、四统一”提供了有力保障。

2. 班组建设创特色

我站各班组以“体现一个管理理念，塑造一个班组形象”为主题，举办特色创建活动，逐步形成了各自的风格。

收费一班，以“温馨班组”为创建主题，提出了“一班是我家，我们都爱她；工作并美丽着，劳动并快乐着”的口号，在全站形成了一个温馨的小家。

收费二班，以“四讲班组”为创建主题，在工作中讲业绩，讲学习，讲团结，讲奉献，打造了一支爱岗敬业、特色鲜明的班组队伍。

收费三班，以“三心班组”为创建主题，班组成员坚持用自己的“热心、细心和爱心”为司乘人员提供温馨服务，塑造了优质文明服务的良好窗口形象。

收费四班，以“圆心班组”为创建主题，坚持以“提高业务技能，抓好收费工作”为圆心，以“加强思想教育，提高团队精神”为半径，形成了以“展示文明形象，打造服务品牌”的圆形，全体班员在“内强素质、外树形象”方面夯实了基础。

收费五班，以“闪电班组”为创建主题，“服务便捷，精准高效”成为他们的鲜明特色，形成了一支快速反应能打硬仗的收费班组。

在班组创建的基础上，今年我站大力开展了股室创建，并逐渐形成了各自的特色和固定的模式。征稽监控室以“明星股室”为创建目标，全体股室成员争当永远的服务明星。财务室以“精细股室”为创建目标，全体股室人员在工作上力争做到精益求精，在服务上力争做到尽善尽美。综合办公室以“人梯股室”为创建目标，全体办公室人员在工作中乐于奉献，甘为“人梯”。

通过班组和股室特色创建以及人性化管理，使我站变过去从上而下的管理模式为自下而上的模式，为全站职工提供了一个实现自身价值的平台，培养了职工的主人翁意识，激发了职工们参与监督管理的热情，逐步增强了团队精神，推进了各项工作的开展。

3. “四星三岗”塑形象

为进一步提高我站职工的整体素质，不断提升收费窗口的服务水平，调动全站职工的工作积极性，根据省公路局提出的在全省公路收费站开展“四比一看”劳动竞赛活动，结合我站实际，经站委会研究决定，在全站范围内开展“四星三岗”劳动竞赛活动。

在开展“四星三岗”劳动竞赛活动中，全站干部职工以胡锦涛同志所提出的“八荣八耻”为准则，牢固树立正确的社会主义荣辱观，通过践行“刚毅精神”，在全站开展了“比管理，争当管理之星；比服务，争当服务之星；比技能，争当业务之星；比奉献，争当奉献之星”。以及争创“巾帼文明示范岗”、“青年文明岗”和“党员示范岗”，以学习“刚毅精神”，创“身边刚毅人”，创“刚毅班组”，建“一流收费站”为最终目标，站领导组织全站职工结合各自的岗位实际，大力弘扬刚毅精神，努力争当“刚毅”岗位，以实际行动践行刚毅精神，从我做起，从现在做起，从一点一滴做起，以一流的队伍，一流的作风，一流的业绩服务于收费工作和地方经济建设，为交通新发展作出新的贡献。在“四星三岗”的评比过程中，我们采取“自评—班评—组评—股评—站评”的考评原则，力求每个环节实事求是，确保“公开、公平、公正”，并且将职工的工资待遇与“四星三岗”评定工作挂钩，每月考核一次。在“四星三岗”劳动竞赛活动中我们进一步与学“刚毅精神”紧密结合，具体办法是：每月在全站各部门，各班组和全体干部职工中评选出践行“刚毅精神”先进个人和先进班组，并设立了践行“刚毅精神”先进班组流动红旗。通过开展“四星三岗”劳动竞赛活动，我站职工队伍的综合素质明显增强，管理水平和服务质量明显提高，在职工队伍中营造了一种“比、学、赶、帮、超”的良好工作氛围，从而激励了职工的创新意识，最终实现工作业绩的新突破，打造了“木兰”诚信服务品牌，创建了一流的收费站。

4. 文明建设铸新篇

我站把文明创建活动放在重要的地位，始终以提速创优为工作主题，积极开展“三个文明”建设，坚持以规范为重点的机制创新，寓文明创建于制度约束之中，坚持以活动为载体的岗位实践，寓文明创建工作于窗口服务之中，通过大力弘扬刚毅精神，立足岗位创优活动，打造了优质高效的“木兰”服务品牌。

（十八）以人为本　构建和谐收费
创新服务　　展示窗口形象

十堰市舒家收费站

十堰市舒家收费站位于十堰西部，成立于2004年7月。现有工作人员49名，内设综合办公室、监控室、稽查队和征费四个班。

近年来，十堰市舒家收费站在各级交通、公路部门的重视、关心下，在有关部门大力支持配合下，广大收费干部、职工紧密联系实际，紧紧围绕以收费工作为中心的征管思路，以创建示范站为平台，以队伍建设为保障，以优质服务为宗旨，通过“四星三岗二佳一淘汰”评比、三优四化考核、文明班组建设等活动的开展，不断加强和改进收费征管工作，深化服务职能，强化队伍规范化管理，有效地保证了我站各项工作的圆满完成，取得了收费征管、文明创建齐头并进的佳绩。我们的主要做法是：

1. 以文明创建为着手，丰富活动载体，三个文明建设结硕果

我站在开展日常收费工作的同时，把标准化收费站创建、三个文明建设纳入了年度工作目标考核的重要内容，结合“交通服务创新年”和学“刚毅精神”、争创“刚毅式职工”、“刚毅式班组”等活动的开展，把标准化收费站创建、三个文明建设活动作为内强素质，外树形象的大事来抓，认认真真抓管理，实实在在搞服务，征管工作多次受到省、市、区领导好评，先后获得全省示范收费站、省三个文明建设先进集体、省青年文明号、市青年文明号、全市公路工作先进集体、区文明单位、区最佳文明单位、市巾帼文明岗等荣誉称号。

2. 以机制创新为动力，树立典型，展现亮点，扎实推进收费站规范化进程

2006年以来，我站以创建示范收费站为契机，以开展“三优四化”、“四比一看”、“省级青年文明号”、“学习刚毅精神、做收费先锋、创一流业绩”等劳动竞赛、文明创建活动为载体，针对通行费征收工作的实际，不断强化管理措施，不断探索新的管理办法，在全市首创开展了“四三二一”（即管理之星、奉献之星、服务之星、技能之星、党员示范岗、青年示范岗、技能示范岗、最佳收费班组、最佳收费员、末位淘汰）评选活动，评选出的先进职工每月佩戴流动胸牌，提高了服务水平，树立了典型，推进了我站的人文文化建设、站区文化建设和服务品牌建设。在规范化管理方面，我们着重抓了以下四方面的工作。

一是完善管理制度。改变以往以人管人的旧模式，发展以制度管人的新模式，力求站务管理公正、公开、公平。2006年年初，按照通行费有关文件精神，根据《十堰市收费还贷公路通行费收费站月考评细则》，结合我站实际，我们选举产生了新的舒家收费站考核小组，成立了舒家收费站站委会，制定了《舒家收费站内务管理制度》、《舒家收费站末位淘汰制度》、《舒家收费站收入分配激励机制百分制考核办法》及《关于日常稽查工作的有关规定》等规章制度，从各自岗位职责到收费程序、工作纪律、内务管理等方面作出了明确的规定和奖惩分明的考核措施。特别是舒家收费站站委会的成立，有效地改善了干群的关系，一改往日有了建议没地方说的局面。站委会成立以来，共解决职工们关心的问题20多件。激发了全站职工以站为家、以事业为己任的主人翁热情。

二是妥善处理班组管理出现的两大共性现象。一是有“法”不依，有时班组长处理的问题对人不对事，抛开制度，个人决断。在考核上，对有的人“无限上纲”，对有的人“避重就轻”。如此执“法”不公，有“法”不依，难免在职工中产生不良反应。二是无“法”可依，有时班组长未制定出相应的班组管理制度；制定出管理制度不以书面形式记录下来，仅作口头传达，时间一长，遇到具体问题，何时制定的制度，有没有该制度，该制度还有没有效等无从查起，班组长、职工各有说法，各执一词。为避免上述现象的出现，我站根据每个班组的实际情况，在同行业中率先制定出《班组管理制度》，将制度细化到每个班组中，切实可行地提升班组管理水平，充分发挥班组的凝聚职能和管理职能，实现班组管理科学化、制度化、规范化，进而提高班组成员的自身素质，调动其工作积极性。

三是坚持规范管理，增强文明意识。为进一步规范执法行为，提高文明服务水平，我们从交接班列队上岗，班前讲评，班后汇总，到职工宿舍物品的摆放实行全部军事化管理，站考核小组会同站稽查班每日对职工宿舍内务和后勤人员上下班进行定时检查及不定时抽查，把整顿纪律作风同加强政治思想教育相结合。由于管理实现了规范化、军事化，大大加强了收费人员的工作责任心和纪律性。

3. 以加强班组建设为手段，推进规范化管理，促使工作上台阶

我站班组建设突出“规、活、学”三个字。

一是在班组建设中突出一个“规”字。改变以往以人管人的旧模式，注重从制度入手，力求站务管理工作更加科学、民主、规范。结合实际，制定了《舒家收费站班规、班约》、《舒家收费站班组学习制度》、《舒家收费站班组创建规划》等制度。将职责、任务、管理、服务等量化、细化到每个班组，每个职工，逐步建立以制度建站、以制度管人的良好工作模式，大大激发了职工的主观能动性。

二是在班组建设中狠抓一个“活”字。一个班组，一个特色，是我站班组建设中的一个亮点。通过建立特色班组，使各个班相互促进，相互竞争，达到全面提升职工业务技能、综合素质的目的，也使得舒家收费站的整体实力得到了加强。征费一班雷锋班，提出“全心全意为司乘人员服务”的口号。征费二班规范班，由班内业务骨干进行授课，通过以点带面，以点促面向新型收费班组发展。征费三班刚毅班，将刚毅精神融入收费工作中去。征费四班创作班，该班成员大部分都有写作的爱好，班组成员踊跃投稿，宣传收费政策和发生在身边的好人好事。我站2006年在各级报刊上刊登稿件63篇，电视专题报道6条，2007年3月被城区公路局评为2006年度宣传报道先进集体。各班优化管理理念，通过开展和创建特色班组，使我站内部迸发出生机与活力，班与班之间“比、学、赶、帮、超”的风气也日益浓厚，不仅形成了站内的特色文化，而且更有力地推动了我站各项工作的稳步前进。

三是在班组建设中深化一个“学”字。为了进一步提高优质服务水平，增强员工的服务意识，我站在全市系统内，率先开展了“创建学习型班组，争做知识型员工”活动，并开办了职工学校，由站领导和业务骨干讲课，要求各班组每月不得少于8次班务会（政策法规学习会、经验交流会、问题分析会、工作总结会），每位职工每月一篇心得体会，班务活动要有详细的文字记录。同时将各班开班务会的场景用DV记录下来刻成光盘，方便相互之间学习交流。这些行之有效的活动，提高了职工的政策水平和业务技能，在全站形成了全员学习、全程学习、团队学习和工作学习化、学习工作化的氛围和机制。

4. 以基本设施完善为基础，创新管理，开门纳谏，构建和谐收费

首先，我们对职工食堂、生活区进行了改造、维修1700平方米，新建篮球场、羽毛球场各一个，修建花坛两个，购置室外健身器材两套，栽植万年青、桂花、香樟树等，营造了“净、洁、齐、美”的收费环境、达到了“春有花、夏有荫、秋有果、冬有绿”的绿化格局，既改善了职工工作生活条件，单位形象也更加亮丽了。

其次，在员工中开展合理化建议活动。给员工更多参与站务管理、制度制定等收费站重大活动的机会，引导员工多提操作性强、有利于收费站可持续发展建议，同时被采纳合理化建议又成为促进收费站发展的“智慧航线”。2006年伊始，围绕“怎样正确解决收缴矛盾”这一主题，我站组织开展了近两个月的“人人都提新建议，大家共同促发展，打造和谐收费”合理化建议专题活动，共征集到合理化建议50条。许多具有借鉴意义的建议已经付诸实施，为收费站的收费工作注入了新的思路。

5. 以“稽查万里行”活动为牵引，强化稽查重督办、严格稽查促收费

我站将开展“稽查万里行”活动与稽查日常工作相结合，组织全站职工学习《稽查万里行活动实施细则》，制订《舒家收费站稽查万里行实施方案》，深入开展自查自纠，增强职工自我整改规范的责任感和使命感，同时借助报刊、电视、网络等媒介向公众宣传“稽查万里行”活动内容。活动开展至今我站出现了三大变化：

一是堵漏增收效果非常明显。对地方党委、政府公务车等车辆进行征费，比稽查万里行活动开展之前平均每天增长200元以上。二是清理整顿特权车、人情车成效显著。通过宣传和舆论引导，广泛宣传国家收费公路有关政策和车辆通行费减免范围，营造自觉按章缴费的社会氛围。现公检法等部门车辆通行我站都自觉缴纳通行费。三是加强作风建设，创优发展环境。以改善服务态度、提高工作效率为重点，进一步提高全站员工职业道德水平，规范收费行为。2007年1至4月共稽查110余次，发稽查通报及稽查整改通知书50余期，处理违纪违规行为26人次，对部分违纪当事人经济处罚370元。

6. 以提高人员素质为根本，提升服务水平，树一流的窗口形象

通行费征收工作量大、涉及面广，是社会关注的焦点，收费人员素质的高低，文明服务程度的好坏直接反映行业窗口形象。针对收费和缴费之间的矛盾大、冲突多等特点，我站在文明收费、热情服务上狠下工夫。用耐心解释说服人，用礼貌热情打动人，用优质服务感化人，用解难帮困教育人。前勤收费人员全部佩戴“争创全省十佳收费标兵”绶带。2006年10月要求全站职工在统一着装的基础上统一发型（航空公司服务员盘发）、在原有文明用语的基础上进行了人性化修改，由原来的“您好”改为根据不同时段的问候语“早上好、中午好、下午好、晚上好”等，从而践行了舒家收费站“微笑服务要甜、文明用语要响、行为举止要美、热情服务要诚”的“四要”服务承诺。

建站以来，我站做好人好事百余件，解救陕西白河被拐骗少女两人，协助公安机关抓获车匪路霸等各类违法违规人员13人，协助交警查找肇事逃匿车辆25台次，查找丢失车辆8台次，查找被骗物资4次，挽回经济损失达100万元以上。

同时，为展现新时代收费职工的特有风范，我们将对工作的饱满热情渗透到各项社会公益活动中，积极开展向社会献爱心活动。近年为收费站所在地的失学儿童、孤寡老人、市内贫困地区、受灾地区开展扶贫帮困活动，职工捐款2万余元，既丰富了“三个文明”建设的创建内容，陶冶了情操，又增强了广大收费职工的社会责任感，真正树立起公路行业“窗口”服务形象。

附录二　湖北省收费公路管理案例分析与处置①

（一）湖北省京珠高速公路管理处稽查服务万里行活动案例

1. 安装“液压千斤顶”逃费

［案例简介］

2007年4月3日，一辆车牌为豫A＊＊＊＊＊运输煤的大货车由湖北京珠赤壁管理所出站时，计重收费信息显示该车限载49吨，车货总重为59.69吨，缴费金额395元。当班班长现场观察到该车通过秤台时情况异常，通过对车体外部的细致检查，发现车辆后轴（组）处有一液压千斤顶装置。按要求重新过磅后，车货总重变为75.81吨。

［案例分析］

（1）逃费特征：当车辆行驶到收费站时，车辆前轴（组）进入秤台后稍作停顿，驾驶室人员利用控制阀人为遥控千斤顶放下，使其支起车辆后轴（组）滑过秤台，然后踩油门快速进入车道内，从而减轻车货总质量。从各收费站现场复磅数据看，利用“液压千斤顶”逃费的车货总质量比复磅前的重量减少了20—30吨左右。

（2）识别方法：一是通过现场观察可识别到，车辆在通过秤台时会出现停顿、抬起等非正常行驶现象；二是夜间出现频率较高；三是收费广场车辆较多时，容易利用车道内停留车辆作掩护来实现；四是根据车辆牌证和运输物品，凭经验判断车辆从本站下道非常规。

（3）处理方法：要求车辆重新复磅，并以匀速直线通过称重台的数据为准。同时，参照鄂价费［2005］第144号文件加收两倍票款。

［管理思考］

（1）加强收费班长现场巡查力度。目前，湖北京珠有5个管理所查证

---

① 资料由湖北省交通厅公路管理局提供。

处理了21起此类逃费行为。现场管理人员要善于分析逃费者的心理因素这一特点，尤其是在车流量较大，广场车辆较多时，现场管理人员更应提高警惕，及时发现问题。

（2）提高收费现场灵活处置方式。对逃费手段比较隐蔽的车辆，一是可配合心理战术，通过与司乘人员的沟通，侧面了解货物运输情况等信息，找出他们语言表达上的破绽。二是收费站出站车辆和货运物品都存在一定的规律，可通过日常观察，积累工作经验。

（3）加强收费监控室内业务汇总与指导。对此类逃费车辆，收费监控室要详细记载案例发生和处理的过程信息，如发生时间、入口站名、车辆特征及装载货物等，并通过行之有效的方式，及时在各路段收费站之间交流。

2. 利用“转货”逃费

[案例简介]

2007年4月11日，一辆车牌为黑C＊＊＊＊＊的货车在湖北京珠江夏服务区作短暂停留时，路政巡查员发现该车司机往悬挂本地号牌的车上转运部分货物。经现场调查取证，司机企图通过“转运”货物，减轻整车车货总质量，达到逃费目的。

[案例分析]

（1）逃费特征：当重载车辆行至服务区时，联系一辆或多辆空车从就近收费站上站，与其会合。并将其运载的部分或全部货物转移到空车上，减轻自身车货总重。

（2）识别方法：主要是在服务区停车区进行货物转移。

（3）处理方法：立即制止并将已转移的货物恢复到原车，原重载车辆从就近收费站出站。同时，参照鄂价费［2005］第144号文件加收两倍票款。

[管理思考]

（1）加大路网和各管理单位联合稽查力度。目前，从管理所处理的两起转货逃费案例情况看，此类逃费方式较为隐蔽，且不能通过出口图像查询功能进行辨认。因此，路政和服务区人员应加大服务区、停车区、匝道隐蔽路段的现场巡查力度，并将可疑信息通知相关管理所，配合管理所做好收费稽查工作。

（2）加强收费内业特情案例分析。对营运现场管理中出现的问题，收费管理人员要勤于思考、善于总结，要学会从特情数据、处理过程以及处理方法等方面找原因，发现逃费特点，摸清逃费规律，及时地把现场疑难问题收集、整理和分类，并针对不同的问题提出不同的解决思路和有效的管理方法。

（3）建立举报和查处奖励机制。重载车辆“转货”后出站可大大减轻装载质量，其逃缴通行费金额较高。同时，可衍生出“代运货物交易”。比如，司机A在某服务区卸下代运物品后，再将其他物品直接运往或依次运往目的地。这样，司机A在中途既与某个代运货主或多名代运货主完成了交易，也达到了逃缴通行费的目的。因此，应加大内部和外围多方举报方式，加强查处力度，建立举报和查处奖励机制。

3. 利用“J”型逃费

[案例简介]

2007年4月2日，一辆车牌为鄂A＊＊＊＊＊的货车从湖北京珠孝昌管理所出站，当班收费员刷卡后系统显示为“超时”信息，并且入站名距离本站较近。经调看入站口录像并询问后确认该车属于“J”型逃费车。司机承认上站后先行驶到A站（即违章调头地点）送人下站，然后违章调头从本站出口，以达到逃缴通行费的目的。

[案例分析]

（1）逃费特征：车辆行驶到离入口站较远的收费站时，在其出口匝道内违规调头，最后从入口站较近的目的收费站出站，达到少缴通行费的目的。

（2）识别方法：收费系统显示“超时”信息。

（3）处理方法：加收两倍实际票款。

[管理思考]

（1）采用“一查看、二询问、三调查”的处理方式。在处理非正常“超时”车辆时，首先要做好耐心宣传解释工作，通过仔细询问，判断分析，核实车辆“超时”的真实原因。

（2）加强现场人员工作责任心。识别“J”型逃费的信息集中在收费软件上，当系统显示“超时”信息时，收费员应核实车辆行驶的时间。对入口站离本站较近，但行驶时间明显超出正常范围的，应通知收费监控员作进一步核查。

（3）加强收费监控室内业稽查管理。严格按照收费监控员一车一审核，一日一稽查的收费管理要求，做好特情上报和内业稽查工作。

4. 安装“假轴”逃费

[案例简介]

2007年4月10日，一辆车牌为豫H＊＊＊＊＊货车从湖北京珠咸宁管理所出站时，现场人员发现该车是前单后双的三轴车，其中第二轴为双轮，第三轴为单轮，加装“假轴”的可能性较大。通过核实行车证，确认此车为假轴车。且车辆出站后，司机立即用手动工具，在几分钟内将所装“假轴”向车内偏转收起。

[案例分析]

（1）逃费特征：车辆事先安装好带有液压装置的假轴，当驶入出口收费站时将假轴放下。以此增加车辆轴数和限载质量，减少超限率。

（2）识别方法：一是通过观察可发现假轴与轴（组）轮胎外型不完全一致；二是当系统未对假轴进行识别时，司机主动提出限载或轴型有误；三是车辆行驶证未显示假轴信息。

（3）处理方法：车辆轴数和限载质量不应包含假轴轴数和对应的限载质量，即当系统已经识别到该假轴时，应按实际轴数和轴型进行更改。同时，能确认为“假轴”的，加收一倍实际票款。

[管理思考]

（1）提高收费人员现场应变能力。从湖北京珠 13 个管理所提供的 106 起案例信息看，司机采取此种逃费行为的说法不一，有车辆行驶证被扣的，有防止爆胎的，也有的说是新型车种的等，收费人员应学会运用灵活变通的方法，如查看出厂牌，邀请交警配合查证等方式进行现场处理。

（2）加强现场人员工作责任心。对出口车辆轴重信息的显示，收费人员应该仔细观察，查证核实，及时做更改处理。

（3）加强各路段和收费站之间的沟通交流。通过行之有效的方式，将已处理的假轴车信息，如处理时间、入口站名、车辆牌证、处理方式等，在“黑名单”中列出，供各路段和收费站之间参考和交流。

5. 垫钢板搭“桥”过称重台

[案例简介]

2007 年 4 月 * 日，一辆车牌号为豫 D * * * * 的东风普通货车从湖北京珠鄂南管理所出站。在准备进入车道的时候，从驾驶室跳下两个人跑向车后，当班班长发现此车进站速度十分缓慢，间歇停车次数较多，便迅速上前查看，发现他们将一块车用弹簧钢板放在计重平台上，准备采取“搭桥”方式让车轮在钢板上行驶。班长当场制止，并及时将相关情况报告当班班长和收费监控室。

[案例分析]

（1）逃费特征：当车辆行驶到收费站时，紧跟前面车辆，利用排队等候间隙，将一截拱形的车辆弹簧钢板搭在秤台上形成一座“桥”，车轮则通过“桥”跨过秤台，分担了车轮对秤台的压力，从而减轻车货总质量。

（2）识别方法：一是通过现场观察可识别；二是夜间出现频率较高；三是收费广场车辆较多时，利用车道内停留车辆作掩护，需在多人配合下完成。

（3）处理方法：没收逃费工具，要求车辆重新复磅，并以匀速直线通过称重台的数据为准。同时，参照鄂价费［2005］第 144 号文件加收两倍票款。

［管理思考］

（1）加强收费班长现场巡查力度。目前，湖北京珠查证处理的此类逃费行为，都是班长在现场巡查时发现。现场管理人员要善于分析逃费者的心理因素这一特点，在车流量较大，广场车辆较多时，现场管理人员更应提高警惕，及时发现问题。

（2）提高收费人员现场辨别能力。收费人员应积极配合班长处理现场疑难问题。

6. 虚报“绿色通道”车辆

［案例简介］

2007 年 4 月 15 日，一辆车牌为晋 M＊＊＊＊＊的货车停在湖北京珠鄂南管理所出口车道，当班收费员刷卡报价后，司机称运输的是“绿色通道”物品，收费员通知班长一起查验货物，但打开车厢后查验装载的货物不属于“绿色通道”车辆范畴。

［案例分析］

（1）逃费特征：车辆所运货物不属于“绿色通道”范畴，但虚报为绿色通道车辆，并持运货单，要求现场验货。

（2）识别方法：一是查验车辆运货单需送达地点；二是严格核查车辆运输实物。

（3）处理方法：现场查验不属于“绿色通道”车辆范畴的，按实际称量吨位处理，不予按“优惠”键处理。

［管理思考］

（1）加强收费现场对外稽查力度。

（2）加强收费监控室内业稽查管理。

（二）湖北省汉十高速公路管理处稽查服务万里行活动案例

1. 谨防车辆利用优惠政策逃费

[事件经过]

2006年10月7日，一辆车牌为鄂C816＊＊在我所下站时，时速13.4km/h进站，总重30.76吨，超限20%，老河口上道，应缴通行费275元。一到收费窗口，司机称其运水果，并拿出有效植物检疫证要求优惠，当时当班班长要求查验，这时司机便说既然已经有植物检疫证就没必要查验。在当班班长的一再坚持下司机不得已只得开车门进行查验，经查验后发现该车只在后方装有少量柑橘，而大部分装载的是不属于优惠范围的货物。于是当班班长向其解释不能给予优惠，司机见状便笑眯眯的跟班长说好话要求帮帮忙，边说边掏出50元钱给班长买水喝，并说“你看这是装的柑橘嘛”。当班班长当即回绝，回费亭后，按实际情况收取通行费。司机临走时居然说我们处事一点也不灵活，做人太死板了……

[分析与思考]

（1）我们的收费班长尽职尽责，认真执行相关收费政策，杜绝了司机钻政策的空子进行逃费，如果该车逃费伎俩得逞，经过优惠后，通行费将降到165元，造成100多元通行费的流失，这就要求我们的收费人员严格遵守收费政策以及收费纪律，防止因为受到司机的经济诱惑产生违纪违规行为。

（2）收费班长在遇到优惠车的时候，一定要增强工作责任心，认真查验，不让少数司机投机取巧而逃缴国家的通行费。

2. 车辆使用自动轴逃费事件

[事件经过]

2006年4月1日，一辆车牌号为蒙K374＊＊的货车由襄阳北站上道行驶至汉十高速公路安陆站下道，该车限载32吨，实际称重为49吨，超载55%，应缴通行费770元。司机认为通行费用过高不愿意缴费，经当班收费员耐心解释后，正准备缴纳通行费时，其副驾驶上的司乘人员按下了车上的气门，在其货车的后部并装三轴处又放下一个每侧单轮的车轴，并声称自己为5轴车，拒缴通行费，并要求重新称重，但由于此辆货车进站时，当班收费员已经注意到其车辆有一悬空备用轴，并格外注意，便耐心的向司机宣传计重收费政策，并指出其轴是称重后才放下，不能进行二次称重，同时反复向司机耐心宣传计重收费的政策，告知其超载后会带来的各种安全隐患。经过大约十分钟耐心的解释和态度热情的服务，货车司机终于缴纳了应缴的通行费。

［分析与思考］

随着计重收费的开始，各种各样的干扰正常称重，逃交通行费的手段也会随之出现，因此就要求我们收费员在工作中格外细心观察，对于试图干扰正常称重的司机，要在第一时间内进行阻止，并耐心地向其宣传计重收费的政策，告知超载的危害，维护正常的计重收费秩序。

3. 同一辆车不同站口称重不同

［事件经过］

2006 年 6 月 5 日 15 时 30 分两辆同一型号的货车从老河口入站，同时从随州收费站出站。其中一辆从 2 号道出站，称重后经系统按计重费率计算通行费为 165 元，该司机对此没有任何异议，缴纳通行费后收费员打票放行。另外一辆车从 4 号道出站，经系统按计重费率计算通行费为 175 元。此时，该司机对此提出异议。声称该货车刚从老河口站下站，称重数据与本站称重数据相差太大，有 2 吨的误差。对此，当班收费员立即拿出 4 号道计重设备《检测合格证书》与司机进行解释。但该司机拿出在老河口下道时的通行费票据，收费员经过检查发现票据上显示的轴重数据确实与现在称重的数据有 2 吨多的误差。细心的收费员发现，票据上显示的出站时间加上车道计算机上显示的该车行驶时间刚好等于该车在本站下道的时间，这就排除了该车在中途下道卸货的可能。但又不能排除这两辆车更换了票据。收费员此时上报监控员，将详细的情况进行了说明，监控员经过与老河口站联系后，证实这两辆车没有更换票据。收费员根据《汉十管理处计重收费应急处置预案补充实施意见》，报有关领导同意后，先将该车免费放行后，执行补票操作，并做好了详细的记录。

［分析与思考］

（1）《汉十管理处计重收费应急处置预案补充实施意见》中注明：如果有同一辆车不同站口称重不同造成扯皮的，但能出具有效的该车重量证明时，可先免费放行后补票，并将事件情况报监控室。

（2）在此案例中我们应该注意的是该车没有下道卸货和更换票据的可能，具备了能出具有效的该车重量证明的条件。

（3）作为一线的收费员，对于此类情况特别要注意司机出具的重量证明是否真实有效，如果无效就要充分利用计重设备《检测合格证》据理解释，晓之以理，动之以情，用我们优质的服务感悟司机朋友。同时在工作中我们要培养对待工作细心和耐心的态度，积累计重收费的各种工作经验。

4. 复秤后的重量不一定会变少

[事件经过]

2006年6月14日13时45分，一辆车牌为鄂A667＊＊的大货车从安居站2号道下站，该车从孝感上道，称的该车限重25吨，总重46.66吨，超限86%，通行费为525元，司机提出车重有问题，收费员要求司机出示相关证明，司机拿不出，同时司机不听收费员劝阻并强行退出车道重称。收费员经监控员与有关领导同意后，按［轴重］键刷新“轴型—轴重”列表，电脑显示该车限重25吨，总重46.92吨，超限87%，通行费为540元。这时司机要求按第一次称重进行收费，经收费员耐心讲解有关收费政策后，司机最后同意缴费540元。

[分析与思考]

由于我省计重收费实行时间不长，很多司机对计重收费方式都不太了解，认为超限只要不超过30%就是按以前的车型收费。另外一些司机以为快速通过计重台可以减轻重量，当误差过大时就要求重秤。还有一些司机，他们本来就对计重收费有一定的了解，在过秤的时候故意走“S”型、并带刹车等用各种手段来影响称重数据的准确性达到逃费的目的。

通过上面的一起案例可以看出还有很多司机对计重收费政策不太了解，当司机对车重有疑问时，收费员应该跟司机耐心讲道理、讲计重收费的政策，要做到以理服人。如果确实误差过大，超过了国家允许的范围，而司机又有相关货物重量证据时，收费员在得到相关领导的同意后，方可让车辆倒出重称，同时并做好记录；当车辆在过秤的时候用各种手段来影响称重数据以达到逃费目的时，收费班长应及时制止，并要求司机在过秤的时候按限制时速通过，以确保称重数据的准确性。另外我们还应加强对计重收费的宣传和对计重设备的保养，保持秤台周围的清洁，无杂物，确保设备的准确性和精度。

5. 两辆相同车辆的价格差异

[事件经过]

2006年8月25日晚10时30分左右，有两辆半成品车从龙王站下道，刷卡后，系统显示从老河口上道，应收通行费45元，司机当时很大反应“我平时都是40元，经常从这走过，今天怎么收我45元呢”？收费员仔细一看，轴重信息都很对，可是他的时速 32km/h，收费员耐心给他解释“你跑的速度太快，所以你的车辆称重数量不一样”，司机有点不愿意交钱，还补充一句说“后面一辆车是和我一起上道的，而且也是半成品车，看他多少钱”，当第二辆车子发完卡时，他的过车时速在 40km/h。报价 50 元。这时收费员没有及时打票，而是让第一位司机过来看，并说“你们的过车时速不一样，所以造成重量也有区别”，并提醒司机“你们以后下道时，前面都有路标提示，减速慢行，这样对你对我们都好，以便引起不必要的麻烦”。第一位司机这才心服口服了。第二位司机也爽快交钱了。

[分析与思考]

遇到此类事情后，司机不愿交钱时。我们要耐心解释，提醒司机在进入收费站时减速慢行，并对司机宣传计重收费政策和标准，让他们理解我们，配合我们的工作。

6. 一辆无卡车的谨慎处理

[事件经过]

某日，一辆货车在谷城站下道停车缴费时，司机声称自己从老河口站上道后途中不小心将 IC 卡遗失，愿主动上缴老河口站至谷城站的通行费及 IC 卡工本费 20 元。当班班长立即将该特情上报了给监控员，监控员利用图像稽查系统查证了老河口站当天确实有该车上道的记录，于是把该情况回报了给收费班长。正当收费员在对该车执行了免费操作，然后再准备执行补票操作时，监控员又通知收费员先不要进行补票操作，因为在对该车从老河口站上道时领取的 IC 卡进行全网路径查询时，发现该卡已被宜城南站回收，又通过查询该车从宜城南站上下道的时间和记录，发现该车很可能是从老河口站上道后从宜城南站下道，之后又从宜城南站上道，再从我站下道。监控员将查询情况详细报告给了收费班长。在收费班长对司机进行了仔细盘问后，司机终于承认了事实，并将另外一张 IC 卡交到收费员手中，补缴了宜城南站至谷城站的通行费。

[案例分析]

全省高速公路的大联网收费，一方面给司乘人员带来了巨大的方便，另一方面，司机为不缴或少缴通行费而想方设法逃费的现象越来越多。一些经常行驶高速公路的司机对我们的收费政策和操作流程都相当熟悉，他们常利用操作程序中的一些漏洞想尽办法逃费。对此，大联网收费后，我们收费人员应加强工作责任心，提高自己的业务能力，严厉打击各种逃费漏费行为。本案例中，收费班长没有轻信司机的谎言，而是将特情上报给了监控员核实，监控员也根据一张 IC 卡一查到底，最后阻止了一场司机蓄意逃费行为的发生，这一点是值得我们收费人员学习的。

[管理思考]

(1) 工作中，收费人员除了掌握各种收费操作流程，熟悉各种收费政策外，对待特情车辆要格外认真与仔细，要加强工作中的责任心，对待特情车辆要多看，多想，多查。

(2) 收费员在碰到难以处理，需要查询的特情车辆时，必须及时上报监控员查询，切勿妄自判断。监控员要熟悉和会使用监控查询系统，对待每辆嫌疑特情车辆都要查个水落石出，让逃费车辆无处可逃。

(3) 收费员在收费过程中，不要轻信司机的言辞，一定要待监控员对事件查询清楚后再进行操作处理。

(三) 湖北省宜长高速公路管理处稽查服务万里行活动案例

1. 优惠车辆稽查

[案例简介]

2007 年 4 月 8 日，一辆车牌号豫 M227＊＊的大货车在宜都站正常刷卡后，司机称其托运物品为新鲜水果要求优惠，随即出示了货单和相关检疫证。当班收费员发现该车包裹严实，并用绳网捆绑，无水果香味，心中顿生疑惑，现场对该车进行检验。车厢为高箱板，包裹严实，不便开箱。收费员围着车辆检查后，发现有一可以检验的松散处，将手伸入车厢内检验，发现该车装载物品均用麻袋包装，没有装运水果的可能，便要求司机开包检验。司机见无法蒙混过关，立即足额缴纳了通行费。

[案例分析]

(1) 逃费特征：车辆货物与货单不符，检疫证不实，不属于“绿色通道”范畴，用假货单和检疫证企图逃费。

(2) 识别方法：第一，采用询问司机、检查货单和相关证明的方法，同时核检货单货物重量、检疫量与实际称重数据是否关联；第二，外表观察货物，对货物装运不规整、货物装运量不足、货物蒙盖严实的车辆要特别注意；第三，尽一切可能开箱检查。

(3) 处理方法：现场查验不属于“绿色通道”车辆范畴的，对司机进行教育，记录车号报收费管理员登记，按实际称量吨位处理，不予按“优惠”键处理。

［管理思考］

（1）加强现场稽查力度。坚持现场认真仔细判别每一辆优惠车。

（2）坚持嫌疑查证意识。对不能直观判定的车辆收费员应带着车辆有逃费嫌疑的想法进行验证核实。

2. 假军车处理

［案例简介］

4月8日19时56分，一辆车牌为广K190＊＊的军车停在宜都站4号道出口，电脑显示该车入站口为桥北，通行费15元。收费员查看发现车牌做工粗糙，车牌上的“广”字明显要小，便要求司机出示有效证件。司机称证件忘带，在执行紧急任务，要求快速免费放行。收费员耐心宣传：军车通行收费站应主动出示三证一令，并且驾驶证、行车证都要随车，这是每个军车司机都知道的常识，怎么可能忘带？司机无言以对，沉默片刻说道：“我没有证件，这次帮忙算了，以后该怎么收就怎么收。”收费员当场予以拒绝，并告诉司机该车按军车免费行不通。司机最终缴纳了通行费15元。

［案例分析］

（1）逃费特征：利用军车免费政策，制作假牌或假证以达到免缴通行费的目的。

（2）识别方法：现场查证、询问查疑识别。

（3）处理方法：正常收取通行费。

［管理思考］

（1）查验证件。查军车“三证一令”，特别是《行驶证》。

（2）加强联络。与联网兄弟单位加强联络，查实车辆经常通行的上下站口，通过协作进一步核实车辆真伪。

（3）加强学习。通过与军管部门联系，通过讲解或培训，增强职工识假辨假的能力。

3. 货车“S”型出站减少总重

［案例简介］

2007年4月2日8时28分，一辆牌号为鄂Q812＊＊的货车从宜都站超宽道下站。在进入车道时，收费员发现车辆前轮紧贴着秤台的边缘横向前进。第一轴左边的轮胎轧在秤台盖板上，车辆进站呈“S”型。电脑显示第一轴2.13吨，总重15.16吨。收费员立即告知班长，班长指出货车未按章进站，要求司机重新称重。司机态度恶劣，拒不重称。经收费员耐心宣传后司机重新称重。结果电脑显示：第一轴 5.16 吨，总重 18.36 吨，前后两次相差了 3.22 吨。司机按章足额缴纳通行费。

［案例分析］

（1）逃费特征：利用车轮转向压秤台盖板边缘过秤，以减轻重量（形同搭桥），达到少缴通行费的目的。

（2）识别方法：对进站车辆应仔细观察行进方向和速度。

（3）处理方法：对重量有疑问的车辆应要求重称，详细记录备案，按正常过车吨位收费。

［管理思考］

（1）增强工作责任心。出口收费员在工作中要仔细观察每一辆车的进站方式。对进站不匀速、不直行的车辆应多加注意。对重量有疑问时应要求其重称。

（2）加强亭外值勤，加大现场管理力度。

（3）加大宣传力度，告诫逃费处罚结果。出、入口要加大宣传力度，告知恶意逃缴通行费要加收通行费。

（4）及时完善设备，不给司机可乘之机。对边道称台及装置进行改造，减少逃费隐患。

4. 货车“冲秤”掉轴掉重

［案例简介］

2007 年 4 月 14 日宜都站白班，一辆轴型为单轴单轮、双轴双轮的货车飞速驶入车道，进站时速为 34.6km/h，出口收费员输入车牌、车型后进入轴重列表，发现该车的轴型为单轴单轮、双轴双轮，出现掉轴的情况，该车重量仅为 7.96 吨。收费员耐心向司机解释后要求其重新称重一次，再次进站时速为 7.3km/h，重量为 12.34 吨，前后相差约 4 吨多，收费员的有效处置及时防止了通行费流失。

［案例分析］

（1）逃费特征：利用较快的过车速度使计重设备少检测轴数或重量。

（2）识别方法：对每一辆非正常进站称重货车应仔细观察轮胎、轴数和进站速度。

（3）处理方法：对系统检测与实际不符的车辆要认真判别，对“冲秤”的司机要加强宣传教育，人为造成补偿值过高事实的按“冲秤”费额缴费。

［管理思考］

（1）出口收费员在工作中要仔细观察每一辆车的进站方式。对系统检测不符的情况应加强分析，找出漏洞。

（2）收费班长和现场管理人员应加强亭外值勤，加大现场管理力度。

（四）湖北省襄荆高速公路有限责任公司稽查服务万里行活动案例

1. 甩挂车

［案例简介］

2006年10月17日白班14时，出口收费员准备对一车牌为豫B109＊＊的货车收费时，由于该车只有车头，于是双击“图片”键，发现入口图像中此车不仅有后挂而且装满了货物，当时班长马上意识到了该车有逃费嫌疑，于是开启备用车道后向司机询问，得知其从东岳庙站上高速公路，但其对出、入口图像不一致，企图逃费的事实却矢口否认。虽然司机以各种理由狡辩，但收费人员不卑不亢的态度和强有力的证据使其不得不承认将后挂及货物卸在荆门服务区的逃费事实，并愿意接受处罚。

［分析与思考］

甩挂车主要是利用在服务区将挂车或车上的部分货物卸掉，然后又从附近站（点）上站后将货物再运载出站，通过这种分批运载，以达到重载短途、轻载长途或不超载从而逃缴通行费的目的。

对于甩挂车，如单从现有收费稽查设施看，较难查处。主要须在工作中做到：

（1）加大对车辆的稽查，通过认真查看系统抓拍的出、入口图像并进行对比，从中发现异端。

（2）加强收费站与服务区的信息交流，发挥路政巡查的作用，联手打击逃费行为。

（3）对只有车头出站的车辆进行严格盘查，必要时与入口收费站联系，查看当时过车录像，确认是否甩挂；或者与附近服务区联系，查看其现场是否有挂车和货物堆放。

2. “搭桥车”（在秤台垫钢板）

［案例简介］

5月31日晚9时20分左右，车牌为皖S156＊＊满载货物的半挂车停在称重台前不动。刚好站领导到现场检查工作，因夜间灯光较暗，以为该车需要帮助，遂上前询问，谁知走近后看见一年轻人手拿一块长约1.4米的凸型钢板正在给后轮胎搭桥，企图逃费。因其性质比较恶劣，影响较坏，站领导当即通知了路政及高速巡警，对该车司机进行处罚，并没收其“搭桥”逃费的钢板。

[分析与思考]

搭桥车辆主要是通过进入收费站排队等候间隙，利用夜间视线不好的条件，在出口收费亭的另一侧将拱形钢板搭在秤台上形成“桥”，车轮通过时，“桥”分担了车轮作用于秤台的压力，减轻车辆总质量达到逃缴通行费的目的。

对于“搭桥车”，主要通过收费现场管理达到杜绝此类现象的目的：

（1）加大收费现场巡查力度。收费班长在出口车辆较多的情况下应坚持亭外执勤，密切注意车辆过秤情况，特别是在夜间要注意车辆的进站、过秤台和有人下车等异常情况。

（2）现场收费人员要提高警惕，根据以往收费经验和车辆装载情况对车辆进行判断，在观察车辆是否正常过磅的同时，对车辆所秤总量进行比较。

3. 假军车

[案例简介]

自2006年4月我省高速公路实施计重收费以来，襄荆路段各站（点）下站军警车数量明显增加。2006年1—3月日均出口军警车193辆，而4—10月日均出口军警车237辆，增长幅度为23%。其中，4—10月出口军车（货车）为3279辆，日均15辆。部分军车（货车）每月重复行驶相同路段20多次，如4—10月期间，空S25036以荆州（荆州桥）为入站口，十里站为出站口共125次；军H10956从荆州、鄂州方向上站至荆门方向下站共104次。

[分析与思考]

计重收费后，货车收费标准的变化必将导致部分车辆冒充军车以达到逃缴通行费的目的。

查处假军车，有以下方法：

（1）对于军车，收费人员首先要保证“三证一令”齐全、内容吻合。

（2）归纳、运用平日判断军车的经验，通过核对车号、验证车牌、通过询问等方式观察、判断司机的举止言行来巧判军车真假。

（3）加强收费站、路政、高巡及地方公安的联动，开展专项稽查。

4. 半倒车引起称重数据不符

[案例简介]

4月3日晚上20时20左右，车牌为豫R270＊＊的货车在驶入4号道时前轴通过轮胎识别器后又完全倒出光幕，但紧接着又重新驶入该车道。收费员刷卡后显示金额为405元，总重44.94吨。司机说称重数据与实际数据误差太大，收费员再三解释秤台无问题，车主仍不肯交钱。后经领导同意，将此车引出车道重称，结果金额变成了160元，总重31.14吨，中间差了13.8吨，这种问题出在什么地方呢？经过一番推敲才发现问题就出在过磅时的前进和后退上。事后，收费员说，他在合轴的时候发现两个单轴单轮的轴重都是13.12吨，刚好与两次称重数据的差额相同，通过查看录像回放，才知道这是一辆半倒车，车辆半倒导致轴数增加，相应的车货总重也会增加。

[分析与思考]

当班收费人员在发现数据有误时要及时分析、更正，而不是盲目收费。经过上述事例，我们应该认识到：尽管现在收费采用电脑采集、归纳数据，但因不同原因也有数据不符、有误的，这就要求我们时刻保持高度的责任心，认真严谨的工作态度，不断学习、积累经验，才能确保收费工作不出现误差，促使收费业务水平的提高。

5. 假轴车的处理

[案例简介]

2006年4月1日晚上19时，出口6号道收费员正在有条不紊地收费，这时驶来一辆车牌为蒙M068＊＊的重型货车，货车过秤台时停留了约一分钟才缓缓驶入车道。收费员刷卡后电脑显示限载为41吨，总重为46.34吨，入口襄阳北，费额为405元。这时收费员发现电脑显示的最后一轴组为三轴双轮，而实际上此车的后轴组有一轴与其他两轴不一样，是单轴单轮，于是当班班长马上走到车后观察，发现其中一轴并没有完全落地，属于假轴。在报监控同意后，收费员将轴型更改为双轴双轮，电脑显示限载变为35吨，费额重新计算为470元。

[分析与思考]

假轴车是车主对车辆进行加装液压轴提高限载吨位，而达到少缴通行费的目的。利用假轴逃费不同于一般的压称边、点刹等方式，它具有一定隐蔽性，且逃费数额较大。作为一线收费员，要注意观察每辆车的外型，保持冷静，提高责任心，避免司机钻设备的空子，严格执行收费政策。

6. 有效识别军车车牌　建立军车行驶联络制

[案例简介]

军车自2004年实行新式号牌以来，我公司曾对假军车进行过查处并取得成效，挽回了流失的通行费。自实行计重收费以来，军牌货车出现频繁。对此，高速公路应建立一套有效查处假军车的实施方案，减少道口堵塞，加快通行速度。

湖北省公安厅对军车更换行驶证作出过规定，军车2004式行驶证有效期到2006年4月30日，通过长期观察发现军车中如有以下不正规车辆出现在高速路口。

(1) 临时牌照。新车使用的临时牌照与公安厅对军车号牌的式样规定不相符，有的临牌的各个名称是打印字体，而有效日期、行驶路线等为人工手写字体，有的只是打印了军车号牌，还没有加盖印章。

(2) 装备车辆。这类车近来出现较多，大多数车辆未上牌照，或者牌照不规范，有的还征用了地方民用车，通常以车队形式行驶，有的还掺杂有全挂车。

(3) 挂车。只有牵引车有与行驶证对应的车牌，挂车按规定有挂车车牌，而部分货车挂车车尾并无车牌，让人不禁想问此挂车是不是换来的挂车，因为挂车可以随意调换，笔者就曾对类似无挂车牌照的挂车收费，司机无法出示挂车车牌的证明，建议收费员对挂车有无车牌要留意。

[分析与思考]

由于军车的特殊性，收费员对军车无法判断或很难判断其真伪，建议：

(1) 高路集团与军队或公安部门建立联动机制共同查处伪军车牌照，对临时牌照车辆的通行建立出车证明识别制度，切实利用高速公路监控系统，通过将车辆牌照与车辆本身有效结合起来，以车牌识别车辆的真实性，防止部队人员随便滥用临时牌照。

(2) 高速公路联网单位统一建立假军车黑名单，减少通行费的流失。

(3) 对装备车、无牌照车、无正规牌照车及全挂车行驶高速制订方案，减少道口堵塞现象的发生。

(4) 多查证件和证明，查看货车特别是挂车尾部有无车牌。

（五）湖北省武黄高速公路经营有限公司稽查服务万里行活动案例

1. 使用假轴、千斤顶逃费

［案例简介］

5月4日05时40分，一辆豫H591＊＊箱式货车，从本站出站，当收费员刷卡后报价545元，总重37.35吨，司机很爽快准备交钱，这时收费员发现显示屏上限载31吨，后轴为三轴双轮，明显不符，观察此车实际为三轴单双双轮，后司机自称最后面一轴单轮是假的，实际为双轴双轮，经过监控员同意后更改轴型，这时限载25吨，报价750元，司机交钱后离去，驶离车道时发现该车后面有一大型千斤顶。

［分析与思考］

（1）出现这种情况先要向司机宣传我们计重政策，使他自己能够认识错误，知道弄虚作假的后果。

（2）类似这样的假轴与行车证图像不符的，只能按双轴双轮收费，以免流失通行费。

（3）该车后面的千斤顶装置是用来通过磅时顶起来减轻重量的，如果发现有这种车辆在过磅一半时间（前轮已经过磅，后轮未过磅）停留时间较长，收费员一定要注意，防止做手脚。

2. 假轴逃费

［案例简介］

6月1日11时50分一辆豫A676＊＊的大货车驶入车道，此车在称台前停下，并且副驾驶室伸出一个人看着车后面指挥，过后该车才进入秤台过磅到收费窗口，当班人员觉得此车有可疑行为，刷卡后轴型为三组分别是单轴单轮、双轴双轮、单轴单轮，报价505元，鄂北进站，当班人员仔细观察此车最后一轴是改装的而且可以升降，在上报监控后要求司机出示行车证，但无论怎么要，心虚的司机就是找理由不出示证件，后经领导确定轴型后，合并后两组轴改为双轴双轮报价645元，紧接着后面来一辆同轴型的货车，在上报同意后在刷卡之前也改了轴型。

［分析与思考］

（1）此车进站前的可疑行为值得当班人员注意，但在不确定的情况下，还是要核对行车证，司机不出示证件时可请示值班领导。

（2）出现类似的车辆，在轴型不对时，为避免与司机发生争执造成堵道现象，可以在刷卡之前上报监控后改轴型，当然是要在确定之后才能改。

3. 垫钢板逃费

［案例简介］

6月14日夜班5时11分，一辆川095＊＊宜昌进站，费额735元，3轴车轴限25吨，总重29.75吨，当时刚把顶棚灯关掉，此车进站，在前轴过磅后，车就停下，当班班长以为是司机看不见，将安全墩撞损，便将灯打开，出岗亭查看，结果是副驾驶下来的一个人在车厢下面，拿出一个弯行的钢板放在磅上并摇手指挥司机开车，然后见收费班长过来，那人快速的捡起钢板，解释是钢板刚好掉下来的。

［分析与思考］

（1）此车进站到磅旁边停的时间较长，值得怀疑。

（2）该车出站后又入站，经分析，该车可能是到＊＊出站，从小站出站架桥成功有可能要少交几百元钱，而从＊＊出站架桥的机会就没有了。从司机的举动上看是很有经验的，为防止类似情况再次发生，只要是货车在磅边磨蹭久了就要过去看一下。

4. 使用千斤顶逃费

［案例简介］

8月16日夜班3时04分豫H592＊＊从本站出站，当车辆过磅时，前轮过磅后，发现该车过后轮的时间较长。且后轮有向上抬起的迹象，当班人员发现后，查看车尾，发现有一自制千斤顶。立即要求司机倒车后重称，重量为44.5吨，鄂北进站报价1380元，而第一次只有27.6吨，报价465元，相差16.95吨，通行费相差915元。最后司机自知理亏，缴1380元离开。

［分析与思考］

（1）车辆过磅停留时间较长时当班人员一定要查看原因，以防出现司机舞弊行为。

（2）发现此事后，应立即要求司机重称，挽回损失。

（3）经总结，此类车主要以外地厢式货车为主。

（4）此种事情能否交给相关部门处以重罚防止以后再次发生。

5. 假借无卡逃费

［案例简介］

2006年7月19日晚，一辆标有“＊＊→＊＊”线路牌的中型客车（鄂A

*****）在某管理所收费岗亭出站时，司机还未将车停稳，吵架的声音便传入收费员耳中。当班收费班长见状赶紧过去问明情况。该司机称售票员不小心将IC卡遗失，随后说愿意按规定补缴IC卡费20元，接着连同**站至**站路段中客过路费共60元钱一并递上。收费员意识到虽然这是一辆常规线路的客车，但仍应按岗上操作规范程序操作，当即上报监控室查询核实该车入口站（点），查询结果该车竟是由十堰东站进站，实际应缴纳通行费430元。面对查询结果，该司机面带尴尬笑容掏出了通行卡，主动补缴费额370元。

［分析与思考］

这是一起利用“无卡”方式逃费的案例。司机利用是一辆常规的客运车辆，假称IC卡遗失，主动要求按平常所跑线路缴纳通行费并赔偿卡钱。对于无卡的车辆，我们一定严格按照特情车的规范要求操作，通过监控室查询该车的实际情况，不能凭经验做事，造成通行费的流失。

6. 假借优惠车逃费

［案例简介］

2006年9月22日一辆牌号鄂A*****（94959）中型厢式货车，车进站后刷卡显示其由襄阳进站，车货总重36吨，电脑刷卡后应收取通行费965元。但该司机拿出一个水果检疫证来称自己属绿色通道车辆，符合政策要求减免通行费。当班班长当即按要求查看车内货物装载情况，但司机找了很长时间却没能拿出后厢的钥匙，此时道口后面已开始堵车。当班班长见状，当即凭着多年工作的经验，直接查问该司机为何车内装的水果与车本身总质量竟达到了36吨之多，至此，该车主自知谎言编不下去了，掏出钱缴足通行费。

［分析与思考］

以上是一起典型的假冒绿色通道案例。司机利用绿色通道政策，通过各种手段取得水果检疫证骗取收费人员达到少缴通行费的目的。这就要求我们的收费人员对优惠车辆一定要严格按照绿色通道政策执行，对一些不能明眼判断的车辆，要加大现场核实的力度，确保绿色通道政策执行率100%，不给一些司乘人员以可乘之机。

（六）武汉市绕城高速公路管理处稽查服务万里行活动案例

1. 严查军车“三证一令”，杜绝假军车鱼目混珠——假军车

［案例简介］

2007年4月18日，车牌号为广K＊＊＊＊＊的“军车”从武汉外环花山站下，经该站收费人员对该车的三证一令（驾驶证、行车证、士兵证、派车令）进行检查，该司机均能出示，但后来收费人员认真观察，发现该车只有一块车牌，后询问该司机，司机承认该车为假军车，其所持军车证件均为伪造。

［分析与思考］

（1）从车型上区别：军队货运车辆大多为标准型号车辆，且装备正规，车容严整。而“假军车”大多是大吨位非标准车型，且车容不整，都对原车进行过改装、加装了轮胎降温的喷淋、洒水设备或其他部件，目的是为了超载运输。

（2）从车辆颜色上区别：军队车辆颜色多为国防绿，且都是出厂时原喷漆，绿色比较正，俗称原装。而“假军车”大多是由地方改喷的军绿色，色泽不正。注意在车辆上观察一些死角、接缝处，特别是货箱颜色，由于是改喷，容易脱落露出原色。

（3）从车辆证件上区别：“假军车”证件多为伪造证件。检查时应该注意查看发现疑点，如印章、字体。核对车架号码、发动机号码是否与车辆相同。同时，还要仔细查验三证一令（驾驶证、士兵证、行驶证、派车令）。

（4）从车辆运行及运载货物上区别：军队车辆一般以车队运输物资为主，并且对行车安全要求很严。有带车干部或带车班长、志愿兵跟车，一般随车人员两人以上，必要时也可查验随车人员相关证件。运载的货物不会超载，并在接受检查时很有礼貌。而假军车货物装载不规范，主要从事民用物资的运输。在检查时态度比较蛮横，但是内心比较虚，最怕把事情扩大化，特别怕新闻媒体曝光。

2. 利用地形巧逃费，细心询问显真相——“J”型车

［案例简介］

2007年4月17日，一辆车牌号为鄂A＊＊＊＊＊的车辆从武汉外环花山站下，当班收费员刷卡后系统上显示入站为北湖站且行驶时间为38分钟。当班收费员感到情况有些不对，一般车辆从北湖站—花山站仅需10分钟左

右，便对此车司机进行询问，司机回答说车坏了，后来收费员通过监控室联系到当班路政巡查人员，得知并未发现该车在我路段停留。在大量事实面前，司机不得不承认该车曾送人去＊站（点）后违章掉头，从而达到逃费的目的。

［分析与思考］

（1）出口严格把关，加强观察与分析，坚持文明优质服务，并做好宣传解释工作。

（2）养成良好收费习惯，遇到超正常行驶时间车辆时，加强对司机的询问工作，认真听取其原因，并予以判断分析，做好调查工作。

（3）对可疑车辆采取“二根据”：根据车辆车牌号属地来判断其可能调头地点；根据所超时的时间来推断其行驶里程来确认调头地点。

（七）湖北省黄黄高速公路经营有限公司稽查服务万里行活动案例

1. 倒卡车凝现司机耍赖的思考

［案例简介］

5月1日中午大约12时15分，一辆皖H823＊＊依维柯从黄梅方向过来，在蕲春收费站下，该车持浠水入口站通行卡，下站的方向与所持的通行卡信息不一致，正好稽查员在费亭及时发现，该车以前也有倒卡嫌疑，该车正常缴费后又掉头上路，于是将此车拦下询问该车上路时间，并令其拿出黄石大桥的票据时间为当日早上6时40分左右上路，说明时间不符，而实际上浠水至蕲春正常行驶时间在半小时左右，司机狡辩称车在路上坏了。在证据确凿的情况下，该车司机承认上路后在花桥调头后又上高速并未下站，但拿不出该车有倒卡行为确凿证据，后将该车按规定加收两倍全程票款处理；当此车正处理之中时，大约13时30分，随后另一辆车牌为皖H82517依维柯以同样的方式在蕲春下站也被发现有倒卡嫌疑，该车正常缴费后令其靠边，该车司机可能发现情况不对，出于害怕，于是下站后仓促从地方道路逃逸了；

5月7日下午15时30分，一辆皖H827＊＊依维柯又以同样的方式在蕲春下站也被收费人员发现有倒卡嫌疑，缴费后又掉头上路，于是将此车拦下询问该车上路情况，根据入口卡号和上路时间查询录像时，出入口的信息中根本查不出车牌号，只可查询该车上路时的时间与下站收费时正常行驶所用时间不相符，但该车的司机极不配合，而且态度极其恶劣，只承认在花桥收费站（未下站）调头后又到服务区等人，不承认倒卡，称能拿出证据，怎么样处理都可以，司机不愿接受处罚，耍赖说只好将车放在此处不管了，后考虑到乘客要赶路，考虑到首先是服务于司乘人员，但拿不出充足的证据说明有倒卡行为，只好先让其上路，司机同意待后再作处理。

[分析与思考]

通过以上的事例说明，无法从录像中查找到有力证据，要想杜绝倒卡车的发生，建议在收费程序中设计出口收费时的信息显示与入口站时信息显示是一致（如输入该车车牌号尾三位数）就可以了，建议改进收费程序中不足之处来杜绝少数车辆采取调换通行卡等方式买短跑长，干扰正常运营秩序，造成通行费流失的问题。

2. 警惕“假绿通车”

[案例简介]

2006年9月28日上午9时25分，一辆湖北籍大货车经过界子墩收费站出口＊08道缴费时，司机称该车装载萝卜属绿色通道车辆应给予优惠，当班收费员按规定要求司机出示“植物检疫证书”进行核对后发现该车实际车牌号码与“植物检疫证书”上所记车牌号不符，收费员当即通知当班班长上车查验该车所载货物为电器，不属绿色通道优惠范围，后按正常费额收费放行。

[分析与思考]

通过此案例，提醒广大收费员工在日常工作中须提高警觉，不仅要熟悉了解和掌握一些不法分子惯用的逃费伎俩，而且要善于去发现并制止。另外，在整治和打击偷逃通行费行为上，各单位间要加强学习和交流，紧密合作，逐步形成一个群防共治的局面，严厉打击各种偷逃通行费的不法行为，共同营造良好的收费环境。

3. 警惕一牌两用车

[案例简介]

2004年8月18日20时42分，一辆车头悬挂午L＊＊＊＊＊的小型货用军车驶入黄黄公路浠水收费站。当班收费员查验该车证件后按正常程序执行“军车”放行，然而事隔两分钟，又一辆绿色货用军车也驶入车道，可悬挂的车牌号明明就是前辆军车的车尾号牌（车牌号冠字附“L”为黑色），收费员不露声色地让其出示该车的行驶证，司机说没有带，让其出示士兵证或驾驶证才能放行时，司机却说你有什么权力检查我的这些证件。这时收费员便肯定的一语道破该车为假军车，车牌（应该）是借来的，并且所借的车牌还是一块车尾的号牌。司机仍然不承认，这时收费员义正词严的说道："如果你不承认，我们可以去监控室查一下，调出你的车辆的图像资料看看。"在铁的事实面前，司机见自己逃费伎俩被识破只好低头承认车牌是在朋友那儿借来的，确实不是军车，并按章缴纳了通行费。

[分析与思考]

此案例是典型的民用车套用军车号牌逃缴通行费的案例，其手段为利用我们在工作中的疏忽和系统上的不足从而达到逃费的目的，通过认真分析该案例，给予了我们以下几点启示：第一，收费工作人员要严格执行进出口查验证件制度，杜绝车辆逃费的漏洞。第二，完善军车、公务车、特情车上报监控室制度，强化监控员对收费现场的督促和管理作用。

建议：如果上述该车从其他车道通行而收费人员未按规定严格查验证件就放行了，势必会造成该车达到了逃费的目的，所以建立和完善一套当班收费车道工作信息共享系统显得尤为重要。

4. 严厉打击超限挂车服务区卸挂逃费

[案例简介]

6月12日黄黄路政支队在黄梅服务区抓获一起超限挂车服务区卸挂逃费现象。车头先现行出站再从最近的站上路，达到缩短重车路程的目的。此种逃费手段逃费数额大，隐蔽性强，不易被发现，危害严重。必须严厉打击此种逃费方式。

[分析与思考]

（1）公司稽查队、路政执法人员加强对服务区的巡查，遇有卸挂车辆和无名挂车，严厉查处。

（2）各收费站口看到单个车头（特别是出、入口判别轴数不一致），要加大检查力度，可采取查验行车证和派车令（货物准运证）等方法。

（3）加装摄像头，对服务区卸挂逃费车辆加大查处力度，对查实此类逃费车辆的收费稽查人员实行奖励制度。

5. 如此逃费，真是上有政策下有对策

[案例简介]

2006年10月7日21时30分，一辆车牌为鄂J*****的货车驶入了黄梅费亭，此车核载25吨，拉了一满车货物却只显示18吨。当时收费员有点怀疑，在查看司机拉的货物时，发现有一个司机从后面慌慌张张地跑上了车，收费员当时的疑问更深了，当班班长马上出去指挥此车重称，重称后的重量是32吨，最后我们发现是车子在进站时，另一个人先下来挡住光栅造成称重减轻，作为司机的这种侥幸的心理，我们首先制止了他的这种行为，然后跟他们宣传了计重收费的一些政策。

[分析与思考]

此案例说明现在有很多司机在使用计重收费的同时，他们也在想方设法地少缴费，多拉货，在对待司机的逃费心态，我们首先要善于观察，及时发现问题，解决问题。

6. 司机的“诡计”

[案例简介]

2005 年 10 月 25 日，一辆车牌为皖 K520＊＊的前四后八轮驶入车道时，显示该车为 38 吨，核载为 32 吨，该司机拿出黄石大桥，武黄高速的票据，分别是 36 吨、35 吨，多称了 2—3 吨。按公司的要求给予复称的机会，在复称的过程中，车辆倒出离磅区有三四十米左右的距离，企图以加速冲磅来减轻车辆的重量。进入车道后电脑显示吨位为 45 吨，比第一次过磅的重量重了 7 吨，司机要求再一次并更换车道复称，考虑到公司不允许更换车道重称，所以不同意换道，就只能在这个车道再称一次，而且要求车速控制在 5km/h 之内匀速过来。这次司机没有冲磅但是用缓慢的速度走“S”型过来，显示吨位为 35 吨。

[分析与思考]

司机往往都带着侥幸心理想用加速冲磅来减轻车辆的重量，实际上有时候重量是轻了但有时反而增加了不少。不管怎么样，加速冲磅是极其危险的，不仅给其他车辆造成了危害还给我们的工作带来了不必要的麻烦。

前轮压住磅区，再走斜线通过后，后轮放入磅区停顿几分钟后再提速通过，整个过程都是走“S”型。走“S”型基本上都有减轻重量的现象，但对磅造成不同程度的磨损，为了尽量避免这些情况的发生，在进站的明显位置提示司机将车速控制在 5km/h 之内匀速进站。

（八）湖北省荆州长江公路大桥管理局、湖北省宜昌长江大桥建设开发有限公司稽查服务万里行活动案例

1. 假冒绿色通道车辆

[案例简介]

2007 年 4 月 8 日凌晨 4 时 30 分，一辆车牌为鄂 A86392 的货车进入宜

昌桥北站出口，司机在交卡的同时递过一份蔬菜运输合同，并声明要求降档收费。在发现运输合同上写明的行驶路线（武汉—宜昌）与车辆实际行驶路线（沙市—宜昌）不符后，收费员要求司机打开车门检查验证车辆所托货物是否为蔬菜。该车司机辩解称，车辆所拖的蔬菜都已打包成箱，外观看不清。通过打开车门检查和耐心细致对司机进行收费政策的宣传，在事实面前司机承认了该车辆实际托运货物为电器，蔬菜货运单为伪造，并自觉地缴足通行费离去。

[案例分析]

这是一起典型的司机持假证蒙骗收费人员以便逃缴通行费的案例。假冒绿色通道车辆的特征是司机利用绿色通道政策，伪造货物运输单蒙骗收费员以达到少缴通行费的目的。具体现象有以下几种：

（1）伪造运输单或运输单上写明物品与车辆所拖货物不符。

（2）拖鲜活产品车辆空车返回时仍称为满载要求优惠。

（3）非整车装载的车辆要求优惠，并有可能故意在车头挂放水果等物品麻痹收费员，达到逃费的目的。

[管理思考]

为防止类似司机逃费成功，在日常工作中应加强工作责任心。收费现场人员要严格执行收费政策，仔细辨别车辆通行证件；对符合条件需要优惠的车辆要反复查验证件，必要时通过打开车门进行检查的方式来核实，加强工作责任心，善于积累和应用工作经验，比如拖鱼的车辆应当有腥味等。

2. 细心收费员巧识优惠车

[案例简介]

2007 年 1 月 5 日晚 22 时 30 分，一辆车牌为湘 H＊＊＊＊＊的轻型货车停在荆州桥北车道，正常刷卡后报价器报价＊＊元，司机听了便问："拖苹果的是不是可以优惠？"当班收费员当即要求司机出示进货单，司机立即拿出植物检疫证给收费员。收费员要求查验货物，司机的态度强硬，坚决不肯打开。后经现场人员给他讲明政策及利害关系，司机打开车厢一看里面全部装着的是建材。

[案例分析]

这是一起典型的假冒绿色通道案例。假冒绿色通道车辆的特点是司机通过各种手段利用绿色通道政策，如持货单、检疫证等蒙骗收费员达到少缴通行费的目的。具体现象有以下几种：

（1）拖鲜活车辆空车返回时仍称满载需优惠；

（2）非整车装载运输车辆要求优惠，还有个别集装箱类货车在车厢门口放几箱水果麻痹收费员达到逃费的目的；

（3）有绿色通道证的其实没有运输鲜活农产品，而直接出示证就达到了逃费目的。

[管理思考]

针对以上逃费现象的发生，我们在今后的工作中应注意以下几点：

（1）加强收费人员工作责任心。因现场的收费情况是监控系统本身无法掌握和确定的，这就需要我们进一步加强收费现场管理，强调收费人员的工作责任心，对需要优惠的车辆一定要严格按有关政策执行，在执行过程中可以通过几种方式核实：如看进货单、在车流量小而不堵车的情况下可以检查其车厢，比如拖水果有香味，拖鱼和没拖鱼的车重量有区别等。

（2）坚持管理人员当场核实制度，密切注意各种特情车辆，现场实行优惠车双人核实制。有需要优惠的车辆须当班班长或现场机动人员与当事人共同核实后报监控员同意再实行优惠，以免有的收费员配合司机钻政策的空子。

3. 施工车辆超出规定行驶路段

[案例简介]

2007 年 2 月 16 日，一辆车牌为鄂 D＊＊＊＊＊的蓝色自卸车驶入荆州桥北车道，当班收费员认真查看该车证件时发现，该车持有 A 地至 B 地的施工证，而实际此车从 C 地上站。收费员向司机说明了超出规定行驶范围，需按照实际里程缴纳通行费。司机表示不能理解，并要求收费员退卡或者扣除 A—B 段通行费。

[案例分析]

以上是一起施工车辆走出规定路段行驶的案例。施工车辆超出规定路段是指司机到施工规定路段外的地方。

持有施工证的车主对规定路段范围的误解。车主误以为持有施工证不管从何处上站，只要到指定路口下站就应给予放行。

[管理思考]

（1）坚持收费政策，进行耐心解释。对于超出规定路段的施工车辆，按相关要求规定，以实际行驶里程收费，因此收费员应坚持收费政策、耐心做好宣传解释工作。

（2）加强与兄弟管理所联系，互通情况。含有部分施工路段证件的车辆，在其强行倒车并改走其他管理所时收费员应提高警惕，及时通知指挥中心及其他所该车超过规定范围的情况。

（九）湖北省楚天高速公路股份有限公司稽查服务万里行活动案例

1. 多方协作，打击冲岗车

[案例简介]

2月14日凌晨1时58分，楚天公司安福寺出口车号为鄂E16461东风货车缴费放行后，一辆牌号为鄂E1C150小货车紧跟前车冲岗。当班人员立即上报监控室，监控室将情况向管理所汇报后，管理所组织驾车向该车逃离方向追赶未发现该车。

为了追回该车的通行费，给冲岗车以有效的打击，规范收费秩序，管理所针对该冲岗车专门召开了所务会，会议决定尽全力将该车辆抓获，并制定了详细的实施步骤：

第一步，监控员通过硬盘录像机对车辆冲岗的资料进行了全面的收集和调取，还通过图像稽查机掌握了该车的上站情况，根据收集情况来看，该车由沙市所于14日凌晨0时31分上站，车货总重5.06吨，应缴通行费35元。

第二步，管理所通过交警协助，查清了该车车主陈爱华，系夷陵区龙泉镇良田畈村十组村民。

第三步，管理所与安福寺派出所联系，将冲岗车的全部资料向派出所出示后，引起了派出所领导的高度重视，并指定指导员协助追查。

第四步，15日8点半，管理所带上收集的冲岗资料和相关文件，会同安福寺派出所人员前往追查。因是跨区域出警，需要得到当地派出所的协助，宜昌市夷陵区龙泉派出所了解情况后派出人员协查。在陈警官的带领下，于11时找到该车及车主，并在车上搜出冲岗时所持IC卡，经警官询问，车主对冲岗事件供认不讳，并愿意接受处罚。

最后，在龙泉派出所和安福寺派出所两地警方的协调下，管理所决定收取235元通行费，车主主动缴纳235元。14时10分，在车道进行了补刷卡和补票操作。至此，该冲岗车事件处理圆满结束。

［分析与思考］

通过对该冲岗车的处置，总结出以下几个方面的经验：

（1）尽可能多的收集冲岗车的资料，包括现场录像和入口情况，为追查和准确辨认冲岗车提供翔实资料；

（2）协调好各方面关系，争取各方力量，特别是公安部门的支持和配合，为追查冲岗车提供人员支持；

（3）处理过程中坚持教育与处罚相结合，既要给冲岗车有效打击，又要让其认识到危害的严重性，力争达到"处理一个、宣教一方"的效果，在当地引起高度影响；

（4）出现冲岗事件后，其造成的社会影响远远大于其经济损失，管理所要尽全力进行追查，并给予有效打击，才能有效的规范高速公路的收费秩序。

2. 无牌新车蓄意逃费，多方联动成功追缴

［案例简介］

4月4日上午10时42分一辆崭新无牌小车（福特蒙迪欧）在楚天公司猇亭收费站出口3车道跟随前车冲岗，当班收费员迅速冲出收费亭示意停车，但该车却加速扬长而去。现场稽查员一边向监控员汇报情况，一边目视该车行驶的方向，监控员及时向所领导汇报了这一情况，所领导迅速带领当班稽查员和路政值班人员驱车追赶，并通知监控室根据该车的主要特征和标志性物件（该车是一辆崭新的福特蒙迪欧，出站时车头玻璃窗右上方贴有临时车牌，右下方有一红色纸巾盒），立即查询该车的上站时间和站名。追赶途中碰到两辆无牌车均被一一否认，等追赶到三峡机场时，该车却不见其踪影。监控员此时也查出该车是从宜昌上站，经过分析由于该车是新车且无牌照，极有可能到地处猇亭区的宜昌市车管所检测站检测车辆，于是又前往猇亭区和检测站追查，追寻近半个小时也未果。

与此同时监控员迅速向辖区派出所求助，派出所领导答复，尽力追寻。两小时后，派出所告知已在猇亭汽渡口一小巷内将该车找到，蛮横的司机一口否认，在警员们的耐心劝说下他还是拒不承认，最后警员们要求扣车协助调查该事件，心虚的司机连忙说好话，承认冲岗之事，当场派出所领导勒令该司机到收费站处理冲岗问题。

当天下午15时40分时该车司机来到猇亭站收费亭，主动要求处理出站冲岗一事，当问其为何要冲岗时，司机说能不缴就不缴，国道收费站冲过了也无人追究。询问司机IC卡的去向，司机说拿着也没用丢掉了。经过稽查员的严厉批评和耐心教育，司机认识到了冲岗的危险性和处罚的严重性，当得知要接受全程最高收费额两倍的处罚时，开始面露难色。在他的一再恳求下，考虑到其认识态度较好，最后决定按无卡车处理，按公路网中距离本站收费额最高收费站的费额收取通行费，另收IC卡成本费20元和入站口（宜昌）至我站通行费15元，共计：190+20+15=225元。事后，司机深有感触地说，以后一定按章缴费，再也不做诸如此类的傻事，贪便宜吃大亏！

[分析与思考]

通过此冲岗事件告知我们，目前有部分司机对我们的设备运行情况非常了解，常常利用设备缺陷进行逃费，再加上自身车辆无牌我们又无法查证，最终导致费源流失。

建议：

（1）加强亭外值班制度，收费人员要密切关注无牌车的特征、出站时的动向，防止此类车冲岗，并做到有据可查；

（2）定期对设备进行保养和维护，保障设备正常运转和完好，以提高设备的使用率和利用率；

（3）加强对辖区有关部门的联系，除了与公安、高速交警等单位实行联动外，动员各种力量，发挥整体联动作用加大对外稽查力度，形成打击逃费车辆的良好环境；

（4）对违规嫌疑车辆要及时上报监控室，并详细描述事情发生的经过，以便监控人员及早核查实际情况，掌握解决事情的主动权，避免通行费无端的流失，不让司机的侥幸行为得逞。

3. 车辆冲岗是对公路收费行业最大的挑衅

[案例简介]

2007年4月13日凌晨3时51分许，一辆号牌为鄂A?Q592（该车第二个字母进行了伪装，疑为8、D、S、0）的黑色本田雅阁小轿车尾随一辆货车在楚天公司宜昌所6号出口车道冲岗。据当班收费员回忆及回放监控录像发现该车在车道内紧随已缴费的货车起步，快速加速，在拦截杆欲下落时冲出车道（由于拦截器有自动防打功能，所以未完全下落，导致初次拦截失败），收费员发现该车尾随货车加速后，立即将头伸到窗外大喊“停车”，此时该车前方的大货车有紧急制动动作，但该冲岗车迅速绕过大货车扬长而去，丝毫没有停车的迹象，由此可判定该车系蓄意冲岗。

该车冲岗后，当班班长和稽查员迅速冲出费亭准备拦截，但由于该车车速太快且事发深夜收费亭无交警巡逻车执勤，无法驱车追赶，只好迅速将详细情况上报监控室。监控员立即记录情况、比对车型并对相关监控音像资料作了备份保存。随后，监控员通过图像稽查机。电话等方式欲查出该车进站图片和所持IC卡号，但没有收获。监控员随即上报监控中心并在网上发出消息希望各兄弟单位协助拦截。13日8时，管理所又请求高管交警在公安网上对鄂A？Q592（？=8、D、S、0）的黑色本田雅阁小轿车进行查询，但查询的结果显示所有可疑牌照的车型均不是黑色本田雅阁小轿车。经分析，该车极有可能是一辆套牌车。鉴于以上情况，管理所立即在网上发布消息提请各兄弟单位密切关注鄂A籍黑色本田雅阁小轿车的超时情况，但截至目前，还没有收到有价值的消息。

无独有偶，4月14日15时许，一辆牌号为鄂E57298的蓝色本田雅阁轿车也用相同手段冲岗出站，后经多方查找，终于在15日上午成功截获该车。据司机交代14日冲岗系酒后驾车失误所为，管理所随即联合交警部门对其进行了严厉的批评教育，根据收费政策责令其补交全程票款并加收两倍。

[分析与思考]

通过此案例我们可以发现冲岗车有以下3个共性：

(1) 车牌进行伪装或套用车牌，伪装车牌一般有用纸片遮盖部分数字、在牌照上放置CD光盘、用污泥杂物覆盖等方式。

(2) 利用自动栏杆机有防打功能这一特性，采用跟车冲岗方式逃费。

(3) 被查获后一般都以不知道需要在出口缴费、醉酒、刹车失灵、以为前车已代其缴费等借口否认其蓄意冲岗行为。

目前截获冲岗车的难点：

(1) 自动栏杆机的防打功能导致不能对冲岗车辆进行有效拦截。

(2) 立即驱车追赶存在较大安全隐患，并且是大海捞针。

(3) 对车辆信息的查询要依赖公安交警部门，无主动权，若是外省籍冲岗车辆更是束手无策。

(4) 高速公路路网大、站口多，缺乏统一联动协查机制，信息共享不及时。

(5) 目前监控录像设备不能清晰有效地采集相关证据。

4. 政策是剑，细心是鞘

[案例简介]

2007年4月7日9时29分，一辆牌号为鄂E8135警的小轿车从楚天公司枝江所4号道出站，收费员发现该车除了悬挂警牌外，既没有警灯，车身也未喷涂明显的警车标志，在刷卡后请该车司机出示证件时，司机虽然能够出示警官证却不能提供行车证及驾驶证。

由于牌号为鄂E8135警的警车是枝江市交警大队经常通行本站的正规的警车，为什么会突然改头换面呢？

当班收费员分析后认为该车可能是警察出门办事将警牌挂在私车上用于逃避通行费，于是对司机进行了耐心地政策宣传，司机无奈之下只得缴纳了通行费。

［案例分析］

（1）国家关于优免的政策是好的，只是少数人为了私利，损害侵占了国家的利益。共建和谐社会，建设法制社会是前提与保障，这就需要大家来遵守和维护法律法规的尊严。

（2）按章缴费是国家收费政策，按章免费也是国家收费政策，落实好、执行好这项政策，就是我们手中的尚方宝剑，应用好这柄宝剑，认真仔细才是处理问题和解决问题的法宝。

（3）工作中，我们时常会遇到真军警官驾驶套牌伪军警车混岗的现象，他们利用工作便利，取得真军警车牌照，但行车证肯定不符，只要我们的收费人员能认真查证，这些假冒军车便难以混岗。

［管理思考］

（1）收费人员要熟练掌握国家相关政策，对此类车辆要以宣传教育为主，耐心进行说服；同时还要始终坚持文明用语，微笑服务，以真诚打动人，以理服人，切勿冲动和情绪化，造成工作被动；

（2）各级部门要营造出浓厚的宣传氛围，对涉嫌假军警、不符合免费范围的特殊类车辆，要利用相关媒体进行披露，形成强大的舆论攻势，从而在心理上占到主动；

（3）在公路网中建立黑名单，对收过费的此类车辆经过统计汇总后迅速发送各出口备案，只有相互支持、相互监督，才能从根本上解决问题，从而净化免费政策的严肃性才能得到保证。

5. 谨防优惠车“挂羊头卖狗肉”

［案例简介］

4月6日凌晨4时37分，一辆挂冀AK2463号牌的外省货车从楚天公司荆州站出口下道，司机对收费员说道：“同志，我拖的是苹果，请给我优惠。”当班女收费员王某却在对该车刷卡后细心地发现，该车信息显示：两轴车，限载17吨，总重22.95吨，超限35%。既然装载的是苹果，该车重量不应该有如此大的出入，莫非司机在故意隐瞒什么？按照上级关于处理优惠车的有关流程规定，王某带着疑问要求司机进行现场开厢查验，司机见她态度坚决，极不情愿的将捆绑的严严实实的货箱打开，并说道："你看吧，全部是包装好了的苹果，不会骗你的。"王某也发现展现在面前的是一箱箱苹果，但她仍不死心，并同另一收费员移开第一层苹果箱，眼前的一幕让她们惊呆了，在水果箱子的下面居然全部是汽车配件！她们当即对司机这一违规行为进行了严厉批评。司机见事情败露，只好又哀求道："同志，深更半夜的，何必这么认真呢，要不我给你点钱，你少收我点行不?"这一无礼要求被她们当场严词拒绝。最后该车司机缴清了应缴费额435元，若对该车实施优惠的话，该车司机将少缴175元。

［案例分析］

这是一例外省籍车辆利用优惠政策进行逃费被收费人员成功识破的典型案例，自今年元月对优惠车实行省内外无差别的最新政策以来，收费人员始终坚持文明服务，严格执行优惠政策，对符合政策范围的坚决进行优惠，不符合政策的按章缴费，为"绿色通道"车辆的保驾护航作出了卓有成效的工作。但随着政策的深入执行，一些不法司机看到了我们管理上的一些漏洞，于是乎形形色色的逃费手段层出不穷，有装载率达不到要求的，有不属于绿色食品而要求优惠的，还有以冷冻为由拒绝开箱接受检查的，以及绿色产品与其他货物进行混装要求优惠的等。产生以上原因有三：一是现行绿色通道政策还不够具体，如蔬菜范围应该具体指什么，哪些是，哪些又不是?因为不明确让一线员工操作难度大，容易与司机产生矛盾。二是现场稽查力量薄弱，特别是晚、夜班表现比较突出，因为要开箱查验，态度好的司机也许能配合，态度不好的则百般刁难，遇上车道车辆多时极易造成堵道或扯皮，让收费秩序陷入混乱。三是监控设备对现场还缺乏有效和根本的监督。优不优惠、是不是优惠车辆全凭收费人员说了算，因为要涉及开箱查验，又要与司机宣传政策，中间环节多，工作量大，对原则性强、自律性好的员工算不了什么，可平时在工作中表现消极、自律意识差的员工可能就做不到，以"查看了属实"为由来搪塞监控员的监督，往往为不法司机提供了方便之门。

［管理思考］

针对以上的现象与事情产生的原因，笔者结合在实际工作中遇到的案例，有如下建议供参考：一是要加强收费员工队伍素质的管理，培养他们工作的积极性和责任意识，以所为单位要形成"工作主动为荣，工作消极为耻"的良好氛围；二是建立稽查方面的奖励机制，对在实际工作中认真负责，查获假优惠车多且未引发司机投诉与矛盾的员工要重点从精神和物质上进行奖励，并在公司范围内交流经验。

6. 利用“U”转空载逃费

［案例简介］

2007年4月10日下午3时，一辆车牌号为鄂A91719的货车从楚天公司北河站7道出站，收费员发现该车“U”型1小时22分，经询问司机称在仙桃站附近的中央隔离带调头，但未说明上路事由。收费员上报监控室后，监控员通过图像稽查机、广场录像查看该车进站信息，对比后发现，该车进站时车厢内装有货物，出站时却是空车。在证据面前，司机无奈承认是给路上的施工单位运送沙、发电机，然后违章调头空车出站，以达到少缴通行费的目的。请示分中心后，决定对该车以限载17吨，总重15吨，“北河一毛嘴”两倍收费180元处理。

［案例分析］

（1）逃费特征：该车司机自以为空车“U”型出站能达到少缴通行费的目的，结果聪明反被聪明误。

（2）识别方法：收费系统显示“U”型时，收费员应对车辆入出口图片、时间进行核对，根据“U”型时间大概推断出行驶的路段，再和司机回答的作比较，并通知收费监控员通过广场录像、图像稽查机作进一步核查。

（3）处理方法：利用货单或是估算出载货重量进行收费。

［管理思考］

（1）要对各类特情严格把关。现阶段车辆逃费手段层出不穷，作为收费人员，在面对各类特情时要注意观察异常情况。工作上的疏忽所带来的也许就是通行费的流失，认真工作，细心观察是防止逃费的最有效手段。

（2）利用好监控设备这一重要工具。本案例中，正是监控员有效利用了图像稽查机和广场录像，掌握了稽查的最有力证据，让司机无从抵赖，避免了费额的流失。

7. 利用服务区卸货逃费的“J”型车

［案例简介］

8月15日中午11时45分，楚天公司枝江所稽查人员注意到一辆从汉宜向驶来的大型油罐车直接在匝道处“U”型后，从宜汉向开往了枝江服务区卸油。经调用该车的出入口图像发现，该车经常从汉宜向某个站口上站，在枝江“U”型后到服务区卸油，再走宜汉向附近站口下高速，通过违章“J”型来逃缴通行费。稽查人员通过图像稽查机收集了该车所有逃费记录，按其逃交通行费的次数和金额对车辆进行了加收两倍票款的处理。

［案例分析］

（1）逃费特征：该“J”型车辆上站和下站选择不同的站口，在车道不产生特情，逃费方式比较隐蔽，难以发现。

（2）识别方法：该车行驶的时间超过了正常行驶起止站口所需的时间。通过进出站口录像回放，我们可以发现此类车辆上站和从高速公路下站时的方向不同。

（3）处理方法：按照“J”型车的政策处理规定，除收取入口站至本站通行费外，“U”型部分按“U”型车处理。

［管理思考］

（1）高度关注短途车辆的异常情况。在公司的稽查工作中，已经发现几起“J”型车辆。当车辆的行驶时间远超出正常时间时，收费员要向司机询问超时的原因，监控员要利用稽查工具，与入口站联系调看入口录像。

（2）收费员应密切关注出口广场匝道附近的“U”型车辆，利用公司内部监控群，发现异常并通报各收费站口，做好信息的传递，让“J”型车辆无处遁逃。

8. 搭桥逃费

［案例简介］

4月1日晚11时30分左右，两辆安徽籍半挂车从楚天公司猇亭收费站出站，当皖KB69＊＊过称台时，从两辆车上下来了三四个人站在秤台周围的安全岛上，车过磅后收费员发现该车实际为6轴车，第一轴：单轴单轮，第二轴：双轴双轮，第三轴：三轴双轮，而电脑测出该车为4轴车，单轴单轮和三轴双轮，限载31吨，实载45.49吨，超限46%，鄂南上站，应缴通行费1240元。当班班长发现情况后，觉得该车肯定有问题，于是让该车退回重称，并走向秤台示意周围的人让开。当班长走近秤台时却惊讶地发现秤台上竟然横着一块木版，“该车在搭桥”，他心里一惊，连忙跑向费亭通知其他班员，并向监控室报告。司机此时见事已败露，连忙拿出1000元钱往他口袋里塞，被断然拒绝，于是司机又拿出500元，说一共给你们1500元，我班三人一人500元，车子倒出去重称，但司机想让后面的车子挂上皖KB69＊＊的车牌来过磅。班长为了搞清楚原因向后面车子走去，结果一看全都明白了。原来后面是一辆牌号为皖KB70＊＊的，和前面一样车型，一样轴数，一样颜色，并且一样“货物”的半挂车，但这货物的里面就大不一样了。这两车托的都是那种直径大约有4米多的水泥圆筒子，里面应该是空心的，但是后车筒子里确实是空的，而前车筒子里却装满了其他的货物。班长发现该车竟然懂得这么多的逃费手段，更加坚定了打击该车的决心。不一会儿，所领导也赶到了收费亭，并对司机这种行为进行了严厉地批评。最后在我们要求下，司机重称，电脑显示限载49吨，实载78.13吨，超限59%，应缴通行费2280元，如此搭桥过磅相差竟32吨多，可逃缴1040元。而后车皖KB7016，限载49吨，实载42.95吨，未超限，应交通行费760元，如前车与之换牌可少交1520元。事后，我们对皖KB6989搭桥逃费的行为，根据《高管条例》予以加收1500元票款的处罚。

[案例分析]

通过这个实例，提醒收费员在车辆出站时应注意以下几点：

（1）当车辆在过磅时，应仔细观察秤台周围人群，尽量保证秤台及光幕周围无闲人逗留。

（2）定期打扫秤台及光幕卫生，确保周围无杂物。

（3）收费员在平时工作中要经得起金钱的诱惑，对于逃费车辆坚决予以严厉打击。

（4）当出口车辆称重出现异样情况时：如轴型不符、无称重信息、车辆信息与入站口信息不一致等，要仔细观察是设备原因还是车辆原因造成的，是设备原因就及时通知维护员来处理，是车辆原因就应及时通知监控室核对再进行下一步操作。对确定作假车辆的逃费现象坚决给以打击。

[管理思考]

（1）尽快出台在计重收费模式下，有关打击处罚逃费车辆的依据。

（2）加强夜间广场照明灯亮度，特别是车道的照明，便于收费员及时看清车辆过磅情况。

（3）在出站广场的右侧加装一个监视镜头，以便对逃费车辆进行抓拍、录像。

9. 车头、车身相分离逃费

[案例简介]

2007年4月10日凌晨6时许，一辆车牌号为渝B167 * *的大货车车头从楚天公司伍家岗站下道，IC卡信息显示该车从京珠高速鄂北上站，应缴通行费255元。收费员不禁产生疑问：一个车头走400多公里的路程，到宜昌坐滚装船返回重庆，似乎有点不合情理。细心的收费员来到一旁的宜昌服务区，发现停车场上停靠着一辆挂车车身。

收费员初步断定，该车企图在服务区将车头车身分离，车头先从伍家岗站下道，只需缴纳车头重量的通行费。然后再重新领卡上道，牵引挂车从下一站口出站，整辆挂车的通行费用就只会从伍家岗算起，而从鄂北站到伍家岗站400多公里行程，车身及所载货物相当于是免费“空运”了。

在路政人员的配合下，司机承认了“分身”逃费的事实。路政员责令，该车重新上站，到服务区装上车身后到下一站口宜昌站整车称重缴费。宜昌站称重显示：该车车货总质量56.65吨，超限61%，根据计重收费政策，这辆车应缴通行费1880元；若该车“分身”逃费得逞，只需缴305元，偷逃费用达1575元。

［案例分析］

（1）逃费特征：该车通过车头、车身相分离，达到车头长距离缴费、车身短距离缴费的逃费目的。此类车辆逃费有着以下特征：一是货车车头长距离行驶；二是重载货物短途运输；三是短距离但行驶时间较长等特征；四是大多数将服务区作为卸载逃费的地点。

（2）识别方法：一是对短途超载运输的，应调入入口图像，仔细辨别有无不一致的地方。二是靠近服务区的管理所更应提高警惕，谨防车辆利用服务区的便利条件进行逃费。

［管理思考］

（1）收费现场的管理要加强。凡恶意逃缴通行费的车辆，都会留下蛛丝马迹，有的为入、出口图像不一致，有的为行驶时间超长，等等。收费现场对于长途空车、短途重载、短途超时等非常规现象的车辆应认真排查。对有以上特征的车辆应多留心眼，仔细观察和询问司机，从司机的言行中发现有无前后矛盾的破绽之处。

（2）加强对服务区的监控和信息互通。靠近服务区的管理所，应警惕车辆利用服务区的便利条件来达到逃缴通行费的目的。路政和服务区人员应加大服务区、停车区、匝道隐蔽路段的现场巡查力度，并将可疑信息通知相关管理所，配合管理所做好收费稽查工作。同时，在高速公路现有软硬件资源的情况下，还可以采用社会有奖举报等形式，杜绝车辆利用服务区逃费。

10. 车辆换卡逃费

［案例简介］

2007年4月13日凌晨1时12分，一辆青A18112的欧曼型货车缓缓驶入楚天公司伍家岗6号车道，该车从安福寺上站，车辆总重为57.48吨，行驶时间为55分钟。由于该车短途超载超时，当班收费员习惯性地调入入口图片进行核对。谁知，入口图片显示的是一辆解放型货车，车牌却是一模一样的。收费员当即判断这辆车有换卡嫌疑，便通知了当班班长和监控室。就在收费员对该车司机进行询问时，货车上下来一人，递给收费员400元钱，希望能通融过关，但遭到收费员的严词拒绝。

经过严密调查和分析，该车的逃费轨迹逐渐清晰。青A181＊＊的欧曼型货车和青A17558的解放头货车分别于12日16时02分和17时47分从黄石上站，两辆车分别超限79.62%和16.63%。上路后，两车互换车牌和IC卡，超限少的青A17558挂青A18112的车牌从安福寺下站后再上站，然后，两车再互换车牌和IC卡，一前一后从伍家岗下站。这样，超限79.62%的青A18112只交从安福寺至伍家岗的通行费用160元，青A17558仍交从黄石到伍家岗的通行费用875元。如果换卡成功的话，两车一趟就减少通行费达1615元。

［案例分析］

（1）逃费特征：距离和重量是决定货车通行费的重要依据，逃费车辆会千方百计在这上面做文章。换卡逃费就是其中典型的一种，它具有以下特征：入、出口非本辆车；长途空车、短途重车；行驶线路和时间具有规律性。

（2）识别方法：如两辆货车只换卡不换车牌，会造成车牌不符、入、出口图像不一致。如车辆既换卡又换牌，不会提示车牌不符，但入、出口图像一定有差异。其次的典型特征是长途空车和短途超载。

［管理思考］

（1）加大对非常规现象的稽查力度。此类逃费方式较为隐蔽，难以发现。现场收费员应高度负责，对车牌不符应仔细核实入、出口图像。对长途空车、短途超载的现象应提高警惕。

（2）收费监控应加强对非常规现象的分析。收费管理和监控人员对特情和不合常规的现象不能留半点的疑惑和模糊，一定要将事情的来龙去脉搞清楚。应利用现有的软硬件资源来分析，找出车辆逃费的线索，如有异常情况，应抓住线索继续深查，发现逃费特点，摸清逃费规律，追根溯源，力求堵住车辆逃费现象。

（3）收费员要过好金钱关。少数逃费司机，为了达到逃缴通行费的目的，不惜以金钱收买，打通道口。收费员一定要清醒认识，坚定立场，把好关口不动摇。同时，为了鼓励打击逃费车辆的热情，也应及早建立打击逃费的长效奖励机制。

主要参考文献

一、工具书类

［1］赵文英：《公路桥梁通行费征收管理规范实务全书》，中国环境科学出版社 2002 年版。

［2］中国交通年鉴（2006），中国交通年鉴社 2006 年版。

二、著作类

［1］周三多：《管理学——原理与方法（第 4 版）》，复旦大学出版社 2003 年版。

［2］赫尔曼·哈肯：凌复华译《协同学——大自然构成的奥秘》，上海译文出版社 2005 年版。

［3］郭咸纲：《西方管理思想史（第 2 版）》，经济管理出版社 2002 年版。

［4］伍爱：《人力资源管理学》，暨南大学出版社 2005 年版。

［5］陈天祥：《人力资源管理》，中山大学出版社 2001 年版。

［6］陈绍森：《收费管理学》，中国财政经济出版社 1997 年版。

［7］李国栋：《档案管理学》，高等教育出版社 2000 年版。

［8］郗恩崇：《高速公路概论》，人民交通出版社 2005 年版。

［9］郗恩崇：《公路交通规费经济学》，人民交通出版社 2003 年版。

［10］郗恩崇：《高速公路管理学》，人民交通出版社 2004 年版。

［11］郗恩崇：《道路运输行政管理学（第二版）》，人民交通出版社 2006 年版。

［12］张远：《高速公路收费管理》，机械工业出版社 2004 年版。

［13］曾江洪：《高速公路运营管理指南》，人民交通出版社 2006 年版。

［14］钱俊君：《车辆通行费收费员》，湖南科学技术出版社 2003 年版。

［15］许宏科：《高速公路收费系统理论及其应用》，电子工业出版社2003年版。

［16］许宏科、赵祥模、关可：《高速公路收费系统理论及应用》，电子工业出版社2003年版。

［17］袁剑波：《公路经济学教程》，人民交通出版社2002年版。

［18］刘伟清：《高速公路营运管理专业知识与实务》，人民交通出版社2006年版。

［19］李大鹏：《高速公路通行费征收管理》，东南大学出版社2001年版。

［20］滕尧：《公路收费管理》，黑龙江科学技术出版社1999年版。

［21］俞善洵、彭坚：《高速公路收费管理》，湖北科学技术出版社2006年版。

［22］金宗友、朱虹：《审计基础与实务》，武汉理工大学出版社2005年版。

［23］四川成雅高速公路股份有限公司：《高速公路收费员培训教材》，人民交通出版社2005年版。

［24］亚洲开发银行：《基础设施市场化运作：中国收费公路》，中国经济出版社2003年版。

三、报刊论文及报告类

［1］周国光：《中外公路管理体制比较分析》，《汽车运输研究》1995年第3期。

［2］周国光：《中国路桥收费问题透视》，《长安大学学报》（社会科学版）2005，7（4）。

［3］周国光、秘慧琴：《公路上市公司可持续发展的基本思路》，《长安大学学报》（社会科学版）2005，7（1）。

［4］郭超、樊建强：《高速公路管理体制现状与改革》，《长安大学学报》（社会科学版）2006，8（3）。

［5］樊建强、徐海成：《高速公路管理体制改革发展分析》，《道路与运输》2006，（4）。

［6］经济研究参考杂志社：《公路基金设立及运作的国际经验》，《经济研究参考》1999，（11）。

［7］刘小峰等：《高速公路收费站人力配置研究》，《公路与汽运》2004 年第 6 期。

［8］谈志国：《楚州收费站强化队伍素质教育见成效》，《江苏交通》2002 年第 3 期。

［9］王进强：《发电企业经营管理人员培训模式研究》，《中国电力教育》2005 年第 2 期。

［10］张莺：《企业中层管理人员培训的思考》，《石油化工管理干部学院学报》2006 年第 3 期。

［11］崔冰、侯学博：《高校管理中激励方式浅析》，《科技资讯》2007 年第 32 期。

［12］苏鲁：《苏鲁省界收费站实行全面质量管理》，《江苏交通》2003 年第 10 期。

［13］杨小东：《广东收费站还贷难》，《广东交通》2005 年第 12 期。

［14］发改委宏观经济研究院课题组：《高等级公路收费与融资问题研究》，《经济研究参考》2004 年第 5 期。

［15］发展改革委经济研究所课题组：《收费公路发展的国际经验与启示》，《中国物价》2004 年第 3 期。

［16］《中国交通报》，1998－11－11。

［17］石子砚：《70% 的收费公路在中国是一种警示》，《工人日报》2007－08－08。

［18］李秀荣：《收费公路应成为一条“明白路”》。

［19］武汉城市圈试水撤并公路收费站，中国公路网。

［20］周荣峰：《中国收费公路发展政策研究》，长安大学 2002 年版。

［21］周国光：《中国道路收费与融资问题研究》长安大学公路学院 2002 年版。

［22］刘辉雄：《湖北省收费还贷公路偿债能力研究》，武汉理工大学 2004 年版。

［23］冯云才：《高速公路收费合理性的理论研究》，长安大学 2002 年版。

［24］庞松：《我国公路基础设施建设投融资政策调整研究》，武汉理工大学 2005 年版。

［25］赵洪：《收费还贷公路贷款资金管理模式及相关政策研究》，武汉理工大学 2003 年版。

［26］徐智鹏：《中外公路管理体制比较》，长安大学2003年版。
［27］李金华：《2006年中央预算执行情况审计报告》。
［28］中德合作研究项目：《2000年中国公路运输发展战略》。
［29］武汉理工大学：《湖北省收费还贷公路站（点）布局优化及投融资政策研究》，湖北省交通厅科技项目2004年版。

四、相关法律法规及规范性文件、材料类

［1］中华人民共和国公路法。
［2］中华人民共和国收费公路管理条例。
［3］湖北省收费公路管理暂行办法。
［4］湖北省交通厅关于全省收费公路统一规范管理的实施意见。
［5］湖北省收费还贷公路车辆通行费财务管理办法（暂行）。
［6］湖北省公路财务监督管理办法（试行）。
［7］湖北省收费还贷公路通行费征管规范（2008年修订稿）。
［8］湖北省收费还贷公路车辆通行费会计核算办法（试行）。
［9］湖北省收费还贷公路车辆通行费月（期）票IC卡使用管理暂行规定。
［10］湖北省收费还贷公路车辆通行费月票管理办法。
［11］湖北省收费还贷公路通行费稽查管理办法。
［12］湖北省收费还贷公路标准化收费站考评试行办法（修订稿）。
［13］湖北省交通厅公路管理局稽查万里行资料汇编。
［14］苏州市高等级公路管理中心：《收费站管理办法》。